KB220600

종교개혁과 교육

종교개혁과 교육

초판발행 2017. 5.17
발행인 전광식
편집인 이신열
발행처 고신대학교 출판부
고신대학교 개혁주의학술원
kirs@kosin.ac.kr / www.kirs.kr
부산시 영도구 와치로 194 051) 990-2267

종교개혁과 교육

개혁주의 신학과 신앙 총서 11권을 펴내며

2017년은 독일의 종교개혁자 마틴 루터(Martin Luther, 1483-1546)가 비텐베르크에서 종교개혁을 일으킨 지 500년 되는 해입니다. 500년이라는 세월이 흘러가는 가운데 많은 목회자들과 지도자들을 세우셔서 오직 하나님만 바라보고 순수한 신앙을 견지해온 신앙의 선진들에 대해서 다시 한 번 생각해보게 됩니다. 이 기간 동안 온 인류를 향해서 다양한 방식으로 자신의 놀라운 사랑과 구원을 끊임없이 베풀어주셨던 우리 하나님께 감사와 영광을 돌려 드립니다. 또한 저희 학술원을 위해서 지속적으로 기도와 후원을 아끼지 아니하신 후원교회를 위시한 많은 성도들에 대해서 진심으로 감사드리는 바입니다. 여러 교회들과 성도들의 기도에 힘입어 저희 학술원이 앞으로도 계속해서 이 땅에서 개혁신학의 기치를 더욱 높이 들고 종교개혁의 전통에 철저한 하나님 말씀 중심의 신학 연구에 더욱 박차를 가해 나갈 것을 다시 한 번 약속드립니다.

저희 개혁주의학술원의 개혁주의 신학과 신앙 총서 제11권은 종교개혁의 성공 비결 가운데 하나가 종교개혁과 그 후예들이 개신교회를 주님의 말씀에 토대를 두고 올바르게 교육하기 위해서 심혈을 기울였던 사실에 놓여 있다는 취지에서 주제를 "종교개혁과 교육"이라는 제목으로 발간하게 된 것을 기쁘게 생각합니다. 이번 호는 세 부분으로 구성되었는데 모두 12편의 글을 게재하게 되었습니다. 제1부는 종교개혁의 교육에 크게 공헌한 인물들에 대해서, 제2부는 종교개혁의 정신을 실제적으로 구현하기 위해서 설립되었던 유럽의 개신교 대학에 대해서, 그리고 제3부는 종교개혁의 교육과 관련된 다양한 주제에 대한 글들로 작성되었습니다. 먼저 1부에서는 김용주 박사의 "종교개혁의 격동기(1520-1530)의 글들에 나타난 루터의 교육론", 김진국 박사의 "필립 멜랑흐톤과 교육", 황대우 박사의 "요한 슈투름의 교육사상: 1538년에 출간된 그의 작품을 중심으로", 그리고 우병훈 박사의 "기스베르투스 푸티우스(1589-1676)의 신학 교육론"을 포함한 4편의 글을 게재하게 되었습니다. 제2부에서는 이남규 박사의 "하이델베르크 대학과 신학교육(1555-1623)", 박경수 박사의 "개혁교회의 요람 제네바 아카데미에 관한 연구", 이신열 박사의 "레이든 대학의 신학 교육", 박재은 박사의 "위트레흐트 대학의 설립, 운영, 그리고 교육", 그리고 이재근 박사의 "스코틀랜드 종교개혁과 교육: 에든버러 대학을 중심으로"를 포함한 5편의 글을 게재하게 되었습니다. 마지막 제3부에서는 양신혜 박사의 "종교개혁과 인문학", 정일웅 박사의 "신학교육: 종교개혁과 개혁신학의 관점에서의 한국교회의 신학교육", 그리고 박상봉 박사의 "종교개혁과 교리교육"을 포함한 3편의 글을 게재하게 되었습니다.

이 글들은 종교개혁 당시인 16세기와 종교개혁이 더욱 정교화 되어 정립되고 꽃을 피우기 시작한 17세기의 교육이 어떻게 이루어졌는가를 주로 신학교육을 중심으로 살펴보았습니다. '교육'이라는 주제는 방대한 주제이지만 이 주제를 통해서 종교개혁의 정신이 어떻게 다음 세대들에게 영향력을 행사하게 되었는가를 살펴보는 가운데 종교개혁 500주년을 맞이하는 한국교회가 어떻게 다음 세대들을 올바르게 교육할 수 있는가를 되돌아보는 계기가 되기를 진심으로 바랍니다. 개혁주의 신학과 신앙 총서 제11권의 발간을 위해서 바쁜 가운데서도 시간을 쪼개어 옥고를 작성해 주신 기고자들의 정성과 노력에 다시 한 번 감사드리면서 발간사를 마무리 하고자 합니다.

Soli deo gloria!

개혁주의학술원장 이신열

차 례

PART I 인물

종교개혁의 격동기(1520~1530)의 글들에 나타난 루터의 교육론

김용주

(안양대학교 겸임교수, 분당 두레교회 담임목사)

전남대학교 사범대학 독어교육과를 졸업하고 총신대 신대원에서 목회학 석사(M.div)과정을 졸업한 후 독일로 건너가 베를린 소재 훔볼트대학교에서 교회사 루터 전공으로 교회사 박사 학위(Dr.theol.)를 받았다. 현재 안양대 신대원 겸임교수로 가르치고 있고 분당두레교회 담임 목사로 섬기고 있다. 저서로는 『루터, 혼돈의 숲에서 길을 찾다』(익투스, 2012)와 『칭의, 루터에게 묻다』(좋은 씨앗, 2017)이 있다.

김용주

I. 서론

루터가 기독교 교육이든지 혹은 일반 교육이든지 간에 교육에 대하여 깊은 관심을 가졌다는 것은 사실이다. 그 자신이 그 당시의 최고등교육을 받은 자였고 그런 교육을 받았기에 종교개혁을 성공시킬 수 있었다고 까지 말할 수 있기 때문이다. 만일 그가 라틴어를 읽을 수 없었다면 어떻게 교부들을 읽을 수 있었으며, 라틴어로 써진 스콜라 신학자들의 글을 읽을 수 있었겠으며 그들의 잘못된 신학을 반박하고 비판할 수 있었겠는가? 히브리어와 희랍어에 대한 깊은 지식 없이 성경을 원전으로 연구하는 것이 어떻게 가능했었겠는가?

이런 점에서 그는 당시의 언어 연구에 전념했던 인문주의에게 큰 빚을 지고 있다.[1] 인문주의는 '원천으로 돌아가자'(Ad fontes)고 외치며 고전어와 고전 문학 연구에 전념했다. 그는 독일 인문주의의 아버지 로이힐린(Reuchlin)을 통해서 언어 연구의 중요성을 깨달았고 인문주의의 대부인 에라스무스에게도 큰 빚을 지게 되었고 종교개혁의 초기에는 그가 발행한 신약성경을 가지고 가르치고 연구했다. 그는 이들을 통하여 고전어 연구뿐만 아니라 고대 문학과 철학을 섭렵하게 되었고 어거스틴을 비롯한 교부들의 책도 읽게 되었다.

루터는 특히 원문으로 성경을 연구하고 교부들의 책들을 연구함을 통하여 성경을 새롭게 이해하게 되었으며 종교개혁의 토대가 되는 이신칭의의 복음도 깨닫게 된다. 이 일은 언어 연구와 고전 문학 그리고 교부 연구 없이는 불가능한 일이었다. 이 점에서 그는 비록 인문주의자가 아니었지만 인문주의로부터 큰 덕을 본 사람이다. 그는 인문주의자들의 도움을 통하여 스콜라 신학의 잘못된 점들을 파악하게 되었고 그들을 효과적으로 비판할 수 있었다.

---

1 Leif Grane, *Martinus Noster*: Luther in the german reform movement 1518-1521, Verlag Philipp von Zabern (Mainz, 1994), 29-37.

그런데 그가 종교개혁을 펼쳐나가는 과정에서 그 자신이 예상치 않았던 상황에 직면하게 되었다. 민중들이 기본적인 교육을 받지 않아서 자신이 깨달은 복음을 알아듣지를 못하고 있고, 심지어는 설교자들 조차도 성경을 설교하고 가르칠 수 있는 기본 교육이 크게 결여되어 있음을 발견하게 되었다. 그래서 그는 역시 인문주의로부터 물려받은 도구들 즉 언어와 문법을 갈고 닦게 할 학교 교육의 필요성을 절감하게 되었다. 그는 인문주의적 소양을 갖추게 하면서도 새로운 복음 진리를 가르치는 학교를 세워 복음을 민중들에게 전달하고자 하였다. 그는 그들에게 구원의 진리를 바로 깨닫기 위해서는 성경을 읽어야 하며 성경을 읽으려면 독일어를 배워야 한다는 점을 강조했다. 그리고 이런 맥락에서 당시의 영주들과 귀족들에게 학교를 세울 것을 강력히 요청한다.

우리가 루터의 교육관을 바로 파악하려면 이런 역사적 배경을 먼저 알고 있어야 한다. 즉 자녀들에게 어릴 때부터 인문 교육을 받게 하여 성경을 읽고 복음을 이해하도록 하는 것이 그의 교육관의 핵심이라는 사실에서부터 출발해야 한다. 그런데 우리가 주의할 점은 그가 교육이라는 주제로 단 한 권의 책도 쓴 적이 없으므로 그의 교육관을 명확히 파악하는 것이 쉽지 않다는 점이다.[2] 루터는 교육의 중요성에 대하여서는 많이 얘기했지만 일반적인 교육론에는 큰 관심이 없었다는 점을 알아야 한다. 그에게 먼저 중요한 것은 복음이지 일반 교육이 아니었다. 일반 교육은 단지 복음을 전달하기 위한 수단일 뿐이었다. 그러므로 그가 교육의 중요성을 설교한 글들도 그렇게 많이 남아 있지 않다. 그러나 그는 특히 종교개혁의 격동기라고 할 수 있는 1520-1530년대에 쓴 글들에서 그의 교육관을 집중적으로 피력하고 있다.[3] 우리는 이 시기에 그가 썼던 세 편의 글

2 Markus Wriedt, *Bildung*, Lutherhandbuch, herausgegeben von Albrecht Beutel (Mohr Siebeck, 2005), 232.

3 Yoshikanu Tokuzen, *Pädagogik bei Luther*: Leben und Werk Martin Luthers von 1521 bis 1546 (Vandenhoeck & Ruprecht : Göttingen), 323-30.

들을 통하여 그가 복음의 전달을 위하여 학교 교육이 중요하다는 사실에 대하여 그리고 이를 위해 아이들을 학교에 보내야할 필요성과 교육의 유익에 대하여 강조하고 있음을 확인할 수 있고 이를 통하여 그의 교육관이 무엇인지도 파악할 수 있다.

II. 독일 크리스챤 귀족에게 보내는 글(1520)[4]

루터는 이 글에서 학교 교육 전반에 대하여 다루지 않고 글의 뒷부분에서 단지 짧게 만 학교 교육의 필요성에 대한 자신의 입장을 표명하고 있다. 그는 고등학교나 초등학교에 있어서 가장 중요하고 가장 보편적인 연구 주제는 성경이어야 하며 어린 소년들에게는 복음이어야 한다고 말하며, 모든 도시에는 소녀들이 매일 한 시간씩 독일어나 라틴어로 복음을 배울 수 있는 여학교들도 있어야 한다고 주장하면서 그렇게 되기를 하나님에게 바란다고 말한다. 그는 여기에서 학교의 존립 목적은 성경을 가르쳐서 복음을 깨우쳐주는 것이라는 점을 강조하면서 이 목적을 이루기 위해 언어 교육도 이루어져야 한다고 말한다.[5]

그는 아동들이 교육을 받기 시작해야 할 나이를 9-10세 정도로 보고 있으며 이때부터 그들에게 복음을 가르쳐 주어야 한다는 점도 강조한다. 그는 방직공이나 침모들도 자기 자녀들에게 어릴 때부터 그 일을 가르쳐 주는데 자신의 시대에는 위대하고 박학한 고위 성직자들과 주교들까지도 복음을 알지 못하고 있음을 한탄하고 있다.[6] 그는 특히 부모들이 그 아이들에게 하나님의 말씀을 전해주

---

4 Luther, *To the christian nobility* (Luther's Works, vol., 44; edited by James Atkinson General: Editor Helmut T. Lehmann, Fortress Press / Philadelphia), 123-217.

5 Luther, *To the christian nobility*, 205ff.

6 Luther, *To the christian nobility*, 206.

지 않는 점을 지적하며 여기에 대하여 그들은 하나님 앞에서 책임을 져야 한다고 경고 한다: "아, 우리는 지도와 교육을 받은 이 가련한 젊은이들을 얼마나 부당하게 다루고 있는가! 우리는 저들에게 하나님의 말씀을 들려주지 않는데 대하여 무서운 책임을 지지 않으면 안 된다."[7] 그는 어른 세대들이 젊은이들에게 복음을 가르치지 않아 그들이 쇠진해가고 멸망해가고 있다고 통탄하며 그들에게 시급히 복음을 가르치고 훈련하자고 호소한다: "오늘날도 젊은이들이 그리스도교 한복판에서 복음의 결핍으로 인하여 비참하게도 쇠진해 가고 멸망해 가고 있다. 우리는 복음으로 젊은이들을 가르치고 훈련하지 않으면 안 된다."[8] 물론 그는 모든 학생들이 다 상급 학교에서 공부할 수 없다는 점도 지적하면서 상급학교에는 초등학교에서 잘 훈련을 받은 가장 유능한 학생들만을 보내야 한다고 말한다.[9]

우리는 이 작품에서 루터가 학교 교육의 필요성을 복음의 전달과 관계해서 강조하고 있음을 볼 수 있다. 그는 당시의 성직자들조차도 기본 교육을 제대로 받지를 못해 복음을 바로 설명하지 못하고 있다는 사실에 대하여, 부모들 역시 복음이 무엇인지를 알지 못하고 있고 그 결과로서 자식들을 학교에 보낼 필요성조차 인식하지 못하고 있음을 한탄하며, 남 여 구별 없이 모두에게 독일어와 라틴어 교육을 시켜야 할 것을 역설하고 있다.

하지만 루터의 이러한 바람은 성공을 거두지 못했고 1523까지도 교육 재건과 부흥이 일어나지 않았다. 한편으로는 영주와 귀족들의 교육에 대한 무관심, 다른 한편으로는 영파들의 교육 무시로 인하여 학교가 폐쇄되거나 빵 가게나 빵 공장으로 개조가 될 정도였다. 이러한 상황은 1523년 말경 당시 비텐베르그의 시 교

7 Luther, *To the christian nobility*, 206.
8 Luther, *To the christian nobility*, 206.
9 Luther, *To the christian nobility*, 206.

회(Stadtkirche)를 목회하던 부겐하겐(Bugenhagen)이 학교를 세우면서 점점 바뀌게 되었다. 루터 역시 라이스니히 공동금고규칙에 대하여 서문을 써주면서 그 도시들 안에 있는 걸식수도원들을 학교로 개조할 것을 촉구했고 바로 이듬해에 다음의 글을 써서 독일의 시의회 의원들에게 학교를 건립하도록 호소하고 있다.[10] 우리는 이 글을 통해서도 그의 교육관을 좀 더 자세히 파악할 수 있다.

Ⅲ. 시의회 의원들에게 그리스도교 학교를 건립 운영하도록 호소한 글(1524)[11]

루터 연구가 마르틴 브레히트가 "이 글이 발행 되자마자 많은 발행 부수를 기록하며 널리 퍼져 나가게 되었으며 독일 학교의 역사에 있어서 한 표석이 되었다"고 까지 말할 정도로 이 글은 루터의 교육 사상을 집약한 책이라고 볼 수 있다.[12] 이 글은 루터가 제국 도시들의 시의회 의원들에게 그리스도 학교를 건립 운영하도록 호소한 글이다. 그는 여기에서 한편으로는 로마 가톨릭의 잘못된 교육에 대하여 비판하고, 다른 한편으로는 영파(spiritualist)들의 교육에 대한 무관심을 비판하며, 더 나아가 아이들을 학교에 보내지 않고 대신에 어린 나이에서부터 돈벌이 장사에 내보내는 시민 그룹들의 실용주의적 교육 행태들을 비판한다.[13] 결국 그는 잘못된 교육을 바로 잡고 유능한 설교자들과 관리들을 길러내기 위해 시의회가 학교를 건립하여 젊은이들을 교육시켜야 한다고 말하며 일곱가지 점을 개혁할 것을 호소한다.

---

10 Martin Brecht, *Martin Luther*, Zweiter Band, Calwer Verlag Stuttgart, 1986, 140.
11 Luther, *To the councilmen of all cites in Germany that they establish and maintain christian schools*, (Luther Work's, vol., 45), 347-78.
12 Brecht, *Martin Luther*, 140-41.
13 Wriedt Markus, *Bildung*, Lutherhandbuch, herausgegeben von Albrecht Beutel (Mohr Siebeck, 2005), 234.

첫째, 루터는 독일 전역에서 학교가 파멸되고 있으며 대학교들과 수도원들이 몰락해 가고 있다는 점을 상기시키면서, 대학교들과 수도원들이 쇠퇴하게 된 이유를 로마 가톨릭의 교사들의 잘못된 가르침에 돌리고 있다. 부모들 역시 자녀들에게 배와 현세적 복지를 추구하게 했을 뿐이지 그들의 구원과 영원한 천국의 복에 대하여 관심을 기울이지 않아, 그 결과 자녀들이 성직자가 되려는 생각조차 하지 않게 만들어 놓았는데, 만일 성직자가 없다면 어떻게 자녀들에게 구원과 천국의 복을 가르칠 수 있겠느냐고 질문하고 있다.[14]

둘째, 루터는 기독교인 부모들이 자녀들을 교육을 시키지 않는 데는 배후에 사탄이 활동하고 있기 때문이라고 말한다. 그는 사탄이 한동안 로마 가톨릭 선생들로 하여금 아이들을 잘못 교육시키게 만들더니 이제는 영파들로 하여금 교육을 무시하도록 부추기고 있지만, 복음적인 말씀을 전하는 선생들을 통하여 그의 궤계가 드러나게 되었다고 말한다.[15] 그는 고후 6:1-2절에 근거하여 지금이 교육을 시켜야 할 적기이며 이때를 소홀히 하지 말아야 한다고 경고 한다.

"우리의 이전 불행과 우리가 거하던 암흑을 기억합시다! 내가 확신하기는 독일은 이전에 결코 오늘처럼 많이 하나님의 말씀을 들은 적이 없습니다. 확실히 우리는 역사에서 이런 유례를 찾아 볼 수 없습니다. 만일 우리가 감사와 경의를 표하지 않고 그저 그 일을 지나쳐 버리게 놔둔다면, 두렵건대 우리는 더욱더 가공할 만한 암흑과 재앙을 겪게 될 것입니다. 오, 나의 사랑하는 독일인들이여 ! 당신의 문 앞에서 시장이 서는 동안에 물건을 사십시오. 태양이 비추이고 날씨가 좋은 동안에

---

14 Luther, *To the councilmen of all cites in Germany*, 348.
15 Luther, *To the councilmen of all cites in Germany*, 349ff.

추수하십시오. 하나님의 말씀이 있는 동안에 추수하십시오. 하나님의 말씀이 있는 동안에 사용 하십시오!"[16]

셋째, 루터는 하나님께서 부모들이 자녀들에게 교육을 시키도록 명령하셨다는 점을 강조한다. 자녀를 교육시킬 첫 번째 책임은 부모에게 있다. 하나님은 모세를 통하여 자주 시편 78편과 같은 말씀을 통하여 부모에게 그의 자녀들에게 하나님의 명령을 가르칠 것을 촉구하고 명령하셨음으로 부모는 자녀들을 교육해야 한다. 그리고 자녀들은 십계명의 제5계명 속에서도 명백히 입증된 것처럼 부모에게 순종해서 교육을 받아야 한다. 루터는 부모들이 젊은이들을 보살피고 가르치고 양육하는 것이 삶의 가장 중요한 의미가 되어야 하며 인생의 주요 목적이 되어야 한다고 말하면서 그들을 설득한다. 그러나 그는 부모들이 자녀들을 교육시키지 않음으로써 범하는 죄만큼 세상에 무거운 짐이 되고 가혹한 징벌을 받아 마땅한 어떤 외적인 죄도 없을 것이라고까지 말한다."[17] 그는 부모들과 학교들이 아이들의 교육을 책임져야 하는데, 부모들이 현실적인 몇 가지 이유들로 인하여 자녀들의 교육을 담당할 수 없음으로 세속 정부가 이 일을 책임져야 한다고 말하면서 세속 정부의 지도자들을 설득한다.[18]

넷째, 복음의 보존과 전파를 위해서 언어 교육의 중요성을 강조한다. 특히 그는 학교에서 라틴어, 희랍어, 히브리어 및 기타의 교양 과목들을 가르쳐야 한다는 점을 강조하는데, 이는 당시에 독일의 학교들이 언어 교육이나 일반 학예를 무시하고 돈벌이가 되는 실용적인 공부에만 치중하는 경향을 보이는 것에 대하

---

16 Luther, *To the councilmen of all cites in Germany*, 351ff.
17 Luther, *To the councilmen of all cites in Germany*, 353.
18 Luther, *To the councilmen of all cites in Germany*, 354ff.

여 비판하는 말이다. 그는 언어와 교양 과목들을 가르쳐야 만하는 이유는 그것들이 피교육자들에게 아무런 해를 끼치지 않고 실제로 성경의 이해와 현세 정부의 운영에 큰 영예와 이득이 되기 때문이라고 말한다. 루터는 독일인들이 나라의 발전을 위해서 정말로 귀중한 학교 교육에는 돈을 쓰지 않으면서 필요하거나 유용하지도 않으며 게다가 해골만 남게 벗겨가는 외래품들을 몰아내지 못하는 풍토를 비판하면서 그렇게 사는 독일인들은 진정 멍청이들이며 짐승들과 같다고 신랄하게 비판한다.[19] 그는 언어들은 다른 이득을 주지 않는다 하더라도 기쁨과 영감을 주는 것이므로 이것들이 필요하다고 말한다. 특히 그는 복음은 성령을 통하여 우리에게 왔으나 언어라는 수단을 통해서 왔다는 점을 강조하고 있다.

> **"비록 복음이 오직 성령을 통하여 우리에게 왔고 아직 오고 있으나, 우리는 그것이 언어를 매개로 하여 왔으되 그 수단을 통하여 밖으로 전파되었으며 또한 같은 수단을 통하여 보존되지 않으면 안 된다는 사실을 부정할 수 없습니다."[20]**

루터는 하나님께서 언어들을 부흥시키신 이유는 복음을 위하여서이며 이 언어를 통하여 복음을 밝히 드러내어 적그리스도의 왕국을 노출시키고 파멸시키기 위함인데, 우리가 복음의 가치를 귀하게 여긴다면 그것에 비례하여 열렬하게 언어들을 고수해야 하지 않겠느냐고 말하면서 언어 공부를 시키도록 설득한다. 그는 하나님께서 그의 경전을 이 두 언어 -구약은 히브리어, 신약은 희랍어- 로만 고정시키신 것은 어떤 목적이 있으셨기 때문임으로, 만약 하나님께서 그 언어들을 멸시하시지 않고 그의 말씀을 위하여 다른 모든 언어들보다 먼저 선택하셨다면, 우리 역시 그것들을 다른 모든 것들 보다 더 높이 존중해야 마땅하다고 말한

---

19 Luther, *To the councilmen of all cites in Germany*, 357ff.
20 Luther, *To the councilmen of all cites in Germany*, 358ff.

다.[21] 그는 언어들 없이는 복음을 오랫동안 보전하지 못하게 될 것이라고 말하는데, 이는 "언어들은 성령의 검이(엡 6:17) 담겨져 있는 칼집이며, 복음이라는 보석이 담겨져 있는 보석상자이며, 이 포도주가 담겨져 있는 그릇이며, 이 양식이 저장되어 있는 저장소이며, 떡들과 물고기들 그리고 남은 조각들이 담겨져 있는 바구니들"이기 때문이라고 말한다. 그러므로 그는 우리의 소홀함으로 인하여 그 언어들을 놓친다면 우리는 복음을 잃게 될 뿐만 아니라 올바른 라틴어나 독일어를 말하거나 쓰지도 못하게 될 때가 올 것이라고 말하면서, 언어 교육을 소홀히 하지 말 것을 경고하고 있다.[22]

루터는 이에 대한 증명과 경고가 대학교들과 수도원들이라고 말한다. 그곳의 교사들이 복음에 대하여 무식할 뿐만 아니라 이에 덧붙여 라틴어와 독일어를 망쳐놓았음으로 그 불쌍한 무리들이 전적으로 짐승들로 화하여 올바른 독일어나 라틴어를 말하거나 쓰지 못하며, 유용한 자연적 이성조차 거의 잃게 되었다고 한탄한다. 그는 언어가 남지 않으면 결국 복음이 멸절하지 않을 수 없다는 것은 필연적인 사실이라고 말한다. 그는 사도 시대이후 언어가 쇠퇴하고 소멸되는데 이르자마자 복음과 신앙과 기독교 자체는 교황 아래에서 전적으로 사라지기까지 쇠퇴일로를 걸었으며, 언어의 몰락 후에 기독교는 별로 가치 있는 것을 증거 하지 못했다고 한탄한다.[23]

그는 또한 일반 설교자들이 아니라 성경학자들로서 성경을 강해하고 논쟁하려는 자들에게는 언어가 필수적이며 이제는 기독교 교회에 성경 속으로 파고들어가 강해하고 논쟁들을 수행할 수 있는 예언자들이 항상 있어야만 할 것이라고 말한다. 그는 경건한 생활과 올바른 교리만으로는 충분하지 못하므로 비록 모든

21 Luther, *To the councilmen of all cites in Germany*, 359.
22 Luther, *To the councilmen of all cites in Germany*, 360.
23 Luther, *To the councilmen of all cites in Germany*, 360ff.

설교자가 그와 같은 예언자가 될 필요는 없겠지만 언어들은 예언자들이나 해석자들처럼 기독교회에서 절대적으로 필요한 것이라고 말한다."[24] 그는 성 버나드(Bernhard)와 같은 교부들도 언어에 능통하지 못함으로 성경을 바로 해석하지 못한 부분이 있었음을 지적한다.[25] 그는 설교가 들에게 있어서도 언어는 필요하다고 말한다. 설교자가 언어에 능통할 경우에는 그의 설교에 참신한 맛과 활력이 넘치고 성경은 전체적으로 취급되며 믿음은 끊임없이 다양한 연속적인 단어들과 예화들에 의해 새롭게 된다고 말한다.[26]

다섯째, 그는 영파들이 교육을 무시하는 것에 대하여 강하게 비판한다. "어떤 자들은 영을 뽐내고 성경이 별로 가치가 없다고 생각하며 또 왈도파 형제들(Waldensian brethren)과 같은 이들은 언어는 불필요하다고 생각합니다."[27] 루터는 영파들이 성령을 강조하는 것에 대하여서는 동의하지만 기록된 성경을 무시하는 태도에 대하여서 그리고 그 성경을 이해하게 돕는 언어들을 무시하는 태도에 대하여서는 비판한다. 그는 모든 것을 성취하시는 분은 홀로 성령이시지만, 만일 언어들이 자신에게 성경에 대한 확실한 지식을 주어 자신을 도와주지 않았다면 새 떼들을 날려 보내지 못했으리라는 사실을 충분히 인식하고 있다고 말한다. 그 이유는 자신의 심령은 악마로부터 오직 자신만을 취하지만 성경과 언어들은 이 지상에 악마가 설 여지를 거의 남겨두지 않으며, 그의 왕국을 폐허로 만들기 때문이라고 말한다. 그는 왈도파 형제들이 언어들을 소홀히 하는 것을 칭찬 할 수 없다고 분명히 말하는데 그 이유는 그들이 비록 진리를 가르친다 하여도 필연적으로 본문의 참된 의미를 놓치며, 따라서 믿음을 오류로부터 수호할 만

24 Luther, *To the councilmen of all cites in Germany*, 363.
25 Luther, *To the councilmen of all cites in Germany*, 363.
26 Luther, *To the councilmen of all cites in Germany*, 364ff.
27 Luther, *To the councilmen of all cites in Germany*, 365.

한 준비도 되어 있지 않고 그 일에 적합하지도 못하기 때문이라고 말한다.[28]

여섯째, 그는 세속적인 영역의 보전과 발전을 위해서도 학교 교육이 필요하다고 말한다. 그는 학교는 세속적인 관점으로 부터도 숙고가 되어야 한다고 말하는데 당시의 교육 풍토에서는 파격적인 말이었다. 루터는 그의 두 정부론을 통해서 영적 정부뿐만 아니라 세속 정부도 역시 하나님의 경륜을 이루는 도구라는 점을 분명히 밝힌다. 그러므로 그는 영적 정부를 위한 성직자를 배출하기 위해서 뿐만 아니라 세속 정부를 섬길 일꾼들을 양성하기 위해 학교 교육이 필요하다고 본다.[29]

그는 로마 가톨릭 교회가 학교를 성직자 배출하기 위한 용도로만 사용했다고 비판하면서 성직을 위한 교육도 거룩한 일이지만 세속적인 직업을 위한 교육 역시 거룩한 일이라고 설파한다.

"우리는 전혀 멍텅구리나 짐승과 같아서, 감히 '왜 영적으로 되어가지 않는 사람들을 위하여 학교들이 있어야 하는가?'라고 말하고 있습니다. 그러나 우리는 군주, 영주, 의회원 혹은 기타의 권력이 있는 신분의 인물들이 기독교인이 그러해야 하듯이 그의 직책의 기능들을 수행할 만한 자격을 갖추도록 교육을 받아야 한다는 것이 본질적이고 유익하며 또한 하나님께 기쁨이 되는 일인가를 알고 있거나 적어도 알고 있어야 마땅할 것입니다."[30]

그는 마지막으로 좋은 교육이 이루어지기 위해서 좋은 도서관이 필요하다고

28 Luther, *To the councilmen of all cites in Germany*, 366.
29 Luther, *To the councilmen of all cites in Germany*, 367.
30 Luther, *To the councilmen of all cites in Germany*, 367ff.

말한다. 독일에서 그와 같은 학교들과 언어들이 세워지고 유지되기를 진지하게 바라는 모든 사람들이 신중하게 숙고할 만한 사실이 하나 더 남아 있는데, 그것은 좋은 도서관들이나 서점들을, 특히 그것들을 갖추기에 충분한 큰 도시들에 설치하는데 어떤 노력과 경비도 아껴서는 안 된다고 말한다.[31] 그는 다음의 말로 이 글의 결론을 맺는다.

> "이제 나는 여러분 모두를 하나님의 은혜에 맡깁니다. 그가 여러분의 마음을 누그러뜨리고 불을 붙게 하여 가난하고 비천한 자들과 소홀히 취급되고 있는 젊은이들에 대한 깊은 관심을 가지며 하나님의 도우심으로 그들을 도와줌으로써, 독일 땅에 몸과 영혼에 있어서 축복받은 풍요한 기독교 정부가 수립되어 우리 구주 예수 그리스도로 말미암아 하나님 아버지께 영광을 돌리게 되기를 기원합니다. 아멘"[32]

우리는 이 글을 통하여, 루터가 우로는 로마 교회의 잘못된 교육에 대하여서 그리고 좌로는 영파들의 교육 무시에 대하여서 더 나아가서는 독일 부모들의 실용주의적 교육에 대하여서도 비판하고 있다는 점을 발견하게 된다. 그리고 무엇보다 성경 언어의 교육의 중요성을 말하면서 로마 교회가 그런 언어를 가르치지 않아서 교회의 쇠퇴를 가지고 오게 되었다는 점을 지적하면서 장차 목사가 될 자들이 성경 언어인 히브리어와 헬라어를 익혀야 할 것을 강조하고 있다. 그는 최근에 일어난 영파들 역시 성령을 통한 하나님과의 직접적인 교통을 주장하면서, 기록된 성경에 대하여 무시하는 태도와 동시에 언어를 무시하는 태도에 대하여서도 지적하는데, 시대가 그렇게 흘러가게 되는 데는 사탄이 배후에 활동하고 있다는 점도 말하고 있다. 그는 세속적인 영역의 보전과 발전을 위해서도 교육이

---

31 Luther, *To the councilmen of all cites in Germany*, 373ff.
32 Luther, *To the councilmen of all cites in Germany*, 378.

필요하며 이를 위한 좋은 도서관의 필요성을 말하고 있다.

이 글은 상당한 영향력이 있어서 이 글이 써진 해인 1524년에 막데부르그, 노드하우젠, 할버슈타트 그리고 고타 지역에서 학교 개혁이 잇따랐다. 루터와 멜랑히톤은 지역들을 순회하면서 학교 개혁을 촉구하여서 그의 교육 사상은 계속하여 독일 전역으로 널리 퍼져 나갔고 그와 동시에 그의 종교개혁 사상도 함께 퍼져나갔다.[33]

Ⅳ. 자녀들을 학교에 보내야 할 부모의 의무에 관한 설교(1530)[34]

이 책은 루터가 독일에서 가장 부요한 도시 중 하나였던 뉘른베르그(Nürnberg)의 시 평의원에게 헌정한 책으로서 이 시가 학교를 세우고 자녀들을 교육시키고 있는 것을 격려하면서 이런 운동이 독일 전역으로 퍼져나가야 할 것을 역설하고 있다.

그는 서문에서 먼저 독일인들이 자신의 자녀들을 학교에 보내지 않고 일찍부터 무역이나 상업에 종사하여 돈을 벌게 하는데 정신이 팔려 있다는 것을 지적하면서 이런 일이 일어나는 배후에 사탄의 역사가 있다고 말한다. 그는 사탄이 거룩한 복음의 하나님의 나라를 파괴하기 위하여 혈안이 되어있으며 그가 이 목적을 이루기 위해 독일인들이 자녀들을 학교에 보내거나 교육을 시키지 못하도록 막고 있으며, 수도사, 수녀 및 사제의 직분이 더 이상 그들이 한 때 가졌던 희망을 견지하지 못하므로 더 이상 공부와 학자들이 필요가 없다는 것과 그 대

---

33 Brecht, *Martin Luther*, 143.
34 Luther, *A sermon of keeping children in schools* (Luther's Works, vol., 46), 213-58.

신에 우리는 오직 생계를 잇고 부자가 되는 방법만을 유의해야 할 필요가 있다는 생각을 주입시켰다고 지적한다.[35] 그러나 그는 성경과 학문이 사라진다면 독일 땅에는 무질서하고 야만적인 타르타르인과 터키인의 무리들, 실로 돼지 무리와 야수 떼 같은 무리들 밖에 남을 것이 없다고 말한다. 루터는 영적 직분을 맡은 자들이 학교 교육을 실패하도록 내버려두거나 학교를 없애는데 도움을 주는 일까지도 하고 있음을 상기시키면서 이런 일은 악마만 좋아할 것이라고 말한다.[36]

둘째, 루터는 교회 안에 여러 직분들이 필요함을 언급하면서 특히 말씀을 전하는 설교직의 중요성을 강조하고 있다. 그는 복음과 교회는 마지막 날까지 존재해야 하는데 이런 일은 동물들이 하는 것이 아니라 인간들이 해야 하는데 만일 부모들이 자녀들을 학교에 보내지 않으면 누가 그런 일을 할 것인가라고 반문한다. "만일 당신이 이 직분을 위하여 당신의 자녀를 기르지 않고 당신의 이웃 사람도 그렇게 하지 않는 등, 어떤 부모도 자기 자녀를 이 일을 위해 우리 하나님께 바치지 않게 된다면, 영적 직분은 어떻게 되겠습니까? 현재 이 직분을 맡고 있는 노인들이 영원히 살지는 않을 것입니다."[37]

그는 부모가 자녀들을 목사, 설교자, 학교 선생으로 만드는 일을 위하여 하나님으로부터 선택을 받았다는 사실을 알게 되면 기뻐하지 않을 수 없을 것이라고 말하면서, 선하고 신실한 목사가 하나님 목전에서 누리는 영예는 헤아릴 수 없으며 이 지상에서 혹은 이 세상의 삶에서 선하고 신실한 목사 및 설교자 보다 더 귀한 보배 더 고귀한 존재는 없다고 말하면서, 자녀들을 교육시켜 그들로 이 직

35 Luther, *A sermon of keeping children in schools*, 217.
36 Luther, *A sermon of keeping children in schools*, 217ff.
37 Luther, *A sermon of keeping children in schools*, 220ff.

분을 가지도록 하라고 부모들을 독려한다.[38]

루터는 목사는 교회뿐만 아니라 세상을 위하여서도 위대하고 강력한 일들을 행하는 사람들이라는 사실도 지적한다. 목사는 다양한 직분의 사람들에게 그들이 여러 직책을 맡아 어떻게 외적으로 행동함으로써 하나님 보시기에 의로운 일을 행할 수 있을지를 가르치고 그것에 관한 정보를 제공할 수 있으며, 매일 어려움에 빠진 자들에게 위로와 조언을 주고, 곤란들을 해결하고, 고통 받는 양심들을 진정시키고 평화를 유지하며 불화를 중재, 제거하는 등 이런 종류의 무수한 다른 일들을 할 수 있는데, 그 이유는 설교자는 확신을 주고 강하게 하며, 일반적으로 모든 종류의 권위와 현세적인 화평을 유지하는데 도움을 주는 자이다. 또한 목사는 반역하는 자들을 저지하고, 복종, 도의, 규율 및 명예를 가르치며, 부모, 자식 및 하인들에게 그들의 의무를 가르치며 모든 현세적 직책 및 직분들을 감독하는 자이다. 목사가 하는 모든 선한 일들 중에서, 이들은 확실히 가장 작은 일들이지만 그 일들은 고귀하고 고상한 것이어서 모든 이교도들 중에서 가장 현명하다는 자들도 결코 그 일들을 알거나 이해 한 적이 없었으며, 더욱이 행할 수는 결코 없었던 것이라고 말하면서 목사 직분의 영광에 대하여 칭송한다.[39]

루터는 당시에 어떠한 법관, 대학, 기관, 혹은 수도원도 이 일들을 모르고 있으며, 그 일들은 교회법이나 세속법에서도 가르쳐지지 않고 있고, 이 직분들을 하나님의 위대한 은사들로 그의 은혜로운 신탁들로 여기는 사람이 아무도 없다는 것을 한탄하고 있다. 그것들을 높이 찬미하고 영예롭게 하는 것은 오직 하나님의 말씀과 설교자들뿐이며, 평화, 즉 그 안에 모든 다른 현세적 선이 포함되어 있는 지상적인 최고선은 진실로 참된 설교의 결실이라고 말한다.[40] 그는 참된 목

38 Luther, *A sermon of keeping children in schools*, 223.
39 Luther, *A sermon of keeping children in schools*, 226.
40 Luther, *A sermon of keeping children in schools*, 226.

사는 인간의 심신 및 재산과 영예 면에 있어서 복리에 기여하며 하나님을 섬기며 가장 영광스러운 예배와 제사를 드리는 사람인데, 그 이유는 그의 사업과 말에 의하여 이 세상에 하나님의 나라, 하나님의 이름과 영예와 영광, 하나님에 대한 참된 지식, 그리스도에 대한 올바른 믿음과 이해, 그리스도의 고난과 피와 죽음의 열매들, 성령의 은사들과 역사들과 권능, 세례와 성례전의 구원을 위한 참된 사용, 복음을 올바르고 순수하게 가르치는 일, 몸을 훈련하고 십자가에 넘겨주는 바른 방법 및 그 외의 많은 일들이 유지되고 있기 때문이라고 말한다.

루터는 목사 외에 어느 누구도 이 일들 중의 하나라도 적절하게 찬미할 수도 말할 수도 없으며 악마와 이 세상의 지혜 및 육체의 생각들에 대항하여 그가 성취하고 있는 일은 정말로 대단한 일이며 그가 이룬 승리들은 대단히 많으며 그만이 잘못을 저지하고 이단을 막는 사람이라고 말한다. 그는 계속하여 목사는 지옥의 문에 대항하여 싸우며(마 16:18) 악마를 누르지 않으면 안 되는데 이 일 역시 그 자신이 하는 것이 아니라 그의 직분과 그의 말에 의해 성취되는 것이기 때문이라고 말하면서 이것 들은 설교직의 헤아릴 수 없고 말로 표현할 수 없는 업적들이요 기적들이라고 말한다. 그는 만일 우리가 하나님을 최대한으로 찬양하려면 우리는 그의 말과 설교를 찬미하지 않으면 안 될 것인데 그 이유는 말씀의 직분은 바로 그의 것이기 때문이라고 말한다.[41]

루터는 부모들에게 재능 있는 자녀들을 주셨는데 설교자로 훈련시키지 않고 현세적인 생계에만 전념한다면 경건한 위선자들이라고 질책한다.[42] 그는 또한 학자가 아니라도 복음과 교리 문답을 가르치고 세례를 주고 성례전을 집행할 평범한 목사도 필요하다고 말한다.[43] 목사가 되면 생계가 어려울 것을 두려워해서

41 Luther, *A sermon of keeping children in schools*, 227ff.
42 Luther, *A sermon of keeping children in schools*, 229.
43 Luther, *A sermon of keeping children in schools*, 231.

학교에 보내지 않는 부모들을 위해 루터는 고전 9:14절을 비롯해서 성경의 여러 구절들을 인용하며 그들을 독려한다.[44]

셋째, 루터는 교육의 필요성을 두 정부에 관계시키면서 전개한다. 그는 영적 정부를 이끌어가는 설교자의 직책이 세속 정부를 이끄는 여러 직책과 비교해서 비교 우위에 있다고 분명히 말한다. 그는 설교의 직분은 -그것이 하나님께서 제정하신 바대로 존재하는 경우에- 영원한 의, 영원한 평화 및 영원한 생명을 가져오고 부여하므로 사도 바울 역시 고후 4장에서 이 직분을 찬양하고 있다고 말한다. 하지만 그는 세상 정부의 역할에 대하여서도 말하고 있는데, 세상 정부는 현세적이고 잠시적인 평화와 정의와 생명을 보전하기 위한 것이며 하나님의 영광스러운 신탁이며 크나 큰 은사이며 하나님에 의해 제정되고 세워졌으며 사람들에게 꼭 필요한 것으로써 반드시 유지되어야 할 것이라고 말한다. 그는 세상 정부가 없다면, 사람들은 질서 있게 살 수 없을 것이라고 말하면서 세상 정부의 필요성을 강조한다.[45]

루터는 현세적 권위를 하나님의 창조요 신탁이며 현세의 우리 인간들에게 있어서 삶 자체 이상으로 없어서는 안 될 필연적인 직분으로 본다. 그는 그와 같은 직분 없이는 현세의 삶이 지속될 수 없는데, 그 이유는 하나님께서 선을 행하는 자들을 보호하고 악을 행하는 자들을 징계하기 위하여 그 직분을 유지시키기 때문이라고 말한다. 루터는 그 세속의 직분은 하나님에 의해 위임 받았으며 그것을 필요로 하고 있는 우리 인간들만이 이 직분을 지속시킬 수 있다고 말한다.[46]

루터는 하나님은 세상을 보전하기 위하여 주먹과 병기가 아니라 머리와 책을

---

44 Luther, *A sermon of keeping children in schools*, 233ff.
45 Luther, *A sermon of keeping children in schools*, 237ff.
46 Luther, *A sermon of keeping children in schools*, 238.

사용하신다는 사실을 강조하면서 학자와 법률가들을 세우셔서 세상 나라를 유지해 나간다는 사실을 강조한다.[47] 그는 부모가 자녀들을 교육시킨다면 세상 나라의 이런 귀한 직분을 맡을 수 있다는 점을 상기시키며 자녀들을 학교에 보낼 것을 독려하면서, 이런 사실을 알면서도 부모가 자기 자녀를 교육을 시키지 않으면 짐승들 가운데 속한 것으로 헤아려질 가치밖에 없다고 비판한다.[48]

루터는 세속의 직책을 감당할 사람은 설교의 직책에서 보다 더욱더 유능한 사람들이 필요하며, 따라서 이 사업을 위하여 가장 훌륭한 소년들을 택하는 것이 필요하다고 말한다. 왜냐하면 설교직에 있어서는 그리스도께서 그의 영에 의하여 모든 것을 행하시지만, 세상 나라에서는 하나님께서 현세적 통치와 모든 육신적 삶을 이성에 종속시키셨으므로(창 2:15) 사람들은 이성에 근거하여 행동하지 않으면 안 될 것이기 때문이라고 말한다. 그는 이성을 하나님의 최상의 선물이고 본질적이고 중요한 땅의 축복으로 본다.[49] 법 역시 이성 안에 그 원천을 두고 있기 때문에 그리고 여기서는 성령이 아니라 이성이 필요하므로 이 때문에 현세적인 정치가 더 어려운데, 이는 법이 양심은 다스릴 수 없기 때문이며 여기서 사람들은 어두움 속에서 행동하지 않으면 안 되는 것이기 때문이라고 말한다.[50]

넷째, 루터는 교회의 설교직과 세상의 중요한 직분을 등한시하고 맘몬에만 마음이 팔려 있는 부모들을 나무란다.[51] 그는 어떤 직책을 맡지 않는다 하더라도 공부를 통하여 얻을 수 있는 여러 가지 유익들을 언급하고 있다. 그는 공부를 함으로써 얻는 순수한 기쁨 즉 가정에서 스스로 모든 종류의 책들을 읽을 수 있으

47 Luther, *A sermon of keeping children in schools*, 239.

48 Luther, *A sermon of keeping children in schools*, 241.

49 Paul Althaus, *The theology of Martin Luther*; translated by Robert, C Schultz (Fortress Press Philadelphia, 1964), 64.

50 Luther, *A sermon of keeping children in schools*, 241ff.

51 Luther, *A sermon of keeping children in schools*, 242ff.

며 교육 받은 사람들과 이야기하고 교제할 수 있으며 또한 외국에 여행하거나 사업을 할 수 있는 것 등에 관하여서는 얘기할 필요가 없다고 말한다. 그는 자신이 살던 그 당시가 공부하기에 가장 좋은 시기이며 공부한 사람들에게는 명예가 부여된다는 점도 말하면서 공부를 하도록 독려하고 있다.[52]

다섯째, 루터는 세상 직책에는 악인들이 너무 많다고 하면서 그 직책을 꺼리는 사람들을 향하여서도 권면한다. 그는 그런 직분 자들 중에는 악인들이 있지만 직분 자체는 선하다고 말한다.[53] 그는 또한 지금 경제적으로 어려워도 교육을 시키면 나중에 하나님께서 그를 훌륭하게 조각할 것이며, 지금 자녀를 교육을 시키면, 비록 그가 잠시 동안 빵을 구걸해야 하더라도, 우리 주 하나님께 훌륭한 나무 조각을 드림으로써 하나님께서 그 나무로 그들을 주로 조각하실 수 있게 만들 것이라고 말한다.[54]

여섯째, 루터는 좋은 설교가와 법률가들이 그리고 의학과 교양학과를 위하여 교육 받는 사람들이 더 많아야 한다고 말한다. 그는 특히 문법과 수사학 공부의 중요성을 다음과 같이 말한다. "만약 문법 및 기타의 수사학이 교습되지 않는다면, 설교자, 법관 및 의사들이 어디에서 나오겠습니까? 왜냐하면 그러한 교육은 그들 모두가 발원하는 원천이기 때문입니다."[55]

일곱째, 루터는 교사나 학교 선생이 되는 것을 목사가 되는 것 다음으로 중요하다고 생각한다. 그는 자신이 만일 설교의 직책과 기타의 의무들을 떠날 수 있

---

52 Luther, *A sermon of keeping children in schools*, 243ff.
53 Luther, *A sermon of keeping children in schools*, 248ff.
54 Luther, *A sermon of keeping children in schools*, 251ff.
55 Luther, *A sermon of keeping children in schools*, 252.

다면 혹은 그렇게 해야 한다면 소년들을 가르치는 학교 선생이나 교사 외에는 자신이 맡을 다른 직책이 없다고까지 말할 정도로 이 직분을 높이고 있다. 그는 자신이 설교의 직분 다음으로 이것이 최선, 최대, 가장 유용한 직분임을 알고 있기 때문이라고 말한다."[56]

여덟째, 루터는 독일인들이 학교를 세우는데 돈지갑을 열어야 한다고 호소하고 있다.

> "이전에 사람들이 악마를 섬기고 그리스도의 피를 수치스럽게 만들었을 때에는 모든 지갑들은 항상 활짝 열려 있었습니다. 사람들은 교회 학교 및 모든 종류의 가증스러운 일들에 한 없이 돈을 기부했습니다. 자녀들은 말할 수 없이 비싼 비용을 들여서, 수도원, 교회, 기관 및 학교들에 강제로 보내어질 수 있었습니다. -이 모든 것은 전적으로 손실이었던 것입니다. 그러나 이제 사람들이 참된 학교들과 참된 교회들을 세우게 되었으며- 아니 오히려 그것들을 세운 것이 아니라 잘 보수된 상태에서 그저 유지 하는 것들뿐이니, 그 이유는 하나님께서 그것들을 세우셨으며 또한 그들을 유지하기에 충분한 자원을 허락하셨기 때문입니다. -우리가 그렇게 함으로서 하나님의 말씀을 보존하고 그리스도의 보혈에 영광을 돌리고 참된 교회를 짓게 된 이때에 모든 지갑들은 쇠줄로 굳게 닫혀 있습니다. 그 누구도 돈을 낼 수 없다는 것입니다."[57]

아홉째, 루터는 자신의 이런 충고를 독일인들이 무시할 때 독일의 미래에 임할 재앙들을 생각하며 다음과 같이 말한다.

---

56 Luther, *A sermon of keeping children in schools*, 252ff.
57 Luther, *A sermon of keeping children in schools*, 256.

"나는 하나님께서 은혜로써 나를 죽게 하시고 여기서부터 취하심으로써, 내가 독일에 반드시 임하게 될 불행을 목도하지 않게 해 달라고 기도합니다. 왜냐하면 나는 열 명의 모세가 서서 우리를 위하여 기도한다고 해도(출 17:11) 아무 소용이 없으리라고 믿고 있기 때문입니다."[58]

열 번째, 루터는 통치자들이 그 신민들의 자녀들을 학교에 보내도록 해야 한다고 말한다.[59]

"정부는 유망한 소년을 발견한 경우에 학교에 보내는 일을 등한시하지 않도록 해야 할 것입니다. 만약 그 아버지가 가난하다면, 교회의 재정이 도움을 주는데 사용되어야 할 것입니다. 부자들은 그 장학 재단을 세운 저 몇 몇 사람들처럼 이 사업에 뜻을 가지도록 해야 할 것입니다."[60]

마지막으로 그는 독일인들에게 하나님께서 자신을 예언자로 보내셨음을 상기시키고 그들이 그의 말을 들어야 할 것을 권고하고 있다.

"내 사랑하는 독일인들이여, 나는 여러분에게 충분히 말했습니다. 여러분은 여러분의 예언자의 음성을 들었습니다. 하나님께서는 우리를 위해 거저주신 그의 보혈로 인하여 우리의 사모하는 주님께서 찬미와 감사를 돌림으로써 우리가 그의 말씀에 순종하도록 허락하십니다. 또한 하나님께서 그의 축복에 대한 배은망덕의

58 Luther, *A sermon of keeping children in schools*, 256.
59 Luther, *A sermon of keeping children in schools*, 256ff.
60 Luther, *A sermon of keeping children in schools*, 257.

가증한 죄로부터 보호 하옵시기를 기원합니다. 아멘."[61]

V. 결론

루터의 교육에 대한 외침은 자신이 원하는 만큼 성취되지는 않았지만 여러 지역들에서 작은 성과들을 거두었던 것도 사실이다. 시의회들이 주도적으로 학교를 건립하였고 부모들 역시 아이들을 기꺼이 학교에 보내게 되어 독일은 좋은 인재들을 기를 수 있었고 그 결과로 좋은 설교가들과 좋은 법률가등도 확보할 수 있어 장차 독일의 발전의 기틀을 다지게 되었다.

루터는 교육이 몇 가지 목적을 위하여 이루어져야 함을 가르쳤다. 첫째, 복음의 이해와 전파를 위하여 교육을 시켜야 한다는 것이 그의 교육 강령이다. 둘째, 이런 관점에서 그는 특히 언어 교육을 강조하고 있는데, 그는 학교에서 독일어와 라틴어를 가르칠 것을 촉구하고 있으며 더 나아가 성경 언어인 히브리어와 헬라어까지도 가르칠 것을 독려하고 있다. 그는 특히 당시 교회를 개혁하기 위하여 좋은 설교자가 필요한데 그들에게 성경 언어를 반드시 익히게 해야 한다고 말한다. 셋째, 이런 관점에서 그는 먼저 로마 천주교와 영파들 그리고 시민그룹의 실용주의적 교육을 동시에 비판한다. 먼저 로마 천주교는 언어 교육에 대한 소홀과 그로인한 잘못된 성경 주해와 객관적인 지식의 결여로 효과적이지 않고 여러 모로 쓸모없는 교육을 시켜서 심각한 복음의 왜곡을 가져왔다고, 또한 영파들은 자의적이고 결코 입증될 수 없는 규범 혹은 권위에 던져진 성경해석을 해서 복음을 왜곡시켰다고 그리고 시민 그룹들은 아예 실용주의적으로 교육을 시켰다고

61 Luther, *A sermon of keeping children in schools*, 257ff.

비판한다. 넷째, 루터는 세상 정부를 유지하고 발전시키기 위해서 법률가나 학자와 의사들이 필요한데 이를 위해서 유능한 젊은이들이 필요하다고 말하면서 학교 교육의 필요성을 역설한다. 다섯째, 이를 위해 루터는 영주들과 귀족들에게 독일에 학교를 세울 것을 강력히 건의한다.

오늘날의 기독교 교육은 루터의 시대에 비견할 수 없이 발전했고 새로운 교육 방법들이 계속 발견되어 가르쳐 지고 있다. 하지만 우리는 기독교 교육을 논할 때 "복음을 전파하기 위한 교육"이라는 대명제에서 출발한 그의 교육관을 결코 간과해서는 안 될 것이다. 그가 일반 교육을 위해서 공헌한 점들 역시 오늘날의 교육을 위해서도 상당히 중요한 공헌을 할 수 있다는 점을 잊지 말아야 할 것이다.[62]

62 Tokuzen Yoshikanu, *Pädagogik bei Luther*, 325.

필립 멜랑흐톤과 교육

김진국
(대신총회신학연구원, 교회사 교수)

안양대학교 목회학과를 졸업하고, 안양대학교 신학대학원에서 목회학석사(M.div)와 신학석사(Th.M)과정을 거쳐, 네덜란드 아펠도른 기독 개혁 신학 대학교에서 신학박사를(Th.D) 취득했다. 현재 시흥동에 동산교회(대신)에서 교육목사로 섬기고 있으며, 대신총회신학연구원 교회사교수로 섬기고 있다.

김진국

I. 들어가며

1517년경 종교개혁이 시작되고 난 후, 개혁된 교회가 유럽에 어떻게 정착되었는가? 루터의 종교개혁의 열매가 유럽의 일반영역에, 특히 교육에 어떤 여파를 남기었는가? 이런 질문에 대해서 답을 찾아가노라면, 꼭 중요하게 다루어야 할 인물이 있다. 그는 바로 멜랑흐톤이다. 만일 루터 곁에 멜랑흐톤이 없었다면, 루터의 종교개혁이 그토록 지속적으로 잘 정착될 수 있었을까?

이것에 대해 루터가 자신이 직접 다음과 같이 말했다. "나는 내가 부패와 마귀와 싸우고, 바닥에 내려쳤다. 그러므로 나의 책들은 매우 격동되고 전투적이었다. 나는 무례한자들과 거치는 것들을 멸절하고 후려치고 … 그러나 필립 멜랑흐톤은 깨끗이 고요히 짓고 건설하고 심고, 그에게 하나님께서 은사를 풍족히 주신 것을 따라 보고 자라게 하였다."[1] 루터는 그 당시에 부패한 교회와 잘못된 것들을 향해 싸우고 땅을 개간하였다면, 멜랑흐톤은 씨를 뿌리고, 가꾸고 자라게 하는 역할을 하였다고 말한다. 이 역할을 위해서, 멜랑흐톤의 인문주의적으로 교육받은 것과 그가 가진 교육이 지대한 공헌을 하였다.

종교개혁이 진행될 때, 인문주의라는 저변에서 이루어졌다. 그 당시 알려진 대표적인 인문주의자 가운데, 에라스무스와 멜랑흐톤을 들 수 있다. 에라스무스는 당대에 헬라어로부터 라틴역 신약성경을 출판하기도 하며, 인문주의자로서 명성을 떨쳤다. 하지만 에라스무스를 향해 종교개혁자라고 부르지 않는 이유는 그는 단지 고전으로 돌아간 연구가이며, 고전인 성경으로 돌아가도 자신이 배경

---

1 Nicole Kuropka, *Melanchthon* (Tübingen: 2010), 23.

으로 가지고 있던 가톨릭 안에 그대로 머문 인문주의자였다. 굳이 말하자면, 인문주의자이나 로마 가톨릭 안에 머문 자라고 할 수 있겠다. 그는 로마 가톨릭을 향해 도덕적인 개혁을 외치기는 했으나, 복음에 입각한 개혁을 외치지는 않았다.[2] 이와는 다르게 멜랑흐톤은 당대의 인문주의 가문에서 태어나고 교육받은 자로서, 종교개혁에 참여하여 복음안에서 변화된 인문주의자, 다시 말하면, 개신교적 인문주의자라고 말할 수 있다. 멜랑흐톤의 학문적 구상이 현재의 유럽 대학의 정체성에도 기반이 됨에 주목해야 한다. 멜랑흐톤은 유럽의 종교개혁과 인문주의의 관계를 잘 조화한 사상가이다. 루터는 선지자적 선포자요 그리스도의 탁월한 종이며, 멜랑흐톤은 교회의 교사이며, 무엇보다 대학의 교사이었고, 칼빈은 교회의 교사요, 목사(장로)이었다.

종교개혁이 한 세대를 거치면서, 종교개혁된 신앙과 생활이 유럽 땅에 정착하기 위해서 그것이 교육되어야 했다. 멜랑흐톤은 바로 이 면에 지대한 역할을 하였다. 인문주의자 멜랑흐톤이 개혁된 교회의 진리를 인문주의적 방식으로 유럽에 정착시키는데 기여했다. 이런 관점에 대해서 2010년 멜랑흐톤 서거 450주년을 기념하는 해에 독일의 교사라는 주제로, '신앙과 교육의 끊어질 수 없는 연결'에 대해서 논의하였다.

한상진 교수는 멜랑흐톤의 교육사상이 세 가지 관점(세 가지 시기와 관련하여)으로 요약할 수 있다고 본다.[3] 첫째 시기(약 1519년 이전)에는 인문주의적 교육이상, 둘째 시기(약 1520-1525)는 학교와 대학을 위한 '경건과 교육', 셋째

---

2 Nicole Kuropka, *Philipp Melanchthon: Wissenschaft und Gesellschaft* (Tübingen: 2002).

3 한상진, 『종교개혁자의 신앙교육』 (서울: 대한예수교장로회 총회, 2008), 51.

시기는 1525년 이후의 '교육과 교회'이라고 한다. 어느 정도 이런 멜랑흐톤의 교육적 중심점이 변화를 가졌다고 볼 수 있다. 그의 교육과정을 통해 인문주의적 교육이 형성되었으며, 루터를 만난 이후, 기독교적 인문주의자로서 교육에 박차를 가했고, 1535년경부터 인문주의적 교육을 교육기관과 제도에 정착시켜 나갔다.

한국에 복음이 전해진지 130년이 지났다. 어떤 지역에 복음이 전해지고 나면, 기독교가 그 땅에 정착한다. 그 정착되는 시기에 기독교 신앙이 어떤 그릇에 담겨 정착되고, 교육되는가? 네 부류로 볼 수 있는데, 첫째, 구원과 삶을 이분법적으로 생각하는 부류가 있고, 둘째, 구원과 삶을 지나치게 혼합하는 경우가 있고, 셋째는 구원보다 삶을 더 중시여기는 경우이고, 넷째, 구원과 삶을 구별하면서 구원받은 신자로서 기독교적 삶으로 정착해 나가는 경우가 있다. 첫째 부류의 사람들은 주로 특별계시와 일반계시, 은혜와 자연을 날카롭게 분리하는 경우이고, 둘째부류의 사람들은 특별계시와 일반계시, 은혜와 자연을 혼합하는 경우이고, 셋째부류의 사람들은 자연(인간의 이성이나 경험을 통해 형성한 것)을 구원보다 위에 두는 세속화된 경향이고, 넷째부류의 사람들은 특별계시와 일반계시, 은혜와 자연을 구별하며, 궁극적으로 하나님을 영화롭게 하는 하나님 주권에 근거하는 경우이다. 한국교회가 앞에서 언급한 넷째 부류의 교회로서, 건전한 개신교, 개혁교회, 장로교회의 걸음을 걸어왔으며, 그런 바른 가르침으로 교육되었는가?

이런 물음 앞에 옛 믿음의 선조들인 종교개혁을 따른 교회들의 좋은 모본을 비추어 평가한다면, 한국 기독교를 점검하며, 좋은 이정표가 되어줄 것이라 생각한다.

Ⅱ. 멜랑흐톤과 교육

1. 멜랑흐톤과 인문주의

그 당시 유럽의 교육과 학문에 새롭게 부각되는 것은 인문주의였다. 르네상스를 기반으로 지식인 운동이 발전했는데, 고전으로 돌아가자는 이념이 있었다. 멜랑흐톤은 인문주의적 교육을 받았는데, 라틴어 읽기, 쓰기와 그 기본토대를 배웠다. 그는 열한 살 때부터 라틴어 학교에 다녔고, 요하네스 로이힐린의 여동생(멜랑흐톤의 외할머니)의 집에서 살았는데, 증조부 로이힐린(Johannes Reuchlin)은 당대의 저명한 인문주의 학자였다. 로이힐린은 멜랑흐톤의 이름을 시어주었는데, 본래 그의 이름은 필립 슈바르체트(Philipp Schwartzerdt)였고, 이 독일식 이름을 라틴어나 그리스어로 바꾸어 주었다. 이런 관행은 인문주의자들에게 자주 있던 일이었다. 그 뜻은 검은 땅이란 뜻인데, 그것을 그리스어로 옮겨 멜랑흐톤이라고 하였다. 벌써 12살 때 대학진학을 위해 하이델베르크로 가서, 거기서 2년간 자유 7과학부(artes liberales) 교육을 받고 인문학사를 받았다. 1512년 9월 튀빙엔 대학으로 대학을 바꾸었고, 1514년 17살에 석사시험을 통과했다. 본과에서 신학부에 등록을 했지만, 그는 고대문학, 그리스문학에 관심이 많았다.[4] 이런 그의 학업과정을 보면, 그가 인문주의적 교육을 받았던 자였고, 그가 비텐베르크로 부름을 받아, 루터를 만난 후 종교개혁자가 된 것은 하나님의 섭리라 할 수 있겠다.

멜랑흐톤은 인문주의와 종교개혁 사이의 중개자로 볼 수 있다.[5] 그가 학교에

---

4 마르틴 융, 『멜란히톤과 그의 시대』, 이미선 옮김 (서울: 홍성사, 2013), 18. Martin Jung, *Philipp Melanchthon und seine Zeit* (Göttingen: V & R, 2010), 12.

서 활동하고 대학에서 가르칠 때, 그의 인문주의적 교육이 활용되었고, 많은 저작들이 사용되었다. 멜랑흐톤의 저작이 독일 지역 대학에서 교과서로 쓰여진 것을 보면 그 영향력을 알게 된다. 멜랑흐톤은 특별히 문법(운율학), 수사학, 논리학에 관한 교과서를 성공적으로 출간했고, 윤리학에 있어서 아리스토텔레스의 니코마코스 윤리를 주석했고, 두 개의 새로운 교과서를 작성했다. 그는 물리학의 교과서(Initia doctrinae physicae)를 다루었고, 아리스토텔레스의 형이상학에 대한 책(De caelo, 하늘에 대하여)과 기상학에 대한 내용을 보게 된다.[6]

멜랑흐톤이 교과서를 저술한 것을 시기적으로 보면, 1518년에서 1530년 사이에 문법책, 수사학, 논리학을 썼고, 1538년 이후에 윤리학, 물리학, 심리학, 역사를 위한 교재를 만들었고, 1547년에 눈에 띈 변화를 담은 논리학 최종판이 생성되었다.[7] 1536년 이후에 여러 가지 자연과학적 작품들을 철학에 대해서(De philosophia)라는 이름으로 출판했고, 신학을 위해 도덕철학의 의미와 물리학을 강조하였다.

멜랑흐톤에게 있어 중세후기의 교과서와 반대로 본질적으로 바뀐 점이 헬라어 문법을 육성한 것과 역사수업을 견고하게 연결 지어서 역사의 교과서를 만들었다.[8] 멜랑흐톤은 역사연구를 하나의 독립된 분야로 취급해야 한다고 말하고, 1555년에 『카리온의 연대기』(*Chronicon Carionis*)를 쓰면서 세계사를 연구했고, 그리하여 많은 사람들이 고전연구에서 세계사 연구로 관심을 갖게 되었다.[9]

---

5 김진국, "멜란히톤의 신학", 갱신과 부흥 19호 (부산: 개혁주의학술원, 2016), 13.

6 Jürgen Leonhardt, "Melanchthon als Verfasser von Lehrbüchern", in *Melanchthon und das lehrbuch* des 16. Jahrhunderts, Jürgen Leonhardt(H.g.) (Rostock: Universitätsdruckrei Rostock, 1997), 18-19.

7 Jürgen Leonhardt, *Melanchthon als Verfasser von Lehrbüchern*, 24.

8 Jürgen Leonhardt, *Melanchthon als Verfasser von Lehrbüchern*, 20;

9 김영재, 『기독교회사』 (서울: 이레서원, 2000), 20.

천문학에 있어서 점성술을 이어 연관 지었다. 그는 수학과 헬라어 공부를 강조했다. 다른 면에서 보면, 멜랑흐톤은 자연과학적 보수적인 중세적 표준을 받아들였다.

중세와 멜랑흐톤의 학문적 방법론을 불연속성과 연속성의 관점에서 보자면, 멜랑흐톤은 그의 초기에 아리스토텔레스 철학이 스콜라철학에 있어서 내용까지도 좌지우지 하는 것을 보고, 루터의 견해처럼, 강하게 거부하는 편을 택했으나, 20년대 후반부터 다시 아리스토텔레스의 철학내용을 선택한 것이 아니라 그의 학문방법론의 사용을 회복하였다.

헤르만 셀드하위스에 따르면, 멜랑흐톤과 아리스토텔레스 철학에 대해 다음과 같이 말한다: "멜랑흐톤이 초기에 아리스토텔레스의 철학을 비판하고 난 뒤, 그는 20년대 후반부터 다시 아리스토텔레스를 위해 변론하였고, 1537년에는 '아리스토텔레스의 생(De vita Aristotelis)'에 대해 말했는데, 아리스토텔레스의 커다란 공헌, 즉 무엇보다 아리스토텔레스가 학문에 구조를 주었으며, 그가 개요적인 교과서들 안에서 학문을 요약하면서 그 일을 하였다. 분명하게 아리스토텔레스는 내용적으로가 아니라 단지 외형적으로 의미를 가졌던 것이다. 그 의미는 이런 방식으로, 즉 단지 아리스토텔레스의 도움으로 학문이 혼돈되지 않도록 유지할 수 있다는 방식인 것이다. 왜냐하면 아리스토텔레스는 '방법론에 있어 유일한 교사'이며, 그리고 세 고등의 학문분과(역자주: 법학, 의학, 신학)에서는, 즉 신학도 역시 그의 모델에 따라 세워야만 한다(CR XI, 349)."[10]

---

10 Herman Selderhuis, *Melanchthon und die europäischen Universitäten*, 4/2010 epd-Dokumentation, 21. 참고) Herman Selderhuis, "Praeceptor Europae, Philippus Melanchthon over kerk, recht en universiteit", *Apeldoornse Studies* no. 55, 2010.

멜랑흐톤은 인문주의적 교육가로서 아리스토텔레스의 중세교회적 수용에 대해서 거부하였고, 하지만 과거의 과목을 일부 폐지하였고, 인문주의적 방식으로 바뀌었다.[11] 중세신학은 원어로부터 끌어낸 신학이 아니라 철학과 교회전통에 따른 신학을 추구했기에 모호한 논증만이 있었다. 중세 스콜라주의는 신학적 형이상학적 시스템의 구성으로 되어 있던 것을 멜랑흐톤은 수사학과 논리학을 토대로 성경 원어로부터 그리스도와 계명을 글과 말로 명료하게 전하는 방식으로 바꾼 것이다. 그는 자신의 교육적 체계를 교육의 실천가로서 초등학교부터 대학까지 변화를 시도하였다.

2. 멜랑흐톤의 교육철학

셀더하위스 교수는 멜랑흐톤의 (대학)교육을 향한 목적에 대해 다음과 같이 말한다:

> **"멜랑흐톤의 동기, 즉 대학을 위해 그런 방식으로 노력하는 동기는, 순수한 아카데미적인 관심을 넘어선 것이고, 그의 하나님을 아는 (cognoscere Deum) 관점과 함께 있는 것이다. 대학은 '하나님의 거룩한 복음과 신적인 말씀들의 확장을 향한 칭송을 향해, 또한 진정한 좋은 학문의 확대를 향해' 존재하는 것이다."**[12]

멜랑흐톤이 교육기관과 학문의 육성을 위해 힘쓰는 동기는 하나님을 아는 목

11 Dietrich Korsch, Gebildeter Glaube, "Philipp Melanchthon als Pädagoge", in *Evangelisches Predigerseminar Lutherstadt Wittenberg*(H.g.) "Man weiß so wenig über ihn" *Philipp Melanchthon* (Wittenberg: Drei Kastanien, 1997), 39.
12 Herman Selderhuis, *Melanchthon und die europäischen Universitäten*, 17.

적으로부터 나오는 것이다. 멜랑흐톤 대학들과 학교들은 하나님의 계명을 통해서 설립되어야 한다고 출발점을 삼았다.[13]

멜랑흐톤의 교육에는 한 가지 두드러진 특징이 있는데, 그것은 경건이며, 교회중심적이고, 목회자나 국가 리더들을 세우기 위한 목적이었다. 멜랑흐톤에게 있어 교육의 목적은 분명하였는데, 그것은 자신의 영달이나 성공이 아니라, 하나님을 아는 것, 교회를 무지와 혼돈으로부터 말씀으로 섬기는 것, 평화와 질서가운데 교회가 자라가는 것, 사회와 국가의 안정과 보존을 위해서였다. 그가 대학을 개혁하고 인문주의 커리큘럼으로 바꾼 강한 동기 가운데 하나는 "성직자 교육의 질적 개선을 통한 교회개혁의 완수라는 보다 급박하고 절실한 목적에서 비롯되었다."[14]

로마가톨릭은 자연과 은혜를 서열화하여서, 은혜가 자연위에 있고, 그래서 자연스럽게 성직자들이 세속권세자 위에 있다고 하였다. 이들과는 극단적으로 반대로 재세례파는 은혜와 자연과는 분리되어 존재했고, 그들은 은혜 받는 것을 자연을 떠나는 것으로 이해했다. 하지만 루터와 멜랑흐톤에게 있어 자연과 일반의 영역도 "하나님 섬김(예배)"으로 바라보면서 로마가톨릭과 재세례파의 왜곡된 이해를 반대하면서, 율법과 복음, 지상적인 것과 교회적인 것, 설교직과 공직, 일반학과 신학, 자연과 은혜, 자연 언약과 은혜언약은 구별되면서, 모두 하나님의 영광과 명예를 위해 있다.[15] 각각의 역할과 목적과 방식이 있고, 삼위일체 하나

---

13 Markus Wriedt, Erneurung der Frömmigkeit durch Ausbildung: ..., 66.

14 박준철, "르네상스 휴머니즘과 종교개혁의 관계 - 필립 멜란히톤의 비텐베르크 대학 커리큘럼 개편을 중심으로 -", 「서양사론」 제52호(1997), 29.

15 Jin Kook Kim, *Die reformatorische Amtslehre bei Melanchthon* (Münster: LIT Verlag, 2016), 216.

님과 예수 그리스도의 뜻 아래 진행되는 것이다.

종교개혁과 교육은 견고하고 지속적인 관계이며, 신학교육과 일반교육이 멜랑흐톤에게 있어서는 동일하게 중요하였다. "기독교 신앙은 교육을 필요로 하나, 그러나 신앙은 교육에 근거하지는 않는다. 신앙은 멜랑흐톤에게 있어 하나님의 인간 마음대로 할 수 없는 자유로운 선물이다. 교육은 필연적이나, 그러나 구원에 필연적이지는 않다. 교육은 구원의 전제조건은 아니다"16

3. 멜랑흐톤의 작품소개

하인츠 샤이블레에 따르면, 멜랑흐톤은 자신의 작품들을 여러번 작업을 통해 보충해 나갔다. 멜랑히톤의 작품은 여러 가지로 나누어 볼 수 있는데,17 1) 문법, 교과서, 라틴어 문법에 관한 책이다. 2) 논리학과 수사학에 관한 글이다. 3) 신학총론의 다양한 판들이다. 4) 성경주석들과 신학저술들이다. 5) 라틴어 저작들 주석과 편집들이다. 6) 헬라저작들 출판, 번역, 설명들이다. 7) 윤리, 정치와 법에 관한 글들이다. 8) 인간론과 물리학에 관한 글들이다. 9) 역사와 지리학에 관한 글들이다. 10) 논쟁서와 연대기 책들이다. 11) 교회적 가르침과 실천서들이다. 12) 대학교 관련된 저작들이다. 13) 운문(시)에 해당하는 작품들이다. 위에서 보는 것처럼, 멜랑흐톤의 작품들의 영역은 제한이 없이 모든 학문의 분야에 다 퍼져 있다.

---

16 Martin H. Jung,"Philipp Melanchthon - Gebildeter Glaube", *Luther*, 82 no 3, 2011, 151.

17 TRE B.d. 22, Heinz Scheible, *Philipp Melanchthon* (Berlin, 1992), 386-89.

다음은 멜랑흐톤의 대학에서의 각 분과별로 직접 간접적으로 산출된 저작들에 대해서 편집 번역 출판한 2012년에 나왔는데,[18] 첫째, 철학분과 내지 자유7학문 분과를 보면,[19] 『헬라어 학업에 대한 연설』(*De studiis linguae Grecae,* 1549), 『히브리어 학업에 대한 연설』(*Oratio de studio linguae Ebreae,* 1549), 『자연과학에 대한 연설』(*Oratio de physica,* 1542), 『천문학의 가치에 대해서』(*Oratio de dignitate astrologiae,* 1535) 등이 있다. 둘째, 법학과들에 대한 책들 가운데 『법학자 이어네리우스와 바르톨루스에 대한 강연』(*De Irnerio et Bartolo iurisconsultis oratio,* 1537)과 『법의 존엄에 대한 연설』(*Declamatio de dignitate legum oratio,* 1538)이 있다. 셋째 의학과들에 대한 책들에서는 『아비세나스의 생애』(*De vita Avicennae,* 1548)와 『의학과에 관한 연설』(*De arte medica,* 1555) 등이 있다.

Ⅲ. 멜랑흐톤의 교육활동

1. 교육의 개혁자 멜랑흐톤

멜랑흐톤은 독일학교에서 중등, 고등교육에 대해 지대한 영향을 미쳤다. 그의 1523년에 작성한 "아이들의 기초적인 교과서"(Enchiridion elementorum puerilium)에서 교육에 대한 기본적 이념을 말한다.

멜랑흐톤은 "시찰자를 위한 교과서"에서 교육에 대해 언급했다.[20] 그는 아이

---

18 *MELANCHTHON Deutsch IV* (Leipzig: Evangelische Verlagsanstalt, 2012).

19 *MELANCHTHON Deutsch IV,* 13-132.

20 Schling (Hg.), *Dieevangelischen Kirchenordnungen des XVI. Jahrhunderts,* 149-74; StA 3(Martin LutherStudienausgabe, Band 1-6, 1982), 406-62. *MSA* (Melanchthon,Philipp,

들을 학교에 보내도록 부모를 교육시키는 것이 중요하다고 생각했다. 그가 구상한 라틴어 학교에서는 세 과정으로 이루어진다. 첫째 과정에서는 학생들은 읽는 것을 배워야 하며, 교과서 안에 알파벳, 주기도문, 신앙고백, 그리고 다른 기도문들을 읽는 것을 집중적으로 배운다. 이것을 배운 다음에, 중세 라틴어 문법책(Donat)과 라틴어 명언집(Cato)을 함께 정하여, 선생님을 따라 소리내어 읽고, 그 안에 있는 라틴어 단어들을 배우고, 말하며 연습한다. 그 다음에는 쓰기를 배우고, 진행하여, 쓴 글을 선생님께 보여준다. 저녁마다 라틴어 단어를 보여준다. 그리고 음악시간에 참여하여 노래 부르고,[21] 하나님이 원하시는 대로 찬양한다. 둘째 과정은 문법적으로 라틴어를 공부한다. 시간표가 작성되어 있는데, 첫 시간은 음악을 연습하고, 그 다음 선생님이 이솝우화(Fabulas Aesopi)를 해석해 주고, 그 외에 여러 라틴어 책들을 배우고, 저녁에 다시 반복한다. 저녁에 집에 가서 복습을 하고, 다음날 아침에 제시해야 한다. 주일저녁이나 수요일날은 어린이들이 기독교적인 가르침을 배워야 한다. 그리고 신앙고백, 십계명을 익혀야 한다. 그것과 함께 선생님은 시편을 다루어(112편, 34편, 128편, 125편, 127편, 133편 등) 하나님 경외함과 기독교 생활의 총체를 담은 것을 학생들에게 가르쳐준다. 그리고 이 날 마태복음을 문법적으로 살펴보고, 디모데전후서와 요한일서, 잠언을 해석한다. 이사야, 로마서, 요한복음을 읽는 정도로 한다. 이 두 번째 과정에서는 멜랑흐톤이 '기독교의 삶의 총체'라 생각한 성경, 교리문답, 시편 등으로 이루어졌다. 셋째 과정에서는 먼저 오후에 음악을 연습하고, 키케로, 버질, 오비디우스의 책으로 높은 라틴어 수업을 한다. 어원적인 것과 구문론을 매우고, 여기에 문체연습과 토론법 및 수사학 공부도 덧붙인다. 상급반 학생들은 라틴어

Melanchthons Werke in Auswahl (Studienausgabe), 7 Bd., Hg. Von RobertStupperich, Gütersloh 1951-75) I.

21 참고, Stefan Rhein, "Melanchothon und die Musik", *Luther*, 82 no 2, 2011, 117-27.

로만 말해야 한다. 멜랑흐톤은 이렇게 초등, 중등학교에 해당하는 커리큘럼을 만들었다. 종교개혁의 중요한 부분의 관점은 교육체제에 대한 변혁이었고, 루터도 교육, 그리고 사회적 약자나 소녀들을 위한 교육을 증진했고, 멜랑흐톤은 이를 실행했다.[22]

그는 상급 인문학교, 일명 고등학교(Oberschule)를 만들었다. 뉘엔베르크에 세운 학교가 유명한데, 이 학교는 김나지움이라고 불리는 현대 인문학 고등학교의 모범이 되었다.

루터가 시작한 인문주의적 교육으로의 변화를 이어,[23] 멜랑흐톤은 비텐베르크 대학을 중세후기의 스콜라주의적 방식에서 인문주의적 교육으로(스투디아 후마니타티스) 더욱 완연하게 틀을 바꾸었다. "자유 7과 학부가 1516년부터 1518년 새로 개혁된 후에, 멜랑흐톤은 1523년 총장으로서 스콜라적인 시스템의 마지막 남은 것을 제거할 수 있는 그리고 인문주의적인 프로그램을 완성할 수 있는 그리고 철학적 예과의 교수직을 11개로 늘릴 기회를 받았습니다. 그러므로 그것은 논리학이나 수사학 그리고 문법학과 같은 과목을 의미합니다."[24] 기존의 대학의 개혁과 대학에 준하는 새로운 학교들의 설립이 종교개혁의 정착을 위해서 필요했다. 멜랑흐톤의 취임강연에서 보듯이, 그는 원전으로 돌아가서 텍스트로부터 학문이 추구되어야 함을 역설하였다. 1533년 정관에 신학부의 커리큘럼에 스콜라 신학은 사라졌고, 성경이 교재이며, 기독교 교리의 주요주제들을 가르쳤다.[25] 1536년 대학의 커리큘럼이 완전히 개편되었고, 1546년 정관에는 완성

---

22 Martin Jung, *Philipp Melanchthon und seine Zeit*, 34.

23 박준철, "르네상스 휴머니즘과 종교개혁의 관계 - 필립 멜란히톤의 비텐베르크 대학 커리귤럼 개편을 중심으로", 20-23.

24 Herman Selderhuis, *Melanchthon und die europäischen Universitäten*, 18.

되었다. 박준철은 말하기를, “멜랑흐톤의 비텐베르크 대학 개편은 휴머니즘과 종교개혁의 건설적 유대를 의미한다.”[26]라고, 설명했다.

그는 마부르그 대학이나 그 외에 많은 개신교 대학에 자문이나, 자신의 제자들을 통해서나 방문하여 지도하거나 하는 방식으로 참여하여 교육개혁을 이루었다. 1560년 독일의 16개 대학 중에 10개 대학의 커리큘럼이 멜랑흐톤에 의해 직간접적으로 개편되었다.[27]

2. 자유 7과 학부의 교수

멜랑흐톤은 중세적 인문주의적 교과목(자유 7과 학과목)을 받아들이면서, 확장 발전시켰고, 운율학과 역사를 추가했다. 비텐베르크에서 그는 헬라어 학습과 수학과 특별히 역사를 강조했다.[28] 모든 학생은 철학분과에서 배우고 나서, 본과(법학, 의학, 신학)에 입학하게 되었다.

멜랑흐톤의 영향과 그를 통해 교육에 대한 비텐베르크 종교개혁이 16세기 독일과 유럽에 조직적으로까지 되는데 감소되지 않았다. 지속적으로 그의 교과서들이 출판되었다. 많은 수의 문법교과서는 부분적으로 18세기까지 사용되었고, 교의학, 윤리학, 수사학, 논리학, 물리학, 심리학 작품들과 법학, 의학, 자연환경, 정원학, 지질학, 기하학, 수학적 문제를 다룬 논문들이 (심지어 천문학적 주제들

25 박준철, “르네상스 휴머니즘과 종교개혁의 관계 - 필립 멜란히톤의 비텐베르크 대학 커리큘럼 개편을 중심으로”, 26.
26 박준철, “르네상스 휴머니즘과 종교개혁의 관계 - 필립 멜란히톤의 비텐베르크 대학 커리큘럼 개편을 중심으로”, 29.
27 박준철, “르네상스 휴머니즘과 종교개혁의 관계 - 필립 멜란히톤의 비텐베르크 대학 커리큘럼 개편을 중심으로”, 9.
28 Markus Wriedt, Erneurung der Frömmigkeit durch Ausbildung: ..., 63.

도) 출판되었다.[29]

멜랑흐톤의 성경언어 학업과 자유 7과학부의 연구 후에 본과를 배우는 것에 대해 분명한 입장을 제시했다. 이에 대해 셀드하위스 교수는 말한다.

"유럽 대학들에서 성경언어의 연구가 꽃피운 것은 멜랑흐톤이 그것을 향해 준 동인(추진력) 때문이다. 비텐베르크 대학의 학교규정에서는 히브리어와 헬라어의 저작들안에 있는 교회적 교리들의 근원들을 고려하여 다음과 같은 점을 확고히 했다. '가르치는 사역을 준비하는 자들은 역시 이 언어들을 배워야만 한다(CR X, 994; 1007).' 멜랑흐톤은 자유7과 학부 (예과)를 철저히 연구하는 것이 신학연구를 위해 그리고 역시 다른 두 학과 즉 - 법학과 의학 - 의 좋은 진전을 위해 필연적이라는 것을 설득하였고, 이 입장을 여러 강연에서 서술하였다."[30]

3. 다른 학과들을 위한 활동

멜랑흐톤은 자유 7과학부뿐만 아니라 자연과학과 법학에도[31] 지대한 공헌을 하였다. 멜랑흐톤이 법학과 관련된 인물에 대해 셀드하위스 교수에 따르면, "멜랑흐톤은 의미있는 법학자들과 관계가 있었고 그들에게 영향을 미쳤다. 이것을 위해 예를 들자면, 요한 아펠(1486-1536)인데, 그는 5년 동안 비텐베르크의 교수였으며, 멜랑흐톤의 수사학적 토론법을 법학에 응용한 사람이었다. 바젤의 법

29 Markus Wriedt, Erneurung der Frömmigkeit durch Ausbildung: ..., 65.
30 Herman Selderhuis, *Melanchthon und die europäischen Universitäten*, 19.
31 Paul Robinson, "The most learned discourses of the philosophers and lawyers: Roman law, natural law, and property in Melanchthon's Loci communes", *Concordia Journal*, 28 no 1 Jan 2002, 41-53.

학자 클라우디우스 칸티운쿠라(15세기 말부터 약 1560년)는 그의 유명한 법학적 논제들(Topica legalia, 1520)에서 로찌 방법론을 따라 책의 구조를 세웠다. 다른 사람들 중에 그들의 교과서들 때문에 역시 비텐베르크밖의 영향력이 풍부한 교수들이었던 콘라드 라구스(1500-1546)와 멜히오르 클링(1504-1571)은 자신의 저작에서 계속적으로 멜랑흐톤에게 근거를 두고 서술했던 학자들에 속해 있던 사람이었다. 독일어권 영역 외에도 멜랑흐톤이 높은 평가를 유지했는데, 예를 들면 프랑스의 법학자들은 멜랑흐톤의 윤리적 저작들과 법학적 관점들을 사용했던 것이다. 푸란시스쿠스 두아레누스(1509-1559)는 그의 제자들에게 조언을 주었는데, 멜랑흐톤의 『윤리적 가르침의 기본서』(*Elementa doctrinae eticae*)를 사용할 것을 권했고, 왜냐하면 그 책보다도 더 분명하게 권리의(기본권 혹은 법) 근원을 기록한 책이 없기 때문이었다."[32]라고 하였다.

1997년 브레튼의 멜랑흐톤 하우스에서 개최한 학술회의 주제는 멜랑흐톤과 그 시대의 자연과학이었다.[33] 거기에 다루어진 주제들은 다음과 같다. "멜랑흐톤의 하나님과 자연을 향한 찾음", "루터와 자연과학들..", "하나님과 자연- 멜랑흐톤의 인문주의적 철학안에 나타난 자연철학적 변형", "정신으로서 하나님. 필립 멜랑흐톤에게 있어 하나님의 어떤 물리적 정의", "멜랑흐톤에게 있어 자연과학과 경건", "멜랑흐톤의 신학을 위한 수학적 의미를 위해", "멜랑흐톤과 천문학 - 이론적 그리고 mantisches", "자연학적 천문학적인 상황안에서, 필립 멜랑흐톤의 천문학적 내용들의 운문들", "필립 멜랑흐톤과 의학", "멜랑흐톤과 비텐베르크안에서 Vesal 수용", "의학역사적인 전통과 멜랑흐톤의 영혼에 대한 책(Liber

---

32 Herman Selderhuis, *Melanchthon und die europäischen Universitäten*, 19

33 Günter Frank/ Stefan Rhein(H.g.) *Melanchthon und die Naturwissenschaften seiner Zeit*, (Bretten: Thorbecke, 1998).

de anima)에서 정신(Spiritus)", "필립 멜랑흐톤과 지질학", "멜랑흐톤과 Mercator: 16세기 천지학", 멜랑흐톤의 영향아래 자연과학적 수업들의 설립", "브레튼의 관원에게 필립 쉬바르츠의 늦은 서신, 한 팔츠의 사람에 받았던"이라는 주제들이다.

Ⅳ. 멜랑흐톤의 기여34

1. 신학적 방법론에 있어서 아리스토텔레스적인 형식

그 당시에 신학적 학문방법론에 있어 아리스토텔레스적인 방법이 정착하는데 멜랑흐톤의 공헌이 있다. 헤르만 셀드하위스에 따르면, "이것이 대부분의 개신교 대학들에 있어서 신학적 강의를 향한 결정적인 영향이 되는 아리스토텔레스의 재도입이었다. 몇몇의 개혁신학적 학문기관들에서 라무스주의가 주변적으로 그리고 제한된 한도에서 억제할 수 있었지만, 아리스토텔레스는 무엇보다도 멜랑흐톤의 덕분에 확고한 위치를 차지할 수 있었다. 흐로닝엔과 우트레흐트 대학에서는 대학 규정집에 확고히 결정된 바가 다음과 같다. 교수들은 아리스토텔레스의 작품들(Aristoteles sententia)에 의존해야 한다. 1641년 레이든 학교 법에는 아리스토텔레스의 텍스트들이 우위를 가져야만 한다고 알려주고 있다. 루터주의 스콜라주의뿐만 아니라 개혁주의 스콜라주의는 아리스토텔레스적 방법론을 통해서 광범한 그리고 내용적으로 근본적인 결과적인 연결된 사용을 만들어 갔으며, 멜랑흐톤의 아리스토텔레스에 대한 변호가 가장 중요한 이유들이었다.

34 이 부분은 대부분 헤르만 셀더하위스 교수의 글에 의존한다.

멜랑흐톤의 개혁주의 스콜라주의를 향한 영향이 유일무이한 것은 아니었는데, 거기에 역시 신학자들, 즉 마틴부처와 요한 칼빈을 언급해야 하는데, 그럼에도 멜랑흐톤의 영향력은 본질적이고, 그것을 기스베르투스 푸티우스의 작품에서 보는바와 같다."[35]

멜랑흐톤의 방법론은 단지 비텐베르크에 머문 것이 아니라, 제네바와 프랑스와 네덜란드에게 퍼지게 된다. 셀드하위스에 따르면, "칼빈의 후계자인 테오도르 베자에 의해서 초기에 제네바에서 취한 발전들이 가장 눈에 띄는 발전이다. 베자는 그의 신학적 구상들 안에서 학문으로서 신학의 형식적 내용적 질서가 칼빈의 기독교 강요보다 멜랑흐톤 방법론에 연결되어 있는 것처럼, 그렇게 멜랑흐톤에 연결되어 있다. 람베르트 다네우스의 *Christianae Isagoges adchristianorum theologigorum locos communes* 의 서문에서 베자는 아리스토텔레스의 재발견을 칭송하고 있으며, 그것은 멜랑흐톤이 그것을 위해서 수고했던 점이었습니다. 다네우스는 더우기 멜랑흐톤의 방법론의 발전을 위한 좋은 예인데, 멜랑흐톤이 대학수업에 영향을 끼친 것, 즉 다네우스가 제네바와 레이든과 겐트와 오르테츠와 카스트레스에서 강의했던 것과 다네우스에게 있어 멜랑흐톤의 직접적 영향이 가시적이며, 말하자면 그의 윤리에 대한 책(Ethices libri)에서 나타나는 것을 알려준다. 이 윤리학은 개혁정통주의의 주저서 중의 하나로 묘사되며, 그리고 다네우스는 그 책 안에서 반복적으로 멜랑흐톤을 증거로 내세우고 있다."[36]라고 했다.

2. 그의 교과서의 보급과 다른 학문의 영향

---

35 Herman Selderhuis, *Melanchthon und die europäischen Universitäten*, 21.
36 Herman Selderhuis, *Melanchthon und die europäischen Universitäten*, 22.

멜랑흐톤은 학교들과 대학들을 기초를 놓았고 형성했고, 개신교 학교들과 대학들에 그 당시 지식의 모든 영역들을 위해(라틴어, 헬라어, 수사학, 논리학, 윤리학, 역사, 인간학) 교과서를 저술했다.[37] "멜랑흐톤의 교과서들은 그 당시의 모든 학문분야의 모든 영역(형이상학 제외)을 포괄하며, 19세기까지 들어와 있으며 그리고 부분적으로 역시 가톨릭적 교육기관에서도 사용되었다. 무엇보다 사람들은 저술가의 이름을 항상 밝힌 것은 아니고, 비텐베르크 루터추종자로 나타난 표지를 뺀체로 사용되기도 하였다."[38]고 한다. 셀드하위스에 따르면, "… 1737년까지 그의 라틴어 문법책이 50판이나 거듭해서 출판되었다. 파리와 리용에서는 1522년부터 1561년 사이에 그의 수사학적 논리학적 교과서들이 37판이나 출판되었다. 아리스토텔레스의 니코마코스 윤리학에 대한 멜랑흐톤의 주석집은 16세기 후반과 17세기초반에 제네바와 하이델베르크와 레이든의 개혁교회적인 기관들에서 윤리학을 위한 가장 의미있는 교과서였다는 것은 분명하다."[39] 멜랑흐톤은 언어와 수학과 역사의 가치를 교양교육에 있어서 큰 의미를 두었고, 특히 라틴어, 히브리어, 헬라어를 중시했다. 의학에 있어 멜랑흐톤의 공헌을 마틴 융에 따르면, "멜랑흐톤은 의학의 발전을 위해 지대한 의미가 있다. 그는 의학적 내용을 가지고 19번 강연을 하였고, 기록했다. 독일은 16세기 스콜라적 의학에서 인문주의적 르네상스적 의학으로 변모해 갔다. 이 과정에서 특히 1543년 갈렌의 해부학을 비평한 교과서를 작성한 안드레아스 베살(Andreas Vesals)의 수용이 중요하다. 1550년 경에 비텐베르크에서는 해부학이 베살에 따라 전적으로 가르쳐졌다. 예를 들면 멜랑흐톤의 제자인 파울 에버(Paul Eber)는 해부

37 Martin H. Jung, *Philipp Melanchthon - Gebildeter Glaube*, 155.
38 Martin Jung, *Philipp Melanchthon und seine Zeit*, 146-47.
39 Herman Selderhuis, *Melanchthon und die europäischen Universitäten*, 19.

학에 관심이 있었고, 역시 이른 시기에 베살에 대해 특별히 높은 평가를 보였다."[40]라고 하였고, 물리학과 수학의 공헌은 "멜랑흐톤은 몇몇의 영역들안에서 아직 온전히 전통적이었다. 그는 그의 물리학에서 아리스토텔레스를 따랐고, 프톨레메우스의 세계관의 질문 안에 있었다. 그는 자연철학으로서 자연과학을 이해했고 자연철학적 진술로서 성경말씀을 해석 할 수 있었다. 신앙과 자연과학의 조화가능성이 그에게 있어 중요한 바램이었다. 그는 자연의 연구를 하나님을 향해 찾아감 안에서 자리를 두고 있다. 수학은 그에게 있어 하나님의 지식으로 향하는 한 길이었고, 수학은 신적인 권위와 질서의 드러냄이었고, 그러므로 수학은 심지어 신학적 윤리의 근거에 있어서도 중요한 역할을 할 수 있었다."[41]라고 하였다.

그의 법적 이해를 통한 영향력을 보면, "멜랑흐톤은 많은 학문적 강연에서 자연법에 관련에 주제들과 로마법과 교회법에 대해서 발표했다. 그가 반복적으로 설득하며 설명한 것은, 로마법이 커다란 지속적인 의미를 가지고 있으며, 이 견해는 또한 성경적 모세의 결의론 법적인법이 표준이 된다는 주장과 반대되는 것인데, 멜랑흐톤은 이 로마법이 개신교 대학들에서 가치와 영향을 가지는데 기여했다. 그 밖에도 그는 그의 윤리적 작품들에서 아리스토텔레스의 니코마코스 윤리학(Nikomacischen Ethik)의 가치로부터, 종교개혁적 운동이 자연법의 의미를 향해 지시했으며, 평등(aequitas)의 개념의 새로운 가치를 인정하는데 노력했다. 특별히 자연법이 유럽 법학부들을 통해 그런 방식으로 커다란 지속적인 영향이 있었으며, 멜랑흐톤은 자연법을 가지고 적어도 2세기동안 개신교 법사상에 기초를 둔 것이라는 것은 적당한 언급이다."[42]

40 Martin Jung, *Philipp Melanchthon und seine Zeit*, 146.
41 Martin Jung, *Philipp Melanchthon und seine Zeit*, 146-47.

3. 그의 제자들을 통한 영향

그의 제자들은 루터교 교회와 신학대학이나 개혁파 교회나 신학대학이나 골고루 광범위하게 16세기 중반부터 17세기까지 퍼져 있었다.[43] 그 가운데에서 한 예로서 하이델베르크 대학을 살펴보자.

셀드하위스 교수가 멜랑흐톤의 제자들을 통한 영향에서 하이델베르크 대학에서 1583년부터 1622년 사이의 내용을 드러냈다: "하이델베르크 대학이 인문주의를 통해 인문(Artes)을 향한 애정의 강한 전통 안에서 서있다. 이것은 개혁파 입장도 종교개혁 내에서 이런 전통과 단절되지 않고, 그리고 그것은 하이델베르크 내학의 수업 계획표에서도 가시화된다. 이 대학의 칼빈주의적 두번째 시기(1583-1622) 안에서 또한 이런 관점을 보게 되는데, 신학과 교회는 고전적 언어들, 철학, 수사학, 역사 등을 비켜갈 수 없었다. 개혁파 학자들 아래서 거대하게 그리고 통체로 이런 자세가 지배적인데, 그것은 '좋은 신학이 철학적 기초 없이 있을 수 없다'라는 것이다. 이것은 이런 관점에서 마땅히, 1583년에서 1622년까지 그 학교의 강사진들이 멜랑흐톤의 제자들이 일반학부(자유 7과학부)에서도 높은 수치로 있다는 것이다."[44] 람버르투스 피토페우스가 시학과 수사학 교수였고, 논리학에는 바돌로매우스 케커만이, 수학은 바돌로매우스 피티스쿠스가, 윤리학에는 스쿨테투스가, 역사 분과에는 얀 그로테루스가, 교부학에는 토사누스가 가르쳤다. 셀드하위스 교수는 결론적으로 말하기를, "하이델베르크의 칼

---

42 Herman Selderhuis, *Melanchthon und die europäischen Universitäten*, 22.
43 Jin Kook Kim, *Die reformatorische Amtslehre bei Melanchthon*, 237-74.
44 Herman Selderhuis, *Die Heidelberger Aristenfakultät zur Zeit der Schüler Melanchthon*, in Günter Frank/ Herman Selderhuis(Hg.), *Philosophie der Reformierten* (Stuttgart: Fromann-holzboog, 2012), 47.

빈주의 두번째 시기로 표시되는 철학학부의 개요에서 표시되는 것은 모든 과목들에 기본적으로 멜랑흐톤의 영향이 분명히 느껴지고 증명될 수 있다. 동시에 특히 만약 논리학에 대해 진행된다면, 한 경향이 감지되는데, 철학과 신학이 서로 분리되어야 한다는 경향에서 그러하다. 이것이 두 가지 경향이 기본적으로 개혁파 개신교에서 보여지는데, 그것은 정통주의와 경건주의이다. 멜랑흐톤에게 그리고 또한 칼빈에게 이런 진로가 역시 동일하다….”[45]라고 하였다.

4. 학교조직가(행정가)로서 학교조직에 기여

멜랑흐톤은 근대적 의미로 보면, 종교개혁의 가장 중요한 교육정치가(교육조직가)이다.[46] 비텐베르크 대학을 개혁한 멜랑흐톤의 이상은 다른 나라의 대학에서 받아들였다. 셀드하위스 교수에 따르면, “이런 멜랑흐톤적인 이상은 독일 국가를 넘어서 다른곳들 중에 특히 제네바와 레이든에서 다시 발견되며, 그 곳의 학교들의 강의 프로그램에서 볼 수 있는 것처럼 말이다. 1559년에 제네바에 설립된 아카데미에서도 칼빈은 멜랑흐톤의 예를 학교법에 연결지었다. 이 제네바의 아카데미 학교법은 다시금 새롭게 설립되는 우트레흐트(1575), 프라네커(1585), 흐로닝엔(1614) 그리고 하르더붸이크(1648)에 있는 대학들에 모범으로써 기여하였고, 멜랑흐톤의 영향력은 역시 그곳을 넘어 더욱 넓어진 것이다. 기르베투스 푸티우스는 개혁파 정통주의의 스승으로서 우트레흐트의 가장 유명한 신학자로서 알려져 있는데 17세기에 한결같이 멜랑흐톤에 의해 작성된 비텐베르크 대학의 규약을 내세웠다.”[47]고 한다.

---

45 Herman Selderhuis, *Die Heidelberger Aristenfakultät zur Zeit der Schüler Melanchthon*, 64-65.

46 Martin H. Jung, *Philipp Melanchthon – Gebildeter Glaube*, 150.

47 Herman Selderhuis, *Melanchthon und die europäischen Universitäten*, 19.

V. 나가며

멜랑흐톤은 종교개혁과 교육을 위해 공헌한 종교개혁자이다. 그의 소명은 무엇보다 인문학적인 개신교적인 교수이며, 대학개혁을 위한 교육자요 행정가였다. 그의 사역으로 인해 16세기 중반부터 개신교 학교가 인문주의적 교육방식으로 재조직되었고, 그의 교과서저술을 통해 대학교육 발전에 지대한 영향을 미친다. 그는 신학뿐만 아니라 자유 7과 학부의 모든 과목과 본과인 법학, 의학, 신학에도 개신교적 학문의 토대를 구축하여, 종교개혁이 유럽에 정착하도록 영향을 준다. 그는 "독일의 교사"로 불릴 뿐만 아니라 "유럽의 교사"라는 칭호를 받기에 조금도 손색이 없는 인물이다. 멜랑흐톤의 교육에 대한 연구를 통해 한국의 종교개혁에 대한 집중이 교육과 사회전반에 좋은 모델로서 역할을 하게 되기를 바란다.

요한 슈투름의 교육 사상
-1538년에 출간된 그의 작품을 중심으로-

황대우
(고신대학교, 학부대학 교수)

고신대학교 신학과(Th.B.)와 신학대학원(M.Div.), 그리고 대학원 신학과(Th. M.)를 거쳐 네덜란드 Apeldoorn 기독개혁신학대학교에서 “Het mystieke lichaam van Christus. De ecclesiologie van Martin Buceren Johannes Calvijn”(2002)라는 논문으로 신학박사(Th.D.) 학위를 받았다. 현재 고신대 학부대학 소속 교회사 교수, 진주북부교회 기관목사, 고신대개혁주의학술원 책임연구원, 한국칼빈학회 명예회장이다. 저술로는 『칼빈과 개혁주의』, 『종교개혁과 교리』가 있고, 편저로는 『라틴어: 문법과 구문론』, 『삶, 나 아닌 남을 위하여』, 번역서로는 『기도, 묵상, 시련』, 『문답식 하이델베르크 신앙교육서』가 있다.

황대우

Ⅰ. 서론

개혁파 종교개혁자 요한 슈투름(Johannes Sturm. 1507-1589)은[1] 신학자보다는 인문주의 교육자와 정치외교관으로 훨씬 더 잘 알려져 있다. 특히 서양교육의 근세 초기 역사에서는 그의 이름이 거론되지 않을 수 없을 정도로 교육학적 명성은 실로 대단하다. 하지만 한글로 그를 소개하는 전문 자료는 현재 거의 전무한 상태이며 더욱이 신학 영역에서 그를 종교개혁자로 소개한 전문 자료는 유정모의 소논문이 거의 독보적이다.[2] 교육 개혁을 위해 거의 평생을 헌신했던 도시 스트라스부르에서 슈투름은 1589년 3월 3일 만82세의 나이로 생을 마감했다.[3] 요한 슈투름은 당시 스트라스부르의 대표 정치인 즉 시장이었던 야곱 슈투름(Jacob Sturm von Sturmeck)과 혈연적으로 무관하며 그와 혼동하지도 말아야 한다.

교육개혁의 일환으로 새로운 인문주의 학교 설립에 관한 슈투름의 1538년 2월 24일 제안 계획이 3월 7일에 시의회를 통과함으로써 스트라스부르 개신교 김나지움(Gymnasium)은 3월 22일에 당시 존재하던 3개의 라틴어 학교를 통합하여 도미니칸 수도회 자리에 개설되었다.[4] 슈투름은 1538년 6월 24일에 이 학

1 슈투름의 생애에 대해서는 다음 참조. L. Kückelhahn, *Johannes Sturm, Strassburg's erster Schulrector, besonders in seiner Bedeutung für die Geschichte der Paedagogik* (Leipzig: Verlag von Johann Friedrich Hartknoch, 1872), 8-46; Albert Hauck, ed., *Realencyklopädie für protestantische Theologie und Kirche*, Band 19 (Leipzig: J.C. Hinrichs'sche Buchhandlung, 1907), 109-13; Lewis W. Spitz & Barbara Sher Tinsley, *Johann Sturm on Education* (St. Louis: Concordia, 1995), 19-44. 루이스 스피츠와 바바라 틴슬리의 슈투름 생애가 퀵켈하안 저술 속의 생애 부분을 주요 참고 자료로 사용한 것처럼 보이는데, 그 이유는 내용뿐만 아니라 서술 순서도 상당히 유사하기 때문이다.

2 유정모, "요한 슈투름의 생애와 사상", 이상규 편, 『칼빈 시대 유럽 대륙의 종교개혁가들』(부산: 고신대학교개혁주의학술원, 2014), 162-86.

3 Hauck, ed., *Realencyklopädie* 19, 112; Spitz & Tinsley, *Johann Sturm on Education*, 43.

4 Ernst-Wilhelm Kohls, *Die Schule bei Martin Bucer in ihrem Vderhältnis zu Kirche*

교의 초대 교장으로 임명된[5] 이후 43년간 교장으로 섬겼으며, 김나지움이 설립된 후 첫 십년 동안은 종교개혁자들을 포함하여 상당히 많은 사람들이 이 학교에서 가르쳤는데, 그 중에서 주목할 만한 인물은 요한 칼빈(Jean Calvin)과 볼프강 카피토(Wolfgang Capito), 그리고 이탈리아 플로렌스 출신의 피난민이자 슈투름의 가장 가까운 친구 피터 마터 버미글리(Peter Martyr Vermigli) 등이다.[6]

김나지움을 8급 학년으로 운영하도록 조언한 학제 입안자[7] 슈투름은 이 학교의 교장이면서 동시에 라틴어와 헬라어를 가르치는 교수였다. 그는 학문적인 교육을 위해 고전 문학과 기독교 신앙을 상호 결합한 "학문적 경건"(pietas literata)을 추구하고, 토론술을 단순화하고 이 토론술을 수사학(웅변술)과 결합시켰으며, 수사학을 무엇보다 가장 중요한 교육 수단이라 강조함으로써 개신교 김나지움 학제의 진정한 창설자로 간주되었다.[8] 1538년의 김나지움은 1566년에 설립된 스트라스부르 아카데미(Academie)를 위한 선결조건(Vorbedingung)이었고, 마침내 1621년에 설립된 스트라스부르 대학을 위한 예비단계(Vorstufe)였다.[9]

스트라스부르 김나지움은 스트라스부르의 종교개혁자 마틴 부써(Martin Bucer)가 1534년에 대학의 필요성을 강조하면서 시의회에 제시한 대학설립 계획안과[10] 밀접한 관련이 있는데, 1534년 당시에는 3명의 학교이사 가운데 주도

---

und Obrigkeit (Heidelberg: Quelle & Meyer, 1963), 83-89; Kückelhahn, *Johannes Sturm*, 28.

5 Kohls, *Die Schule bei Martin Bucer*, 88.

6 Spitz & Tinsley, *Johann Sturm on Education*, 26.

7 참고. Spitz & Tinsley, *Johann Sturm on Education*, 61-67; Kohls, *Die Schule bei Martin Bucer*, 86.

8 Hauck, ed., *Realencyklopädie* 19, 110.

9 *MARTIN BUCERS DEUTSCHE SCHRIFTEN* Band 7. *Schriften der Jahre 1538-1539* (Gütersloh: Gütersloher Verlagshaus Gerd Mohn, 1964), 524-25. 이후로는 "*MBDS* 7"로 표기.

10 부써가 시의회에 제시한 대학설립 계획안에 대해서는 다음 참조. *MBDS* 7, 522-32(Bucers

적인 인물로서 1528년 이후 결정적으로 이사직을 차지하게 된 클라우스 크니비스(Klaus Kniebis)가 부써 계획의 모든 요점에 동의하면서도 비용 문제를 근거로 스트라스부르 대학의 불필요성을 역설했기 때문에 부써의 대학설립 계획안이 시의회를 통과할 수 없었으나,[11] 1538년에 설립된 김나지움의 입안에 결정적으로 기여한 것만은 분명하다. 물론 이것이 스트라스부르 김나지움 설립을 위한 최종 입안자가 슈투름이라는 사실을 부정하거나 변경하지는 않는다.[12]

이 논문은 슈투름이 비록 종교개혁자이지만 인문주의 교육자로 유명하기 때문에 그의 신학보다는 그의 인문주의 교육 사상, 특히 1538년에 출간된 그의 저술, 『바르게 설립되어야 할 문예학교들에 관하여』[13]를 집중적으로 분석함으로써 그의 초기 교육 이론이 무엇이었는지 조명할 것이다. 이 저술은 1538년에 설립된 김나지움의 학제와 운영에 관한 청사진, 즉 스트라스부르 교육 체계 전반에 대한 인문주의적 교육 개혁의 청사진이었다.[14]

II. 생애

슈투름은 1507년 10월 1일, 아이펠(Eifel)에 있던 유명한 도시 슐라이덴

Vorschlag zum weiteren Ausbau des Strassburger Schul- und Vorlesungswesens); Kohls, *Die Schule bei Martin Bucer*, 77-82.

11 크니비스의 반대 의견에 대해서는 다음 참조. *MBDS* 7, 533-35(Klaus Kniebis' Stellungnahme zu Bucers Vorschlägen).

12 Spitz & Tinsley, *Johann Sturm on Education*, 26.

13 Ioannes Sturmius, DE LITERRVM lvdis recte aperiendis (Strasbourg: Vuendelinus Rihelius, 1538). 영어 번역은 다음 책 참조. Spitz & Tinsley, *Johann Sturm on Education*, 71-118.

14 참고. Anton Schindling, *Humanistische Hochschule und freie Reichsstadt. Gymnasium und Akademie in Strassburg 1538-1621* (Wiesbaden: Franz Steiner Verlag, 1977), 30-31.

(Schleiden)에서 디트리히 폰 만더스하이트(Dietrich von Manderscheid) 백작의 가정 재산을 관리하던 아버지 빌헬름(Wilhelm)과 어머니 게르트루더 훌스(Gertrud Huls) 사이에서 태어나 백작의 아이들과 함께 교육을 받았다.15 그의 나이 14살쯤 즉 1521년 혹은 1522년쯤에는 고향을 떠나 리에쥬(Liège=Lüttich)로 가서 그곳의 유명한 공동생활형제단 학교인 히에로니무스학교에 입학함으로써 당시 앞서가는 인문주의 학문을 경험할 수 있었다.16

슈투름은 태어나 자란 고향의 지리적 위치 때문에 독일 문화와 프랑스 문화 모두에 익숙했다. 슐라이덴 시절부터 깊고 지속적인 우정을 나눈 친구 요한 필립슨(Johann Philippson)은 스트라스부르에서 동료로 지냈고 유명한 역사가인 요하네스 슬레이다누스(Johannes Sleidanus=Sleidan)로 알려진 인물이다.17 필립슨은 리에쥬와 쾰른에서 언어와 문학을 공부했고 파리와 오를레앙(Orleans)에서는 법학을 공부했는데, 스트라스부르 시절에는 요하네스 슈투름처럼 독일 개신교와 프랑스 왕 프랑수와 1세 사이의 연맹을 위한 협상가, 즉 외교관으로 활약했으며 신학적으로는 루터주의자였다.18

절정이었을 때 학생 수가 약 1600명에 달할 정도였던 히에로니무스학교는 모두 8학년으로 구성되었고 8급 학년부터 3급 학년까지는 담임교사 제도로 운영되었고, 2급 학년과 1급 학년은 전문 강사 제도로 운영되었고 2급 학년에서는 아리스토텔레스의 『오르가논』과 플라톤의 『변증학』, 유클리드의 『수학원리』 등

---

15 Hauck, ed., *Realencyklopädie* 19, 110; Spitz & Tinsley, *Johann Sturm on Education*, 19; Kückelhahn, *Johannes Sturm*, 8. 스피츠와 틴슬리는 슈투름의 부모가 14명의 자녀를 양육한 것으로 기록한 반면에, 퀵컬하안은 슈투름의 부모가 13명의 자녀를 낳았다고 소개한다.

16 Hauck, ed., *Realencyklopädie* 19, 110; Kückelhahn, *Johannes Sturm*, 9.

17 Spitz & Tinsley, *Johann Sturm on Education*, 19.

18 Spitz & Tinsley, *Johann Sturm on Education*, 366 각주 2번; *The Oxford Encyclopedia of the Reformation*, vol. 4 (New York/Oxford: Oxford University Press, 1996), 68-69.

을 배웠고, 1급 학년에서는 신학으로 넘어가는 과도기였는데, 작문과 연설과 논쟁 등을 훈련했다. 슈투름이 스트라스부르에 새로운 김나지움을 설립할 때 모델이 되었던 학교였으며 1581년 이후 그 학교는 예수회로 넘어갔다. 이런 점에서 예수회 학교들이 슈투름이 고안하고 설계한 학제 형식을 따랐던 것은 어쩌면 이상한 일이 아니다.[19]

슈투름은 1524년 17살이 되자 히에로니무스학교를 떠나 루뱅(Louvain)으로 가서 루뱅(Leuven= 불어: Louvain= 독어: Löwen) 대학교의 유명한 3개국어대학(collegium trilingue= collegium Bulslidianum)에 입학했는데, 50세가 될 때까지 히브리어를 배우지는 못했지만 라틴어와 헬라어 공부를 즐겼다. 그를 가르친 라틴어 교수 콘라트 박커르스(Conrad Wackers= Goclenius)는 루뱅대학의 첫 라틴어 교수였는데, 얼마나 라틴어를 잘 가르쳤던지 에라스무스(Erasmus)는 라틴어 서적이 출간되기 어려울 지경이었다고 말했다. 슈투름은 헬라어를 뛰어난 그리스 연구가 루터거루스 레스키우스(Rutgerus Rescius= Rutgers Ressen)에게서 배웠는데, 이 연구가는 1518년에 그리스어의 최고봉이라는 이름이 붙었을 정도로 실력이 출중했으나, 출판업에 관심을 갖게 되어 출판업자 마르떤스(Martens)를 위해 헬라어 본문을 읽고 교정하는 일을 하며 살았다.[20]

슈투름은 루뱅에서 문학사 학위를 취득했고 1527년부터 1529년까지 2년 동안 박봉의 교사로 살았다. 1528년에는 스트라스부르를 짧게 여행할 기회가 있었는데, 그 때 거기서 부써의 시편 강의를 들을 수 있었고, 1529년에는 마르떤스에게서 출판 사업을 물려받은 레스키우스와 동업자가 되었는데, 그의 아버지 빌헬름 슈투름이 출판자금을 제공했다.[21] 당시 슈투름은 그리스어 책 한 권을 출

19 Kückelhahn, *Johannes Sturm*, 12; Spitz & Tinsley, *Johann Sturm on Education*, 20.

20 Spitz & Tinsley, *Johann Sturm on Education*, 20; Kückelhahn, *Johannes Sturm*, 14.

간하였고, 1529년에는 책을 팔기 위해 파리로 갔는데, 그곳에서 프랑스 성경적 인문주의자의 주요 대표자들과 교제하게 되었고, 프랑스 외교관 장 듀 벨레(Jean du Bellay) 추기경도 만났으며 왕궁도 출입했다.[22] 슈투름의 오랜 친구 필립슨은 슈투름의 추천으로 장 듀 벨레 추기경의 비서가 되었다. 1531년경 슈투름은 의학공부를 하면서 2세기의 대표적인 그리스 의사 갈레누스(Claudius Galenus= Galen of Pergamon)의 의학서적을 라틴어로 출간했으나, 오랜 투병 때문에 의학 공부를 완수하지도 못했으며, 레스키우스와의 동업은 포기해야 했다.[23]

1531-1534년 사이에 슈투름의 최대 관심사는 학위를 따는 것이 아니라, 서신을 주고받는 것이었다. 생애 첫 강의를 위한 임명은, 아마도 기욤 뷰데(Guillaume Budé)가 책임졌을 것으로 보이는데, 새로운 왕립학교 꼴레쥬 더 프랑스(Collège de France)에서 키케로에 관하여 강의하는 것이었다. 이 학교에서 강의하는 동안 그와 그의 동료 바르톨로뫼스 라토무스(Bartholomeaus Latomus= Bartholomew Steinmetz)는 가장 인기 있는 교수였다. 그는 반아리스토텔레스주의자 루돌프 아그리콜라(=Rudolph Agricola= Roelof Huysman)가 개척한 새로운 논리학(변증학)에 관한 강의도 맡았는데, 논리학 교수로서 상당한 재능을 발휘했다. 교사로서 슈투름의 명성은 마르거리뜨(Marguerite) 여왕이 베아른(Béarn)에 설립하려고 계획 중이던 신생 대학의 교수 자리를 제안 받을 정도였다.[24]

슈투름이 갑작스럽게 종교개혁의 원리들을 수용하게 된 것은 부써 저술의 영

---

21 Spitz & Tinsley, *Johann Sturm on Education*, 20-21.
22 Hauck, ed., *Realencyklopädie* 19, 110.
23 Spitz & Tinsley, *Johann Sturm on Education*, 21.
24 Spitz & Tinsley, *Johann Sturm on Education*, 22. 참조. Kückelhahn, *Johannes Sturm*, 15-16.

향을 받았기 때문이다.[25] 개인적인 안전을 도모하기 위해 프랑스를 떠나 독일로 가기로 결심한 슈투름은 1536년 12월 30일에 출발하여 1537년 1월 14일에는 스트라스부르에 도착할 수 있었는데, 스트라스부르 도시가 제안한 웅변술과 변론술을 가르치는 자리를 받아들였다. 그는 자신의 탁월한 교수 실력 덕분에 몇 개월이 지나지 않아 2명의 봉급에 해당하는 인상분, 즉 그가 이전에 받았던 40 플로랭(florins)보다 3배가 넘는 돈을 받게 되었는데, 이런 봉급은 바젤이나 비텐베르크 도시가 그에게 제안한 일자리에 관심을 갖지 않도록 하기에 충분했다.[26]

1539년에는 부써를 따라 다양한 종류의 수많은 종교개혁 교회들이 연합할 수 있는 계획을 마련하기 위해 프랑크푸르트회의에 참석했는데, 여기서 슈투름은 그동안 서신만 주고받던 멜랑흐톤을 처음으로 대면할 수 있었고, 1540년에는 칼빈과 시장 야곱 슈투름(Jacob Sturm)과 함께 하게나우(Hagenau = Haguenau)회의에 참석했으며, 1540년의 보름스회의와 1541년의 레겐스부르크회의(Regensburg = Ratisbon)에는 부써와 칼빈, 야곱 슈투름, 카피토와 함께 대리인 자격으로 참석했다.[27]

스트라스부르 도시는 1540년부터 1541년까지 2년간 전념병에 시달려야 했고, 이것은 슈투름과 그의 학교에 상당한 어려움을 야기하기도 했다.[28] 1542년에는 쾰른(Köln)의 종교개혁을 돕기 위해 부써와 함께 선제후를 방문했고, 1545

25 Hauck, ed., *Realencyklopädie* 19, 110.

26 Spitz & Tinsley, *Johann Sturm on Education*, 23. 퀵컬하안에 따르면 슈투름이 부써의 초청을 받아 스트라스부르에 도착한 날은 1536년 1월 14일이고, 시 당국이 승인한 슈투름의 봉급은 200길더(Gulden)였으며, 후에는 200길더가 넘는 봉급이 지불되었다. 참고. Kückelhahn, *Johannes Sturm*, 27-28.

27 Spitz & Tinsley, *Johann Sturm on Education*, 27-28; Kückelhahn, *Johannes Sturm*, 29-30.

28 Spitz & Tinsley, *Johann Sturm on Education*, 26.

년에는 다른 독일 사절단과 함께 프랑스와 영국의 평화를 중재하기도 했으며, 1546년에는 슈말칼덴동맹의 균열 때문에 그는 프랑수와 1세에게 도움을 요청하기 위해 3번이나 프랑스에 파견되기도 했다.[29]

1550년부터는 엘리자베스(Elizabeth) 공주의 스승이며 영국 인문주의자 로저 아스햄(Roger Ascham)과 서신을 주고받음으로써 우정을 나누기 시작하여 18년간 지속적으로 서신을 교류했는데, 슈투름에게 보낸 자신의 첫 편지(1550년 4월 4일)에서 아스햄은 논리와 수사 사이의 상호 연관성에 대해 언급하면서 그에게 아리스토텔레스의 수사학에 관한 주석을 출간하도록 요청하기도 했다.[30] 1549년에는 부써가 영국으로 떠난 후, 1552년 10월에는 카스파르 헤디오(Caspar Hedio = Kaspar Heyd 또는 Bock 또는 Böckel)가 사망했고, 1553년 10월에는 "평화를 추구한 사람"(Mahner zum Frieden) 야곱 슈투름 시장마저 세상을 떠나자, 스트라스부르는 새로운 시대, 즉 헤디오의 후임 루터주의자 요한 마르바흐(Johannes Marbach)에 의한 루터교회의 시대가 열리기 시작했다.[31]

1564년에는 볼프강 폰 츠바이브뤼켄(Wolfgang von Zweibrücken) 공작이 라우잉겐(Lauingen) 김나지움의 재조직을 그에게 위임했는데, 이런 김나지움의 개혁은 이미 독일 북쪽에서처럼 남쪽에서도 시작되었고 이외에도 슈투름의 개혁 선례를 따라 설계되기도 했다.[32] 1565-1566년의 아카데미의 창설은 슈투름의 교육 목적의 실현이라 보기 어려웠으나, 아카데미의 초대 학장으로 지명되자 기뻐했다. 그리고 평생 학장의 자리를 지켰다.[33] 마르바흐와 슈투름이 김나지움을

29 Hauck, ed., *Realencyklopädie* 19, 111.
30 Spitz & Tinsley, *Johann Sturm on Education*, 30.
31 Kückelhahn, *Johannes Sturm*, 31.
32 Hauck, ed., *Realencyklopädie* 19, 111.
33 Spitz & Tinsley, *Johann Sturm on Education*, 37; Kückelhahn, *Johannes Sturm*, 33-35.

학사학위와 석사학위를 수여할 수 있는 아카데미로 전환해야할 필요성을 시의원들에게 설명할 때 커리큘럼과 방법에는 어떤 변화도 제안하지 않았다. 상위학년의 학생들을 유지하기 위한 제도가 필요했던 것이다. 결과적으로 김나지움에서 마지막 두 학년을 완수한 소년들은 이런 전환 이후 학사학위를 받을 수 있었고, 공개강좌를 완수한 소년들은 석사학위를 받을 수 있었다. 이런 전환의 필요성을 제안 받은 스트라스부르 시당국은 황제 막시밀리아누스(Maximilianus) 2세에게 아카데미 설립을 청원했고 황제는 편지를 보내어 아카데미의 설립을 허락했다.[34]

슈투름 생애 마지막 20년은 고통스러운 기간이었다. 그가 평생을 바쳐 도입하고 지키려했던 인문주의 교육과 개신교 연합이라는 이상에 대한 공격이 점점 심해졌기 때문이다. 1570년 1월에 33년간 학교에 봉직해온 슈투름은 학교의 교원과 신학 교수 사이의 교리적 차이를 이유로 들면서 시의회에 사직서를 제출했다. 시의회는 그의 요청을 받아들이지 않았고, 대신에 대립적인 파당이 심각한 오남용을 바로 잡는 선에서 서로 협력하기를 원했다. 마르바흐와 슈투름은 문제들을 기록한 회상록을 제출하도록 요구 받았다. 마르바흐는 슈투름을 이단이요, 칼빈주의자요, 츠빙글리주의라라고 비난했을 뿐만 아니라, 심지어 슈투름이 터키의 위협에 대항하기 위해 개신교와 천주교의 연합 전선을 권장한다고 비난하기도 했다.[35]

마르바흐와 슈투름은 좋은 교육에 대한 견해 차이 때문에 협력하는 것이 불가능했다. 마르바흐는 슈투름을 비현실적 플라톤주의자라고 비난했다. 마르바흐가 플라톤주의에 대해 민감하게 반응한 이유는 이전 시대의 인문주의자들이 기독교 진리보다 고전 작가들을 더 높였던 것에 대한 일종의 우려 때문이었다. 반면에

---

34 Spitz & Tinsley, *Johann Sturm on Education*, 56.
35 Spitz & Tinsley, *Johann Sturm on Education*, 38.

슈투름은 고전 문학에 대한 지식 없이는 사회가 법을 개선하거나 보존하기도 어렵고, 개혁 신앙을 유지하기도 어렵다고 보았다. 학교 개혁과 설립에 관하여 슈투름이 시의회에 제안한 탄원 내용은 아카데미 보다는 대학에 더 적합한 것이었고, 이 제안에 대한 시의회의 태도는 적극적이지도 자발적이지도 않았다.[36]

시 당국의 중재와 명령으로 마르바흐와 슈투름은 서로의 권위 영역을 존중할 것을 약속하는 정식 협정서를 시의회에 제출해야 했지만 두 사람 사이의 갈등이 해결되지는 않았다. 이미 1563년에 이미 스트라스부르의 칼빈주의 피난민 교회를 보호하는 일이 공적으로 금지되었음에도 불구하고 슈투름은 여전히 그 교회를 보호하고 있었고, 또한 다양한 개신교 목사들과 통치자들, 그리고 천주교의 훌륭한 교회 지도자들과 접촉하고 있었는데, 이것이 마르바흐의 지지자들에게는 불만이었다. 1577년에 작성된 루터교의 일치신조를 스트라스부르 신학자들이 지지하기로 결정했을 때 젊은 루터주의자 요한 파푸스(Johann Pappus) 박사가 슈투름과 심각한 대립각을 세우기 시작했는데, 이 둘 사이의 논쟁은 첨예했을 뿐만 아니라, 폭력적이었을 정도로 심각했다. 파푸스는 특히 칼빈주의 성찬 개념을 열정적으로 공격했다. 급기야 1578년 3월 22일에는 폴란드 칼빈주의자 한 명이 파푸스를 반대했다는 이유로 투옥되는 일까지 벌어졌다.[37]

루터파와 칼빈파 양쪽 모두 불만이 날이 갈수록 심해졌기 때문에 시의회는 1581년 4월 29일 논쟁과 대립을 금지하도록 조처했으나, 싸움을 잠재우기에는 역부족이었다. 다수 의견이 자신에게 호의적이지 않았으므로 슈투름은 1581년 9월에 스트라스부르 도시를 떠나 팔츠 도시 노이슈타트(Neustadt)로 가기로 결정했는데, 이것은 팔츠 선제후 카시미르(Casimir) 공작이 그에게 망명을 제안했기 때문이다. 그러자 시의회는 11월 8일에 교장으로서 그의 직무를 사임하도록

36 Spitz & Tinsley, *Johann Sturm on Education*, 39.
37 Spitz & Tinsley, *Johann Sturm on Education*, 40.

슈투름에게 요구하고, 앞으로는 평생 교장직이 주어지지 않을 것이라고 선언했는데, 슈투름이 이 일을 덜 치욕스럽게 느끼도록 하기 위해 당시 74세였던 그의 많은 나이를 그런 조처의 이유로 언급했다.[38]

슈투름이 사임하기를 거절했음에도 불구하고 시의회는 12월 7일에 학교운영위원회에 교장이 많은 나이와 다른 이유들 때문에 해임되었다고 통보했다. 학부의 대다수는 시의회의 결정에 순순히 따랐다. 슈투름의 지지자들은 그의 후계자로 멜키오르 유니우스(Melchior Junius)를 선출했는데, 유니우스는 학교 교사 중 한 명이었고 슈투름의 옛 제자였으며, 슈투름의 반대파가 아카데미를 좌지우지 하지 못하도록 막을 수 있는 사람이었다.[39]

슈투름의 부인 잔느 피종(Jeanne Pison= Johanna Ponderia)은 몇 안 되는 여성 지식인이었고 슈투름의 우수한 제자로서 스승을 뛰어넘는 아주 유명한 논리학자는 삐에르 드 라 라메이(Pierre de la Ramée) 즉 피터 라무스(Petrus Ramus)였다.[40] 슈투름은 3번 결혼했는데, 3명의 부인 모두 그보다 일찍 세상을 떠났고 그의 아이도 일찍 죽었기 때문에 1589년 3월 3일 슈투름은 "평온하고 잠잠한 죽음"(ein sanfter und ruhiger Tod)을 맞이할 수 있었다.[41]

Ⅲ. 김나지움: 새로운 인문주의 교육기관

슈투름은 1538년 2월 24일에 "스트라스부르 김나지움을 어떻게 조직할 것인

---

38 Spitz & Tinsley, *Johann Sturm on Education*, 41.
39 Spitz & Tinsley, *Johann Sturm on Education*, 42.
40 Spitz & Tinsley, *Johann Sturm on Education*, 22; Kückelhahn, *Johannes Sturm*, 16.
41 Kückelhahn, *Johannes Sturm*, 39.

지에 관한 요한 슈투름의 권면"을 시의회에 제출한 것으로 보이는데,[42] 스트라스부르 김나지움 설립의 당위성에 대해 슈투름은 말하기를, "일반 도시에는 유일한 공립학교가 반드시 설립되어야 한다."[43] 이런 공립학교는 여러 지역에 흩어져 있는 것보다는 한 곳에 모여 있는 것이 훨씬 더 효율적이다.[44] 이런 모범적 사례가 당시 리에쥬(Liège), 데번터르(Deventer), 츠볼러(Zwolle), 베이즐(Wesel) 등지에 '아카데미'라는 이름으로 세워진 공동생활형제단의 학교들, 즉 "하나의 지정된 장소에 있고 등급별로 조직된" 학교들에서 발견된다.[45] "따라서 그 하나의 김나지움, 즉 자유언어[학교]는 공간과 숫자만 확보된다면 반드시 이용이 편리한 도시 중간에 세워져야 한다."[46] 이 김나지움이 구비해야 할 필수 3대 요소는 "선한 규정(a good order)과 공동의 열심(a common enthusiasm)과 아름다운 일치(a splendid agreement)"다.[47]

1. 교육의 목적

누군가 학교 설립의 목적, 즉 교육의 목적이 무엇인지 묻는다면 슈투름의 대

---

42 이 짧은 글의 원문을 확인하지 못했기 때문에 다음 책의 영어 번역본에 의존하여 소개한다. Spitz & Tinsley, *Johann Sturm on Education*, 61-67.

43 *De literarvm lvdis recte aperiendis*, 11recto: "Verum in ciuitate commune publicum gymnasium esse constituendum."

44 *De literarvm lvdis recte aperiendis*, 11recto: "Vno igitur in loco, quemadmodum unus etiam uerorum studiorum finis est, ludos literarum compraehendi utilius est, quàm perdiuersa ciuitatis loca esse distractos."

45 Spitz & Tinsley, *Johann Sturm on Education*, 61.

46 *De literarvm lvdis recte aperiendis*, 12verso: "Vnum igitur literarum liberalium sit gymnasium, in commodo medioque ciuitatis loco coaedificatum,, si id ferant, et locurum interualla, & multitudo:..." 다른 곳에서 슈투름은 크세노폰(Xenophon)의 말을 인용하면서 가능한 군중과 소란스러움을 피할 수 있는 조용하고 한적한 곳에 학교가 세워져야 한다고 주장한다. 참고. Spitz & Tinsley, *Johann Sturm on Education*, 61.

47 Spitz & Tinsley, *Johann Sturm on Education*, 61.

답은 이렇다. "우리는 문학적 경건(=유식한 신앙)을 공부의 유일한 최상의 목적으로 삼는다. 하지만 이것은 확실히 수많은 방법으로 실행된다."[48] "지혜롭고 수사적인 경건이 공부의 목적이다. 왜냐하면 모든 사람은 경건(=신앙)을 겸비해야만 하기 때문이다."[49] "그러므로 경건과 종교심이 학교에서 전면에 배치되어야 하고 이것(=경건과 종교심)을 위해 젊은이들의 영혼은 문학의 함양으로 교육되어야 한다."[50] 왜냐하면 "우리가 경건을 공부의 목표로 세웠기"[51] 때문이다. 이와 같은 슈투름의 교육 목표는 아그리콜라와 에라스무스와 멜랑흐톤이 가르치고 주장했던 기독교 인문주의 교육의 목표와 동일한 것이었다.[52]

슈투름의 교육 방법에서도 중세 스콜라 교육의 중심이었던 논리학이 아닌, 인문주의 교육의 중심이었던 수사학이 강조되었다. 중세 스콜라 교육이 '변증을 위한 논리'를 강조했던 반면에, 인문주의 교육은 '변증을 위한 수사'를 교육의 목표로 삼았기 때문에 슈투름도 '말하기'를 교육의 가장 중요한 요소로 보았다. 학교에서 배우는 3종류의 말하기는 '쓰기'와 '임기응변', 그리고 이 둘 사이의 '구상하기'이다.[53] "완벽한 말"(oratio perfecta)이란 먼저 "순수하고 분명한"(pura

48 *De literarvm lvdis recte aperiendis*, 26verso: "Fecimus autem unum & primum studiorum finem, pietatem literatam, sed multis illa certe modis exercetur:..."

49 *De literarvm lvdis recte aperiendis*, 12recto: "..., sapientem atque eloquentem pietatem, finem esse studiorum. Omnes enim homines pietatem colere decet:..."

50 *De literarvm lvdis recte aperiendis*, 4verso-recto: "Pietas igitur atque religio in scholis proposita sit, & ad eam iuuenillis animus cultura literarum[4recto] erudiatur."

51 *De literarvm lvdis recte aperiendis*, 25recto: "...pietatem finem statuimus studiorum,..."

52 참고. Heinz Brunotte & Otto Weber, ed., *Evangelisches Kirchenlexikon. Kirchlich-theologisches Handwörterbuch*, Band 3 (Göttingen: Vandenhoeck & Ruprecht, 1962), 1186; Spitz & Tinsley, *Johann Sturm on Education*, 51; Kückelhahn, *Johannes Sturm*, 57-58.

53 *De literarvm lvdis recte aperiendis*, 23verso: "Tria enim in scholis facimus dictionum genera, unum scriptum, alterum subitum, tertium quod intermedium est, et meditatum."

et dilucida) 것이어야 하고, 그 다음으로 수려하게 장식된 말이며, 일관되고 적합한 말은 마지막 단계이다.[54] "최상의 말은 신중하고 질서 정연하며 절제하는 것이다. 어리석은 것(말)은 비난 받아 마땅하고 무지하고 흩뜨려진 것(말)은 반드시 교정되어야 하지만, 부끄러운 것(말)은, 그것이 과시와 같이 무례한 것이라면, 말로써 처벌 받아야 하고, 그것이 외설과 거짓말과 같이 무례하고 더욱 불명예스러운 것(말)이라면, 훨씬 엄하게 처벌 받아야 한다."[55]

슈투름에 따르면, "공부의 제일 목적은 종교요, 하나님을 아는 지식과 하나님의 사역과 자비를 아는 지식이다. 이 종교 자체는 교리에 의해 전수되고 수사(=말; 설교)에 의해 발전된다. 하지만 이 둘은 이렇게 구분되어야 한다. 즉 교리가 필수품에 속한 것이라면, 수사는 장식품이다."[56] 말하기 즉 수사는 곧 "지혜롭고 수사적인 경건"(sapiens atque eloquens pietas)이라는 최고 목적을 성취하는 가장 훌륭한 수단이다. 참된 지혜는 말에 변덕이 없고, 생각에 모순이 없고, 행동에 어떤 부덕이나 흠도 없어야만 한다.[57] 이런 점에서 "지혜공부와 언어공부"(sapientiae & linguae studia)가 상호 연관된 것이지만 교육(institutio)을 말하는 것부터 시작하는 것이 인간의 본성에는 더 적합하다.[58]

---

54 *De literarvm lvdis recte aperiendis*, 12recto.

55 *De literarvm lvdis recte aperiendis*, 9verso: "Optimus sermo est qui habet prudentiam, ordinem, uerecundiam. Vituperandum est, quod est stultum, emendandum quod indoctum & turbatum: quod uero inuerecundum, si impudens sit, ut est ostentatio, uerbis, si impudicum, & flagiciosum, ut obscoenitas & mendacium, acrius animaduertendum est."

56 *Scholae Lavinganae*, Mv6: "PRimarius studiorum finis religio est: & Dei, diuinorumque operum, atque beneficiorum cognitio. Haec ipsa religio, doctrinaque traditur & eloquentia excolitur: ut doctrinae necessitatis sit, eloquentia ornatus[.]"

57 *De literarvm lvdis recte aperiendis*, 3recto: "Ibi enim demum uera sapientia est, ubi neque in oratione inconstantia, neque in opinatione error, neque in actionibus dedecus ullum aut aliqua macula apparet."

58 *De literarvm lvdis recte aperiendis*, 12recto.

"성품과 활용능력과 학습"(natura et rerum usus et doctrina)이 "지혜를 동반한 사리분별"(purdentia cum sapientia)을 생산하는 중요한 3가지 요소인데, 이 가운데 성품과 활용능력은 모든 사람이 가진 공통분모지만 "학습 즉 훈련"(doctrina et disciplina)과 결합되지 않는다면 성품도 개발될 수 없고 활용능력도 증진될 수 없다.[59] "왜냐하면 학습보다 더 강력한 것은 없는데, 학습은 해를 끼치기도 하고 도움을 주기도 하는 최고의 힘을 가지고 있기 때문이다."[60] 그리고 "하나님께서는 결코 우리가 할 수 있는 것보다 더 큰 것을 우리에게 맡기지 않으시고, 또한 현자라면 누구든지 결단코 자신이 수행할 수 없는 것을 떠맡지 않는다. 그리고 자유도시들에서는 오직 각자에게 각자의 능력과 재능이 감당할 수 있는 만큼만 요구된다."[61]

2. 8학년 학제의 김나지움

슈투름은 오늘날 초중등학교에 해당하는 김나지움을 다음과 같이 8학년으로 제시했다.

1) 전교생은 8학급으로 나눠야 한다. 첫 학급인 8급 학년은 읽기와 쓰기 및 명사변화와 동사변화를 학습해야 하는 학생들로 구성된다.

2) 7학급은 단어들의 연관성을 익힌 학생들로 구성된다. 그래서 시인들과 연설

---

59 *De literarvm lvdis recte aperiendis*, 3recto.

60 *De literarvm lvdis recte aperiendis*, 4verso: "Nihil enim doctrina uehementius est: et ad iuuandum et ad nocendum summas uires habet."

61 *De literarvm lvdis recte aperiendis*, 11recto: "Id neque à Deo maius nobis imponitur, quàm ferre possimus, neque quisquum suscipit prudens, quod efficere non potest, et in liberis ciuitatibus tantum unicuique mandatur, quantum uires atque ingenium possunt sustinere."

가들의 몇몇 글들을 보다 쉽게 이해하도록 단어 변화를 좀 더 열심히 받아쓰게 한다. 그러면 그 의미를 보다 잘 이해할 수 있고 개별 사물의 성질을 막힘없이 친숙하게 설명할 수 있다. 이것은 또 다시 다른 문장들과 결합되어 결국에는 작문의 길이 열린다.

3) 6학급 학생들은 문법 법칙을 공부하기 위해 일정 시간이 정해져 있는데, 이 시간에 배우는 것은 새로운 것이 아니라 학생들이 이전에 이미 배웠던 것이어야 한다. 하지만 학습에 반드시 필요한 것은 추가되어야 하겠지만 7학급에서 배우기에 시기상조인 내용이어야 한다. 저자들에 대한 해설도 시작해야 하고, 이것을 쓰는 연습도 하도록 해야 하지만, 문장 작성은 친숙하고 복잡하지 않은 주장들이어야 하고 학생들이 웅변(eloquence)이라 부르는 것이어야 한다. 하지만 학생들은 종종 노래를 부르기 위해 이미 정해져 있는 규칙들을 따라야 하고 그것들을 배우기 시작해야 한다.

4) 5학급 학생들은 이전에 배운 문법 법칙을 반복해서 학습해야 하고 이전에 배운 저자들에 대해서도 반복해서 공부에 매달려야 한다. 새로운 저술가들을 공부해야 할뿐만 아니라 역사가들에 대해서도 공부해야 한다. 글쓰기 방식도 더욱 세련되어야 한다. 말하는 방법은 글쓰기를 통해 향상되어야 한다. 그리고 헬라어 법칙들도 공부하기 시작해야 한다.

5) 4학급 학생들은 헬라어 문법을 더 열심히 공부해야 한다. 그리고 5학급에서는 단지 맛보기 정도였던 논쟁 수칙과 수사 수칙(dialectical and rhetorical precepts)을 본격적으로 공부해야 한다. 소년들은 단순히 스타일을 연습하는 정도에 그쳐서는 안 된다. 심사숙고한 후에 공개 발표를 위해 예비로 남겨둔 중요한 것을 암기해야 한다. 이렇게 하는 이유는 학생들이 반드시 독창적인 것을 독자적으로 써내려 갈 수 있어야 하기 때문이다.

6) 3학급 학생들은 논쟁 수칙과 수사 수칙을 한 번 더 꼼꼼하게 반복 학습해야 한다. 그런 다음 헬라어와 헬라 연설가들을 설명할 수 있을 정도로 공부해야 한다. 학생들은 라틴어 스타일에만 숙달되어서는 안 되고, 아주 정확하게 인지하고 모방함으로써 헬라어 스타일에도 숙달되어야 한다. 나아가 이러한 모방(imitation. minesis) 계획은 반드시 제출되어야 하고 부지런히 일하는 습관 역시 반드시 규정되어야 한다.

7) 2학급 학생들은 아리스토텔레스의 오르가눔(Organum)을 해설할 수 있어야 한다. 수사학의 원리들을 반드시 완벽하게 숙지해야 한다. 플라톤, 유클리드, 법전들을 읽어야 하고 연설을 실행해야 한다.

8) 1학급 학생들은 신학을 근면성실하게 해석하는 일에 매진해야 한다. 제시된 질문들은 반드시 토론에 붙여야 한다. 하지만 이 질문들은 반드시 2학급에서 처음 토론했던 질문들과 결부되어야 한다.[62]

여기서 우리는 한 학급이 한 학년을 의미하며 8학급이 가장 낮은 학년이고 1학급이 가장 높은 학년이라는 사실과, 전체 학습의 핵심 내용과 목표가 언어 습득, 특히 라틴어와 헬라어의 습득과 활용에 있다는 사실을 쉽게 파악할 수 있다. 이 8학급의 학년은 크게 두 부분으로, 즉 6-3학급과 2-1학급으로 구분되는데, 전자의 저학년을 위해서는 한 명의 담임교사가 전담하는 수업이 더 효과적인 반면에, 후자의 고학년을 위해서는 여러 전문 강사들이 가르치는 다양한 공개강좌를 개설하는 것이 더 효과적이라고 본다. "첫 여섯 학급에는 개별 교사들(=담임교사들)이 있어야 하지만, 마지막 학급, 즉 2학급과 1학급에는 다양하고 어려운 주제(학과목)들 때문에 교사가 많을수록 유용하다. 한 사람의 수고만으로는 그

62 Spitz & Tinsley, *Johann Sturm on Education*, 62-63.

모든 주제들을 다루기에 충분하지 않다. 플라톤의 아카데미가 세워지기 이전 시대에서는 학생들이 수학자들에게 들음으로써 학습했다. 그러므로 수학을 따로 가르치는 것이 적합하다."[63]

슈투름에 따르면, "전달하는 것과 가르치는 것은 같은 것이지만 배우는 것은 다른 것이다. 순차적으로 모든 것을 배울 수는 있지만, 어떤 개인도 동시에 모든 것을 가르칠 수는 없다. 가장 신중하게 주의해야 하는 한 가지는 문법 규칙과 논증 규칙과 수사 규칙이 각각 따로 유지되도록 하는 것이다. 그것들을 함께 혼합하는 것보다 더 치명적인 것은 없다. 그러므로 논증(변증) 원리들과 수사 원리들은 4학급과 3학급에서 배워야 한다. 이것은 2학급에서, 즉 아리스토텔레스에게서 추가적으로 배울 수 있다. 따라서 이전에 배운 것들을 가르치고 전달하는 것이 거기서 반드시 필요하지는 않을 것이다."[64]

3. 9학년 학제의 김나지움

슈투름의 다른 저술에서는 8학급의 8년 과정 대신에, 9학급의 9년 과정이나 10학급의 10년 과정으로 소개되기도 한다. 슈투름은 이와 같은 교육과정을 소년시절을 위한 것으로 규정하는데, 이 과정을 위해 "[학]년"(ordines), "[학]부"(curiae), "[학]급"(classes), "[학]단"(tribus) 등과 같이 다양한 용어를 사용한다.[65] 슈투름은 교육 단계를 크게 두 과정으로 구분했는데, 하나는 소년시절에 적합한 것으로써 일종의 기본적이고 지속적인 학습 과정을 의미하고, 다른 하나는 성인 즉 청년시절에 적합한 것으로써 공개적이고 자유로운 학습 과정을 의미

---

63 Spitz & Tinsley, *Johann Sturm on Education*, 63.
64 Spitz & Tinsley, *Johann Sturm on Education*, 64.
65 *De literarvm lvdis recte aperiendis*, 13recto; *Scholae Lavinganae*, Dv5.

하는 것이다.[66] 소년의 교육을 위해서는 9년(anni novi)이 필요하고, 상위 과정인 "공개 학습"(publicae auscultationes), 즉 자유공개강좌 과정을 위해서는 5년(quinque)이 필요한데, 이 모든 교육과정은 만7세(septimus annus)에 시작되고 만21세(uigesimus primus annus)에 마무리 된다.[67]

선천적으로 탁월한 재능을 가진 아이들의 경우에는 만5세에 글자를 깨치고 글을 읽을 수 있는 반면에, 어떤 아이들의 경우에는 만7세가 되어서야 겨우 배울 준비를 갖추기 시작하는데, 교육을 빨리 시작한 아이들 가운데 학습 부진아가 발생할 수 있고 늦게 시작한 아이들이 더 건전한 판단과 확고한 의지를 발휘할 수도 있기 때문에 "우리가 생각하기에는 중간 시기인 6세가 모두에게 학습하기 위한 적합한 나이다. 그래서 소년이 5세를 넘기고 동시에 거의 6세가 되었을 때 교육기관에 인계되어야 한다."[68] 9년의 교육과정 중 7년 동안은 "분명한 라틴어 말하기"(oration latina atque dilucida)를 배우고, 나머지 2년 동안은 수려한 장식을 위해 학습한다. 아이는 13세까지 어머니의 양육과 돌봄을 받을 수 있지만, 14세가 되면 교사에게 넘겨져 21세 졸업할 때까지 교육을 받아야 하며, 이런 과정을 마치기 전까지 소년들은 "무익하다."(inutiles)[69]

아이들에게 보통의 재능 밖에 없을지라도 그들을 초등학교와 어린이 교육에서 제외하지는 말아야 하고, 또한 아이들에 대한 판단도 서두르거나 성급하게 해서는 안 된다.[70] "몇몇 [아이들]에게는 습득을 위한 재능의 탁월함이 있다. 기억

---

66 *De literarvm lvdis recte aperiendis*, 12recto-13verso: "Diuidemus igitur omnes ordines in duo genera. Vnum est puericiae, quod ne[13verso]cessarias, perpetuasque auscultationes habet, alterum adultae aetatis, quod publicas, atque liberas requirit."

67 *De literarvm lvdis recte aperiendis*, 13verso.

68 *De literarvm lvdis recte aperiendis*, 13verso: "Medium igitur tempus sextum annum idoneum ad discendum omnibus statuimus, ut simul ac puer annum quintum egressus est, & ad sextum aetate peruenit disciplinae tradatur."

69 *De literarvm lvdis recte aperiendis*, 13recto.

은 한 동안 깜박거리기도 하고 한 동안 불확실하기도 하지만 교육과 활용에 의해 깨어날 수 있고 확정될 수 있다."[71] 어리석은 시민들의 부도적하고 악한 습관을 고치려면 "도시들이 고전 교육을 복구하는 것은 확실히 필요한 것으로 보인다."[72] 배운 자는 사고와 말에 있어서 훨씬 탁월하다는 점에서 무식한 자와 구별된다.[73] 하지만 무식한 자라도 선하다면 미덕을 무시하는 유식자보다 덜 위협적이며 둘 다 죄를 범했다 해도 무식한 자가 유식한 자보다 덜 악하다.[74]

(1) 가난한 아이들과 외국인 자녀들

슈투름은 가난한 아이들의 교육문제에도 관심을 가졌다. 즉 육체가 건강한데도 일하기를 싫어하는 거지들은 교육 대상에서 제외되는 것이 원칙이지만, 건강하고 무언가를 할 수 있는 능력까지 타고 났음에도 불구하고 여러 가지 환경적인 요인들로 인해 비참한 상태를 벗어나기 어려운 형편에 있는 자들에게는 교육의 기회를 주어야 하고, 이들 가운데 덕을 사랑하며 그 불행한 환경에서 벗어나고 싶어 할 경우, 또한 그 비참한 상태에서도 범죄를 저지르지 않는 자에게는 마땅히 도움의 손길을 제공해야 한다.[75] "왜냐하면 [가난] 그 자체는 열심히 노력

---

70 *De literarvm lvdis recte aperiendis*, 8verso: "Itaque etiam illa ingenia à ludo & puericiae disciplina reiicienda non sunt, in quibus haec inueniuntur mediocria. Neque confestim iudicium fieri & celeriter potest."

71 *De literarvm lvdis recte aperiendis*, 8verso: "In nonnullis etiam excellens ingenii ad percipiendum ratio est: at memoria interim tarda, interim etiam non firma, quae disciplina & usu excitari & confirmari potest."

72 *De literarvm lvdis recte aperiendis*, 2recto-3verso: "...necessarium certe uidetur in ciuitatibus ueteres disciplinas restitui,..."

73 *De literarvm lvdis recte aperiendis*, 12recto: "...: at hoc literatus ab indocto differt, quod ratione atque oratione praestet."

74 *De literarvm lvdis recte aperiendis*, 26recto: "minusque nocent indocti, si sint boni, quam docti, si negligant uirtutem: uterque tamen in uicio, sed minum alter,..."

75 *De literarvm lvdis recte aperiendis*, 9recto.

하는 큰 힘을 가지고 있지만, 극심한 가난은 견뎌내지 못한다면 [일을] 성취하는 데 방해거리가 될 뿐이기 때문이다."76

슈투름에 따르면 가난한 시민들의 자녀들뿐만 아니라, 외국인들과 이방인들에게도 구호의 온정을 베풀어야 한다. 그리고 "시민들의 자녀들이 극심한 가난 속에 있는 것은 부끄러운 일인 반면에, 이방인들이 궁핍하지 않은 것은 훌륭한 일"77이기 때문에 가난한 시민 가정의 자녀들 가운데 선천적인 재능이 탁월한 아이들은 시정부가 적극적으로 나서서 후원해야 하고, 나머지 가난한 아이들은 시민들이 개인적으로 구제할 수 있어야 좋은 도시라 할 수 있다. 이렇게 도움을 받은 아이들은 반드시 시를 위해 유익한 모범적 시민 즉 "덕과 신앙을 겸비한 자"(qui uirtutem & religionem)가 되어야 한다.78

모든 시민처럼 전체 학생은 학년으로, 즉 학부와 학급과 같은 것으로 나누어지고, 학년마다 "개별 교사"(singuli doctores), 즉 마치 "종족을 다스리는 관리자"(plebi curatores), 혹은 "난폭자들을 길들이는 전문가"(tyronibus magistri)와 같은 "담임"(praefecti)이 있다. 학년들은 10명 단위로 구분되고, 각 조(=반)마다 조장(=반장. decuriones)이 선출되는데, 이들은 "도덕 감시자들과 직무 감시자들"(animaduersores morum & exactores officiorum)이다. 따라서 "담임"(moderator)의 업무는 스스로 마치 상관의 수하인 무해한 독재자처럼 맡은 학급을 관리 감독하는 것이며, 담임이 학급을 잘 다스릴 경우, 그리고 그 결과가 대단히 유익할 경우, 칭송을 받는다. 포상도 있는데, 이 상은 매년 다

---

76 *De literarvm lvdis recte aperiendis*, 10verso: "Magnam uim ipsa habet ad suscipendum, sed impedimento est egestas ad perficiendum, si non sustentetur."

77 *De literarvm lvdis recte aperiendis*, 10recto: "Ciuium liberos in egestate esse, turpe est, & honestum est alienos non defici."

78 *De literarvm lvdis recte aperiendis*, 10recto.

음 학년으로 진급할 때 개별 학년이나 용감한 시민들에게 내려진다.[79]

진급식, 즉 매년 엄숙하게 개최되는 상급 학년으로의 진급 행사에는 "교사들"(magistri) 뿐만 아니라, 모든 "담임"(praefecti)도 참석하는데, 신학자들과 학부모들과 친구들도 동석하며, 각 학년에서 학업 성취도가 뛰어난 두 명의 학생에게는 상이 수여된다.[80] 1년 가운데 10월을 이와 같은 진급 행사인 졸업식을 개최하기에 가장 좋은 시기인데, 이때가 넌더리나는 여름이 끝나고 혹한의 겨울이 시작되기 전이므로 발병률이 가장 낮고, 발병해도 쉽게 치료될 수 있는 계절이라고 생각했기 때문이다.[81]

학교의 특권, 즉 학생들이 누리는 특권은 잘못을 저지른 자들에 대한 처벌을 면제하거나 범법자들을 보호하기 위한 목적으로 만들어진 것이 아니라, 무죄한 자들을 보호하고 시를 보호하기 위해 세워진 것이다.[82]

(2) 교사

교사 선발에 있어서 반드시 고려되어야 할 세 가지 요소는 "인간성에 대한 열정과 덕성, 그리고 학식"이다.[83] "그와 같이 학예교사들(=언어교사들; 문법교사

---

79 *De literarvm lvdis recte aperiendis*, 14verso: "Tota deinde multitudo ut omnes ciues sic in ordines, quasi in tribus atque classes digesta est, quibus singuli doctores tanquum plebi curatores, aut etiam tyronibus magistri sunt praefecti. Ordines uero per decurias distinguuntur, ex quibus decuriones deliguntur: animaduersores morum, & exactores officiorum. Ipse etiam moderator, ita praeest, ut innoxius Dictator, qui Magistratui potentiori subiectus, tum demum laudem obtinet, si recte regat, & magnos utilitatis fructus praebeat. Praemia etiam singulis ordinibus, ceu fortibus ciuibus proponuntur, cum progressio quotannis fit ad oca superiora."

80 *De literarvm lvdis recte aperiendis*, 14recto.

81 *De literarvm lvdis recte aperiendis*, 14recto.

82 *De literarvm lvdis recte aperiendis*, 10recto.

83 *De literarvm lvdis recte aperiendis*, 4recto-5verso: "Sed in his delegen[5verso] dis[!deligendis] tria sunt spectanda, studium erga res humanas, uirtus atque doctrina."

들)은 학식을 갖추어야 할뿐만 아니라, 또한 덕으로 무장되어 있어야 하고 조국에 대해, 그리고 선을 위한 공적 직무에 대해 매우 열정적이어야 한다."[84] 사람의 마음을 날카롭고 탁월하게 깨우는 3가지 습관이 있는데, 그것은 명예를 사랑하고(amor honesti) 칭찬에 목을 매고(laudis auiditas) 돈을 탐닉하는(pecuniae studium) 것이다.[85] "우리가 항상 선호하는 사람들은 성취할 수 있는 능력과 결합된 의지와 열심을 가진 자들이다."[86] "타고난 탁월한 재능들이 원하는 것은 교양을 훈련시키면서 동시에 시험해보는 것이다. 원하지 않는 자들과 즐거워하지 않는 자들을 지속적으로 유익하게 할 수 있는 사람은 거의 없다."[87]

좋은 교사(magister bonus = praeceptor. 담임교사)는 학생이 학습하기에 좋은 시간과 나쁜 시간을 고려해야할 뿐만 아니라, 또한 기억력이 강한지, 이해력이 느린지, 이해력이 뛰어나지만 기억력과 끈기가 약한지, 학생의 재능과 성격과 습관 등을 고려해야 한다.[88] 문학교사(literarum magister. 언어교사)의 두 가지 주요 덕목은 "부지런함과 방법"(diligentia et modus)이다.[89] 좋은 교사는 품위 즉 교양(liberalitas)을 갖춘 사람들이다.[90] 가능한 많은 학식을 갖춘 자들이 교사로 선출되어야 한다.[91] 열심히 가르치는 교사에게는 호의뿐만 아니라, 상

---

84 *De literarvm lvdis recte aperiendis*, 5verso: "Quocirca literarum doctores, non solum doctrinam habeant, uerum etiam uirtute praediti sint, & cupidissimi sint patriae, & communis bonorum officii."

85 *De literarvm lvdis recte aperiendis*, 5verso.

86 *De literarvm lvdis recte aperiendis*, 5verso: "..., praeferamus semper eos, qui cum efficiendi facultate coniunctam uoluntatem studiumque habent."

87 *De literarvm lvdis recte aperiendis*, 5verso-recto: "Liberalitatem excellentia ingenia, & exercere uolunt, & experiri. Neque quisquam est omnium, qui perpetuo inuitis atque ingratis prodesse possit."

88 *Scholae Lavinganae*, Dv1.

89 *Scholae Lavinganae*, Dv4.

90 *De literarvm lvdis recte aperiendis*, 5recto.

91 *De literarvm lvdis recte aperiendis*, 5recto: "Deligendi uero sunt ..., qui & doctrinam tantam habent ut possint,..."

급과 급료도 제공하여 차별할 필요가 있다.[92] "매사에 기본 급료가 높고 많은 [이유는] 3가지인데, 첫째는 [그 일을] 원하도록 하고, 둘째는 원하는 것을 할 수 있도록 하며, 셋째는 할 수 있는 그 일이 착수된 후에 [그 일을] 성취하도록 한다."[93] 정부는 가장 먼저 교사에게 필요한 기본 급료를 결정해야 하고, 그 다음으로 품위 유지를 위한 상급을 정해야 한다. 기본 급료에다가 보너스를 제공하는 것을 "나는 문법학자들을 [채용하기] 위한 필수조건이라 부르는데, 라틴어와 헬라어의 기초 원리를 가르칠 사람이 없는 곳이 한 곳도 없어야 하고, 특히 기독교 공동체들에서는 [더욱] 없어야 한다."[94]

"가정에서 부모의 돌봄은 반드시 선생님들의 조언에 부합하는 것이어야 한다."[95] "사랑은 종종 불공정한 평가자요 심판자인데," 스스로 고치는 것 외의 다른 방법을 허락하지 않을 뿐만 아니라 어떤 엄격한 처벌도 싫어한다.[96] 칭찬을 위해서는 상을, 견책을 위해 벌을 내리는 법이 언어학교에도(in scholis literarum) 필요하다.[97] "하지만 청소년이 집에 있을 때 아버지가 선생님을 대신하여 힘써야만 하는 것이 모두 4가지가 있다."[98] 첫째는 아이의 "문자사랑"(amor erga literas)을 위한 독려와 증진을 도모하는 것이요, 둘째는 교육

---

92 *De literarvm lvdis recte aperiendis*, 5recto.

93 *De literarvm lvdis recte aperiendis*, 6verso: "Tria sunt quae in omni re ardua & magna sunt necessaria, unum ut uelint, alterum ut quod uolunt possint, tertium ut quod possunt, postquam susceptum opus est efficiant."

94 *De literarvm lvdis recte aperiendis*, 5recto: "Necessaria uoco grammaticorum, neque ullus locus esse debet, praesertim in Christianorum conuenticulis, ubi non sit, qui elementa latini graecique sermonis tradat."

95 *De literarvm lvdis recte aperiendis*, 6recto: "Parentum etiam domestica cura, ad magistrorum consilia debet esse aggregata."

96 *De literarvm lvdis recte aperiendis*, 7verso: "Sed iniquus aestimator & iudex saepe est amor, neque quicquam, nisi à se corrigi patitur, & frequenter tametsi aliud dicat, tamen odit seueriorem animaduersionem."

97 *De literarvm lvdis recte aperiendis*, 7verso.

98 *De literarvm lvdis recte aperiendis*, 7verso-recto: "Sunt autem omnino quatuor quae patri elaboranda sunt pro magistro cum domi est adolescens."

수칙을 주실 선생님께 최대의 관심을 갖도록 하는 것이요, 셋째는 집안 일로 공부 집중에 방해가 되지 않도록 하는 것이요, 마지막 넷째는 학교에서 가르치는 것과 같은 것을 부모가 양쪽 모두 원하는 것처럼 행동하는 것이다.99

마치 결혼해서 아이를 갖는 것을 최대의 소망으로 가진 누군가에게 그 길을 알려줄 수 있는 사람이 "최고의 의사"(optimi medici), 즉 가장 유능한 의사인 것처럼, "그와 같이 어떤 기술이 어떤 천성을 가진 사람에게 적합한지 결정하는 것은 성실한 교사들과 사부들의 [일]이다. 하지만 조사하는 것은 성실한 [교사의 일]이요, 아는 것은 유능한 [교사의 일]이며 부모에게 조언하는 것은 선하고 참된 [교사의 일]이다."100 "그러므로 만일 육체의 기품과 기틀이 추천할만하다면 누가 일과 권위를 위해 더 강화된 길을 가지고 있는지 판단하는 것은 항상 영혼(=마음)에 의해 이루어져야 한다."101 "영혼의 덕(=힘)은 [일을] 시작하는 발화점이요, 연구하는 열정이요, 느끼는 감각이요, 완수하는 성실이며, 보존하는 기억이다."102 "영혼 속에는 인식과 추론과 기억이 있고, 육체 속에는 진입(시작)과 상태(과정)와 변화(결과)가 있다."103

슈투름은 학생 단체와 연합이 있는 것과 마찬가지로 동일한 교육 연합에 속한

---

99 *De literarvm lvdis recte aperiendis*, 7recto.

100 *De literarvm lvdis recte aperiendis*, 7recto: "...: ita etiam industrii doctris atque magistri est, uidere ad quam quisque artem accomodatam naturam habeat. Sed diligentis est considerare, periti cognoscere, boni & ueri parentes commorere."

101 *De literarvm lvdis recte aperiendis*, 8verso: "Semper igitur de animo iudicium fieri debet, qui si corporis quoque elegantia atque figura commendetur, munitam magis ad labores & autoritatem uiam habet."

102 *De literarvm lvdis recte aperiendis*, 8verso: "Semper igitur de animo iudicium fieri debet, qui si corporis quoque elegantia atque figura commendetur, munitam magis ad labores & autoritatem uiam habet."8verso: "Animi uirtutes sunt ardor in suscipiendo, studium in uestigando, acumen in percipiendo, industria in perficiendo, & in conseruando memoria."

103 *De literarvm lvdis recte aperiendis*, 21recto: "In animo est cogitatio, ratiocinatio, recordatio, in corpore ingressio, status motusque."

학자 단체와 동료회도 존속하는 것이 가능하다고 보았다.[104]

(3) 학년별 교육프로그램

9급 학년(ordo nonus), 9학급은 5세나 6세의 소년이 문자와 문장과 발음을 가르치는 교사에게 인도되어 "읽기와 쓰기"(lectio atque scriptura)를 1년 동안 배우는 과정이다.[105] 슈투름은 9급 학년에서 교사가 학생들의 혀와 호흡과 목소리를 조절할 수 있어야 한다는 주장하면서 발음을 정확하게 배울 것을 아주 강력하게 주문하는데, 라틴어 발음이 헬라어와 이태리어와 유사하기 때문에 이태리인들은 발음 실수를 거의 하지 않는 반면에 독일어와 영어와 불어가 모국어인 아이들은 고쳐야 할 발음이 상당히 많다는 사실도 지적한다.[106] "키케로가 쓴 편지들 가운데 쉬우면서도 짧은 것들"(faciliores & breuiores Ciceronis)을 선별하여 읽히도록 권유하는데, 예를 들면 키케로가 자신의 아내 테렌티아(ad Terentiam uxorem)와 자유인 티로에게(ad Tironem Libertum) 쓴 편지들이다.[107]

8급 학년(ordo octauus), 즉 8학급의 수업 시간은 하루 4시간인데, 첫 6개월 동안에는 하루 2시간씩 문법을 매우 주의 깊게 가르치되 애매모호한 규칙이나

---

104 *Scholae Lavinganae*, Dv5-6: "Veluti enim sodalitia[6] sunt, & societates condiscipulorum: huiusmodi scholarum collegia & condiscipuli sunt: qui in eiusdem disciplinae sunt societate."

105 *De literarvm lvdis recte aperiendis*, 14recto. 슈투름은 라우잉겐학교(Lauinganum collegium)의 개혁을 위해 5학년학제를 제안하면서, 5년 과정에서 배워야 할 과목들을 신학, 윤리학, 정치학, 법학, 의학, 군사학, 건축학, 자연철학, 수학, 천문학, 기하학, 논리학, 문법, 논증, 수사학 등으로 제시했다. *Scholae Lavinganae*, Bv4-Diii. 5급 학년에는 글을 읽을 수 없는 자들이 입학하도록 제안했고,(*Scholae Lavinganae*, Dv6) 이들 가운데 집에서 기도하는 법을 배웠고 보편교회에 대한 고백을 붙들고 있고 십계명을 자신의 모국어로 외울 수 있는 자들에게는 라틴어 신앙교육이나 헬라어 신앙교육의 짐을 지울 필요가 없다고 제안했다.(*Scholae Lavinganae*, Dv9.)

106 *De literarvm lvdis recte aperiendis*, 15verso.

107 *De literarvm lvdis recte aperiendis*, 15verso.

예외적인 모든 규칙은 가르치지 말아야 하고, 남은 2시간은 베르길리우스(Vergilius)의 짧은 산문시(Aegloga)와 키케로의 편지들을 분석하되 단어들의 어형변화와 상호교환 및 재구성 등을 배우도록 한다. 후반기 6개월 동안에는 매일 두 시간씩 말을 이해하고 해석하는데 사용하고, 나머지 두 시간은 이전 6개월 동안 분석했던 두 교재를 교대로 활용함으로써 라틴어에 친숙해지도록 하고 매일 문장들을 라틴어로 작문하도록 한다.[108]

7급 학년(ordo septimus), 즉 7학급에서는 명사와 동사의 분류 및 어형변화에 관한 모든 것을 철저하게 숙지해야 하는데 가장 좋은 학습방법은 반복을 통한 암기이며 이런 문법 공부를 위해 1시간만 할애한다. 두 번째 수업시간에는 키케로의 두 책, 『우정에 관하여』(*de Amicitia*)와 『늙음에 관하여』(*de Senectute*)를 공부하고, 세 번째 시간에는 여러 시인들의 글을 공부하며, 마지막 네 번째 시간에는 수사학을 공부한다.[109]

세 학년 즉 9-7학급은 "기억력 훈련"(memoriae exercitationem)이 필요한데, "주제파악과 어형변화형식과 예문"(*καταληψις* artis & inflecionum atque exempla)과 같은 것은 반드시 암기해야 한다.[110] "그러므로 지능뿐만 아니라, 기억까지도 훈련하기 위해서는 매일 무엇인가 제시되어야 한다."[111] 기억력 향상과 반복학습을 통해 "정신의 지각력은 더욱 빛나고, 되새김의 능력은 더 크게 빛을 발하게 되고, 각자의 발견과 활용은 훨씬 쉬워진다."[112] 9-7급 학

---

108 *De literarvm lvdis recte aperiendis*, 15recto.

109 *De literarvm lvdis recte aperiendis*, 15recto-16verso.

110 *De literarvm lvdis recte aperiendis*, 16recto.

111 *De literarvm lvdis recte aperiendis*, 16recto: "Itaque quotidie aliquid proponendum non solum ad intelligentiam, sed etiam ad memoriam exercendam."

112 *De literarvm lvdis recte aperiendis*, 16recto-17verso: "Sed illustriores fiunt animi sensus, ipsaque reminiscendi facultas, magis illuminatur, singu[17verso]lorum facilior est, & inuentio & usus:..."

년을 가르칠 때 교사가 유념할 것은 아이들에게 쉬는 시간 없이 너무 길게 수업하지 않아야 한다는 것, 가장 우수한 자료를 준비하고 그것을 잘 이해하는 것만으로는 충분하기 않다는 것, 그리고 설명을 쉽게 하기 위해 가장 효과적이면서 효율적인 방법이 동원되어야 한다는 것이다.113

슈투름에 따르면, 9-7학급의 수업시간은 4시간 이상이면서 5시간 미만이어야 하기 때문에 4시간 혹은 5시간이 가장 적당하다.114 9-7급 학년의 학생들에게는 장시간 가르치거나 한꺼번에 많은 것을 가르치는 것이 피곤한 일이므로 피해야 하고, 같은 주제는 며칠 후에 다시 제시하는 것이 더 효과적이며, 이미 제시된 주제를 완수하기도 전에 새로운 주제를 제시하지는 말아야 한다.115 그 아이들에게 하루 네 가지 이상의 주제를 제시하는 것은 비난 받아 마땅한 일이며 두 가지 주제로 공부하는 것이 훨씬 효율적이지만, 가끔 세 번째 주제를 추가하는 것도 필요하다.116

6급 학년(ordo sextus), 즉 6학급의 학생들은 7급 학년에서 배우기 시작했던 베르길리우스의 『아에네이드』(*Aeneide*)를 계속 공부하고 카툴루스(Catullus)와 호라티우스(Horatius)의 산문시들을 완벽하게 공부해야 한다.117 시인들과 역사가들과 심지어 극작가들의 저술들을 공부해야 하는 6급 학년의 학생들에게118

---

113 *De literarvm lvdis recte aperiendis*, 17verso: "Neque enim onerandi sunt longis lectionibus pueri, neque satis est magistrum praestantissima delegere, eademque intelligere, sed in explanando expeditissimam, utilissimamque uiam cognoscere, atque inire iportet."

114 *De literarvm lvdis recte aperiendis*, 17recto: "Quatuor aut ad summum quinque, sed non pauciores quam quatuor, neque plures, quam quinque horem sunt imponendae magistris."

115 *De literarvm lvdis recte aperiendis*, 17recto.

116 *De literarvm lvdis recte aperiendis*, 18verso: "Plura eodem die quam tria exercere, uituperandum est. Vtilius est in duobus consistere, sed aliquando necessarium est tertium adhibere."

117 *De literarvm lvdis recte aperiendis*, 18verso.

118 *De literarvm lvdis recte aperiendis*, 18recto.

슈투름은 역사가로서 시저(Caesar)의 글을 읽도록 허용한다고 하면서 그를 "역사가보다는 웅변가에 더 가깝다"(qui oratori quam historico similior)고 소개하고, 또한 극작가로는 테렌티우스(Terentius)와 플라우투스(Plautus)를 소개한다.[119] 웅변술에 대한 슈투름의 평가에 따르면, "키케로 이후 테렌티우스보다 더 유익한 것은 없다. 그의 언어는 순수하고 정말 로마적이다."[120] 슈투름은 6급 학년 학생들에게 시저와 테렌티우스를 한 달 단위로 번갈아 공부하도록 권유한다.[121] 6급 학년은 "순수하고 분명한 라틴어 교육이 거의 끝나는"(quasi finis est, eius disciplinae, quae latinae purae atque apertae est orationis) 단계다.[122]

5급 학년(ordo quintus), 즉 5학급에서는 이전 학년들에서 배운 라틴어 학습법을 헬라어 학습에 그대로 적용하여 1년 동안 하루 한 시간씩 헬라어를 학습하되, 첫 달에는 매일 학생들이 라틴어와 헬라어 모두에 능통한 교사들에게서 헬라어 문법을 배워야 하는데, 헬라어는 라틴어와 공통부분이 아주 많기 때문에 쉽게 배우고 기억할 수 있으므로 6개월 후에는 약간 쉬운 이솝우화를 읽기 시작하여 3개월 동안 배우게 될 것이고, 마지막 3개월 동안은 데모스테네스(Demosthenes)의 『올린티아카이』(*Olynthiacae*)를 공부하게 될 것이다.[123] 5학급에서는 다른 시인들의 책보다 키케로의 『직무에 관하여』(*de officiis*)를 매일 두 번 공부하는 것이 더 유익하다.[124] 세 번째 수업 시간에 배워야 할 것은

---

119 *De literarvm lvdis recte aperiendis*, 19verso.
120 *De literarvm lvdis recte aperiendis*, 19verso: "Sed Terentio post Ciceronem nihil utilius est: purus est sermo, et uere Romanus,..."
121 *De literarvm lvdis recte aperiendis*, 19recto: "Itaque libenter hoc tempore Caesarem & Terentium proponam, alternatim & explicatione menstrua."
122 *De literarvm lvdis recte aperiendis*, 19recto.
123 *De literarvm lvdis recte aperiendis*, 19recto.
124 *De literarvm lvdis recte aperiendis*, 19recto-20verso.

첫 3개월 동안 베르길리우스의 『그레고리키스』(*Gregoricis*)이고, 나머지 9개월 동안 키케로의 책 『마닐리아 법을 위하여』(*pro lege Manilia*)나 『큐. 리가리우스를 위하여』(*pro Q. Ligario*)이며, 네 번째 수업은 수많은 단어들을 활용하여 글쓰기와 작문 연습 및 교정 시간인데, 이 시간을 위해 웅변가에 관한 키케로의 글들을 참고해야 한다고 슈투름은 권유한다.[125]

4급 학년(ordo quartus), 4학급에서는 헬라 문학과 라틴 문학을 비교하면서 공부하되, 이 때 데모스테네스와 키케로를 비교하는 공부와 호메로스(Homeros)와 베르길리우스를 비교하는 공부는 두 시간 동안 번갈아 가면서 하는 것이 좋다.[126] 3교시에는 첫 6개월 동안 헬라어 문법을 집중적으로 익히되, 언어 구조와 음절 길이와 음 강약에 관한 내용은 6개월 후에 배우도록 한다. 4교시에는 수사 법칙을 배우도록 한다.[127]

3급 학년(ordo tertius), 3학급에 진급하는 것은 학생이 어린 시절을 벗어나 청소년이 되었다는 의미인데, 이 반 학생들은 수사법칙에 따라 변증(Dialectica)하는 기술을 익힘으로써 더 나은 말하기 능력을 배양하도록 한다.[128] 슈투름은 이 과정을 위해 아리스토텔레스를 "최상의 교사"(optimus magister)로 소개하면서 반드시 그의 책들을 응용해야 하고 철학자들과 신학자들의 사례들에서도 도움을 받아야 한다고 주장한다.[129] 변증을 위해 요구되는 해설은 "장황하지도

---

125 *De literarvm lvdis recte aperiendis*, 20verso.

126 *De literarvm lvdis recte aperiendis*, 20recto: "QVinto demum anno tentandum est ut aequabiliter in Graecis atque latinis progrediamur & coniungamus cum Cicerone Demosthenem, et cum Vergilio Homerum, alternatim horis duabus." 여기서 "qvinto demum anno"는 "5급 학년에서만"이라기보다는 '5급 학년이 끝날 즈음에' 혹은 '5급 학년을 마친 다음에'의 의미를 내포하는 "5급 학년 마지막에"로 번역하는 것이 더 나은 것으로 보인다.

127 *De literarvm lvdis recte aperiendis*, 20recto.

128 *De literarvm lvdis recte aperiendis*, 23recto.

129 *De literarvm lvdis recte aperiendis*, 23recto.

힘들지도 모호하지도 않고 간결하고 쉽고 명확한 것"이어야 한다.[130] 3학급은 수사학에 관한 논문들 가운데 단연 으뜸인 키케로의 『토피카』(*Topica*)를 반드시 읽어야 하고, 또한 데모스테네스(Demosthenes)와 아에스키네스(Aeschines)의 반박술(aduersariae orationes)도 학습해야 하는데, 만일 데모스테네스의 수사학을 완전 정복하기 어렵다면 2학급까지 계속 학습하는 것도 좋다.[131] 뿐만 아니라 헤르모게네스(Hermogenes)의 『이슈들에 관하여』(*Περι στασεων*)도 반드시 읽어야 한다.[132]

어린 시절을 벗어나 청소년기에 접어든 3학급에서 1년을 보낸 학생이 2급 학년(ordo secundus), 즉 2학급에 진급할 경우 "화려한 언변의 목표가 적합한 말하기 기술의 규칙과 원리"(finem ornatae orationis praecepta & principium apti generis dicendi)라는 사실을 알아야 한다.[133] 이전 학년에서 시작한 아리스토텔레스의 변증법도 계속 배워야 하고 플라톤의 대화편이나 키케로의 대화편도 소개받아야 하는데, 키케로의 『수사적 구분법』(*Partitiones oratoriae*)을 먼저 익힌 후에 그의 『연설가』(*Orator*)를 공부해야 한다.[134] 2학급은 21세에 완성될 과정의 첫 출발이다.[135]

1급 학년(ordo primus), 즉 1학급에 해당하는 "15세의 나이는 청소년들에게 자유를 약속하고 최상의 기술과 최상의 훈련에 이르는 길을 열어 놓는다."[136] 마

---

130 *De literarvm lvdis recte aperiendis*, 23recto: "..., sed eius postulamus explicationem, & eam neque prolixam, neque operosam neque obscuram sed breuem, expeditam, & planam."

131 *De literarvm lvdis recte aperiendis*, 23recto.

132 *De literarvm lvdis recte aperiendis*, 24verso.

133 *De literarvm lvdis recte aperiendis*, 24verso.

134 *De literarvm lvdis recte aperiendis*, 24recto. 여기서 슈투름은 키케로의 『연설가』로부터 "무엇이 적합한 [문장]인지 간단하게 설명되어 있다"(ubi brevi indicatur quid deceat)고 주장한다.

135 *De literarvm lvdis recte aperiendis*, 24recto.

136 *De literarvm lvdis recte aperiendis*, 25verso: "DEcimus quintus annus liberatem

지막 학년에서는 신앙교육서 해설을 가르쳐야 한다.[137]

4. 김나지움 졸업생: 전공과정인 자유공개강좌 수강

만7세에 시작하여 만15세까지 교육하는 9년 과정을 졸업한 학생은 만16세부터 만20세까지, 즉 만21세가 될 때까지 5년 동안 김나지움의 상위 교육과정, 즉 자유공개강좌(publicae et liberae lectiones)를 수강할 수 있었는데, 이 과정에서는 법학과 의학과 신학의 기초 원리를 학습하는 기회와 철학과 문학과 웅변술을 계속 공부할 수 있는 기회가 제공되었다.[138] 자유공개강좌는 세 학문 분야, 즉 신학과 법학과 의학 가운데 하나를 전공으로 선택하여 배우는 5년 과정의 고등교육 프로그램, 즉 오늘날 대학과 같은 교육과정이었다.[139] "그러므로 훌륭한 신학자나 의사나 법률가가 되기를 원하는 자는 반드시 저 소년[학교]에서처럼 이 공립 문예 김나지움에서 매일 4시간을 교사에게 수강해야 한다."[140] 신학에서와 같이 다른 교육에서도 가장 중요한 것은 "영혼의 온전함과 하나님에 대한 경외심"이다.[141] "하지만 최선의 도덕 강사이면서 시에서 가장 뛰어난 상담자는 신학

---

adolescentibus promittit, & uiam ad primas artes maximasque disciplinas patefacit."

137 *De literarvm lvdis recte aperiendis*, 25recto: "Postremo ordini cathechismus explicandus est."

138 Spitz & Tinsley, *Johann Sturm on Education*, 47.

139 스피츠와 틴슬리는 이 과정을 원거리의 대학들에 입학하기 전, 청년들에게 문학과 의학과 법학과 신학을 전문적으로 연구할 수 있는 길을 소개하는 프로그램이었던 것으로 주장하지만, 문학은 다른 세 학문과 달리 전공으로 보기 어렵다. 참고. Spitz & Tinsley, *Johann Sturm on Education*, 48.

140 *De literarvm lvdis recte aperiendis*, 31verso: "In hoc igitur publico & literato gymnasio, ut in illo puerili quatuor horas quotidie doctorem audiat, qui uolet esse magnus, aut theologus, aut medicus, aut iurisperitus."

141 *De literarvm lvdis recte aperiendis*, 26recto: "Sed ut in theolgia, ita etiam in caeteris disciplinis, suumum est, animi integritas, metusque Dei."

자다."[142]

신학자들(Theologi)이 "종교에 대해 무지한 자를 가르치는 것"(docere religionis ignarum), 법률가들(iurisperiti)이 "무죄한 자를 변호하는 것"(defendere innocentem), 그리고 의사들(medici)이 "환자를 돌보는 것"(curare aegrotum) 등은 모두 "사랑과 기독교에 대한"(ad cartatem atque Christianam religionem) 관심의 표현이다.[143] 슈투름에 따르면 우리가 이런 사람들과 한 마음 한 뜻이어야 하고 이들을 교사와 부모와 친구로 여겨야 하는데,[144] 이것은 실로 '우사부일체'(友師父一體) 사상이 아닐 수 없다. 모든 강사, 즉 교수는 자신들이 만든 법을 준수해야할 의무가 있다. "공개 교수들의 모임은 자유민의 도시와 같은데, 도시에서 시민은 스스로 법을 세우고 이 법으로 자신을 제한 한다."[145] 하나님께서 우주를 다스리시는 법이 있기 때문에 모든 법의 영역과 무관한 것은 아무 것도 없다.[146]

공개강좌와 자유교육을 위해 선택된 교사는 자신이 원하는 만큼 성격이 선해야 하고 자신이 할 수 있는 것보다 더 부지런해야 한다.[147] 공개강좌(publicae lectiones)를 위해서는 9종류의 강사와 교사가 필요하며,[148] 그 중 "하나가 거룩

---

142 *De literarvm lvdis recte aperiendis*, 30recto: "Sed & morum optimus informator, & in ciuitate praeclarus consiliarius theologus est."

143 *De literarvm lvdis recte aperiendis*, 26verso-recto.

144 *De literarvm lvdis recte aperiendis*, 26recto: "Primum igitur unusquique se in consilium adhibere debet, deinde etiam magistros & parentes, & amicos aduocare,..."

145 *De literarvm lvdis recte aperiendis*, 26verso: "PVblicorum professorum, collegium, tanquam populi liberi ciuitas est, in qua in qua populus ipse sibi leges constituit, & quibus ipse se astringit:..."

146 *De literarvm lvdis recte aperiendis*, 26verso: "Sed cum lex sit, qua Deus universum mundum regit, nihil est quod omni ex parte legibus sit solutum."

147 *De literarvm lvdis recte aperiendis*, 26recto: "Sit igitur is qui ad publicum ludum & istam liberalem disciplinam deligitur, natura ita bonus, ut velit: & ita industrius ut possit,..."

148 스피츠와 틴슬리에 따르면, 당시 자유공개강좌의 강사가 단지 6-7명 정도에 불과했고 개설된

한 문자를 가르치는 것인데, 이것이 첫 번째이고 가장 중요하다."[149] 이것은 성경을 가르치는 신학 교수를 의미한다. 두 번째 자리는 권리와 법을 가르치는 것이고, 세 번째 자리는 건강을 유지하고 회복하는 원리를 가르치는 것인데, 이 세 가지에 의해 인생이 유지된다.[150] 네 번째로 필요한 교사는 수학 분야이고, 다섯 번째로 필요한 교사는 고대 역사 분야이며, 나머지는 산문시를 가르치는 언어 교사들과 철학자들을 돕는 논증가들, 연설가인 수사학자들, 산문시와 역사를 가르치는 문법학자들이 필요하다.[151]

마치 하나님의 해설가와 천상의 것들의 전달자와 같은 신학자는 구분하고 말하는 지식이 부족한 무지한 자가 아니어야 한다.[152] 신학자는 눈을 치료하는 의술을 배울 필요는 없지만 인간의 몸과 각 지체의 기능 및 형태 등을 가르치는 해부학은 배울 필요가 있고, 또한 유스티니아누스(Justinianus)의 법전 각권에 대한 해설을 배울 필요는 없지만, 법률 자문관이 되는 것에 관해서는 배워야 한다.[153] 수사 즉 능변에 대해 학교에서는 이중적인 방법(duplex via & ratio)으로 가르쳐야 하는데, 하나는 전체 주제를 보편적인 용어로 가르치되 반대 의견을 가진 자들과 토론하지 않는 방법이고, 다른 하나는 개별 주제들을 다루되 그것의 개별적인 특성의 예외와 조사와 입증을 제시하는 방법이다.[154]

강좌가 많지 않았기 때문에 인기의 유무와 상관없이 모든 강의는 상호 밀접하게 연결될 수밖에 없었다. Spitz & Tinsley, *Johann Sturm on Education*, 49.

149 *De literarvm lvdis recte aperiendis*, 29verso: "Sunt autem lectorum atque doctorum nouem genera. Vnum quod sacras literas explicat, quod primum est & summum:..."

150 *De literarvm lvdis recte aperiendis*, 29verso: "...: alterum iura legesque interpretatur, tertium quod conseruandae recuperandaeque sanitatis praecepta tradit. Atque in his tribus exercetur uita humana."

151 *De literarvm lvdis recte aperiendis*, 29verso-recto.

152 *De literarvm lvdis recte aperiendis*, 30recto: "Itaque ille Dei quasi interpres, & coelestium rerum praeco Theologus neque ignarus sit differendi, dicendique scientia,..."

153 *De literarvm lvdis recte aperiendis*, 31verso.

Ⅳ. 결론

스트라스부르에는 고전 공부 과정에 대해 서로 다르게 평가하는 두 가지 시각을 가진 경건한 학자들이 있었는데, 하나는 볼프강 카피토처럼 고전 공부가 기독교와 무관하다는 입장이었고, 다른 하나는 오토 브룬펠스(Otto Brunfels. 슈투름이 도착하기 전 몇 해 동안 자신의 개인 라틴어 학교에서 가르친 고전 문학 교사)와 마틴 부써, 그리고 슈투름처럼 고전 문학 교육이 전적으로 복음적인 경건과 일치한다고 확신하는 입장이었다.[155] 이러한 스트라스부르의 두 입장은 비텐베르크의 두 종교개혁자에서 발견되는 고전 문학에 대한 상반된 자세와 유사한 것으로 보이는데, 마틴 루터는 고전 문학과 기독교 신학을 무관한 것으로 보았을 뿐만 아니라, 고전 문학이 때론 신학에 해로운 것으로 간주한 반면에, 필립 멜랑흐톤은 고전 문학을 신학의 보조자와 동반자로 간주했던 것이다.

멜랑흐톤의 입장과 유사한 슈투름의 교육지론은 확실히 기독교 인문주의 혹은 성경적 인문주의로 분류되는 북유럽 인문주의의 대표자 에라스무스의 교육 원리와 목적에 부합하는 것으로,[156] 고전 언어 학습 중심의 수사학적 교육을 통해 유식한 신앙인, 즉 경건한 지식인을 배출하는 것이다. 성경적 인문주의자들은 기독교 신앙과 신학의 증진을 위해 고대 그리스와 로마 학문을 유용한 도구로 간주했는데, 이런 의미에서 슈투름도 지혜를 배우는 학문인 철학의 가장 탁월한 영역이 바로 종교, 신학이라고 생각했다. "철학은 지혜에 대한 공부인데, 종교는

---

154 *De literarvm lvdis recte aperiendis*, 33recto: "Vna est qua generatim res uniuersa traditur, nulla disceptatione cum aduersariis suscepta, altera singularium rerum, quae proprias quasdam habent & exceptiones,et quaestiones, & demonstrationes."

155 Spitz & Tinsley, *Johann Sturm on Education*, 49-50.

156 슈투름이 멜랑흐톤과 에라스무스에게 받은 영향에 대해서는 다음 참조. Spitz & Tinsley, *Johann Sturm on Education*, 51.

그 중에서도 가장 뛰어난 영역이다."[157] "그리스인들은 종교에 대한 지식을 신학이라 부르는데, 신학이란 거룩함을 일으키고 신적 교리의 가르침에서 배우고, 하나님께서 우리의 선지자들과 사도들을 통해 눈앞에 두신 그와 같은 생명을 건설한다."[158]

슈투름에 따르면 경건한 유식자 즉 지혜로운 기독교 지도자를 양성하기 위해서는 두 가지 요소를 교육의 주요 목표로 잡아야 하는데, 하나는 대화와 소통의 수단인 언어 능력을 배양하는 것이요, 다른 하나는 상대를 감동으로 설득하는 능변과 달변의 고수, 즉 수사의 달인이 되는 것이다. 왜냐하면 최상의 교육이란 인간의 영적 삶을 위한 지혜를 획득하는 것이기 때문이다. 육체를 치료하는 의학과는 달리 지혜를 영혼 양육의 수단으로 간주한 슈튜름은 그와 같은 지혜를 배울 수 있는 고전 문학을 통해 영혼을 가꾸는 것이야 말로 교육의 최우선 과제라고 주장하면서 모든 전공학부가 실용적인 기술 습득을 위해 문학을 무시하지 말아야 한다고 가르쳤던 것이다. 그래서 법학 교수에게는 유스티아누스 법전을 교과서로 사용하라고 권면했고, 천문학, 기하학, 물리학을 가르치는 1명의 교사에게는 아리스토텔레스와 유클리드를 활용하기를 권면했으며, 수학자에게는 수학 때문에 언어가 무시되는 결과가 초래되지 않도록 당부했다.[159]

한 마디로, 논쟁술을 위한 변증을 강조했던 논리학 중심의 중세 스콜라주의 교육 방법을 거부하고 설득을 위한 논리적 능변을 강조했던 수사학 중심의 인문주의 교육 방법을 선택한 인문주의 교육자 슈투름은 고전 문학의 수사를 배우고 익히는 것을 교육의 주요 사명으로 간주했고 '문학적 경건'을[160] 교육의 최고 목

157 *Scholae Lavinganae*, Bv4: "Philosophia sapientiae studium est: cuius pars est praestantissima religio."

158 *Scholae Lavinganae*, Bv4-5: "Religionis scientiam Theologiam[5] Graeci nominant: quae sanctitatem efficit: quae erudita diuinae doctrinae praeceptis: uitam constituit talem, qualem Deus in Prophetis nobis, atque Apostolis ob oculos posuit."

159 Spitz & Tinsley, *Johann Sturm on Education*, 57.

적으로 간주했기 때문에 고전 문학 교육, 즉 인문학 교육, 특히 능통한 고전어 학습, 즉 고전어 읽기와 쓰기와 말하기 훈련을 모든 학문의 필수적이고 공통적인 기초로 규정했던 것이다.

160 슈투름 외에도 세상의 지혜인 '학문'(scientia)과 거룩한 지혜인 '경건'(pietas)을 상호 대립적으로 보지 않고 종합함으로써 "학문적 경건"(pietas literata) 혹은 "경건한 학문"(literatura pia)을 공공연하게 추구한 대표적인 개혁파 신학자는 16세기의 히페리우스와 17세기의 푸티우스를 꼽을 수 있다. 참고. 황대우, "안드레아스 히페리우스의 생애와 신학," 이상규 편, 『칼빈 시대 유럽 대륙의 종교개혁가들』, 187-204; 황대우, "기스베르투스 푸티우스의 생애와 신학," 이상규 편, 『칼빈 이후의 개혁신학자들』 (부산: 고신대학교개혁주의학술원, 2013), 157-81.

기스베르투스 푸티우스(1589-1676)의 신학교육론

우병훈
(고신대학교, 교의학 교수)

서울대학교 자원공학과(B.Eng.)와 서양고전학 대학원(M.A 졸업, Ph.D 수학)을 거쳐, 고려신학대학원(M.Div)과 미국의 칼빈신학교(Th.M, Ph.D)에서 공부했다. 저서로 『그리스도의 구원』, 『루터의 생애와 사상』(근간), 번역서로 『교부들과 함께 성경 읽기』(공역) 등이 있다. 현재 고신대학교 신학과 교의학 조교수이다.

우병훈

Ⅰ. 들어가며

기스베르투스 푸티우스(Gisbertus Voetius; 1589-1676)는 17세기 네덜란드의 개혁신학의 거인이자 개혁파 스콜라주의의 거장이었다.[1] 그럼에도 불구하고 국내의 연구 가운데서는 단지 논문 몇 편만이 그를 다루고 있다.[2] 푸티우스의 신학교육론이라는 주제를 다루는 본고는 이러한 연구 부족을 메우고 그의 신학 세계와 교육관을 이해하는 데 조금이라고 도움을 주고자 작성되었다.

신학의 다른 주제들에 대해서도 마찬가지이지만, 푸티우스는 신학교육에 대해서 남다른 깊이로 뚜렷한 사상을 전개했다. 그는 위트레흐트 대학의 초기 역사와 떼려야 뗄 수 없는 밀접한 관련성 가진다.[3] 위트레흐트 대학의 전신이었던 "광명학교"(Illustre School 혹은 Gymnasium Illustre)가 1634년에 설립되자 푸티우스는 초대 교수로 임명되었고, 그해 8월 21일(목요일)에 "학문과 연결되

---

1 푸티우스에 대한 이러한 평가에 대해서는 황대우, "기스베르투스 푸티우스의 생애와 신학," 『칼빈 이후의 개혁신학자들』(부산: 개혁주의학술원, 2013), 157-81(특히 179, 173쪽)을 참조하라. 이 글은 푸티우스 전기로 독보적인 중요성을 가진 A. C. Duker, *Gisbertus Voetius*, 3 vols. (Leiden: J. J. Groen en Zoon, 1989)와 그보다 짧으면서도 요점을 잘 간추린 C. Steenblok, *Gisbertus Voetius*, 2nd ed. (Gouda: Gereformeerde Pers, 1976)를 바탕으로 푸티우스의 생애와 신학 사상을 잘 요약한다.

2 앞의 황대우의 논문 외에 아래의 우리말 논문들이 있을 뿐이다. 성희찬, "17세기 네덜란드 개혁교회의 주일 논쟁- 푸치우스 (Voetius, 1589-1676) 파와 콕케유스 (Coccejus, 1603-1669) 파의 논쟁을 중심으로 -", 「진리와 학문의 세계」, 7.3(2002):15-46; 주도홍, "네덜란드 '나데레 레포르마치'의 영성연구 - 히스베르트 푸치우스를 중심으로", 「백석저널」 1(2002):299-330; 주도홍, "개혁교회 정통주의의 영성 이해 -푸치우스와 코케유스를 중심으로-", 「한국개혁신학」 53(2017):223-43; 유정모, "17세기 화란의 자유의지론 논쟁에 대한 연구: 히스베르투스 푸치우스(1589-1676)의 'De Termino Vitae'를 중심으로," 「한국개혁신학」 49(2016):199-236; 이정훈, 「17세기 화란개혁교회 교회론 연구: 히스베르투스 푸치우스를 중심으로」, 총신대학교 일반대학원 신학석사학위논문(2016).

3 J. van Oort, "Voetius und die Anfänge der Utrechter Universität," in *Signum pietatis: Festgabe für Cornelius Petrus Mayer zum 60 Geburtstag* (Würzburg: Augustinus-Verlag, 1989), 565-78. 이 총서에 실린 박재은, "위트레흐트 대학의 설립, 운영, 그리고 교육"의 3.4 항목을 보라.

어야만 하는 경건에 관한 연설"(Oratio de pietate cum scientia conjungenda)이라는 제목의 교수취임연설을 했다. 그리고 광명학교가 1636년에 오늘날의 대학이라고 할 수 있는 전문학교(Hogeschool)인 아카데미(Academie)로 승격되자 "아카데미와 학교의 필요성에 관한 설교"(Semoen van de Nutticheydt der Academien ende Scholen)라는 제목으로 1636년 3월 16일(수요일)에 개교연설을 했다.[4] 이것만 보더라도 푸티우스가 대학 교육 및 신학교육에 얼마나 깊은 관심을 갖고 있었고, 또한 그것을 실제적으로 펼쳐내고자 했는지 잘 알 수 있다.

신학교육에 대한 푸티우스의 방대한 사상을 짧은 논문에 다 담아낸다는 것은 불가능하므로, 이 논문은 크게 세 부분에만 집중하여 글을 진행하려고 한다. 첫째 부분에서는 네덜란드의 "더 진전한 개혁"(Nadere Reformatie) 운동 및 푸티우스에 대한 평가를 다루겠다. 푸티우스가 어떤 인물이었는가를 아는 것이 그의 신학교육을 이해하는 데 도움이 되기 때문이다. 둘째 부분에서는 푸티우스의 신학 세계를 신학 방법론, 윤리학, 경건훈련, 교회정치, 선교의 측면에서 요약하겠다. 그 자신이 추구했던 신학 세계가 그의 교육에도 반영되기 때문이다. 셋째 부분에서는 푸티우스의 신학교육의 특징을 서술하겠다. 여기까지 다루면 자연스럽게 오늘날 신학교육을 위해 푸티우스의 신학교육론이 던져주는 의미와 적용점을 찾을 수 있게 될 것이다.

II. 네덜란드의 "더 진전한 개혁"(Nadere Reformatie)과 푸티우스

4 Steenblok, *Gisbertus Voetius*, 34.

1. "더 진전한 개혁"과 푸티우스의 관계성

푸티우스에 대한 평가는 17세기 네덜란드의 "더 진전한 개혁"(Nadere Reformatie)[5]에 대한 평가와 맥을 같이 한다.[6] 푸티우스가 "더 진전한 개혁"의 중요한 인물이라는 점에서는 모든 연구자들이 동의한다. 한 예로, 개혁파 교회와 루터파 교회에 대해 방대하게 서술한 자신의 책, 제2권에서 막스 괴벨은 네덜란드 개혁 운동을 서술하면서 푸티우스를 "자기 교회와 시대의 최초이며 가장 위대한 신학자이자, 교회적 정통주의의 옹호자"라고 평가한다.[7] 그는 약간 과장된 문체로 아래와 같이 푸티우스를 묘사하고 있다.

> 매우 비범한 은사들과 탁월한 인내심, 지칠 줄 모르는 부지런함과 활동, 확고하고 엄격한 경건, 그리고 능력 있고 실제적인 설교들을 통하여 푸티우스는 그가 긴밀한 관련성을 가진 모든 공동체에서뿐 아니라 [위트레흐트] 대학에서 곧 가장 큰 영향력을 획득했다. 그의 영향력은 그의 주변 조건을 통하여 그리고 수많은 제자들과 작품들을 통하여 전체 네덜란드 신학과 교회에 거의 한 세기 동안 지속되었다. 그의 말과 견해와 교리는 거의 무조건적인 진리의 법칙과 무오한 신탁처럼

---

5 "Nadere Reformatie"를 어떻게 번역할 것인지에 대한 토론이 분분했다. 영미권에서는 "Dutch Further Reformation", "Dutch Second Reformation" 등의 역어가 사용되다가, 최근에는 "Nadere Reformatie"를 번역하지 않고 사용하는 경우도 늘고 있다. 이 글에서는 이해를 돕기 위해서 [네덜란드의] "더 진전한 개혁"으로 번역하여 사용하기로 한다.

6 이하의 서술은 안드레아스 벡의 연구를 많이 참조했다. Andreas J. Beck, *Gisbertus Voetius (1589-1676): Sein Theologieverständnis und seine Gotteslehre*, Forschungen zur Kirchen- und Dogmengeschichte (Göttingen: Vandenhoeck & Ruprecht, 2007). 특히 이 책의 "4.4 Vertreter der Nadere Reformatie und des Pietismus"를 보라.

7 Max Goebel, *Geschichte des christlichen Lebens in der rheinisch-westphälischen evangelischen Kirche*, Bd. 2, repr. (Giessen: Brunnen, 1992 [1852]), 144: "der erste und größte Theologe seiner Kirche und Zeit, die Stütze der kirchlichen Orthodoxie." Beck, *Gisbertus Voetius (1589-1676)*, 124에서는 위의 인용문에서 "Kirche und" 부분을 생략하여 인용하는 실수를 범했다.

여겨졌다.[8]

괴벨의 평가는 지나친 감이 없지 않지만, 푸티우스의 영향력을 실감 있게 전달하고 있다. 사실 17세기 네덜란드 신학과 교회의 역사를 논하면서 푸티우스를 빼놓는다는 것은 한쪽 눈을 감고 그 시대를 보는 것과 마찬가지라 할 수 있다. 그만큼 푸티우스에 대한 연구도 매우 풍부하다.[9]

---

8 Goebel, *Geschichte des christlichen Lebens in der rheinisch-westphälischen evangelischen Kirche*, II, 142: "Durch außerordentliche Begabung, ausgezeichneten Scharfsinn, unermüdlichen Fleiß und Thätigkeit, entschiedene und strenge Frömmigkeit und seine kräftigen und praktischen Predigten erwarb sich Voet bald den größten Einfluß an der Universität wie in seiner ganzen ihm innig anhangenden Gemeinde, und beherrschte dadurch fast ein ganzes Jahr-hundert hindurch seine Umgebung und durch sie wie durch seine zahlreichen Schüler und Schriften die ganze niederländische Theologie und Kirche; seine Worte, seine Ansichten, seine Lehren galten fast unbedingt als Regel der Wahrheit und als untrügliche Orakel."

9 푸티우스에 대한 외국의 중요한 연구들은 앞의 각주들에서 언급했던 Duker, Steenblok, van Oort, Beck의 문헌 외에도 아래의 문헌들을 참조하라(연대순으로 배열함). W. Gass, *Geschichte der Protestantischen Dogmatik in ihrem Zusammenhange mit der Theologie überhaupt*, vol. 1 (Berlin: Georg Reimer, 1854), 454-81; H. A. van Andel, *De zendingsleer van Gisbertus Voetius* (Kampen: Kok, 1912); Jan Anthony Crame, *De theologische faculteit te Utrecht den tijde van Voetius* (Utrecht: Kemink, 1932); Marinus Bouwman, *Voetius over het gezag der Synoden* (Amsterdam: S. J. P. Bakker, 1937); C. Steenblok, *Voetius en de Sabbat* (Hoorn, 1941); L. Janse, *Gisbertus Voetius, 1589-1676* (Utrecht: De Banier, 1971); A. de Groot, *Gisbertus Voetius: Godzaligheid te verbinden met de wetenschap* (Kampen: Kok, 1978); idem, "Gisbertus Voetius," in *Orthodoxie und Pietismus*, ed. Martin Greschat (Stuttgart: W. Kohlhammer, 1982), 149-62; D. Nauta, "Voetius, Gisbertus," in *Biographisch lexicon voor de geschiedenis van het nederlandse Protestantisme*, vol. 2 (Kampen: Kok, 1983), 443-49; Willem van't Spijker, "Gisbertus Voetius (1589-1676)," in *De Nadere Reformatie: Beschrijving van haar voornaamste vertegenwoordigers* (The Hague: Boekencentrum, 1986), 49-84; F. A. van Lieburg, *De Nadere Reformatie in Utrecht ten tijde van Voetius: Sporen in de Gereformeerde Kerkeraadsacta* (Rotterdam: Lindenberg, 1989); Johannes van Oort, et al., *De onbekende Voetius* (Kampen: Kok, 1989); Jan A. B. Jongeneel, "The Missiology of Gisbertus Voetius: The First Comprehensive Protestant Theology of Missions," *Calvin Theological Journal* 26 (1991): 47-79; J. A. van Ruler, "New Philosophy to Old Standards:

하지만 과연 "더 진전한 개혁"의 핵심적 성격이 어떠하였는가에 대해서는 비교적 최근까지도 학계의 일치가 이뤄지지 않았고, 그에 따라 "더 진전한 개혁"의 핵심 인물이었던 푸티우스에 대한 평가 역시 연구자들마다 사뭇 달랐다. 이하에서는 "더 진전한 개혁" 및 푸티우스에 대한 과거 학계의 평가를 진술하고, 그것이 어떤 점에서 문제가 있는지 살펴보겠다. 그리고 푸티우스에 대한 보다 균형 잡힌 이해를 바탕으로 그의 신학교육이 지니는 특징을 몇 가지 살펴보겠다.

Voetius. Vindication of Divine Concurrence and Secondary Causality," *NAKG/DRCH* 71 (1991): 58-91; W. J. van Asselt and E. Dekker, eds., *De scholastieke Voetius: Een luisteroefening aan de hand van Voetius' "Disputationes Selectae"* (Zoetermeer: Boekencentrum, 1995); Cornelis Adrianus de Niet, "Voetius en de literatuur: Een korte verkenning," *Documentatieblad* 19 (1995), 27-36; J. A. van Ruler, *The Crisis of Causality: Voetius and Descartes on God, Nature, and Change* (Leiden: E.J. Brill, 1995); Richard A. Muller, "The Era of Protestant Orthodoxy," in *The Theological Education in the Evangelical Tradition*, eds. D. G. Hart & R. Albert Mohler (Grand Rapids: Baker Books, 1996), 111-20; W. van 't Spijker, *Vroomheid en wetenschap bij Voetius*, Apeldoornse Studies 37 (Apeldoorn: Theologische Universiteit, 1998); Joel R. Beeke, "Toward a Reformed Marriage of Knowledge and Piety: The Contribution of Gisbertus Voetius," *A Quarterly Journal for Church Leadership*, 10.1 (Winter 2001): 125-55; Willem J. van Asselt, "Gisbertus Voetius, Gereformeerd Scholasticus," in *Vier eeuwen theologie in Utrecht: bijdragen tot de geschiedenis van de theologische faculteit aan de Universiteit Utrecht*, ed. Aart de Groot & Otto J. de Jong (Zoetermeer: Meinema, 2001), 99-108; F.G.M. Broeyer, "Theological Education at the Dutch Universities in the Seventeenth Century: Four Professors on Their Ideal of the Curriculum," *Nederlands archief voor kerkgeschiedenis*, 85.1 (2005): 115-32; Aza Goudriaan, *Reformed Orthodoxy and Philosophy, 1625-1750: Gisbertus Voetius, Petrus van Mastricht, and Anthonius Driessen* (Leiden: E.J. Brill, 2006); Aza Goudriaan, "Theologia practica: The Diverse Meanings of a Subject of Early Modern Academic Writing," in *Church and School in Early Modern Protestantism: Studies in Honor of Richard A. Muller on the Maturation of a Theological Tradition*, eds. Jordan J. Ballor, David S. Sytsma, Jason Zuidema (Leiden: Brill, 2013), 447-48; B. Hoon Woo, "The Understanding of Gisbertus Voetius and René Descartes on the Relationship of Faith and Reason, and Theology and Philosophy," *Westminster Theological Journal* 75, no. 1 (2013): 45-63.

2. “더 진전한 개혁” 및 푸티우스에 대한 과거 학계의 평가

네덜란드의 “더 진전한 개혁”은 과거 학계에서는 독일의 경건주의나 영국의 청교도 운동의 연장선상에서 혹은 평행선상에서 파악되는 경향이 강했다.[10] 하인리히 헤페는 푸티우스가 “경건”(pietas, Frömmigkeit)이 무엇인지 잘 보여준 사람이라고 요약했다.[11] 헤페에게 경건주의는 영국의 청교도들의 신앙 태도를 말하는 것이었다. 그것은 경건을 일깨움으로써 즉 삶을 개혁함으로써 16세기의 교리적 개혁이 마저 완성되도록 하는 것이었다.[12]

알브레히트 리츨은 경건주의의 역사에 대한 그의 방대한 저작 속에서 푸티우스를 매우 중요하게 다루고 있다. 그는 네덜란드의 경건주의 운동이 독일과 스위스의 경건주의 운동보다 더 일찍 꽃피어났음을 정확하게 지적했다. 리츨에 따르면, 코케이우스와 마찬가지로 푸티우스는 경건주의자라고 불려서는 안 되며, 고유한 경건주의의 전신(前身)에 해당되는 인물로 여겨져야 한다.[13] 리츨에게 푸티

---

10 “더 진전한 개혁”에 대한 연구물들은 http://www.ssnr.nl에서 많이 구할 수 있다. 그리고 Joel R. Beeke, “Evangelicalism and the Dutch Further Reformation,” in *The Advent of Evangelicalism: Exploring Historical Continuities*, eds. Michael A. G. Haykin & Kenneth J. Stewart (Nashville: B&H Academic, 2008), 147-48의 각주 5번에 실린 문헌들을 참조하라. 이 논문에서 조엘 비키는 “회심주의, 행동주의, 성경주의, 십자가 중심주의를 특징으로 가지는 복음주의”가 18세기에 (에드워즈나 웨슬리를 통해) 발생했다는 데이빗 베빙턴의 견해를 비판한다. 비키가 보기에 복음주의의 그런 특성들은 이미 네덜란드의 “더 진전한 개혁”에서 충분히 나타났기 때문이다. 복음주의의 네 가지 특성에 대해서는 아래를 보라. David W. Bebbington, *Evangelicalism in Modern Britain: A History from the 1730s to the 1980s* (London: Unwin Hyman, 1989; repr. Grand Rapids: Baker, 1992), 3.

11 Heinrich Heppe, *Geschichte des Pietismus und der Mystik in der reformirten Kirche, namentlich der Niederlande*, repr. (Goudriaan: De Groot, 1979 [1879]), 145. Heinrich Heppe, *Der Pietist Gisbertus Voetius zu Utrecht*, in: *ThStKr* 51 (1878), 692-97도 참조.

12 Heppe, *Geschichte des Pietismus*, 6. “das Streben nach Vervollständigung der Kirchenreformation des sechzehnten Jahrhunderts als einer blosen Reform der Lehre durch Erweckung der pietas oder durch eine Reform des Lebens.”

우스는 어느 방면으로 보든지 칼빈주의를 가장 최고조로 획득한 위트레흐트의 신학자였다.[14] 이처럼 리츨은 푸티우스를 경건주의를 선취한 인물로 묘사하면서, 푸티우스의 작품들은 "논쟁적 연구물들"을 제외한다면, 주로 "실천적 삶의 진술에 바쳐져 있다"고 주장했다.[15] 그런데 리츨은 경건주의를 전반적으로 부정적으로 평가한다. 그가 보기에 경건주의는 칭의와 화해의 개념, 칭의와 성화의 개념을 잘못 이해한 신학과 신앙이기 때문이다.[16]

푸티우스에 대한 헤페와 리츨의 평가가 좀 달랐지만, 두 사람 모두 푸티우스를 "경건"과 연관시켜 이해한 것을 볼 수 있다. 헤페는 푸티우스를 청교도적 경건의 맥락에서 보고자 했다면, 리츨은 그를 독일 경건주의의 전신에 해당하는 인물로 보고자 했다. 두 경우 모두 푸티우스는 교리보다는 주로 삶의 개혁과 실천에 방점을 두고 활동한 인물로 묘사되고 있다.

3. "더 진전한 개혁" 및 푸티우스에 대한 최근 학계의 평가

"더 진전한 개혁" 및 푸티우스에 대한 독일 학계의 평가는 오랫동안 연구자들에게 편견을 심어주었다. 하지만 네덜란드 및 영미권 학계의 연구들이 누적되면서 점차로 역사적으로 보다 올바른 평가가 가능하게 되었다. 먼저 헤페나 리츨의

13 Beck, *Gisbertus Voetius (1589-1676)*, 127: "ein Vorläufer des eigentlichen Pietismus."

14 Albrecht Ritschl, *Geschichte des Pietismus*, Bd. 1: Der Pietismus in der reformierten Kirche, repr. (Berlin: Walter de Gruyter, 1966 [1880]), 102: "[der Utrechter Theologe] nach allen Seiten hin die höchste Leistung des Calvinismus in der niederländischen Kirche." 리츨의 푸티우스 평가에 대한 분석은 Van Asselt, "Gisbertus Voetius, Gereformeerd Scholasticus," 99를 보라.

15 Ritschl, *Geschichte des Pietismus*, I, 102: "... abgesehen von seinen polemischen Untersuchungen ... ganz vorwiegend der Darstellung des praktischen Lebens gewidmet ..."

16 Beck, *Gisbertus Voetius (1589-1676)*, 127.

"경건"이라는 말보다 "더 진전한 개혁"이라는 용어로 17세기 네덜란드의 개혁운동을 묘사하기 시작했다. "Nadere Reformatie" 즉 "더 진전한 개혁"라는 용어는 1665년 6월 28일에 위트레흐트의 지역노회의 개혁운동을 묘사하기 위해서 처음 사용되었다는 것을 보스(G. J. Vos)가 1882년 작품에서 밝혀내었다.[17] 그 이후로 "더 진전한 개혁"이라는 명칭은 네덜란드 학계에서 "경건주의"라는 말보다 더 선호되기 시작했다. "경건주의"라는 용어가 네덜란드에서는 독일보다 더욱 경멸적인 뉘앙스로 사용되기 때문이다.[18]

이렇게 영국 청교도나 독일 경건주의 운동과는 다른 관점에서 17세기 네덜란드의 개혁운동을 묘사하기 시작하면서 푸티우스에 대한 평가도 달라지기 시작했다. 대표적으로 두꺼르(Duker)는 리츨의 연구를 강하게 비판하면서, 푸티우스를 경건주의자로 보는 견해를 거부했다. 왜냐하면 경건주의자들은 대개 교리를 싫어했지만 푸티우스는 전혀 그렇지 않았기 때문이다.[19] 이제 푸티우스는 삶의 개혁과 실천만 강조하는 경건주의자로 분류되기보다는 교리와 경건 모두를 강조하는 신학자로 자리매김하기 시작했다.

푸티우스에 대한 다른 평가는 빌헬름 괴터스(Wilhelm Goeters)의 연구에도 나타났다.[20] 그는 1차 자료를 매우 주의 깊게 섭렵했다. 그리하여 헤페와 리츨의 연구와는 달리 경건주의의 한 부분으로 푸티우스를 보기보다는 네덜란드 교회개혁의 한 분파로서 그를 관찰하였다. 그에 따르면 푸티우스는 이기심을 극복한 겸손과 엄격한 객관성을 유지한 인물로서, 교회 개혁을 위한 중요한 인물로 묘사

---

17 Gerardus J. Vos, *Geschiedenis der Vaderlandsche Kerk*, Bd. 1 (Dordrecht: Nabu Press, 1881), 57-64.

18 Beck, *Gisbertus Voetius (1589-1676)*, 128.

19 Duker, *Voetius*, II, 235. 이와 함께 Duker, *Voetius*, III, 139, 159도 역시 참조하라.

20 Wilhelm Goeters, *Die Vorbereitung des Pietismus in der reformierten Kirche der Niederlande bis zur labadistischen Krisis 1670* (Leipzig: J.C. Hinrichs'sche Buchhandlung, 1911), 17-20.

되었다.[21] 그러나 괴터스는 경건주의에 대한 정확한 의미 규정이 없이 작업했기 때문에 왜 푸티우스가 경건주의 역사의 한 부분이 아니라 교회 개혁 역사의 한 부분으로만 묘사되어야 하는지 정확하게 진술해 주지 못했다.[22]

이런 학계의 분위기 속에서 독일의 경건주의와 다른 의미로, 종교개혁의 후예들 가운데 일어난 경건주의적 운동을 하나의 "국제적인 흐름"으로 파악하는 학자들이 생겨났다. 대표적으로 스퇴플러(F. Ernest Stoeffler)가 그러하다.[23] 그는 네덜란드의 "더 진전한 개혁"을 "개신교 내부의 하나의 거대한 국제적 경건운동의 시초"로 파악하고자 했다.[24] 스퇴플러가 사용한 "경건주의"의 정의 자체는 널리 호응을 받지는 못했지만, 그의 책은 많은 논쟁을 불러 일으켰다.[25] 특별히 넓은 의미에서의 개혁파 경건주의는 "데보티오 모데르나"(devotio moderna)와 인문주의의 영향을 동시에 받았다는 그의 주장은 경건주의를 상당히 넓은 맥락에서 다시 관찰할 수 있게 해 주었다.[26] 바로 이런 맥락에서 스퇴플러는 푸티우

---

21 Goeters, *Die Vorbereitung des Pietismus in der reformierten Kirche der Niederlande*, 19.

22 Beck, *Gisbertus Voetius (1589-1676)*, 128.

23 F. Ernest Stoeffler, *The Rise of Evangelical Pietism* (Leiden: Brill, 1965), 1-32.

24 Beck, *Gisbertus Voetius (1589-1676)*, 129: "die Anfänge einer großen internationalen Frömmigkeitsbewegung innerhalb des Protestantismus."

25 스퇴플러는 "경건주의"를 아직 폭넓게 규정하지 못하고 있었다. 이것이 이후에 나오는 스페이커르와의 차이점이다. 그런 점에서 스퇴플러는 여전히 헤페나 리츨의 한계를 완전히 극복하지 못했다고 볼 수 있다.

26 Stoeffler, *The Rise of Evangelical Pietism*, 121. "데보티오 모데르나"는 14세기말부터 네덜란드를 중심으로 일어난 영성 운동이었다. 그것은 독일, 프랑스, 이탈리아 등으로 퍼져나갔다. 그 주요 인물은 흐로트(G. Groote), 토마스 아 켐피스(Thomas à Kempis) 등이었고, "공동생활 형제단"을 통해 영향을 미쳤다. 이들은 주로 아우구스티누스, 베르나르두스, 보나벤투라 등의 작품의 영향을 많이 받았다. F. L. Cross and Elizabeth A. Livingstone, eds., *The Oxford Dictionary of the Christian Church* (Oxford; New York: Oxford University Press, 2005), 478과 그에 실린 아래 문헌들을 참조하라. A. Hyma, *The Christian Renaissance: History of the 'Devotio Moderna'* (New York, 1925; repr., Hamden, Conn., 1965); S. Axters, OP, *Geschiedenis van de Vroomheid in de Nederlanden*, 3: De Moderne Devotie 1380-1550 (Amsterdam, 1956). R. R. Post, *The Modern Devotion: Confrontation with Reformation and Humanism* (Studies

스 및 그의 제자들의 신학을 규정했는데 이것은 이전 학계의 관점보다 더욱 나은 관점을 제공한 것이었다.

시몬 판 데르 린드(Simon van der Linde)도 역시 "더 진전한 개혁"을 리츨적 의미의 내면적 경건주의가 아닌 폭넓은 삶의 실천으로서의 경건으로 보았다.[27] 린드의 제자인 코르넬리스 흐라플란트(Cornelis Graafland)는 개혁파 경건주의의 형성에 청교도의 영향을 고찰했다.[28] 그러나 흐라플란트는 16세기 개혁파 신학과 17세기 개혁파 신학을 너무 분리시켜 이해하는 "칼빈주의자들에 대립하는 칼빈"(Calvin against the Calvinists) 테제에 너무 집착하는 단점을 보여주었다.[29] 그리하여 그의 연구는 푸티우스와 스콜라주의의 관계성에 대해서 잘못 이해하는 한계를 노출시켰다.

퇴니스 브리넨(Teunis Brienen)은 이와는 다른 측면에서 "더 진전한 개혁"을 관찰했다. 그는 그 운동에 나타난 스콜라주의적 요소를 들추어내었고, 그것이 네덜란드 개신교 역사에서 종교개혁 대신에 잘못 들어온 중세적 잔재라고 규정했다.[30] 그러나 브리넨은 이후에 흐라플란트와 빌렘 판 엇 스페이커르와 함께 "더 진전한 개혁"에 대한 보다 균형 잡힌 연구서들을 내었다.[31]

---

in Medieval and Reformation Thought, 3; Leiden, 1968).

27 Simon van der Linde, *Gisbertus Voetius en zijn conflict met Jean de Labadie*, in *Opgang en voortgang der reformatie. Een keuze uit lezingen en artikelen* (Amsterdam, 1976), 259-75(특히 273). Beck, *Gisbertus Voetius (1589-1676)*, 130에서 재인용.

28 Cornelis Graafland, "Der Einfluß des Puritanismus auf die Entstehung des reformierten Pietismus besonders in Holland," in: *MEKGR* 31 (1982): 79-92.

29 "칼빈주의자들에 대립하는 칼빈" 테제를 규정하고 비판한 작품으로 아래 것을 보라. Carl R. Trueman, "The Reception of Calvin: Historical Considerations," *Church History and Religious Culture* 91 (2011): 20-21.

30 Teunis Brienen, *De prediking van de Nadere Reformatie. Een onderzoek naar het gebruik van de klassifikatiemethode binnen de prediking van de Nadere Reformatie* (Amsterdam, 1974), 305-6, 315.

31 Teunis Brienen et al., *De Nadere Reformatie. Beschrijving van haar voornaamste vertegenwoordigers* ('s-Gravenhage, 1986).

특히 빌렘 판 엇 스페이커르(Willem van 't Spijker)에 의해 수행된 연구들은 "더 진전한 개혁"에 대해서 가장 탁월한 작품들을 남겨놓았다. 스페이커르는 네덜란드의 "더 진전한 개혁"을 "17세기 국제적인 경건주의 운동의 네덜란드적 형태"라고 설명하였다.[32] 그는 "경건주의"라는 말을 폭넓게 사용하면서, "영국의 청교도주의"나 "독일의 경건주의"를 포함시켰다. 이 경우에 독일의 경건주의를 좀 더 좁은 의미의 "경건주의"로 규정했다. 스페이커르는 유럽에서 일어난 경건주의 전체를 개신교 내부에서 일어난 신학과 신앙 운동으로 규정했다. 그 특징으로 그는 그리스도인의 삶에서 도덕성을 강조한 것으로 보았다. 특별히 그는 네덜란드의 "더 진전한 개혁"의 경우 특별히 하나님의 주권적 통치가 부각된다는 점을 지적했다. 하지만 "더 진전한 개혁" 역시 종교개혁과 연속성 상에 있는 것임을 스페이커르는 적절하게 강조했다. 그리고 그는 마르틴 부써가 "더 진전한 개혁"에 영향을 준 것을 또한 잘 밝혀내었다.[33] 이에 더하여 스페이커르는 스퇴플러의 연구가 이미 밝혀준 것처럼 "데보티오 모데르나"와 인문주의의 영향이 네덜란드의 "더 진전한 개혁"의 뿌리에 있음을 지적했다. 그리고 청교도주의 역시 중요한 영향을 미쳤다고 말했다. 스페이커르는 "더 진전한 개혁"을 하나의 교회적이며 도덕적인 이상으로서 궁극적으로는 경건 즉 하나님 앞에서 살아가고자 하는 영적인 삶의 운동으로 설명했다.[34] 이처럼 스페이커르는 네덜란드의 "더

32 Willem van 't Spijker, "De Nadere Reformatie," in Teunis Brienen et al. ed., *De Nadere Reformatie. Beschrijving van haar voornaamste vertegenwoordigers* ('s-Gravenhage, 1986), 5-16(특히 5에서): "die niederländische Erscheinungsform des internationalen Pietismus des siebzehnten Jahrhunderts."

33 아래의 『교회정치』에 대한 부분을 보면 푸티우스도 역시 부써의 영향을 받은 것을 알 수 있다.

34 Van 't Spijker, "De Nadere Reformatie," 20-48. 스페이커르의 견해는 Beck, *Gisbertus Voetius (1589-1676)*, 131-32에서 잘 요약되어 있다. 특히 132쪽에서 이렇게 요약한다. "Das ekklesiologische und sittliche Ideal der *Nadere Reformatie* gründet letztlich in der *pietas*, dem geistlichen Leben *coram Deo*."

진전한 개혁"을 가장 온전한 의미에서 관찰할 수 있는 기반을 확고하게 제공하였다.

오프 엇 호프는 스페이커르보다 더 나아가서 네덜란드의 "더 진전한 개혁"에 미친 청교도의 영향을 더욱 강조하였다.[35] 그는 "더 진전한 개혁"과 경건주의를 같은 선상에서 정의하면서, "삶의 모든 영역에서 급진적인 성화를 열망했던 개혁파 개신교 내의 흐름"이라고 주장했다.[36] 호프는 네덜란드의 경건주의가 1588년에 타핀(Taffin)과 아메시우스(Amesius)와 함께 시작하였다고 지적했다. 그리고 그는 "더 진전한 개혁"이 1608년에 테일링크(Willem Teellinck)와 함께 시작되었다고 명시했다. 그리고 푸티우스는 테일링크와 청교도의 영향을 받았으며, 그와 함께 16세기 종교개혁의 영향도 무시할 수 없다고 주장하였다.[37]

호프가 "더 진전한 개혁"에 종교개혁의 영향을 지적한 것은 옳다. 그러나 청교도의 영향을 너무 강조한 것은 문제라고 할 수 있다. 청교도와 "더 진전한 개혁"의 공통점은 분명히 존재한다. 체험적 경건과 윤리적 엄격성과 교회와 사회를 개혁하고자 했던 점이 그것이다. 그러나 둘의 차이점 역시 엄연히 존재한다. 거스트너가 잘 지적한 것처럼 당시 네덜란드에는 영국에 있었던 주교나 미신적인 신앙이 없었기 때문이다.[38] 그리고 "더 진전한 개혁"의 대표자들은 학문적 신학 연구에는 청교도들보다 더욱 힘썼지만, 정부의 개혁에 있어서는 청교도들만큼 관심을 기울이지는 않았기 때문이다.[39]

---

35 J. op 't Hof, *Engelse piëtistische geschriften in het Nederlands, 1598-1622* (Rotterdam: Lindenberg, 1987), 24, 612-35.

36 Op 't Hof, *Engelse piëtistische geschriften in het Nederlands, 1598-1622*, 24: "Der Pietismus war die Strömung innerhalb des reformierten Protestantismus, der [...] für die radikale Heiligung aller Lebensgebiete eiferte."

37 Beck, *Gisbertus Voetius (1589-1676)*, 132.

38 Jonathan N. Gerstner, *The Thousand Generation Covenant: Dutch Reformed Covenant Theology and Group Identity in Colonial South Africa* (London: E. J. Brill, 1991), 77-78.

조엘 비키는 “더 진전한 개혁”을 청교도 운동의 영향 아래에서만 관찰할 수 없듯이, 그것을 독일의 경건주의의 맥락에서만 이해하려고 하는 것도 오류라고 지적한다. “더 진전한 개혁”을 독일의 경건주의의 한 지류라고 말할 수 없는데, 왜냐하면 “더 진전한 개혁”은 독일의 경건주의보다 반세기 이상 앞선 운동이기 때문이며, 독일의 경건주의가 주로 신자의 내면을 주목했지만 “더 진전한 개혁”은 신자의 내적 경건과 함께 사회생활 역시 강조했기 때문이고, 독일의 경건주의와 달리 “더 진전한 개혁”은 스콜라주의와 함께 진행되었기 때문이다.[40]

이상에서 제시한 네덜란드 학계와 영미권의 학계의 새로운 연구들은 옛 독일 학계의 입장보다 훨씬 더 사료들을 폭넓게 연구하였고, 역사적으로 더욱 균형 잡힌 기술들을 한 것으로 평가된다. “더 진전한 개혁”에 대한 이러한 보다 건실한 평가에 따르면, 푸티우스는 아래와 같은 인물로 정리할 수 있다. 첫째, 그는 경건과 학문 모두를 강조한 신학자이다. 둘째, 내면적 경건뿐 아니라 교회와 사회의 개혁까지 강조한 사람이다. 셋째, 16세기 종교개혁과 인문주의를 기반으로 성경 연구, 스콜라 신학, 교리 탐구 모두에 관심을 기울인 학자이다. 넷째, 하나님의 주권적 역사를 강조하면서 그리스도인의 삶의 전체 영역에서 윤리적 삶을 강조한 개혁자이다. 푸티우스의 신학교육론은 이러한 특성들이 잘 반영된다. 우리가 신학 방법론, 윤리학, 경건훈련, 교회정치, 선교학 등에 대한 푸티우스의 관점과 입장을 살펴본다면 그 사실을 더욱 분명하게 알 수 있다.

III. 푸티우스의 신학 세계와 신학교육

39 Beeke, “Evangelicalism and the Dutch Further Reformation,” 151.
40 Beeke, “Evangelicalism and the Dutch Further Reformation,” 162-63.

1. 푸티우스의 이론 신학교육

판 오르트가 잘 지적한 것처럼 푸티우스는 아우구스티누스에게서 많은 영향을 받았다. 푸티우스에게 가장 큰 영향을 끼친 스승은 고마루스(Franciscus Gomarus, 1563-1641)였는데,[41] 고마루스는 아르미니우스(파)와 논쟁을 할 때에 이미 아우구스티누스에 많이 의존하였다.[42] 그렇기에 아우구스티누스의 영향은 스승 고마루스를 통해서 푸티우스에게 자연스럽게 전달되었다. 푸티우스 스스로도 이후에 얀세니우스(Jansenius)와 논쟁을 하면서 아우구스티누스에 많이 의존한 것을 볼 수 있다.[43] 그래서 푸티우스의 신학 세계는 아우구스티누스와 매우 흡사하다. 아우구스티누스의 신학을 이론 신학적 측면, 경건의 측면, 윤리적 측면으로 나눌 수 있는 것처럼 푸티우스의 신학 세계 역시 이론 신학, 윤리학, 경건훈련, 교회정치, 선교학으로 나눌 수 있다. 이것은 그의 대표 저술이었던 『열정적 신학의 훈련과 도서목록』(*Exercitia et bibliotheca studiosi Theologiae*), 『신학논쟁선집』(*Selectarum disputationum theologicarum*), 『아스케티카 혹은 경건의 훈련』(*Ta asketika sive exercitia pietatis*), 『교회정치』(Politicae Ecclesiasticae)에 잘 나타난다.[44]

---

41 Van 't Spijker, "Gisbertus Voetius (1589-1676)," 49; 황대우, "기스베르투스 푸티우스의 생애와 신학," 161에서 재인용.

42 Van Oort, "Voetius und die Anfänge der Utrechter Universität," 567.

43 Van Oort, "Voetius und die Anfänge der Utrechter Universität," 569.

44 Gisbertus Voetius, *Exercitia et bibliotheca studiosi theologiae* (Rheno-Trajecti, apud W. Strick, 1644); Gisbertus Voetius, *Selectarum disputationum theologicarum*, 5 vols. (Utrecht: apud Joannem à Waesberge, 1648-1669); Gisbertus Voetius, *Ta asketika sive exercitia pietatis* (Gorinchem: Vink, 1654); Gisbertus Voetius, *Politicae Ecclesiasticae*, 4 vols. (Amsterdam: Waesberge, 1663-1676). *Ta asketika sive exercitia pietatis*는 아래와 같이 네덜란드어로 번역되어 나왔다. Gisbertus Voetius, *De praktijk der godzaligheid*, 2 vols., ed. C. A. de Niet (Utrecht: De Bannier, 1996).

먼저 푸티우스의 이론 신학을 살펴보자. 사실 "이론 신학"이라고 말했지만 푸티우스에게 순수하게 이론에만 그치는 신학이란 없다.[45] 그의 신학의 가장 중요한 특징이 이론적이면서 실천적이라는 점에 있기 때문이다.[46] 푸티우스는 신학이란 "모든 학문의 여왕"(regina scientiarum)이며, 모든 학문적 지혜를 능가하는 학문이라고 보았다.[47]

푸티우스는 신학이란 제대로 된 방법론을 갖추고 있어야 한다고 주장했다. 푸티우스에게 있어서 그 방법론이란 스콜라주의였다.[48] 그는 스콜라주의적 방법론이 논증신학에 매우 유익하며, 로마 가톨릭의 오류를 공격하는 데 있어서 실용적이라고 생각했다.[49] 스콜라주의의 방법론은 중세에 발전된 것인데, 개념들을 정확하게 규정하고, 구분과 분류를 자주 사용하며, 명제에 대한 분석을 실시하며, 논증과 논박의 기술들을 사용하는 방법론을 뜻한다.[50] 푸티우스는 스콜라주의 방법론을 사용했지만 그럼에도 불구하고 그 방법론에 종속되지 않도록 주의했다. 예를 들어, 스콜라 신학의 전통을 따라서 푸티우스는 신론을 세 부분으로 나누었는데, 그것은 존재와 정의와 특성에 대한 논의였다.[51] 하지만 그 내용에 있

---

45 Wilhelm Goeters, *Die Vorbereitung des Pietismus in der reformierten Kirche der Niederlands bis zur labadistischen Krisis 1670* (Leipzig/Utrecht: J. C. Hinrichs'sche Buchhandlung, 1911), 61; Karl Reuter, *Wilhelm Amesius, der führende Theologe des ervachenden reformierten Pietismus*, Beiträge zur Geschichte und Lehre der Reformierten Kirche 4 (Neukirchen: Neukirchener Verlag, 1940), 10.

46 Beeke, "Toward a Reformed Marriage of Knowledge and Piety," 134.

47 Van 't Spijker, *Vroomheid en wetenschap bij Voetius*, 27.

48 빌렘 판 아셀트 외, 『개혁신학과 스콜라주의』, 한병수 역(서울: 부흥과개혁사, 2012), 제9장을 보라.

49 Voetius, *Selectarum disputationum theologicarum*, 1:vi.

50 L. M. de Rijk, *Middeleeuwse wijsbegeerte: Traditie en vernieuwing*, 2nd, ed. (Assen: Van Gorcum, 1981), 111(불어판: *La Philosophie au moyen âge* [Leiden: Brill, 1985], 85); Etienne Gilson, *La Philosophie au moyen âge* (Paris: Payot, 1922), 제 5장을 보라. Beeke, "Toward a Reformed Marriage of Knowledge and Piety," 134도 참조하라.

어서 푸티우스는 스콜라주의 방법론을 사용하여 오히려 가톨릭이나 아르미니우스파의 오류를 반박하였다.[52] 이것은 철학의 사용에 있어서도 마찬가지이다. 푸티우스는 아리스토텔레스의 사상을 자주 인용하였지만, 이때에도 역시 그 철학이 신학의 내용을 결정짓지 않도록 세심하게 주의했다. 푸티우스에게 아리스토텔레스는 인간의 건전한 상식을 잘 체계화시킨 사람 중에 하나였던 것이다.[53] 이런 것을 보면 스콜라주의적 방법론이 신학의 내용을 결정적으로 지배하지는 않았음을 알 수 있다.[54]

푸티우스는 이론 신학에 있어서 오류가 발생하면 그 실천에 있어서도 반드시 오류가 발생한다는 신념을 갖고 있었다. 그는 중세 신학이 바로 그런 폐습을 잘 보여준다고 보았다.[55] 이렇게 푸티우스는 이론 신학의 방법론과 내용을 매우 건실하게 다졌다. 그렇다고 해서 푸티우스가 신학의 이론적 측면만 강조한 것은 아니다. 그에게 스콜라주의는 메마른 사변이 결코 아니었다. 푸티우스의 입장을 잘 보여주는 호른베이크의 주장처럼 그에게는 이론 없는 실천신학이란 있을 수 없으며, 이론 그 자체가 실천적인 이슈였던 것이다.[56] 사실 그 반대도 성립하였는데, 푸티우스는 실천과 무관한 신학에 대해서 가르친 적이 없었다. 특별히 푸티우스는 신앙을 매우 강조하였다. 모든 신학은 신앙에 뿌리를 내리고 있다. 신앙

---

51 "An sit? quid sit? quis sit?"이라는 세 질문으로 요약된다. Voetius, *Selectarum disputationum theologicarum*, 5 vols. (Utrecht, 1648-69) 5:48. 이에 대한 설명은 Sebastian Rehnman, "The Doctrine of God in Reformed Orthodoxy," in *A Companion to Reformed Orthodoxy*, ed. H. J. Selderhuis, Brill's Companions to the Christian Tradition, vol. 40 (Boston: Brill, 2013), 354n3을 보라.

52 Theo Verbeek, *Descartes and the Dutch* (Carbondale, IL: Southern Illinois University Press, 1992), 70-77.

53 Verbeek, *Descartes and the Dutch*, 7을 참조. 안드레아 벡, "기스베르투스 푸치우스: 신론의 기본적인 특징들," 빌렘 판 아셀트 외, 『개혁신학과 스콜라주의』, 261에서 재인용.

54 이러한 내용을 벡, "기스베르투스 푸치우스: 신론의 기본적인 특징들"이 잘 보여준다.

55 Voetius, *Selectarum disputationum theologicarum*, 1:23-26.

56 Johannes Hoornbeeck, *Theologiae Practicae* (Utrecht: Versteegh, 1663), 1:85.

없는 신학이란 있을 수 없다.[57] 무엇보다 푸티우스는 모든 신학에 있어서 성경과 성령의 우위성을 주장했다. 그리고 신학의 토론 주제가 성경 계시에 합당한지, 구원에 필요한지, 교회에 유익이 되는지를 따졌다.[58] 푸티우스는 칼빈과 마찬가지로 참된 경건이 없으면 참된 신지식도 없다고 믿었다.[59]

푸티우스가 이론 신학에 대해 갖고 있는 기본적 입장은 그의 신학교육에도 아주 잘 반영되었다.[60] 그는 스콜라주의의 기본 방법론을 학생들에게 교육하였다. 그리고 어떻게 그 방법론을 사용하여 로마 가톨릭 신학 및 여타 잘못된 신학·철학들의 오류들을 비판할 수 있는지를 가르쳤다. 그는 신학이 단순한 지적 유희가 아니라 교회와 신앙의 생명력을 부여하는 중요한 수단임을 늘 학생들에게 강조했다. 그렇기에 신학에서 성경과 성령의 역할이 지배적이며, 비중생자의 신학은 불가능했다.[61] 무엇보다 그는 신학교육에서 신학과 실천의 관계성을 매우 강조하였다. 이러한 푸티우스의 신학에 대한 기본 이해는 그의 윤리학, 경건훈련, 교회정치, 선교학과 잘 연결되었다.

2. 푸티우스의 윤리학 교육

"더 진전한 개혁"의 선두적인 인물답게 푸티우스는 개인적 삶과 교회적 삶과 사회적 삶에서 윤리적 실천을 매우 중요하게 생각했다.[62] 그는 이미 광명학교 개

---

57 Voetius, *Selectarum disputationum theologicarum*, 2:516.
58 Beeke, "Toward a Reformed Marriage of Knowledge and Piety," 135.
59 참고. Calvin, *Institutes*, I.ii.1.
60 Broeyer, "Theological Education at the Dutch Universities," 121-26을 보라.
61 Voetius, *Selectarum disputationum theologicarum*, 1:4. Woo, "The Understanding of Gisbertus Voetius and René Descartes" 50-51, 57에 나오는 설명을 보라.
62 이하의 내용은 Beeke, "Toward a Reformed Marriage of Knowledge and Piety," 138-42를 주로 참조하였다.

교연설, "학문과 연결되어야만 하는 경건에 관한 연설"에서 신학의 실천적 중요성을 강조하였다. 그런데 그에게 실천 신학의 가장 우선적인 의미는 다름 아닌 기독교 윤리였다.[63] 푸티우스의 대작 『신학논쟁선집』의 제 3권과 4권에서 그는 십계명을 기본으로 하여 다양한 윤리적 문제들을 다루었다. 특별히 푸티우스는 십계명을 강조했는데, 자신의 생각을 뒷받침하기 위해서 북홀랜드의 지역노회(1645년)가 레이든 대학의 교수들에게 "양심의 결의론"(casus conscientiae)을 십계명 적용을 통해 강의하도록 요청한 사실을 지적한다.[64]

푸티우스는 윤리학이 교의학이나 변증학과 따로 분리되어서는 안 된다고 주장했다.[65] 오히려 윤리학은 교의학과 연결되어 있으면서도 그것을 돕는 것인데, 다만 그 주안점이 신앙적 삶의 실천적 훈련에 놓인다는 점에 있어서만 교의학과 다를 뿐이다. 푸티우스는 윤리학을 위해서 퍼킨스, 아메시우스, 타핀, 테일링크 등을 추천하는데, 특별히 퍼킨스는 실천신학의 호메로스라고 부르면서 극찬한다.[66]

푸티우스는 그 당시 실천신학에 대한 반대 혹은 비판을 15가지로 나누어서 다루었다. 그는 당시에 목회자들이 주일 성수, 술 취함, 극장 출입, 도박, 음란한 의상, 부당한 이자놀이 등 잘못된 관행들을 비판하면 당장에 율법주의적이라느니, 바리새적이라느니, 재침례파적이라느니 하는 비난을 받는 상황을 지적했다.[67] 하지만 푸티우스는 윤리학이 개혁 교리를 실제로 살아내도록 가르치는 학문으로서 꼭 필요하다고 역설했다. 참된 윤리학은 율법주의와 거리가 멀었다. 그것은 부당하게 다른 사람을 비판하면서 자기 의를 내세우는 바리새주의도 아니

---

63 황대우, "기스베르투스 푸티우스의 생애와 신학," 176.
64 푸티우스의 십계명 이해에 대한 분석은 Steenblok, *Voetius en de Sabbat*, 9-46을 보라.
65 Voetius, *Selectarum disputationum theologicarum*, 3:1-6.
66 Beeke, "Toward a Reformed Marriage of Knowledge and Piety," 139.
67 Voetius, *Politicae Ecclesiasticae*, 4:680-99.

었다. 자기들만 옳다고 생각하며 교만에 빠져 있는 재침례파적 성향과는 더더욱 거리가 멀었다. 오히려 참된 윤리학이란 신자가 받은 위대한 구원에 대해 올바르게 감사하는 길을 가르치는 학문이다.

이처럼 푸티우스는 개혁주의 성화론의 기초에 근거한 윤리학을 가르쳤다.[68] 바울 당시의 많은 유대인이나 중세의 로마 가톨릭처럼 자신이 행한 선행에 근거하여 만족하는 사람은 "행위-의"(works-righteousness)에 따라 살아가는 사람이다. 그런 사람은 선행을 행하여도 오히려 양심에 가책을 느끼며 불안하면서 살게 되어 있다. 하지만 개혁파 윤리학은 신자로 하여금 자신이 그저 받은 구원에 감사하여 삶의 모든 영역에서 하나님께 영광을 돌리는 삶을 살도록 인도한다.

윤리학을 가르치면서 푸티우스는 복음보다는 율법을 더 많이 다룬다. 그러나 이것은 복음을 무시하는 것이 아니다.[69] 복음은 구약에도 신약에도 나타나 있다. 그것은 오직 하나님의 은혜로 믿음을 통해서 구원을 받는다는 사실이다. 하지만 구원 받은 신자는 하나님과 언약 관계 속에 들어간다. 복음 자체는 무조건적이고 절대적 은혜에 근거한 것이지만, 구원 받은 사람의 삶에는 반드시 책임성이 뒤따르게 되어 있다. 구원 받은 신자는 은혜에 감사하는 가운데 그리스도 안에서 주어진 새로운 법을 지킴으로 믿음의 증거를 나타낸다. 이때 율법에 대한 지식이 필수적이다. 푸티우스의 윤리학에서 "율법"이란 구약과 신약에 나타난 교훈적인 가르침을 뜻하는 넓은 의미로 사용될 때가 많다. 히브리어를 가르친 교수답게 푸티우스는 "토라"를 "삶의 법칙을 가르치는 교훈"으로 이해한다.[70]

푸티우스는 율법과 복음을 은혜 언약 아래에서 함께 생각한다. 조엘 비키는

---

68 Joel R. Beeke and Ray B. Lanning, "Glad Obedience," in *Trust and Obey* (Morgan, Pennsylvania: Soli Deo Gloria, 1996)을 참조하라.

69 Beeke, "Toward a Reformed Marriage of Knowledge and Piety," 140.

70 당시 네덜란드의 고대 동방어 교육은 최고 수준에 달했다. Broeyer, "Theological Education at the Dutch Universities," 123.

이것을 루터와 칼빈의 차이라는 관점에서 이해한다. 루터에게 있어서 율법과 복음은 구원의 서정(ordo salutis)에서 등장하는 순서에 따라 이해된다. 율법이 먼저 나오고 그 다음에 복음이 뒤따른다. 그렇기에 루터의 신학에서는 율법의 선하게 기능하는 측면이 아무래도 약화되기 쉽다. 하지만 칼빈의 신학에서 율법은 세 가지 용도라는 측면에서 설명된다. 율법은 (제 3용도에 따라) 신자의 성화의 삶을 인도하는 감사의 법, 도덕의 법이 된다.[71] 비키는 이런 점에서 푸티우스가 칼빈의 율법 이해를 따랐다고 본다.[72]

푸티우스는 율법을 설교하는 것이 매우 어려운 과제임을 알고 있었다. 설교자는 윤리적 삶을 설교할 때에 도전을 준답시고 강하게 전했으나 오히려 상처만 남길 수 있다. 그래서 푸티우스는 학생들에게 성경과 기독교 고전에 대한 폭넓은 이해를 가질 뿐 아니라, 깊은 묵상과 정확한 판단력과 좋은 기억력과 광범위한 경험을 바탕으로 설교를 해야만 제대로 설교할 수 있을 것이라고 가르쳤다. 그는 성경과 양심과 성도들의 삶이라는 세 가지 책을 유심히 들여다보고 연구해야만 윤리에 대한 설교를 효과적으로 할 수 있게 된다고 가르쳤다.[73]

윤리학을 가르칠 때 푸티우스는 특히 "정밀함"(*praecisitas*, precision)이라는 말을 강조했다.[74] 푸티우스의 윤리학에서 "정밀함"이란 특수용어로서, "하나님께서 가르쳐 주신 하나님의 법에 일치하며, 신자의 참된 수납과 의도와 바람 가운데 행한 온전하고 완벽한 행동"을 뜻한다. 푸티우스는 성경을 가지고 "정밀

---

71 칼빈, 『기독교강요』, II.vii.3-13을 보라. 이에 대한 설명으로 우병훈, "칼빈의 모세 언약 이해-존 페스코와 코넬리스 베네마의 논쟁에 비추어서-", 「칼빈연구」 제 13집(2016): 31-32를 보라.

72 Beeke, "Toward a Reformed Marriage of Knowledge and Piety," 140.

73 Beeke, "Toward a Reformed Marriage of Knowledge and Piety," 141.

74 Voetius, *Selectarum disputationum theologicarum*, 3:59-79; Duker, *Voetius*, II, 230-31n3; Beeke, "Toward a Reformed Marriage of Knowledge and Piety," 141-42의 논의를 참조하라.

함"에 가장 가까운 단어들을 조사하였다. 그리하여 가장 가까운 의미로서 "내면적 거룩이 외적으로 나타난 것"이 바로 "정밀함"이라고 결론 내린다. 신자는 "하나님 앞에서"(coram Deo) 살아갈 때에 정밀함을 위해 결정할 수 있다.[75]

신자는 하나님의 말씀에 나타난 하나님의 뜻을 온전히 행하려는 열망 속에서 살아야 한다(엡 5:15 참조). 그렇게 살지 않는 것은 하나님이 아니라 사람을 기쁘게 하는 거짓된 삶이며, 미신이나 위선 혹은 타협적인 삶이 되고 말 것이다.[76] "정밀함"을 추구하지 않는 삶은 결국 삶의 참된 근거를 잃어버린 삶이 된다. 푸티우스는 성경과 개혁파 교리 표준들과 16세기 개혁자들과 청교도들이 추구했던 삶은 바로 "정밀함"이었다고 역설한다.[77] 그렇기에 그는 신학교육을 단지 교실에서 머무는 것이 아니라, 삶의 전체를 바꿔놓는 것이 되도록 노력했다.

3. 푸티우스의 경건훈련 교육

푸티우스는 신학생들에게 내면의 경건을 매우 강조했다. 이것이 그의 신학이 독일의 경건주의나 영국의 청교도와 유사한 점이라면 유사한 점일 것이다. 그러나 그에게 있어서 경건은 단지 "신자 개인의 경건훈련이라는 차원에 머물지 않고 오히려 신자 전체를 위한 교회의 공동체적 경건훈련, 즉 실천신학"을 의미하는 것이었다는 점에서 특색이 있다.[78]

푸티우스가 학생들에게 강조했던 경건훈련은 두 가지 점에서 중세적 신비주의와 거리가 멀었다.[79] 첫째로, 중세적 경건훈련은 신플라톤주의적 위계질서를

75 John W. Beardslee III, ed., *Reformed Dogmatics: Seventeenth-Century Reformed Theology Through the Writings of Wollebius, Voetius, and Turretin* (New York: Oxford University Press, 1965), 317.

76 Spijker, "Gisbertus Voetius (1589-1676)," 65 참조.

77 Voetius, *Selectarum disputationum theologicarum*, 4:771 참조.

78 황대우, "기스베르투스 푸티우스의 생애와 신학," 177.

상정하여 "성직자들이나 수도사들과 같이 구별된 소수에게만 요구되는 특별한 신앙 양식"으로 인식되었다. 그리하여 경건훈련은 성직자와 일반 성도 사이의 위계질서를 강화시키는 방편이 되었다. 하지만 푸티우스가 강조한 경건훈련은 "모든 신자들에게 요구되는 보편적인 신앙 양식"이었다.[80] 둘째로, 중세적 경건훈련은 성경을 떠난 관상으로 흐르기 일쑤였다. 하지만 푸티우스는 경건훈련에서 언제나 성경에 대한 지속적 묵상을 제일 중요한 자리에 두었다.[81] 그는 묵상이 하나님의 본질에 대한 직접적 지식을 얻는 것이라고 하거나 또는 하나님의 본질을 직접 경험하는 것이라고 하는 로마교적 생각을 거부했다. 또한 묵상이 맹신주의나 광신주의에 빠져서는 안 된다고 경고했다.[82] 푸티우스는 묵상에서 지성의 건전한 작용을 항상 견지해야 한다고 주장했다. 묵상은 이성적 사유를 떠난 불합리한 생각으로 빠져드는 것이 아니기 때문이다.[83]

푸티우스는 지속적인 기도 생활을 강조했다. 그는 은혜의 방편을 사용하여 경건훈련을 하도록 가르쳤다. 말씀과 성찬과 기도는 그에게 있어서 가장 기본적인 경건훈련의 요소였다. 또한 푸티우스는 신앙인의 삶의 여러 측면들을 주목했다. 회심, 회개, 통회, 화목, 회복 등이 그것이다. 그 외에도 주일 성수, 일상적 삶에서 영적으로 사는 법, 유혹을 이겨내는 법, 성도의 교제, 심지어 순교까지도 다루고 있다.[84]

흥미로운 것은 푸티우스가 경건훈련의 각 요소들을 다룰 때에 스콜라주의의 방법론에 따라 다룬다는 사실이다. 먼저 정의를 내리고, 그 개념을 넓은 의미와 좁은 의미에서 규정하고, 반대들에 대해 답변하며, 관련된 문제들을 더 다루고,

---

79 Beeke, "Toward a Reformed Marriage of Knowledge and Piety," 142.
80 황대우, "기스베르투스 푸티우스의 생애와 신학," 178.
81 Voetius, *Ta asketika sive exercitia pietatis*, 48.
82 Voetius, *Ta asketika sive exercitia pietatis*, 73.
83 Voetius, *Ta asketika sive exercitia pietatis*, 23.
84 Voetius, *De praktijk der godzaligheid*의 서문에 나오는 자세한 내용 분석을 참조하라.

그에 대해 상세한 답변들을 제시한다. 이런 순서로 주제를 다루면서 약 64명의 신학자들을 인용한다. 네덜란드의 "더 진전한 개혁"의 작품들 가운데 경건훈련에 관한 한 이렇게 방대하고 자세한 서술은 없다고 해도 좋을 정도로 이 작품은 너무나 독보적이라고 할 수 있다.[85] 사실상 푸티우스의 이 작품은 이후의 많은 작품들에 큰 영향을 끼쳤다.[86]

4. 푸티우스의 교회정치 교육

푸티우스의 『교회정치』(*Politica Ecclesiastica*)는 4권으로 이루어진 대작이다. 세 개의 섹션으로 나눠지는 이 작품은 신학도들뿐 아니라 일선 목회자들과 성도들에게 매우 실제적인 교회론을 제공한다.[87] 첫 번째 부분은 교회의 제반 문제들을 다룬다. 푸티우스는 제도적 교회의 성질을 다루며, 교회 정치의 개념들을 다룬다. 그리고 권징에 대해서도 설명한다. 교회의 제반 문제들을 다룰 때 그는 예배와 시편 찬송, 오르간을 포함한 교회 음악, 성찬 준비, 교리 교육, 금식, 회개와 감사의 날들, 결혼과 장례 등을 다룬다. 그는 또한 교회의 자유, 교회의 재산, 목회자의 사례, 교회 운영 등에 대한 글도 싣고 있다.

두 번째 부분은 교회 안에 있는 사람들을 다룬다. 목사, 장로, 집사와 같은 직분자뿐 아니라, 교회 회원들, 여성과 순교자들도 다룬다. 무엇보다 푸티우스는 이 섹션에서 직분자로 세움 받는 과정을 자세하게 기술한다. 소명과 자격과 훈련에 대해 다룬다. 여기서 그는 로마 가톨릭 교회의 수직적 위계질서와 성직자주의

---

85 논자가 구한 Gisbertus Voetius, *Tractatus duo: unus peri tōn askētikōn, sive De exercitiis pietatis; alter de coelo beatorum*, vol. 1 (Gorinchem: Vink, 1679)는 본문만 823쪽에 이른다.

86 Beeke, "Toward a Reformed Marriage of Knowledge and Piety," 143.

87 이하의 내용은 Beeke, "Toward a Reformed Marriage of Knowledge and Piety," 144에서 가져온 것이다.

를 비판한다. 그리고 수도 생활과 영적 형제 됨에 대한 주제도 다룬다.

마지막 세 번째 부분은 교회의 임무를 다룬다. 푸티우스는 신앙 고백의 중요성을 매우 강조한다. 그리고 직분자들이 어떻게 자신을 살펴야 하는지도 다룬다. 심판도 중요하게 취급한다. 당회와 노회(혹은 총회)의 존재 이유와 활동과 임무 등을 서술한다. 그리고 타락한 교회와 교회의 회복 문제도 취급한다. 여기서 그는 로마 가톨릭 교회와 개신교회의 연합에 대해서도 다루는데, 개신교가 어디까지 용납할 수 있는가 하는 한계점들을 설명한다. 푸티우스는 권징에 대해서도 매우 자세하게 다루는데, 그것은 천국의 열쇠와 관련한 문제이기도 하다.

푸티우스는 루터와 칼빈의 전통을 따라서 교회의 권위는 오직 성경에서 나온다는 것을 분명히 한다.[88] 이것은 때로 교회의 전통을 성경보다 상위에 두는 로마 가톨릭을 비판한 것이다. 푸티우스는 목회자들은 군림하거나 스스로 권세를 휘둘러서는 안 된다고 주장한다. 목회자들의 권력 남용은 성경의 원리로 볼 때 전혀 용납될 수 없다(사도행전 4-5장, 다니엘 3, 6장을 인용함).[89] 교회의 권위는 교회 자체의 존속을 위해서 발휘되어서는 안 된다. 그것은 오로지 하나님의 영광을 위한 것이어야 한다.[90] 이 점에서 푸티우스는 마르틴 부써를 따랐는데, 부써는 교회의 목적이 하나님의 영광을 위하여 사랑 안에서 스스로 세워가는 것에 있다고 보았던 것이다(에베소서 4:13-16 참조).[91] 그렇기에 푸티우스는 교회의 권위가 권징을 통해 발휘될 때 무엇보다 성경적 사랑이 중요하다고 역설했다.

독특하게도 푸티우스는 『교회정치』에서 설교론을 길게 다룬다.[92] 그는 설교가 권징에 있어서 중요한 기능을 한다고 보았다. 또한 교회의 권세는 그리스도께 복

88 Voetius, *Politicae Ecclesiasticae*, 1:122.
89 Voetius, *Politicae Ecclesiasticae*, 3:247-48.
90 Voetius, *Politicae Ecclesiasticae*, 1:12.
91 Spijker, "Gisbertus Voetius (1589-1676)," 75-76; Beeke, "Toward a Reformed Marriage of Knowledge and Piety," 145.
92 Voetius, *Politicae Ecclesiasticae*, 1:598-631.

종해야 한다고 말하면서, 참된 교회를 식별하는 중요한 기준은 그 교회에서 그리스도께서 말씀을 통하여 주인 됨을 행사하시는가 하는 것이라고 주장한다. 설교는 하나님의 말씀을 명백하면서도 실제적으로 해설하는 것이다. 여기서 푸티우스는 교중의 현재적 필요를 설교자가 다루어 주어야 한다고 가르친다. 그는 기본적으로 성경의 한 책, 한 장을 설교하는 방식을 선호했지만, 그렇다고 해서 한 가지 설교 방식만을 고집해서는 안 된다고 주장한다. 그리고 연결성 없이 주어진 본문을 돌려가며 하는 로마 가톨릭식의 강해는 하나님의 전체 경륜을 설명하는 데 있어서 역부족이라고 지적한다.[93]

『교회정치』에서 푸티우스는 교회 안에서만 갇혀 있는 교회를 비판했다. 그리스도의 주권은 온 세상에 미치기 때문이다. 그는 세속 정부가 교회를 간섭하는 것을 철저하게 배격했다. 하지만 그는 교회와 국가의 철저한 분리를 가르치지는 않았다. 오히려 교회는 사회의 전 영역에서 분명하게 하나님의 뜻을 전해야 한다고 주장했다.

5. 푸티우스의 선교학 교육

푸티우스는 처음으로 가장 포괄적인 개신교 선교신학을 정립한 사람으로 평가된다.[94] 그는 상업 회사들을 설득하여 선교사들과 함께 네덜란드 상선들을 보내라고 설득했다. 판 안델은 푸티우스가 실천적 측면에서 선교에 힘썼을 뿐만 아니라 학문적 신학의 한 영역에서 선교학이 자리 잡도록 애썼음을 지적하였다.[95]

---

93 Beeke, "Toward a Reformed Marriage of Knowledge and Piety," 146. 이것은 로마 가톨릭의 성구집(lectionary)에 따라 행하는 설교를 말한다. 그것은 오늘날 개신교의 많은 교회에서 행하는 연속식 강해설교와는 다른 것이다.

94 Beeke, "Evangelicalism and the Dutch Further Reformation," 164-65.

95 H. A. Van Andel, *De Zendingsleer van Gisbertus Voetius* (Kampen: Kok, 1912), 19.

야 용거네일이 지적한 것처럼, 푸티우스는 개신교의 선교 신학이 하나님의 영광에 종속되도록 하였다. 그리하여 비강제적인 선교학을 통하여 모든 족속들이 그리스도의 교회로 나아오도록 도왔다.[96]

『교회정치』에서 푸티우스는 선교와 교회개척에 대해서 300쪽이 넘는 지면을 할애했다.[97] 그는 기독교회가 유대교, 이방인, 이슬람, 무신론자들에게 어떤 태도를 취해야 하며, 어떻게 선교전략을 펼칠 수 있을지를 논했다.[98]

아울러 그는 교회의 개혁을 강조했다. 그는 개혁은 어디에나 필요하지만, 특별히 교회 안에서부터 개혁이 이뤄져야 함을 주장했다.[99]

이처럼 푸티우스의 『교회정치』는 교회의 다양한 활동들에 대해서 매우 포괄적으로 기술하고 있어서 현장에서 목회하는 이들이 맞닥뜨리게 되는 거의 모든 주제들에 대해서 성경적인 대답들을 제공한다.

Ⅳ. 푸티우스의 신학교육의 특징

1. 신앙과 이성의 관계

이제 푸티우스의 신학교육론의 중요한 측면들을 몇 가지 살펴보겠다. 푸티우

---

96 Jan Jongeneel, "The Missiology of Gisbertus Voetius: The First Comprehensive Protestant Theology of Missions," *Calvin Theological Journal* 26.1 (1991), 79. 비키는 테일링크와 푸티우스 등 "더 진전한 개혁"의 신학자들이 제시한 선교 신학이 이후에 맺은 열매 중에 하나로 스리랑카에서의 교회 설립을 지적한다. Beeke, "Evangelicalism and the Dutch Further Reformation," 165.

97 Voetius, *Politicae Ecclesiasticae*, 2:252-579.

98 푸티우스는 학생들이 해외로 여행하는 것을 적극 권했는데, 이것 역시 선교와 무관하지 않을 것이다. Broeyer, "Theological Education at the Dutch Universities," 126.

99 Voetius, *Politicae Ecclesiasticae*, 4:430-87.

스의 신학에서 매우 중요한 측면은 신앙과 이성 및 신학과 철학의 관계성이며 이것은 그의 신학교육론에 반영된다.[100] 그는 『신학논쟁선집』, 제 1권의 첫 세 장을 오롯이 이 문제를 다루는데 할애했다.[101] 먼저 푸티우스가 생각한 신앙과 이성의 관계를 살펴보자.

푸티우스에 따르면 소키니우스파는 성경뿐 아니라, 이성을 종교와 신앙의 기준으로 삼는 자들이다.[102] 그러나 푸티우스는 그들을 반대한다. 그는 인간의 이성이란 "인간 안에 있는 이성적 영혼의 능력으로서, 지적인 것들을 파악하고 판단을 내리게 하는 것"이다.[103] 푸티우스는 무엇보다도 인간의 이성이 (1) 타락 전에 하나님의 형상으로 받은 선물로서의 이성과 (2) 타락 이후에 부패한 이성과 (3) 은혜 안에서 자유롭지만 여전히 불완전한 이성과 (4) 영광 가운데서 온전한 이성으로 나눌 수 있다고 보았다.[104] 다시 말해서 인간의 이성은 죄의 영향을 받아서 잘못될 수 있다는 것이다.

푸티우스는 신앙의 원리는 내적 원리와 외적 원리가 있는데, 내적 원리는 성령의 조명이며 외적 원리는 성경이라고 규정한다. 그리고 성경은 기독 신앙의 모든 진리의 제일가는 원천이라고 주장한다.[105]

여기에서 더 나아가서 푸티우스는 신앙의 초자연적 진리는 인간의 이성을 넘어선다고 역설한다. 초자연적 진리들은 인간의 이성 자체와 충돌하지는 않는다. 다만 그것을 초월할 뿐이다. 만일 초자연적 진리들이 인간의 이성과 충돌한다면,

---

100 이에 대해서는 졸고, "The Understanding of Gisbertus Voetius and René Descartes on the Relationship of Faith and Reason, and Theology and Philosophy," 47-53의 많은 내용을 가져왔다.

101 Voetius, *Selectarum disputationum theologicarum*, 1:1-47.

102 Voetius, *Selectarum disputationum theologicarum*, 1:1.

103 Voetius, *Selectarum disputationum theologicarum*, 1:1. "facultatem animae rationalis in homine, qua intelligibilia apprehendit & dijudicat."

104 Voetius, *Selectarum disputationum theologicarum*, 1:2.

105 Voetius, *Selectarum disputationum theologicarum*, 1:3.

그것은 이성의 부패 때문이다. 기독교 신앙과 신학이 온전히 이성적이라고 말할 수 있는 까닭은 그것이 불신자들에게도 합리적인 설명을 줄 수 있기 때문이 아니라, 오히려 자신의 주장을 성경의 권위에서부터 도출할 수 있기 때문이며 성경의 내용을 바탕으로 불신자들의 주장을 반박할 수 있기 때문이다.[106] 비중생자의 이성은 하나님의 말씀에 관해서는 눈이 먼 것과 같다.[107] 따라서 푸티우스는 인간의 이성이 아니라 하나님의 말씀만이 신앙과 신학의 원리가 되어야 한다고 주장한다.

그럼에도 불구하고 푸티우스는 신학에 있어서 이성의 역할을 결코 무시하지 않는다. 그는 성경을 해석할 때 이성이 도움이 된다고 주장한다.[108] 그리고 그는 우리가 성경에서 도출한 진리뿐 아니라 건전한 이성에서 도출한 진리를 또한 인정할 수 있다고 말한다.[109] 특별히 로마 가톨릭과의 논쟁에서 푸티우스는 성경뿐 아니라 이성과 자연의 빛에서 나온 결론 또한 사용할 수 있다고 주장한다. 그는 그리스도와 선지자들과 사도들 역시 건전한 이성에서 나온 결론들을 가지고 거짓 가르침들을 논박했다고 주장한다.[110] 이처럼 푸티우스는 "오직 성경"이라는 종교개혁의 원리와 이성의 올바른 사용이 결코 충돌하지 않음을 설득력 있게 보여주고자 했다.

2. 신학과 철학의 관계

이성에 대한 이러한 관점은 푸티우스가 철학을 평가할 때에도 그대로 반영된

106 Voetius, *Selectarum disputationum theologicarum*, 1:3.
107 Voetius, *Selectarum disputationum theologicarum*, 1:4.
108 Voetius, *Selectarum disputationum theologicarum*, 1:6.
109 Voetius, *Selectarum disputationum theologicarum*, 1:7.
110 Voetius, *Selectarum disputationum theologicarum*, 1:8.

다. 푸티우스는 성경과 이성이 둘 다 하나님의 선물이라고 하면서 우리가 그 둘 사이의 질서를 잘 설정하기만 하면 신앙에 유익이 된다고 주장한다.[111] 구원을 얻는 지식은 오직 초자연적 빛에 의해 주어진다. 그리고 성경과 자연계시에 공통적으로 나타나는 신앙의 조항들의 경우에도 우선적으로는 성경을 통한 계시를 먼저 배워서 이해해야 한다. 따라서 푸티우스에게는 성경과 성령의 조명이 이성과 자연신학(theologia naturalis)보다 우위에 있음이 분명하다. 그는 자연신학이란 성경을 제쳐놓고 하는 신학이 아니라고 주장한다. 오히려 그것은 성경을 전제한다. 자연신학은 성경과 독립한 신학이 아니라 성경신학의 한 부분이다.[112]

그렇다면 철학은 신학에 유용한가? 푸티우스의 대답은 "그렇다"는 것이다. 그는 자연의 빛은 은혜의 빛과 싸우지 않는다고 말한다. 철학을 경멸하는 자들은 오히려 하나님과 그분의 진리를 부당하게 대하는 자들이며 "비신학적인 자들"(atheologoi)이라고까지 말한다.[113] 철학은 그 자체로 이단의 근원이 아니다. 도리어 철학은 신학에 구성적으로 기여를 할 수 있다.[114] 하나님은 인간들에게 이성으로 획득되는 지식들을 주셨다. 이 지식이 다름 아닌 철학이다.

철학은 정통신학에 건전한 논리와 추론적 사고 능력을 제공한다.[115] 변증신학

---

111 Voetius, *Selectarum disputationum theologicarum*, 1:2.

112 이 시대의 자연신학에 대한 이해를 위해서는 아래 문헌들을 보라. Charles B. Schmitt, Quentin Skinner, and Eckhard Kessler, eds., *The Cambridge History of Renaissance Philosophy* (Cambridge: Cambridge University Press, 1988), 598-638; John Platt, *Reformed Thought and Scholasticism: The Arguments for the Existence of God in Dutch Theology, 1575-1650* (Leiden: E.J. Brill, 1982).

113 Voetius, 'Assertiones theologicae de praeiudiciis verae religionis' [D. van Boxtel], philosophical-theological theses, no. 1, reprinted in Gisbertus Voetius, *Thersites heautontimorumenos* (Utrecht: A. ab Herwiick & H. Ribbius, 1635), 347: "Lumen naturae cum lumine gratiae, Philosophia cum Theologia non pugnant. Itaque *atheologoi* sunt, insuper in Deum et veritatem ejus injurii, qui Philosophiam condemnant."

114 Voetius, *Selectarum disputationum theologicarum*, 3:750-58.

115 Voetius, *Selectarum disputationum theologicarum*, 1:7을 참조.

은 철학의 도움을 받아 부패한 사유를 반대할 수 있다.[116] 그는 이렇게 주장한다.

> 우리는 기독교인들에게 성경만이 우리 신학의 유일한 원리라고 주장한다. 우리는 형이상학과 철학을 논리적 결론들의 법칙을 지지하기 위해서 사용한다. 그리하여 우리는 거짓 결론들과 속임수들을 지적해 낸다. 이런 것들은 가짜-철학의 부패하고 타락한 이성에서 나온 것일 따름이다.[117]

이것을 보면 푸티우스가 철학에 대해 가진 견해는 그가 이성에 대해 가진 견해와 일치함을 알게 된다. 그는 성경 계시와 성령의 내적 조명에 종속되는 한 이성과 철학이 유익하다고 주장했다. 많은 사람들이 푸티우스의 신학이 아리스토텔레스 철학에 종속된 것이 아닌가 하는 의구심을 가졌다. 하지만 근래의 연구들은 철저한 문헌 고증을 통해서 푸티우스의 신학은 아리스토텔레스 철학을 매우 선별적으로 취사선택하여 사용하였음을 보여주었다. 푸티우스에게 아리스토텔레스 철학은 하나의 불문율이 아니라, 고대로부터 내려온 전통적 방법론과 내용들에 불과했다.[118] 그는 성경에 일치하느냐 아니냐를 철학을 판별하는 가장 중요한 시금석으로 생각했다. 그가 데카르트의 철학을 그토록 열렬하게 반대했던 까닭도 그것이 성경의 원리와 상반된다고 판단했기 때문이지, 그것이 단지 아리

---

116 Voetius, *Selectarum disputationum theologicarum*, 1:9.

117 Voetius, *Thersites heautontimorumenos*, 127: "Scripturis tanquam unico principio Christianis Theologiam nostram persuademus, Metaphysicam et Philosophiam adhibemus ut regulas consequentiarum fulciamus, ut sophismata ac strophas ex corrupta ac perversa ratione ex pseudo-philosophia depromptas delegamus."

118 Theo Verbeek, "From 'Learned Ignorance' to Scepticism. Descartes and Calvinist Orthodoxy," in *Scepticism and Irreligion in the Seventeenth and Eighteenth Centuries*, ed. Richard Henry Popkin and Arie Johan Vanderjagt (Leiden: E.J. Brill, 1993), 44.

스토텔레스 철학에 반대된다고 생각했기 때문이 아니었다.[119]

V. 나오며: 건전한 개혁신학교육을 향하여

푸티우스의 신학교육론에 대한 글을 닫으면서 위에서 했던 이야기들을 다시 반복할 필요는 없을 것이다. 다만 이 결론부에서는 푸티우스가 "부패한 신학"과 "건전한 스콜라주의 신학"에 대해 설명한 것을 바탕으로, 보다 나은 개혁신학교육을 위한 몇 가지 제언을 덧붙이면서 글을 마치고자 한다.

푸티우스는 『신학논쟁선집』에서 신학교육을 위해 신학방법론을 상술한다.[120] 거기서 그는 "부패한 신학"(corrupta Theologia)의 다섯 가지 원인들을 지목한다. 첫째, 부패한 신학은 언어 특히 헬라어와 히브리어에 대한 무지에서 비롯된다. 둘째, 부패한 신학은 역사와 고대 문화, 특히 교회사에 대한 무지에서 비롯된다. 셋째, 부패한 신학은 문법, 문헌학, 철학, 아리스토텔레스의 논리학·물리학·윤리학·형이상학, 언어, 롬바르두스의 가르침 등에 대한 무지에서 비롯된다. 넷째, 부패한 신학은 경건의 훈련과 연습 및 교회 섬김의 결여에서 비롯된다. 다섯째, 부패한 신학은 교부 작품들, 교회사의 중요 문헌들, 성경 석의 작품들에 대한 무지에서 비롯된다.[121]

이어서 푸티우스는 건전한 "스콜라주의 신학의 사용"(usus Theologiae

---

119 Woo, "The Understanding of Gisbertus Voetius and René Descartes," 55-56을 보라. 그리고 17세기 개혁신학의 선별적 철학 선택에 대해서는 Richard A. Muller, *Post-Reformation Reformed Dogmatics: The Rise and Development of Reformed Orthodoxy, ca. 1520 to ca. 1725*, vol. 1 (Grand Rapids: Baker Books, 2006), 360-82을 보라.

120 Voetius, *Selectarum disputationum theologicarum*, 1권의 제3장.

121 Voetius, *Selectarum disputationum theologicarum*, 1:25-26.

Scholasticae)을 학생들에게 권면한다. 그 특징은 첫째, 논리학, 물리학, 형이상학, 윤리학, 정치학에 있어 숙련되는 것이며, 동시에 토마스 아퀴나스가 잘 보여준 것과 같은 신학방법론에 익숙해지는 것이다. 둘째, 건전한 스콜라주의 신학은 용어의 정확한 의미와 분류법을 잘 알고 있다. 셋째, 건전한 스콜라주의 신학은 논쟁과 문법과 연설과 시학을 깊이 숙지한다. 넷째, 건전한 스콜라주의 신학은 문체도 매우 탁월할 뿐 아니라, 나름의 글쓰기 스타일을 간직하고 있다. 다섯째, 건전한 스콜라주의 신학은 중요한 텍스트를 분석할 때 적절한 논리를 사용하며, 무엇보다 성경을 매우 치밀한 판단 속에서 사용한다. 마지막으로 푸티우스는 철학은 신학에 필수적임을 덧붙인다.

이상과 같은 신학의 제 영역에 대한 푸티우스의 교육 방식과 그 내용을 살펴보면, 우리는 성경에 근거한 신학이 스콜라주의의 엄밀함과 실천적 경건을 통해서 하나의 큰 산처럼 우뚝 솟아 있는 것을 발견한다. 그 산을 오르는 사람은 그 누구도 실망하지 않으며, 자신이 원하는 바를 굽이굽이마다 획득하게 될 것이다. 그렇다면 푸티우스의 신학교육론에서 우리가 배울 수 있는 것은 무엇일까?

첫째, 신학교육은 학문적 수월성과 실천적 경건을 모두 강조해야 한다. 이것이 푸티우스의 생애에서 가장 두드러지게 나타나는 특징이었다. 사실 이것은 교부신학이나 종교개혁신학이 가르치는 바이기도 하다. 역사상 탁월한 신학은 학문성과 경건성을 모두 겸비했다. 따라서 우리의 신학교육도 역시 그 두 가지 모두를 붙잡아야 한다.

둘째, 신학을 제대로 연구하기 위해서 다양한 학문을 연마해야 한다. 특히 언어와 역사와 철학에 대한 연구는 필수적이다. 신학의 많은 부분이 텍스트를 다루는 것이기에 더욱 그러하다. 그러나 안타깝게도 현실의 신학교육은 이 세 가지 모두가 결여되어 있다. 학부 과정에서 이러한 영역에서 교육이 집중적으로 이뤄

지도록 해야 한다. 그리고 신대원 과정에서도 이 부분을 강조해야 한다.

셋째, 보다 나은 신학교육을 위해서는 경건의 실천과 교회 봉사를 위한 장이 마련되어야 한다. 이를 위해서 구체적인 경건훈련의 요소들을 신학생들에게 가르쳐주고 연습하도록 도와주어야 한다. 그것은 말씀 묵상과 기도뿐 아니라, 회개와 감사와 내면의 정서를 다스리는 법을 포함한다. 또한 교회와의 연계가 더욱 긴밀하게 이뤄져서 신학교육이 현장과 유리되지 않도록 해야 한다. 이를 위해서 지역교회의 당회의 관심이 필수적이다. 목사와 장로는 신학생의 신학교육에 대해 지원하고 감독해야 한다. 또한 신학교에서도 현장 목회자들의 목소리를 반영하여 신학 커리큘럼을 구성하는 노력이 필요하다.

넷째, 기독교 교리에 대한 변증과 옹호와 재진술을 훈련시키는 신학교육이 이뤄져야 한다. 사회는 이토록 세속화 되어가고 있고, 무신론이 점점 득세하고 있는데, 신학도들은 거기에 대한 제대로 된 논증을 펼칠 줄 모른다. 17세기 개혁신학이 16세기 개혁신학과 비교해서 더욱 발전시킨 영역이 있다면 바로 변증신학이다. 우리는 푸티우스의 신학에서 가장 효과적인 변증학을 잘 배울 수 있다.

이상과 같은 점에서 푸티우스의 신학교육론은 지금도 우리에게 가르쳐 주는 점들이 많다. 글을 마무리 하면서 한 가지 개인적인 생각을 넣는 것도 나쁘지 않으리라 생각한다. 필자가 생각하기에 푸티우스의 신학교육론에 가장 맞게 신학을 전개한 현대 개혁신학자가 있다면 그는 헤르만 바빙크(1854-1921)이다. 따라서 바빙크의 작품들을 학생들에게 많이 읽힌다면 위에서 제시한 푸티우스의 신학교육론을 실현하는 데 큰 도움이 될 것이라고 사료된다.[122]

122 구하기 힘든 자료들을 구하는 데 큰 도움을 주신 박재은 박사님과 한병수 박사님께 감사드린다.

PART II 대학

하이델베르크 대학과 신학교육(1555-1623)

이남규
(합동신학대학원대학교, 조직신학 교수)

한양대 전자공학과 졸업 후 합동신학대학원대학교에서 신학을 공부했다. 16,17세기 개혁신학 원전에 대한 관심을 갖고 독일로 갔다. 독일 뮌스터, 베텔 등에서 공부했고, 네덜란드 아펠도른 신학대학교에서 셀더하위스 교수의 지도로 '16세기 후반 하이델베르크 대학의 예정론'에 대한 논문으로 박사학위를 받았다. 서울성경신학대학원대학교를 거쳐(2010-2014), 현재는 합동신학대학원대학교에서 조직신학(2014-현재)을 가르치고 있다. 대표저서로 학위논문이 Vandenhoeck & Ruprecht에서 "Die Prädestinationslehre der Heidelberger Theologen 1583-1622"이란 제목으로 출판(2009년)되었으며, 『우르시누스 올레비아누스-하이델베르크 요리문답서의 두 거장』이 익투스에서 출판(2017년)되었다. 그 외 16, 17세기 개혁신학에 대한 다양한 학술논문을 발표했다.

이남규

Ⅰ. 들어가며[1]

쿠어팔츠(Kurpfalz)지역은 네카(Neckar)강과 라인(Rhein)강이 흐르는 풍요로운 땅이었다. 이 지역을 다스리는 제후는 신성로마제국의 황제를 뽑는 네 명의 영지통치자 중 하나였다는 것은 이 지역의 정치적인 중요성을 말해준다. 이 지역의 수도는 하이델베르크(Heidelberg)였다. 이 도시의 가장 중요한 교육기관인 하이델베르크대학은 1386년 10월 18일 공식적으로 개교했으며, 현재의 독일지역에서 가장 오래된 대학이다.

이 대학이 유럽전역에 이름을 떨치고 많은 외국인 학생을 불러 모은 때는 개혁신학을 노선으로 택한 1559년 이후다. 하이델베르크 대학의 영향력은 등록한 학생 수를 분석 비교함으로써 알 수 있다.[2] 예를 들어 1550년부터 1559년까지 십년 동안 등록한 외국인 학생 수는 75명인데, 1560년부터 1569년까지 이후 십년 동안 484명의 외국인 학생들이 등록했다. 하이델베르크 요리문답과 교회법이 제정된 후 5년째인 1568년 한해에만 110명의 외국인 학생이 등록했다. 루터주의가 세력을 잡았던 1576년 이후 외국인 수는 급감하여서 1580년엔 단 네 명의 외국인 학생만 등록했다. 1583년 개혁주의가 다시 회복된 이후 하이델베르크로 공부하러 오는 외국인 학생 수는 다시 늘어나 1585년 한해에만 외국인은 110명이 등록했다. 학생들은 지금의 네덜란드 지역, 현재의 벨기에 지역, 프

1 본 글의 많은 내용은 졸저의 비슷한 연구 "16세기 후반과 17세기 초의 하이델베르크 대학의 신학부"(「역사신학논총」 제 20집 (2010): 58-86)와 "팔츠(하이델베르크)교회와 신앙교육"(「신학정론」 제32권 2호 (2014, 11):127-81)에서 가져왔으나 새롭게 다시 정리되었고 새로운 내용들이 추가된 것을 밝힌다.

2 하이델베르크대학에 등록한 학생 수의 년도별 분석과 출신지별 분석은 다음을 참고하라: Armin Kohnle, "Die Universität Heidelberg als Zentrum des reformierten Protestantismus im 16. und frühen 17. Jahrhundert," in: Die ungarische universitätsbildung und Europa, ed., M. Font/L. Szögi (Pecs, 2001), 141-61.

랑스, 폴란드, 헝가리, 슐레지엔(Schlesien), 잉글랜드, 스코틀랜드, 아일랜드, 이탈리아, 스웨덴, 노르웨이, 포르투갈, 러시아 등 전 유럽을 망라했다. 이렇게 하이델베르크에 외국인 학생을 포함해서 하이델베르크는 많은 수의 학생들이 등록했다. 제네바와 비교하면 1559년에서 1620년 사이 제네바 아카데미에 2741명이 등록했다면 하이델베르크에는 8,754명이 등록했다.[3]

하이델베르크는 이 도시의 이름으로 알려진 하이델베르크 요리문답서(원 제목: '요리문답 또는 기독교교육, 선제후의 팔츠의 교회와 학교에서 어떻게 수행되어야 하는지')[4] 때문에 유명하다. 그러나 요리문답서만으로 당시의 하이델베르크의 개혁신학과 그 의미가 이해된다면 그것은 하이델베르크 대학의 신학과 역할에 대해 너무 제한적으로만 이해한 것이 될 것이다. 그 많은 학생들은 왜 하이델베르크 대학으로 갔으며, 무엇을 배웠으며, 어떻게 생활했을까? 본 글에서는 하이델베르크 대학의 간략한 역사, 하이델베르크 대학이 경험한 주요 논쟁들, 두 개의 신학교육기관인 하이델베르크 대학 신학부와 지혜의 학교(Collegium Sapientiae)에 대해서 알아보고, 간략한 제언으로 마치려 한다.

II. 하이델베르크 대학의 역사

신성로마제국의 다른 지역처럼 하이델베르크 대학의 운명이 대학 스스로에 의해 결정되는 것이 아니라 통치자인 선제후의 입장에 달려 있었다. 팔츠의 선제후가 바뀌면서 선임과 후임 선제후의 입장이 다르면 대학의 노선도 바뀌곤 했다.

---

3 Karin Maag, *Seminary or University?*, (Aldershot: Scolar Press, 1995), 165.

4 1563년 하이델베르크 요리문답의 초판의 원제목은 "Catechismus oder christlichen Unterricht, wie er in Kirchen und Schulen der kurfürstlichen Pfalz getrieben wird" 이다.

하이델베르크 대학은 이 변화를 상당히 자주 겪게 되었다. 종교개혁의 시작부터 약 100년의 시기를 선제후의 시기와 연결시켜 요약하면 다음과 같다.

- **로마 가톨릭(1508-1556)**: 루드비히 5세(1508년부터)와 프리드리히 2세(1544년부터)가 선제후로 다스리던 시기로 종교개혁에 호의적인 모습들이 나타나나 카를 5세의 정치 외교적 힘에 눌려 겉으로는 로마 가톨릭의 입장에 서 있던 시기

- **루터주의(1556-1559)**: 오트하인리히가 선제후에 올라 팔츠지역에 종교개혁을 시도하나 아직 루터주의와 개혁주의의 노선에 대한 분명한 구별이 없었던, 그러나 공식적으로는 루터주의의 입장에 있었던 시기

- **개혁주의(1559-1576)**: 프리드리히 3세가 선제후에 올라 얼마 후 개혁주의로 노선을 정하고 하이델베르크 요리문답서를 만드는 등 개혁주의의 꽃을 피웠던 시기

- **루터주의(1576-1583)**: 루드비히 6세가 선제후에 올라 개혁주의 신학자와 목사들을 몰아내고 루터주의를 강하게 심으려고 했던 시기, 이 시기 하이델베르크의 교수와 학생 일부가 노이슈타트로 옮겨가 하이델베르크의 개혁신학전통을 지속한다.

- **개혁주의(1583-1623)**: 프리드리히 4세가 어려 요한 카시미르가 대리 통치한 시기(1583-1592), 이후 프리드리히 4세가 선제후로 다스리고(1592-1610), 그

후 프리드리히 5세가 다스린 시기(1610-1623). 이 시기 하이델베르크에 개혁주의가 다시 회복되어 부흥기를 가진다. 그러나 1622년에 로마 가톨릭에 의해 점령당하고 하이델베르크 대학의 기능은 사실상 상실된다.

- **로마 가톨릭(1623-1649)**: 바이에른의 막시밀리안 1세가 통치할 시기로 대학은 로마 가톨릭에 기울어졌다가 문을 닫게 되는 시기.

1. 오트하인리히의 종교개혁 도입시기의 하이델베르크 대학(1556-1559)

1517년 이후 유럽전역이 종교개혁의 물결을 만났을 때 팔츠지역도 예외는 아니었다. 그러나 팔츠의 실제적이며 공식적인 종교개혁은 오트하인리히가 선제후가 되는 1556년부터로 봐야하기 때문에 상대적으로 늦었다고 할 수 있다. 그럼에도 불구하고 팔츠와 하이델베르크 대학은 종교개혁에 영향을 받고 있었고 호의적이었다. 1517년부터 팔츠의 선제후였던 루드비히 5세는 보름스에서 종교개혁 편에 선 설교를 하다가 1523년 쫓겨난 하인리히 슈톨(Heinrich Stoll, 1489-1557)을 자기 지역에 받아들여 설교자로 일하게 했을 뿐 아니라, 1526년부터 하이델베르크의 중요한 교회인 성령교회의 설교자로 세웠고, 1533년부터 대학에서 가르치게 했다. 1544년부터 선제후였던 프리드리히 2세는 1545년 성찬식에서 고관들과 함께 했을 때 떡과 잔을 함께 받도록 했다. 이것은 선제후와 고관들이 종교개혁에 대해 상당히 호의적이었음을 보여주는 예이다. 그러나 로마 가톨릭과 개신교 연맹인 슈말칼덴 연맹이 전쟁할 때 개신교 연맹을 도왔다가, 전쟁이 카를 5세의 승리로 끝나자 큰 난관에 빠졌다. 결국 프리드리히 2세의 종교개혁 시도는 힘을 잃고 겉으로는 로마 가톨릭의 입장을 유지했다.

1556년 프리드리히 2세가 자녀 없이 죽자 조카 오트하인리히가 새로운 선제후가 되었다. 오트하인리히가 팔츠를 물려받기 바로 전 해인 1555년 9월에 아욱스부르크 평화협정이 체결되었다. 이 평화협정의 핵심적인 내용은 라틴어로 'Cuius regio, eius religio', 번역하면 '그의 지역에는 그의 종교'다. 이 협정에 따라 한 지역이 로마가톨릭이나 개신교로 결정되는 것이 그 지역의 통치자의 권한에 맡겨져야 했다. 따라서 1556년 오트하인리히가 종교개혁을 자기 지역에 도입하려고 했을 때 따를 정치외교적 위험은 거의 없었다. 그는 단순히 법령을 수정하는 방식의 행정적인 개혁만 한 것이 아니었다. 시찰단을 보내 자기 지역의 실제적인 형편을 알아보고, 자기 지역 내에서 그림들과 제단들이 사용됨을 보고 치울 것을 명령하는 등 실질적인 개혁을 실행하면서 개혁의 확고한 의지를 보여주었다. 따라서 행정적인 면에서나 실제적인 면에서 팔츠의 종교개혁의 공은 오트하인리히에게로 돌아간다.

오트하인리히는 요하네스 브렌츠(Johannes Brenz)가 작성한 뷔르템베르크(Württemberg)의 교회법(Kirchenordnung)을 받아들여 팔츠의 교회법을 만들었다. 즉 공식적인 행정적인 면에서 루터주의의 종교개혁이었다. 그리고 교회와 학교에 대한 감독을 교회위원회(Kirchenrat)에 맡겼다. 따라서 하이델베르크 대학은 교회위원회의 감독 아래에 있었다. 교회위원회에는 하이델베르크 대학의 교수들이 포함되어 있어서 팔츠의 교회와 학교의 노선과 행정에 공식적으로 영향을 끼칠 수 있었다.

오트하인리히는 교회법만이 아니라 대학의 정관도 개신교적 입장으로 개혁했다. 따라서 교수들은 아욱스부르크 종교평화협정에서 인정하는 개신교 신앙고백서인 아욱스부르크 신앙고백서에 의무적으로 서명해야 했다.[5] 학장으로 선출되

---

5 Armin Kohnle, 142.

었던 마티아스 코일러(Matthias Keuler)는 이것을 받아들일 수 없었다. 그는 개신교 신앙을 받아들일 준비가 안 되어 있다는 이유로 20년 동안 일했던 학교를 그만두었다.[6]

오트하인리히는 하이델베르크 대학을 훌륭한 대학으로 만들기 원했다. 하이델베르크 대학이 단순히 오래된 대학이 아니라 실제적인 명문대학으로 서는 것은 대학의 개혁을 단행한 오트하인리히 때문이다. 각 학부의 교수직을 대폭 늘리고 급여도 올렸다. 그전에 언어를 가르치는 교수들의 경우 박한 급여 때문에 자리를 옮기는 일이 자주 있었던 것과 비교한다면 대학은 안정적으로 자리잡아갔다.[7] 바뀐 규정에 따른 각 학부들의 교수직과 급여는 다음과 같다. 신학부는 세 교수직을 두었다: 신약(250굴덴), 구약(200굴덴), 교의학(160굴덴). 법학부는 네 교수직을 두었다: 코덱스(200굴덴), 데크레탈렌(200굴덴), 판데켄(200굴덴), 세움(240굴덴). 의학부는 세 교수직을 두었다: 테라피(180굴덴), 파톨로기(160굴덴), 피시올로기(140굴덴). 예학부는 다섯 교수직을 두었다: 헬라어(120굴덴), 윤리학(100굴덴), 물리(100굴덴), 수학(120굴덴), 시와 웅변(120굴덴).

오트하인리히의 하이델베르크 대학에 대한 애정은 커서, 자신의 개인서가와 궁중도서관의 책들을 대학이 사용할 것과 해마다 100굴덴의 책들을 구입하라는 유언을 남겼다. 이것이 그 유명한 하이델베르크 대학 도서관인 팔츠도서관(Bibliotheca Palatina)의 기원이다. 선제후 루드비히 3세(선제후기간: 1410-1436)부터 모아온 다양한 필사본들과 책들에 덧붙여, 그 후로 여러 신학 논쟁을 거치면서 방대한 신학도서들을 모아서 17세기에 들어서면서는 독일에서 가장 중요하고 유명한 도서관이 되었다. 1622년 하이델베르크가 로마 가톨릭에

---

6 Dagmar Drüll, *Heidelberger Gelehrtenlexikon 1386-1651* (Springer: Berlin, Heidelberg, New York, 2002), 67.

7 Eike Wolgast, *Die Universität Heidelberg 1386-1986* (Berlin Heidelberg: Springer-Verlag, 1986), 26.

점령당했을 때 가장 큰 손실 중 하나는 도서관이 통째(약 3,550개의 필사본과 5,960개의 인쇄된 책)로 로마로 옮겨간 것이었다(1623년 2월).[8]

그런데 오트하인리히의 시기는 유럽 개신교 진영 내에서 격변의 시기였다. 종교개혁 진영은 성만찬에서 일치를 이루지 못하고 성만찬의 떡에 예수 그리스도의 인성이 함께 한다는 루터주의자들과 여기에 반대하는 스위스 진영이 점차로 갈라지고 있었다. 1549년 칼빈과 불링거가 취리히 협의서(Consensus Tigurinus)라 불리는 성만찬에 관해 일치에 이르자 루터주의자들은 취리히만이 아니라 제네바에 대해서도 극렬히 반대하기 시작했다. 그들의 반대자를 칭하는 용어 츠빙글리주의자(Zwinglian)에 칼빈주의자(Calvinian)가 덧붙여졌다. 오트하인리히가 팔츠를 통치하는 기간 이 긴장과 갈등이 유럽 전체에 커져가고 있었다.

그러나 오트하인리히는 이 문제를 중요하게 생각하지 않았다. 예를 들어, 그가 몇 명의 명성 있는 학자들을 모았을 때 강한 루터주의자인 틸레만 헤스후스(Tilemann Heshus)만이 아니라 츠빙글리주의자 토마스 에라스투스(Thomas Erastus)와 칼빈주의자 피에르 보퀴누스(Pierre Boquinus)도 있었다. 에라스투스는 의학부 교수였으나 신학적 식견이 뛰어났고 팔츠교회의 일을 결정하는 교회회의(Kirchenrat)의 회원이었다. 보퀴누스는 신학부교수로서 교의학을 가르쳤다. 개혁파의 반대편에 있던 루터파 헤스후스는 제일 교수로서 신약을 가르쳤을 뿐 아니라 선제후령 팔츠의 총감독(Generalsuperintendent)이었다. 각기 중요한 역할을 담당하는 이들에게 있었던 신학적 견해의 차이는 결국 갈등의 씨앗이 되었다.

이렇게 된 것은 오트하인리히가 분명히 개신교적 입장을 취했을지라도 아직

---

8 Dagmar Drüll, *Heidelberger Gelehrtenlexikon 1386-1651*, XXXVIII.

루터주의와 개혁주의의 구별이 그에게 분명하진 않았거나 중요한 문제가 아니었기 때문이다. 그래서 공식적인 교회법은 루터주의의 것이었지만, 개혁주의적인 교수들도 청빙되었고, 파렐(Farel)과 베자(Beza)가 1557년 하이델베르크로 왔을 때 그들을 잘 영접했던 것이다. 특히 그는 멜랑흐톤을 신뢰해서 학교정관의 개혁을 멜랑흐톤에게 전적으로 의존해서 멜랑흐톤이 오트하인리히의 초대로 2주 동안 하이델베르크 대학에 머물렀고,[9] 그의 임종 때에 멜랑흐톤의 신학총론(Loci Communes)을 의지하고 있었다.[10]

2. 프리드리히 3세의 개혁주의 확립시기의 하이델베르크 대학(1559-1576)

오트하인리히 때 청빙을 받아 온 교수들의 노선에 차이가 있게 되자 하이델베르크 대학 내의 갈등은 커져갔다. 이미 오트하인리히 때 이 갈등이 한 번 터졌었다. 개혁주의의 영향이 강했던 독일 서북부 프리스란트(Friesland) 출신의 스테판 실비우스(Stephan Silvius)라는 학생이 박사학위 취득을 위한 방어식을 가지려고 했을 때였다. 당시 신학부 학장이던 헤스후스는 이 학생에게 "주의 만찬에서 단순한 표를 받아들이는 츠빙글리주의자들의 오류"란 주제를 줬다. 츠빙글리 편에 있던 실비우스는 이 주제를 받아들일 수 없었다. 이것이 문제가 되자 당시 하이델베르크 대학의 총장이던 에라스투스는 이 문제를 대학평의회로 가져갔다. 이 회의에서 신학부 부학장이던 보퀴누스(칼빈주의자였다)에게 실비우스의 방어식을 맡기기로 했으나 루터주의자 헤스후스는 거절했다. 이 문제는 선제후 자문회의에 올라갔고, 여기서 대학평의회의 결정을 따르도록 했으나 헤스후스는 강

9 Herman Selderhuis, "Ille Phoenix," *in: Melanchthon und der Calvinismus*, ed., Günter Frank/Herman Selderhuis (Stuttgart, 2005), 45.

10 August Kluckhohn(ed.), *Briefe Friedrich des Frommen Kurfürsten von der Pfalz*, vol. 1, (Braunschweig, 1868), 523-24.

하게 반대하면서 결정을 따르지 않았다. 선제후는 헤스후스가 대학평의회에 참석할 수 없도록 결정했다. 이렇게 갈등이 증폭되던 때 1559년 2월 오트하인리히는 죽었고, 이 뜨거운 해결은 새로운 선제후 프리드리히 3세에게 맡겨졌다.

프리드리히 3세가 선제후의 자리에 오르자마자 다시 갈등이 폭발했다. 이번에는 헤스후스와 빌헬름 클레비츠(Wilhelm Klebitz, 1533-1568) 사이에서 있었다. 클레비츠는 학생이자 성령교회의 조사였는데 헤스후스가 하이델베르크를 잠시 떠나 있는 동안 클레비츠가 개혁파 성만찬론을 주제로 삼아서 학사학위를 받자 하이델베르크 대학은 혼란스럽게 되었다. 헤스후스는 강단에서 클레비츠를 비난했고 클레비츠도 헤스후스를 비난했다. 프리드리히 3세는 둘을 중재하려고 했으나 격한 성품을 가진 이들을 말릴 수 없었다. 프리드리히 3세는 성만찬에서 그리스도의 임재에 관한 표현인 "떡 안에"나 "떡 아래" 등의 표현을 금지시켰다. 그러자 헤스후스는 프리드리히 3세의 이 조치를 비판했다. 프리드리히 3세의 인내는 한계에 달했고, 1559년 9월 결국 헤스후스와 클레비츠를 해임시키고 문제해결을 위해서 멜랑흐톤에게 특사를 보냈다.

멜랑흐톤의 답장이 1559년 11월에 도착했다. 멜랑흐톤은 헤스후스의 의견을 부정하면서 하나님의 아들이 복음의 사역 가운데 임재 하시되 믿는 자들에게 유효한데, 빵 때문이 아니라 사람 때문이라고 답하였다.[11] 멜랑흐톤이 '강한 루터파'(Gnesio Lutheran)의 입장을 거절하고 칼빈의 입장에 가까이 간 것이 확인된 것이다. 하이델베르크에 당시 큰 영향력과 권위가 있었던 멜랑흐톤의 편지는 하이델베르크의 개혁파 교수들에게 큰 도움이 되었다. 헤스후스는 자기 스승 멜랑흐톤에 대해 반대하는 책을 저술했으나, 하이델베르크 대학의 개혁파 교수들

---

11 Philipp Melanchthon, *Iudicium de Controversia Coenae Domini Scriptum ad Principem* ... (Heidelberg, 1560), B2: "Adest Filius Dei in ministro Evangelii, et ibi certo est efficax in credentibus, ac adest non propter panem, sed propter hominem ...".

은 멜랑흐톤의 권위에 기대어서 자신들의 성만찬론의 정당성을 주장할 수 있었다. 프리드리히 3세 자신에게는 헤스후스를 해임시킨 명분이 확보되었으며, 나중에 멜랑흐톤의 의견에 동의하지 않는 자들은 떠나라고 할 수 있었다. 멜랑흐톤의 평가서는 1560년에서 1561년 사이 열 번이나 넘게 인쇄되었다.

프리드리히 3세가 최종적으로 개혁주의 노선을 결정하는 계기로 1560년 6월의 프리드리히 3세의 딸의 결혼식에 있었던 공적 논쟁이 언급되곤 한다. 프리드리히 3세의 사위인 작센-고타(Sachsen-Gotha)의 통치자 요한 프리드리히(Johann Friedrich)가 장인을 설득해 루터주의로 돌리기 위해서 루터주의 신학자 두 사람 요한 슈토셀(Johann Stössel)과 막시밀리안 뫼를린(Maximilian Mörlin)을 데리고 하이델베르크로 왔다. 그리고 이들과 하이델베르크 대학의 교수들(보퀴누스와 에라스투스) 사이에 공적 논쟁이 있었다. 이 때 그리스도의 참된 몸에 참여하는 것은 영을 위한 양식이지 몸을 위한 양식이 아니라는 것이 설득력 있게 설명되었다. 이 논쟁 후에 프리드리히 3세는 성만찬 논쟁의 핵심이 무엇인지 더 잘 이해하게 되었고 개혁파 노선에 서기로 결심을 했다.[12]

그런데 팔츠교회와 하이델베르크 대학이 개혁주의에 견고히 서기 위해서는 중요한 정치외교적인 문제가 하나 남아 있었다. 그것은 아욱스부르크 신앙고백서에 관련한 문제였다. 아욱스부르크 종교평화협정에 의해서 신성로마제국은 개신교와 로마 가톨릭 둘 다 허용되었는데, 개신교의 경우 아욱스부르크 신앙고백서를 받는 것이 조건이었다. 아욱스부르크 신앙고백서는 두 가지 종류 즉 1530년에 나온 것과 후에 성만찬에 대해 작은 수정을 한 1540년 판이 있었다. 앞에 것은 '아욱스부르크 신앙고백서 비변경판'(Confessio Augustana invariata, CA)으로, 뒤에 것은 '아욱스부르크 신앙고백서 변경판'(Confessio Augustana

12 Erdmann K. Sturm, *Der junge Zacharias Ursin* (Neukirchen: Neukirchener Verlag, 1972), 229.

variata, CAV)으로 불린다. 둘 다 멜랑흐톤이 작성한 것이다. 이 두 판의 가장 큰 차이는 성만찬론에 있었다.[13] 후자가 더 개혁파 노선에 어울렸다. 개혁주의 노선으로 마음을 정한 팔츠의 선제후 프리드리히 3세는 당연히 변경판을 마음에 들어 했다. 1561년 1월 나움부르크(Naumburg)에서 개신교 통치자들이 모여서 아욱스부르크 신앙고백서를 중심으로 개신교신앙을 다시 확인하려고 했을 때, 두 가지 중 어떤 것을 받아들일 것인가로 토론이 벌어졌다. 프리드리히 3세는 감동적인 연설로 1540년 판도 함께 인정받도록 했다. 팔츠가 개혁주의를 드러내는 하이델베르크 요리문답서를 만들었을 때, 정치 외교적으로 보호받을 수 있었던 것은 프리드리히 3세가 아욱스부르크 신앙고백서 변경판도 인정받도록 했던 노력이 있었기 때문이다.

선제후는 개혁주의 성만찬론에 동의하지 않는 자들, 공식적으로는 멜랑흐톤의 의견에 동의하지 않는 자들은 하이델베르크를 떠날 것을 명했다. 루터주의자들이 떠나고 그 빈자리를 개혁주의자들이 채웠다. 신학부에는 1557년에 와서 가르치던 보키누스가 1561년부터 신약을 가르쳤다. 트레멜리우스(Tremellius)가 1561년에 와서 구약을 가르쳤다. 올레비아누스가 1561년부터 교의학을 가르치다가 1562년에 교회로 옮겼고, 그 후임으로 우르시누스가 1562년부터 가르치다가 지혜의 학교의 업무량이 많아져 그 일에 집중하기 위해서 1567년에 교수직을 그만두자 그 후임으로 잔키우스(Hieronymus Zanchius)가 와서 가르쳤다.

개혁주의로 노선을 정한 하이델베르크를 위해선 새로운 교리의 기초와 교회

---

13 1530년 판(CA)은 "그리스도의 참된 몸과 피가 실제로 성만찬의 빵과 포도주의 형체 아래 현존한다(... unter der Gestalt des Brotes und Weines im Abendmahl gegenwärtig ...)"라고 해서 강한 루터파의 주장에 가까이 있다. 반면 1540년 판(CAV)은 "빵과 잔과 함께 그리스도의 몸과 피가 제시된다(... cum pane et vino exhibeantur ...)"라고 해서 개혁파도 받아들일 수 있었다.

법이 필요하였다. 따라서 1563년 요리문답서와 교회법이 완성되었다. 요리문답서를 위해서는 하이델베르크 대학 교의학 교수이자 지혜의 학교(Sapienzkolleg)의 교장이었던 우르시누스가 주도적인 역할을 했고, 팔츠교회법을 위해선 하이델베르크 대학에서 교의학을 가르치다가 성령교회의 목회자로 자리를 옮긴, 그리고 교회치리회 위원이었던 올레비아누스가 중요한 역할을 했다. 하이델베르크 요리문답서가 작성되자 팔츠지역의 모든 교회와 학교에서는 하이델베르크 요리문답서가 가르쳐지기 시작했다.

3. 개혁신학의 피난처 노이슈타트(Neustadt)

1576년 프리드리히 3세가 죽었다. 그런데 그의 아들 루드비히 6세가 아버지의 유언을 거부하고 개혁주의 대신에 루터주의를 받아들이면서 개혁교회에는 위기가 찾아왔다. 루터주의를 받아들일 수 없었던 약 500명의 목사와 교사들이 가족과 함께 떠나야만 했다. 400명의 학생들이 더 이상 지원을 받을 수 없었다. 보키누스는 로잔(Lausanne)으로, 트레멜리우스는 메츠(Metz)로 갔다. 우르시누스와 잔키우스도 대학을 떠나야만 했다. 신학부 외에 남아있던 14명의 교수들도 1580년에는 루터주의 문서(Konkordienformel, 1577)에 분명한 서명을 요구하자 더 이상 있을 수 없었다.

그러나 루드비히 6세의 동생 요한 카시미르(Johann Casimir)가 자기 지역인 팔츠 라우테른(Pfalz Lautern)에 아버지의 교회법을 적용했기 때문에 대학의 전통이 계속 진행될 수 있었다. 그 지역은 하이델베르크 대학의 피난처가 되어서 개혁신학의 전통이 계속되었다. 이것을 위한 중요한 기관이 노이슈타트(Neustadt)에 세워진 콜레기움 카시미리아눔(Kollegium Casimirianum)이다.

이 학교는 1578년 5월 잔키우스의 연설로 시작되었다. 우르시누스가 이사야를 가르쳤으며 프란시스쿠스 유니우스(Franciscus Junius, 1545-1602)가 히브리어를 가르쳤다. 다니엘 토사누스(Daniel Tossanus, 1541-1602), 요하네스 피스카토르(Johannes Piscator, 1546-1625), 다비드 파레우스(David Pareus, 1548-1622)가 교수 사역에 함께 하였다.

이 짧은 기간(1576-1583)은 무시할 수 없는 중요한 시간이었다. 개혁신학을 배우려는 학생들은 노이슈타트로 왔고, 이 학교는 곧이어 루터주의 노선을 따르는 하이델베르크 대학의 라이벌이 되었다. 로이터(Quirinus Reuter, 1558-1613)에 의하면 카시미리아눔의 영향력은 독일 뿐 아니라 유럽전체에 이르렀다.[14] 카시미리아눔의 의미는 하이델베르크 개혁신학의 전통의 지속성이었다. 이 기간에 얼마나 많은 학생들이 왔고 누가 배웠는지는 이 학교의 등록부의 손실로 알 수 없게 되었다. 다른 기록들을 참고해서 여기서 공부한 주목할 만한 인물들을 언급한다면, 후에 레이든 대학의 교수로 유명해진 프란시스쿠스 고마루스(Franciscus Gomarus, 1563-1641), 후에 프라네커 대학의 교수로 알려지게 된 지브란두스 루베르투스(Sibrandus Lubbertus, 1556-1625), 후에 하이델베르크 대학의 교수가 되는 크비리누스 로이터(Quirinus Reuter, 1558-1613)가 있다.

4. 다시 회복된 개혁신학(1583-1622)

14 "Illud autem vere licet affimare, nec dubitant, quotquot illius temporis rite meminerunt, ex ista Neostadiana Schola fructus uberrimos in totam Ecclesiam & Rempublicam intra & extra Germaniam, emanasse ..." Quirin Reuter, *De Collegio Sapientiae Heidelbergensi Oratio, in Jubileus Primus Collegii Sapientiae* (Heidelberg, 1606).

1583년 루드비히 6세가 죽자 그의 아들이 너무 어렸기 때문에 그를 대신해서 요한 카시미르가 통치를 하게 되었다. 그는 중요 직책들을 개혁주의자들로 교체하였다. 다니엘 토사누스가 궁중설교자의 직책과 교회감독직을 맡게 되었고, 요한 야콥 그리네우스(Johann Jacob Grynaeus, 1540-1617)가 신약을 맡고, 게오르기우스 소니우스(Georgius Sohnius, 1551-1589)가 구약을 담당하고, 유니우스가 교의학을 담당하게 되면서 신학부의 교체가 마무리 되었다. 하이델베르크 대학은 개혁신학의 중심지로서 다시 명성을 찾았고 유럽 각지에서 학생들이 와서 외국인 학생 수가 증가하였다.

하이델베르크 대학은 개혁신학 안에서 다양한 출신과 다양한 신학적 성향을 보여주었다. 그리네우스는 스스로 연구하여서 개혁주의로 돌아온 학자였고, 소니우스는 멜랑흐톤의 강한 영향을 받았고 강한 타락후 선택론자였다. 그러나 다니엘 토사누스는 칼빈에게 많은 영향을 받았고 강한 타락전 선택론자였다. 유니우스는 부르쥐(Bourges) 출신이었으며 제네바의 베자에게서 수업을 들었다. 우르시누스에게서 배운 학자들도 다수 있었으며,[15] 하인리히 알팅(Heinrich Alting, 1583-1644)은 헤르보른(Herborn) 출신이었다.

하이델베르크 대학이 개혁신학의 전통 가운데 있음에도 불구하고, '어떤 선생들을 따라갔는가?'에 대해서는 여러 논의가 있다. 이 시기 하이델베르크 신학자들은 그들의 교리가 정통교리라고 말은 했을 지라도 그들의 교리가 칼빈에게 근거한 것이라고 명시적으로 말하지 않았기 때문이다. 왜냐하면 그들이 '칼빈주의'라는 비판을 받았기 때문이다. 당시 칼빈주의라는 용어는 성경을 따르지 않고 어떤 사람을 따르는 비판적 용어였다. 따라서 그들은, 칼빈과 루터와 멜랑흐톤이 근본적으로 차이가 없다고 그들은 종종 말하였다. 그럼에도 불구하고 성만찬론

---

15 Quirin Reuter(1558-1613), David Pareus(1548-1622), Peter Calaminus(1547-1598).

과 예정론과 교회권징론에 있어서 칼빈에게 가장 가깝다고 할 수 밖에 없다.16

III. 하이델베르크 대학의 주요 논쟁

하이델베르크 대학 신학부 교수들은 여러 논쟁에 참여할 수밖에 없었다. 이런 논쟁들은 하이델베르크 대학이 서있는 개혁신학의 자리가 무엇인지 드러나게 했다. 이 논쟁들을 살펴봄으로써 당시 하이델베르크 대학을 거쳐 갔던 학생들이 개혁신학의 독특성을 어떻게 이해했을지 우리는 알 수 있다. 여기서는 성만찬론, 예정론, 교회권징에 대한 논쟁을 간략히 살펴볼 것이다.

1. 성만찬론

1549년 칼빈이 있었던 제네바와 불링거가 있었던 취리히가 '취리히일치'(Consensus Tigurinus)를 통해서 성만찬교리의 일치를 보여줬다. 여기에 함께하지 않았던 루터주의 신학자들은 '취리히일치'에 주도적인 역할을 한 칼빈을 공격하기 시작했다. 그래서 개신교 안에서 루터주의와 개혁주의 중 둘 중 하나를 택해야 하는 상황이 되었다.

하이델베르크 대학에서 루터주의와 개혁주의를 구별하는 가장 첫 번째는 성만찬론이 되었다. 앞서 살핀 것처럼 아직 루터주의자들과 개혁자들이 하이델베르크 대학 내에 함께 있었을 때에 성만찬논쟁을 통해 하이델베르크 대학의 노선이 결정된다. 1559년 4월 루터주의자였던 헤스후스가 모친상 때문에 하이델베

16 Nam Kyu Lee, *Die Prädestinationslehre der Heidelberger Theologen 1583-1622* (Göttingen: Vandenhoeck und Ruprecht, 2009), 19.

르크를 비웠을 때, 클레비츠(Klebiz)가 '취리히일치'(Consensus Tigurinus)에 가까운 성만찬교리를 가지고 보키누스에 의해서 학사학위를 받았다. 여기서 주의 만찬을 둘로, 즉 땅의 것과 하늘의 것으로 구분하고 있다. "3. 땅의 것은 빵과 포두주이며, 하늘의 것은 그리스도의 몸과 피의 교통이다. 4. 땅의 것은 몸의 입으로, 하늘의 것은 영혼의 입, 즉 믿음으로 취한다."[17] 선제후는 헤스후스와 클레비츠의 갈등이 통제할 수 없는 지경에 이르렀다 판단하고, 둘을 하이델베르크에서 내보내고 이 문제의 해결에 대해 멜랑흐톤에게 자문을 구한다. 멜랑흐톤은 선제후의 일처리 방식에 동의하면서 그리스도의 몸과 빵의 실제적 연결을 거절하였다. "교황주의자들이 말하는 것처럼 빵의 본성이 변한다고 바울이 말하지 않는다. 브레멘 사람들이 말하듯이 빵이 그리스도의 본질적 몸이라고 말하지 않는다. 헤스후스처럼 빵이 그리스도의 참된 몸이라고 말하지 않는다. 그러나 교제라고 말한다, 즉 그것으로 인해서 그리스도의 몸과 연합이 일어난다."[18]

1576년 선제후가 루드비히 6세로 바뀌면서 루터주의가 하이델베르크의 세력을 잡았다가 1583년 루드비히 6세가 죽으면서 다시 개혁주의가 세력을 잡으려고 할 때도 논쟁의 중심에는 성만찬론이 있었다. 1584년 4월 4일부터 14일까지 그리네우스를 좌장으로 한 토론이 있었다. 토론의 주제는 '성만찬의 빵 안에 그리스도의 몸이 있어서 목사의 손으로 또 무가치한 자들의 입안에 있는지, 그리고 입으로 먹을 수 있는지'였다.[19]

---

17 Burkhard Gotthelf Struve, *Ausführlicher Bericht von der Pfälzischen Kirchen-Historie* (Frankfurt, 1721): "3. Terrena est panis & vinum: Coelestis est, Communicatio corporis & sanguinis Christi. 4. Terrena ore corporis, coelestis ore animae, id est, Fide percipitur."

18 Melanchtho, *Iudicium*, A4: "Non dicit 〈sc. Paulus〉, mutari naturam panis, ut Papistae dicunt. Non dicit, ut Bremenses, panem esse substantiale corpus Christi. Non dicit, ut Heshuius, panem esse verum corpus Christi, sed esse *κοινωνιαν*, id est hoc, quo fit consociatio cum corpore Christi ..."

19 Armin Kohnle, "Die Heidelberger Disputation von 1584," in: *Zwischen*

이후로도 계속해서 하이델베르크 신학자들은 루터주의 신학자들과 계속해서 이 문제를 가지고 논쟁하게 된다. 이 논쟁이 계속되어서 1594년 루터주의 신학자들이 하이델베르크 신학자들이 하나님의 말씀과 아욱스부르크 신앙고백서와 맞지 않는다고 고소했다. 하이델베르크의 신학자들은 그리스도의 살과 피가 영생을 위한 우리 영혼의 영적인 양식과 음료이며, 그렇기 때문에 육체적으로나 입으로가 아니라 오직 믿음으로 성만찬에서 먹고 마신다고 고백하고 가르친다고 답변했다.[20]

성만찬론은 기독론의 인성과 신성의 통일성의 문제와 연결되어 있었다. 이 문제에 대해서 일찍이 하이델베르크는 요리문답에서 그리스도의 승천에 대해 가르치는 부분에서 분명히 자기 입장을 드러냈다. 하이델베르크 요리문답에 의하면, 승천이후 그리스도는 '인성으로는 더 이상 땅에 있지 않으나 그의 신성, 위엄, 은혜, 성령을 따라서는 우리에게서 한 번도 떠나지 않는다.'[21] 그런데 문제가 생기는데, 신성이 있는 곳마다 인성이 있는 것이 아니라면 두 본성은 나뉘는 것이 아닌가? "결코 그렇지 않다. 왜냐하면 신성은 갇히지 않고 어디에서 존재해서 그가 취하신 인성 밖에도 있을 뿐만 아니라 인성 안에도 있어서 인격적으로 하나가 되어 있다."[22] 하이델베르크 신학자들은 끝까지 이 입장을 유지했고 루터주

Wissenschaft und Politik, ed., Armin Kohnle/Frank Engehausen (Stuttgart, 2001), 467: "Cardo quaestionis, de qua agitur, est hic: Anne in pane Eucharistico corpus Christi lateat, sic, ut manu ministri & in ora indignorum ingeratur. Et an oraliter manducetur."

20 "Zum andern / bekennen und lehren die Theologen in der Pfalz / daß der Leib und das Blut Christi ein Geistliche speise und tranck seyn unser seelen zum ewigen leben / und derwegen nit leiblich oder mündlich / sondern allein Geistlich im heiligen Abendmal gessen und getruncken werden." Pilipp Caesar, *Gegenbeweisung*, 9.

21 Heidelberger Cathechismus, 46: "... nach seiner menschlichen natur ist er jetzunder nit auf erden, aber nach seiner gottheyt, majestet, gnad und geist weicht er nimmer von uns."

22 Heidelberger Cathechismus, 48: "Mit nichten, denn weil die gottheyt unbegreiflich

의 학자들과 계속 싸웠다.

2. 예정론

1561년부터 1563년까지 있었던 스트라스부르의 예정론에 대한 갈등은 하이델베르크대학이 예정론에 대해 자기 입장을 밝히는 계기가 되었다. 당시 논쟁은 개혁주의자 잔키우스와 루터주의자들 사이에 있었다. 여기서 잔키우스는 "4. 영생으로 선택된 자들의 수와 유기나 멸망으로 예정된 자들의 수는 하나님께 정해져 있다. 5. 그렇게 생명으로 선택된 자들은 잃어버려질 수 없고 필연적으로 구원되어지며 생명으로 예정되지 않은 자들은 구원받을 수 없고 그래서 필연적으로 멸망한다"는 등의 논제를 발표했다.[23] 이후 잔키우스는 마르부르크, 하이델베르크, 샤프하우젠, 취리히, 바젤로부터 개인적인 평가서를 받는다. 하이델베르크대학의 판단문은 1561년 8월 25일에 보키누스, 트레멜리우스, 올레비아누스, 딜러의 이름으로 작성되었다. 여기서 그들은 잔키우스의 논지가 경건하며 기독교적이라 판단하고 있다. 이것은 하이델베르크 대학이 예정교리를 받아들이고 있음을 보여준 것이다. 잔키우스는 그 후 1567년 9월부터 하이델베르크 대학 신학부에서 교의학 교수로 일하게 된다.

---

und allenhalben gegenwertig ist, so musz folgen, dasz sie wol ausserhalb irer angenommenen menschheyt und den - noch nichtsdestoweniger auch in der - selben ist und persönlich mit ir vereiniget bleibt."

23 "4. Certus est apud Deum, tum electorum ad vitam aeternam, tum reprobatorum & ad interitum praedestinatorum numerus. 5. Sicut electi ad vitam perire non possunt, ideoque salvantur necessario ita quoque, qui ad vitam aeternam praedestinati non sunt, salvari non possunt: ideoque necessario damnantur. 10. Electi semel vera fide donati, Christoque per Spiritum sanctum vere insiti, fidem prorsus amittere, Spriritum sanctum omnino excutere, & a Christo excidere penitus non pssunt …" Hieronymus Zanchius, *Operum Theologicorum*, vol 7., 63-64.

1590년 사무엘 후버가 하이델베르크 신학자들의 예정론을 비판할 때 새로운 면이 부각되었다. 왜냐하면 후버는 그리스도가 누구를 위해서 죽으셨는지에 대한 질문으로 접근했기 때문이다. 하이델베르크 신학자들은 답하기를, 그리스도의 사역이 온 세상의 죄를 다 지불하실 만큼 가치 있고 능력이 있으나 그 죽음의 효과에 관한한(quoad efficaciam mortis) 그리스도는 다만 신자들과 택자들만을 위해서 죽으셨다고 대답했다.[24]

루터주의자들은, 하이델베르크 신학자들이 복음의 약속의 보편성을 부정한다고 고소하였다. 여기에 대해 하이델베르크 신학자들은 '복음의 약속이 보편적인 것'(promissio Evangelii est universalis)은 복음이 모든 사람이 그것을 듣고 이해해야 한다는 의미에서 그렇다고 대답했다. 그런데 '복음의 약속이 오직 택자들에게만 해당된다는 것'(promissio Evangelii pertinet ad solos credentes)은 설교를 의미하는 것이 아니라 복음의 은총 그 자체를 말하는 것이라고 대답했다.[25]

교의학 교수였던 키메돈키우스는 루터의 노예의지론(De servo arbitrio)을 출판하면서 과연 누가 루터를 따르고 있는지를 보여주려고 하였다. 파레우스의 경우 루터주의와 개혁주의의 차이점에 예정론을 놓지 않았다. 왜냐하면 루터 자신이 그들과 같은 예정론을 주장했기 때문이었다.

3. 교회권징 논쟁

하이델베르크 대학이 경험했던 위의 두 가지 논쟁점은 주로 개혁주의와 루터주의 사이에서 벌어진 일이었다. 반면 교회권징논쟁은 성만찬론에서 개혁주의

24 Caesar, *Gegenbeweisung*, 46-47.
25 Caesar, *Gegenbeweisung*, 53.

견해를 따랐던 이들 사이에서 벌어진 논쟁이다. 제네바 전통과 취리히 전통이 성만찬에 있어서 합의를 보았지만, 교회정치에 있어서 아직 합의하지 못한 상황에 있었고, 그 불일치가 하이델베르크에서 긴장과 갈등의 형식으로 드러나게 된다. 교회법, 특히 교회권징의 주체와 방식에 있어서 제네바 형식을 따르려는 자들과 취리히를 따르려는 자들이 하이델베르크에서 부딪혔다.

권징의 신학적 의미는 1563년에 발표된 하이델베르크 요리문답에 잘 드러나 있다. 82문에 의하면, 고백과 생활에 있어서 불신과 불경건을 드러내는 자들은 천국의 열쇠를 통해서 성만찬에서 제외되어진다. 이때에 사용되는 천국의 열쇠는 권징이다. 권징의 필요성은 인정했지만 그것이 시행되는 방식에서, 특히 '누가 권징을 시행하는가'란 문제가 하이델베르크 개혁파 내에서 권징과 관련해서 생긴 주 논쟁점이었다. 권징의 권한을 교회에 두는 자들과 교회가 참여할지라도 최종적 권한은 국가에 두려는 자들로 나뉘게 되었다.

1564년 발표된 교회회의법(Kirchenratsordnung)에 보면, 교회와 국가가 권징의 시행에 함께 하고 있다. 자기 업무를 멸시하는 공무원들은 목회자들에 의해 권면을 받아야 하고 감독에게 이 사실이 알려지도록 했다.[26] 하나님을 참소하는 자와 악한 삶을 사는 자는 목회자들에게 경고를 받고 경찰법에 따라 공직에 있는 자에 의해 벌을 받아야 했다. 돌아서지 않는 자는 감독을 통해 교회회의에 알려지고, 그의 경고가 아무 효과가 없으면 선제후가 출교에 대한 마지막 판결을 하게 된다. 출교가 결정되면 설교단에서 선언되고, 실제적으로 시민공동체에서 제외되었다.

제네바 모델을 따라 권징에 있어서 교회의 독립성을 강조하는 편에는 올레비아누스를 중심에 두고 우르시누스의 지원 하에서, 총리(Kanzler) 에헴(Ehem)과

---

26 Eike Wolgast, *Reformierte Konfession und Politik im 16. Jahrhundert* (Heidelberg: Winter, 1998), 49.

교회회의의장(Kirchenratspräsident) 출레거(Zuleger)가 있었다.[27] 반대편에는 의학부 교수였던 에라스투스(Erastus)를 중심에두고 신학부를 제외한 다른 교수들과 백작(Grafen) 루드비히(Ludwig)와 카시미르(Casimir)와 고위공직자들이 취리히의 지원을 얻으면서 함께 있었다.

높아져가는 갈등 속에서 1568년 10월 보키누스가 주관하고 영국 출신의 위더스(Withers)가 답변한 토론회가 열렸다. 위더스는 영국에서 국가교회가 세워지는 것을 반대해서 자기 나라를 떠나야만 했던 인물이다. 그가 다룬 주제는 교역자들과 함께 교회권징을 실행하는 장로회(Presbyterium)가 옳게 법제화된 교회에 속하는지에 대한 것이었다.[28] 에라스투스는 여기에 반대하여서 103개의 논제를 만들어서 학생들에게 알렸다. 갈등이 외부에 알려지고 시끄러워지자 프리드리히 3세는 조용히 할 것을 명하고 신학부 소속이 아닌 교수들이 토론에 참여하는 것을 금하였다. 에라스투스는 신학부 소속이 아니었기 때문에 불리했다. 결국 1570년 교회권징령이 발표되어서 모든 지교회에서 장로회가 구성되도록 하였다. 그러나 선제후가 마지막 결정권을 가지고 있었기 때문에 완전한 교회의 독립성은 달성되지 못했다.[29] 두 진영의 갈등은 1576년 프리드리히 3세가 죽음 이후 새로운 선제후 루드비히 6세가 루터주의를 택하면서 끝났다.

Ⅳ. 신학교육

1. 신학교육을 위한 두 기관

27 Eike Wolgast, *Reformierte Konfession und Politik*, 49.
28 Ruth Wesel-Roth, *Thomas Erastus* (Lahr(Baden): Moritz Schauenburg, 1954), 54.
29 Eike Wolgast, *Reformierte Konfession und Politik*, 50.

하이델베르크에는 신학교육을 위해서 하이델베르크 대학의 신학부와 '지혜의 학교'(Collegium Sapientiae, Sapinzkolleg)라 불리는 기숙학교가 있었다. '지혜의 학교'가 아무래도 독특하다. 지혜의 학교는 숙식을 제공하는 교육기관으로 일차적으로는 팔츠지역내의 교회와 학교의 사역자들을 위한 장소였기 때문에 행정적으로는 대학이 아니라 교회소속이었다. 그러나 하이델베르크 대학 신학부와 지혜의 학교를 분리된 기관으로 보면 안 된다. 행정상으로는 팔츠교회 소속으로 대학과 분리되어 있었으나, 지혜의 학교 학생들은 대학에 자동적으로 소속되어서 대학의 수업을 들었다. 그래서 실제적으로는 대학에 소속된 교육기관과 같았다.

팔츠지역의 한 마을에서 나중에 어떤 직무를 감당할 만한 재능 있는 아이가 발견되면, 이 아이는 마을 또는 마을과 가까운 교육기관(Paedagogium)에서 기초적인 교육을 받는다. 학생이 후에 지역에서 교사나 공직 등에서 일할 가능성이 있는 재능이 보이면, 열네 살 정도에 하이델베르크 대학으로 보내진다. 만일 목사가 될 학생이라면 '지혜의 학교'로 보내어진다. 지혜의 학교에 등록한 이 학생은 하이델베르크 대학의 학생이 되어 대학 신학부의 수업을 듣는다. 이 학생은 지교회에서 보냈기 때문에 그 비용을 지교회가 감당한다. 물론 지혜의 학교 밖에서 대학 신학부의 수업을 듣는 학생들도 많다. 그러나 이곳에 온 학생들은 새벽부터 저녁까지 생활의 관리와 다른 교육의 기회도 제공받으면서 생활의 교정과 학문의 발전에 있어서 상당한 혜택을 받는 것이다.

2. 신학부의 구성과 과정

하이델베르크 대학은 네 개의 학부, 즉 신학, 의학, 법학, 문예학으로 구성되어 있었다. 한 때 개혁신학을 가르쳤던 마르부르크(Marburg)대학에는 의학이 없었던 것과 비교하면 모든 학부를 갖고 있었다는 면에서 완전한 대학이었다. 하이델베르크 대학은 박사학위수여권(Promotionsrecht)이 있었다. 박사학위수여권과 관련해서는 1584년 세워진 헤르보른 대학(Hohe Schule Herborn)이 네 개의 학부를 가졌고 높은 학문 수준을 가졌음에도 불구하고 박사학위수여권을 얻지 못해서 대학교(Universität)가 되지 못했던 것과 비교하면 하이델베르크 대학은 공식적이며 실제적인 대학이었다. 네 개 학부를 가지는 완전한 대학으로서, 또 박사학위수여권을 가진 공식적이며 실제적인 대학으로서, 무엇보다도 하이델베르크 대학은 흔치 않게 개혁신학을 가르쳤던 곳이었다. 따라서 개혁신학을 전 유럽의 학생들에게 하이델베르크는 꼭 공부하고 싶어하던 대학이었다.

1558년 오트하인리히가 대학개혁을 실행한 후에 신학부는 세 개의 영역을 갖게 되었다. 제일 첫 번째 자리에는 신약이, 두 번째는 구약이, 세 번째는 '신학의 특별주제 또는 공통주제'(locos praecipuos oder communes Theologiae)라 불리는 교의학이 있었다. 히브리어의 경우, 교수는 문예학부에 속해 있었으나 실제 강의는 신학부에서 행해졌다. 그래서 총 4개의 강좌가 신학부에 있었다. 매일 있는 대학의 이 강좌를 따라가는 것이 학생들에게는 벅찬 것이어서, 신학부에 변증학 강좌를 개설하기를 요청받았을 때, 5개의 강좌로 늘어나면 교수와 학생들이 감당하지 못할 것이라고 보고하고 있다.[30]

교육과정에 대해서 알아보면, 학생들은 가장 먼저 교의학을 한번 마쳐야 했다. 교의학을 들은 학생들은 구약을 들을 수 있었고, 구약을 들은 학생들은 신약을 들을 수 있었다. 제1교수는 신약, 제2교수는 구약, 제3교수는 교의학을 담당

30 Eduard Winkelmann(ed.), *Urkundenbuch der Universität Heidelberg*, vol. 1. (Heidelberg: Carl Winters Universitaetbuchhandlung, 1886), 331.

했다. 위 교수직의 자리가 비면 다음 교수가 그 자리를 담당하는 것이 원칙이었다. 그래서 한 교수가 한 강좌만을 종신직으로 감당하기 보다는, 교의학에서 시작해서 구약을 거쳐 신약을 강의하게 되어 있는 구조, 즉 현대와 비교하면 신학이 분과별로 나누어있기 보다는 하나의 전체로 바라보게 하는 구조였다. 교수들에게 사택이 제공되었고, 사례는 매년 제1교수는 250굴덴, 제2교수에게는 200굴덴, 제3교수에겐 160굴덴이 제공되었다.[31] 신학과정은 길면 6년이나 5년의 과정이 걸렸던 것으로 보고되는데, 구체적으로 학부과정을 위해서는 3년이나 2년이 걸렸고, 그 후 석사과정을 위해서 3년 정도 걸렸다.[32]

교의학은 오후 1시부터 2시까지 들어야 했고, 학생들은 3년에 한번씩, 즉 6년에 두 번 들어야 했다. 교의학을 위한 주교재는 멜랑흐톤의 'Loci'였다. 교의학 과목을 부르는 용어가 멜랑흐톤의 저작의 이름과 같은 'locos praecipuos oder communes Theologiae'였다. 모든 목사들이 루터성경과 함께 한권씩 갖는 것이 의무였다.[33] 1600년에 이르면 칼빈의 방식을 따라서 가르치고 있다는 보고가 있다. 멜랑흐톤의 책이 포기되지 않고 있는데, 칼빈의 책보다 멜랑흐톤의 책이 독일학생들에게 맞기 때문이라는 이유와, 당시에 있었던 '칼빈주의'라는 말로 인해 가르치는 교리가 칼빈이라는 사람에게 세워진 것이라는 오해 때문이었다.[34] 그러나 1602년부터는 칼빈의 기독교강요를 받아들이고 있다.

신약과 구약과목은 성경의 각 장과 각 절을 주석하는 것이 수업방식이었다.

---

31 August Thorbecke(ed.), *Statuten und Reformationen der Universität Heidelberg* (Leipzig: Verlag vom Dunecker und Humblot, 1891), 42-43

32 Eduard Winkelmann, *Winkelmann der Universität Heidelberg*, vol. 1: "Im fall es von den studiosis currentibus ad gradus zu verstehen, geben diesem die statuta universitatis und bißher habende reformationes sechs, zum wenigsten funf iahr, nemblich zwei oder drei ad baccalaureatum, drei ad licentiam, ..." 335.

33 Emil Sehling(ed.), *Die Evangelischen Kirchenordnungen des XVI. Jahrhunderts*, vol. 14, (Tübingen: J.C.B. Mohr (Paul Siebeck), 1969), 260.

34 Urkundenbuch, 336

구약과목은 히브리어 문법과 구약성경의 주석이 포함되는데, 화요일과 금요일 이틀은 히브리어 문법을, 다른 삼일은 구약성경의 주석이 강의되어야 했다. 구약은 여름에는 오전 6시부터 7시, 겨울에는 7시부터 8시까지가 강의시간이었다.[35] 신약은 여름에는 오전 8시부터 9시, 겨울에는 9시부터 10시까지가 강의시간이었다. 신약은 월, 화, 목, 금 네 번만 강의하면 되었는데, 신약교수에게 회복하고 강의준비 할 시간을 주기 위해서였다. 1602년에는 12년에 신구약 전체를 강의할 계획표를 짜기도 하였다.[36]

3. '지혜의 학교'(Collegium Sapientiae, Sapinzkolleg)

중요한 신학교육기관으로서 신학부외에도 '지혜의 학교'가 있다. 프리드리히 2세가 어거스틴 수도원을 가난한 학생들의 교육기관으로 만들었었다. 교황에게 보내는 글에서 지혜의 집이라 부르는 기숙학교를 만들려고 한다고 적고 있다.[37] '지혜의 학교'(Collegium Sapientiae)라는 말은 여기서 기원한다고 볼 수 있다. 이 당시 '지혜의 학교'는 대학의 문예학부 소속이었고, 석사학위(Magistergrad)를 가진 세 명의 선생들이 그곳에 머물면서 학생들을 가르쳤다.[38] 오트하인리히 때에 규모가 더 커졌다가, 프리드리히 3세 때 올레비아누스의 지휘아래 신학전문교육기관으로 완전히 바뀐다. 이때부터 행정적으로는 대학소속이 아니라 교회

---

35 Thorbecke, 41

36 Winkelmann, 352-53

37 "Ad haec instituere vellemus collegium, quod domum sapientiae appellant, in qua sexaginta vel octuaginta pauperes probi et honesti iuvenes alerentur, ..." Urkundenbuch, 248.

38 Herman Selderhuis, "eine attraktive Universität - Die Heidelberger Theologische Fakultät 1583-1622," in: Bildung und Konfession, ed., Herman Selderhuis/Markus Wriedt (Tübingen: Mohr Siebeck, 2006), 23.

에 소속되게 된다. 일차적으로 팔츠지역내의 교회와 학교의 사역자들을 위한 장소였기 때문에 행정적으로는 교회소속이었다. 그래서 팔츠 지역의 여러 교육기관에서 젊은이들을 콜레기움 사피엔스로 보내어서 목사와 교사의 직무를 위한 준비를 하도록 했다.[39] 이곳에서 학생들은 숙식과 수업을 제공받았다. 그리고 그 비용은 학생을 보낸 지교회에서 감당하였다.

행정상으로는 대학과 분리되어 있었으나, 이곳 학생들은 대학에 소속되어서 대학의 수업을 들어야만 했다. 즉, 실제적으로는 대학에 소속된 교육기관과 같았던 것이다. 그래서 '지혜의 학교'는 교회회의록에도 자주 나타나지만, 동시에 1588년에 하이델베르크 시의 주민목록에 의하면 지혜의 학교는 대학의 소속으로서 기록되고 있다.[40] 지혜의 학교 학생들에게는 큰 장점이었다. 그들은 높은 수준의 학문을 익히면서, 동시에 그 폭을 넓힐 수 있기 때문이다. 즉 깊으면서도 넓은 학문의 기회가 그들에게 제공되어 있었다.[41]

지혜의 학교 교장을 'ephorus'(직역하면 감독)라고 불렀는데, 이들은 보통 하이델베르크 대학의 신학부 교수였다. 교장 즉 에포루스와 함께 두 명의 교사가 이곳에서 학생들을 지도했다. 교장과 두 교사는 학생들을 규칙적으로 방문하고 그들의 개인적이고 학문적인 생활에 대해서 상담했다. 가장 처음 에포루스를 담당한 사람은 올레비아누스였으나 몇 달 만에 그만두었고, 그 다음으로 우르시누스가 그 일을 담당했다. 우르시누스가 16년(1561-1577)을 지도하면서 '지혜의 학교'는 큰 명성을 얻었다. 노이슈타트의 기간 후에 개혁신학이 회복된 후에는 게오르기우스 소니우스(1584-1589), 야콥 키메돈키우스(1589-1590), 다비드

39 Robert Zepf, "Fructus Uberrimi. Die Theologiestudenten von Collegium Sapientiae und Universität Heidelberg 1560-1622," *in: Zwischen Wissenschaft und Politik*, ed., Armin Kohnle/Frank Engehausen (Stuttgart, 2001), 444.

40 Robert Zepf, "Fructus Uberrimi," 444-45.

41 Herman Selderhuis, "Eine attraktive Universität," 24.

파레우스(1590-1598), 그 후에는 퀴리누스 로이터(Quirinus Reuter, 1558-1613)가 에포루스였다.[42]

'지혜의 학교'는 많은 이들이 들어가고자 했으나 수용 능력은 수요를 따라갈 수 없었다. 때로 정원 외에 더 받기도 하여서 좁은 공간에 대한 불평들이 있었다. 1587년 파레우스는 하이델베르크의 김나지움과 주변학교에서 너무나 많은 학생들을 보내어서 지혜의 학교가 두 개가 있어도 채울 수 있을 것이라고 하소연 했다.[43] 학생들의 수는 적을 때는 60명 많을 때는 90명이었던 것으로 추측된다. '지혜의 학교' 밖에서도 신학을 공부하는 많은 학생들이 있었다. 개인이 비용을 감당하거나 사적인 지원을 받아서 공부하기도 했다.[44]

대학에 학생으로 등록할 수 있는 나이인 14살 이상인 학생들이 입학이 가능했다. 학생들은 세 단계로 구분되었다. 일단 모든 단계의 학생들, 즉 모든 학생들은 교의학(Loci communes) 강의를 들어야 했다. 그 외에 첫째 단계의 학생들은 매일 논리, 문법과 시, 히브리어, 헬라어를 배워야 했다. 둘째 단계의 학생들은 논리 문법, 윤리, 정치, 수학, 물리를 배워야 했다. 셋째 단계의 학생들은 대학교의 신학부에서 행해지는 세 강좌를 듣고 설교 연습도 해야 했다.

'지혜의 학교'가 유명한 이유 중 하나는 강한 훈육이었다. 학생들을 엄격하게 지도했기 때문에 지역의 기관들과 부모들은 학생들을 '지혜의 학교'로 보내고 싶어 했다. 이런 엄한 훈육은 학생들에게 때때로 불만의 이유였지만, 교사들은 학생들이 학교의 규칙을 자주 범하는 것을 불평했다.

학생들의 생활을 살펴보면 다음과 같다.[45] 오전 5시에 시편찬송을 부르고 구

---

42 Nam Kyu Lee, "Die Heidelberger Prädestinationslehre", 47.
43 Herman Selderhuis, "Eine attraktive Universität,"24.
44 Robert Zepf, "Fructus Uberrimi," 445.
45 이 후 생활 부분은 Selderhuis가 정리한 내용을 요약한 것이다: Herman Selderhuis, "Eine attraktive Universität," 25-27.

약 한 장을 읽고 하이델베르크요리문답에 나온 기도로 하루를 시작한다. 그 후에 전날 있었던 강의 내용이 무엇인지 질문을 하며 점검한다. 주일에는 같은 시간에 히브리어를 점검한다. 월요일에는 그 시간에 아리스토텔레스의 논리(Organon)을 다룬다. 6시부터 10시까지 대학에서 강의를 듣는다. 그리고 10시에 첫 번째 식사를 한다. 즉 아침과 점심을 한 번에 해결한 것이다. 식사 때 교사 한명이 함께 하였는데, 식사 전에 구약을 읽고 강해했다. 그리고 찬송하고 기도하고 식사가 시작되었다. 식사 후에 신약을 읽고 강해하였고 다시 찬송하고 기도함으로 식사가 끝났다. 수요일에는 식사 후에 신약의 한 구절을 택하여 학생 하나가 설교연습시간을 가졌다. 식사 후 11시 30분부터 오후 5시까지 강의와 공부와 개인적인 수업시간이 있었다. 오후 5시에 저녁시간이 있었다. 식사 후 신약을 읽고 학생 하나가 강해했다. 오후 8시에 함께 모여 기도, 찬송, 성경을 읽는다. 오후 9시에 불이 꺼지고 교사가 각방을 점검했다. 각 식사시간 후엔 잠간 동안 밖에 나가서 쉬는 시간이 있었다. 수요일과 토요일 식사 후에는 산책을 하거나 운동을 할 수 있었다.

월요일 아침 기도 후에 그 주간에 학생들이 작성해야 할 주제를 주었다. 토요일에 그 숙제를 검사했다. 토요일에는 강의를 필기한 것을 살펴서 출석체크와 함께 강의에 얼마나 집중했는지를 검사했다. 학생들은 산문(Prosa)과 시문(Poesie)을 통해 문법과 문체를 습득할 수 있었다. 한 달에 한번 토요일 아침 7시에서 10시 사이에 모든 학생이 참여하는 토론(Disputation)이 있었다. 주일에 8시부터 9시까지 아침예배에 참석해야 했고, 15시부터 16시까지 요리문답 설교를 들어야 했다. 수요일의 설교에는 점검하는 시험이 없었지만, 주일에는 저녁식사 전에, 그날 들었던 두 편의 설교 내용에 대해 필기나 구두로 시험을 봤다.

여름학기에는 각자의 방에서 공부했고, 겨울에는 난방문제로, 불을 때주는 큰 공부방에서 함께 공부했다. 식사는 세 종류의 큰 식탁이 있는 곳에서 학교의 일원들이 함께 했다. 하나는 학생들의 식탁, 하나는 선생들과 손님들의 식탁, 하나는 졸업생 방문자들을 위한 식탁이다. 항상 충분한 고기와 음료가 있었기 때문에 식사에 대한 불만은 없었다고 보고한다. 불평으로는 많은 인원에 비해 숙박의 공간이 비좁다는 것과 자기 침대를 스스로 만드는 일에 대한 것이 있었다.

'지혜의 학교'는 교육대상과 관련해서 볼 때, 일차적으로는 자기 지역의 교회와 학교의 사역자들의 양성이 목표였으나 외부에서 온 이들도 있었다. 베른에서는 규칙적으로 두 명을 이곳에 보냈다. 그 외에도 '지혜의 학교'에 들어가지 못한 채 하이델베르크 신학부에서 공부하였던 멀리서 온 많은 이들이 있었다. 하이델베르크로 온 이들은 그들이 경험한 것을 갖고 다시 돌아가서 그들의 역할을 통해 그 영향력을 드러냈다. 하이델베르크에 있었던 두 개의 신학교육기관은, 개혁신학을 가르쳐서, 다양한 지역에서 하이델베르크로 미래의 인재들을 하나의 교리, 하나의 방식, 그리고 조화와 일치로 이끌었다.[46]

4. 목사안수

신학교육의 가장 중요한 목적은 하나님의 말씀을 수종드는 목사를 세우는 것이다. 따라서 하이델베르크 대학과 '지혜의 학교'를 거친 이들 중 상당수는 모든 과정을 마친 후 목사가 되었다. 팔츠교회의 목사임직은 교회치리회(Kirchenrat)의 주관 하에 이루어졌다.[47] 교회치리회 규칙을 보면 구체적으로 어떤 학교를 나

46 "... iuvenes ex diversis locis et scholis, ac longe dissitis etiam provinciis ... ad unum genus doctrinae, methodum unam, ac harmoniam seu conformitatem reduxit." - 재인용: Robert Zepf, "Fructus Uberrimi,"

47 "Kirchenratsordnung 1564," in *Die evangelischen Kirchenordnungen des XVI. Jahrhunderst, ed.* Emil Sehling (Tübingen: J. C. B. Mohr (Paul Siebeck), 1969),

와야 하는지 등의 규정은 나와 있지 않다. 그러나 이것이 신학수업에 대해 가볍게 생각했다는 의미는 아니다. 종교개혁을 거치면서 종교개혁을 위한 신학교육은 아직 정착 중에 있는 시기였다. 후대로 갈수록 신학전공이 요구되어져갔으나 초기에는 신학전공 유무와 상관없이 신학 실력을 평가하는 방식이었다. 예를 들면 올레비아누스도 전공은 법학이었으나, 독자적으로 신학공부를 한 후 스위스로 가서 제네바 등에서 공부했고, 하이델베르크에 와서 목사가 되었고 신학교수가 되었다.

팔츠의 치리회규칙(Kirchenratsordnung)은 목사직을 위해서 두 가지, 즉 '생활과 교리'가 확실한 자를 받는다고 규정한다. 생활면에서 부족함이 없는 자를 시험(Examen)을 볼 수 있게 한다. 팔츠치리회 규칙은 생활에 흠이 있는 자에게는 시험을 볼 수 있는 기회조차 주지 않는 것이다. 교리에 대한 부분은 기독교핵심교리들을 이해하고 있는지 물어보고 특히 오류들을 물어보고 시험하는 것으로 되어 있다. 기본적으로 구두시험이었던 것이다.

시험은 교리에 대한 지식만이 아니라 그것을 전달하는 것 까지를 포함했다. 그래서 설교를 어떻게 하는지가 검사되었다. 규정은 "치리회는 성경을 가지고 그가 어떻게 일반대중을 가르치고 권고하고 위로할 수 있는지 살펴야 한다"라고 말한다.[48] 그래서 교리 지식만이 아니라 설교도 중요한 평가의 기준이었다. 여기에는 독일어가 이해될 수 있게 들리는지가, 즉 언어의 전달력이 포함되었다.[49]

411-13.

48 "... unsere kirchenräthe zu sehen und abzunemen, wie er auß der schrift das gemeine volck leren, zur besserung vermanen und trösten könne," "Kirchenratsordnung 1564," in *Die evangelischen Kirchenordnungen des XVI. Jahrhunderst, ed.* Emil Sehling (Tübingen: J. C. B. Mohr (Paul Siebeck), 1969), 412.

49 "... auß allen umbstenden, dergleichen dem aussprechen und verstendtlicher deutscher sprach und action besser urtheilen mögen ..." "Kirchenratsordnung 1564," in *Die evangelischen Kirchenordnungen des XVI. Jahrhunderst, ed.* Emil

아마도 타국에서 온 이들 즉 독일어를 모국어로 사용하지 않는 이들과 현대처럼 앰프시설이 없는 공간에서 육성으로 예배당 전체에 울리도록 설교를 전달하는 것을 고려해 볼 때 당연한 규정일 것이다. 이 전달은 중요한 평가기준이어서 여기서 탈락될 수도 있었으며, 시험관들은 그 자리에서 부족한 점들을 친절하게 알려주도록 되어있다.

그 후에는 지금처럼 요리문답서와 교회법에 대한 후보자의 승인의 절차가 있었다. 나이가 어리거나 아직 살펴볼 수 있는 기회가 적었던 후보에게는 바로 목사직이 주어지기 보다는 '디아코누스'(diaconus, 직역하면 집사이겠으나 의미는 목사후보 정도 될 것이다)라 불리는 목사후보로 세워져서 목사직에 들어서기 전에 시험되는 것을 권고하고 있다. 즉 사람 됨됨이와 생활이 평가되기 전에는 목사직을 함부로 주지 않으려는 의도가 있는 것이다. 이렇게 해서 팔츠에서는 생활이 점검되고, 교리에 충분한 실력이 있고, 나아가 설교를 통한 교리의 전달력까지 갖춘 이들이 목사로 세워졌다.

V. 나가며: 제언

1555년부터 1623년까지 하이델베르크 대학은 개혁신학과 교회를 위해서 중요한 역할을 담당했다. 이 기간 하이델베르크에 등록한 많은 학생 수가 그것을 말해준다. 특히 많은 외국인 학생들이 이곳에 왔다는 것은 유럽전역에 하이델베르크 대학의 명성이 높았다는 것을 말해준다. 학생들은 대학의 학문적인 명성과 개혁신학이라는 신앙고백을 찾아 하이델베르크로 왔다. 이 기간 하이델베르크에

Sehling (Tübingen: J. C. B. Mohr (Paul Siebeck), 1969), 412.

서 신학을 공부했던 학생들은 수준 높은 개혁신학과 더불어 다양한 학문적 접촉점을 가질 수 있었다. 이들 중 '지혜의 학교'(Collegium Sapientiae)에 머물렀던 학생들은 엄격한 훈련 속에서 학문과 경건을 겸비할 수 있었다.

위 내용들을 생각할 때 우리시대와 관련지어 몇 가지 점을 생각해 볼 수 있다. 첫째, 인격과 생활에 대한 철저한 교육과 검증이다. 교리가 목사시험의 핵심일지라도 후보생의 생활이 필수적인 전제였던 것이다. 아직 생활이 검증되지 않은 자에게는 후보로서의 지위만 허락하고 더 살피도록 권하는 팔츠교회법도 생활이 검증되어야할 강한 필요성을 보여준다. 생활을 검증한다는 것은 목사 후보생의 사람 됨됨이, 인격, 성품 등에 대한 검증을 말한다고 할 수 있다. 생활(Leben)과 행실(Wandel)이 종종 함께 등장하고 있기 때문이다. 교단이 크고 한 해 세워지는 목사가 많을수록 이 문제는 더 어려워질 것이다. 이 검증 시스템이 잘 세워져야하고 적용되어야 한다.

둘째, 교리가 중요하다. 목사 시험에 교리시험이 중요하게 등장할 뿐 아니라, 신학교육에서도 교리가 중요하다. 교리과목을 들은 자들에게 성경과목을 듣게 하고, 교의학을 두 번 듣게 하는 교과과정은 많은 것을 시사한다. 신학생은 교리에 대해 충분하고 확실한 지식을 갖고 졸업해야 했으며, 목사시험에서도 이것을 검증 받아야 했다. 많은 교단에서 강도사고시와 목사고시에 요리문답서와 신앙고백서가 시험과목으로 남아 있는 것은 이런 전통의 흔적이라고 할 수 있다. 이것을 귀히 여기고 그 의미를 잘 살려야 할 것이다. 이런 점에서 몇몇 신학교에서 교의학 과목이 쇠퇴하는 현상은 우려스런 현상이다.

셋째, 통합적 교육을 생각하게 된다. 교의학교수가 구약교수가 되고, 다시 신약교수가 된다. 하이델베르크 대학에서 신약을 가르치는 교수는 교의학과 구약을 충분히 다룬 학자로서 신약을 가르쳤다. 비교하면 현대의 신학교육은 파편화되어서, 때때로 로마서 전공교수는 로마서나 기껏해야 바울서신에 대한 권위자로서 말하고, 삼위일체 전공자는 신론에 대해서만 권위 있게 말하는 것을 보게 되는 것은 불행한 일이다. 다양한 방식의 통합적인 신학교육을 고민해야 한다.

넷째, 신학생의 교양 또는 인문학적 소양을 생각하게 된다. 인문학적 소양이란 그 시대의 보편 지성인이 갖추어야 하는 사고능력, 판단능력, 의사소통능력 등을 의미한다. 미래의 목사들이 어려서부터 교육받은 팔츠의 '지혜의 학교' 과정은 본격적으로 신학훈련에 들어가기 전에 다양한 교양훈련을 쌓게 되어있다. 목사후보생은 자기 시대의 문화 속에 담긴 의미와 가치판단 기준을 스스로 읽어내고 판단한 후 그것을 고려하면서 복음을 전해야 한다. 현재 M.Div 과정이 학사학위가 있는 자들에게 허락된 것은 이 훈련의 필요성을 생각하고 학부과정에서 이 훈련을 마쳤다고 전제했기 때문이다. 그러나 대학교육이 반성하고 사고하는 훈련을 위한 교양교육이 아니라 직업을 위한 기능교육으로 바뀐 현실에서, M.Div 과정은 큰 폐해를 만난 것이다. 지금 신학교는 이 훈련에 대한 보충과 방법을 숙제로 마주한 것이다.

개혁교회의 요람 제네바아카데미에 관한 연구

박경수
(장로회신학대학교, 역사신학 교수)

서울대학교 서양사학과(B.A.)를 졸업한 후 장로회신학대학교에서 교역학석사(M.Div.)와 신학석사(Th.M.) 과정을 마쳤다. 이후 미국 프린스턴신학교에서 교회사로 석사학위(Th.M.)를, 클레어몬트 대학원에서 종교개혁사 전공으로 박사학위(Ph.D.)를 받았다. 저서로는 『교회사클래스』, 『교회의 신학자 칼뱅』, 『종교개혁, 그 현장을 가다』(대한기독교서회) 등이 있고, 이외에도 다수의 공저와 논문들이 있다. 또한 『여성과 종교개혁』, 『츠빙글리의 생애와 사상』, 『스위스종교개혁』, 『기독교신학사』, 『초대기독교 교부』 등의 교회사 분야 번역서들이 있다. 현재 장로회신학대학교에서 교회사 교수로 후학들을 양성하고 있다.

박경수

I. 시작하는 말

16세기의 종교개혁 운동은 중세의 신학과 예전 전반에 대한 코페르니쿠스적 변화를 불러왔다. 중세 가톨릭교회는 인간의 선행과 공로가 구원에 일정 부분 기여할 수 있다는 공덕 신학을 전개했지만, 종교개혁자들은 인간의 구원은 오직 하나님의 은혜에 대한 믿음으로만 가능하며 인간의 공덕은 구원에 전혀 영향을 미칠 수 없다고 주장하였다. 따라서 성자들의 잉여공로 사상에 근거한 면죄부 판매는 종교개혁자들의 입장에서 볼 때 괴기스러운 것에 불과했다. 종교개혁자들의 유명한 표어, "은혜를 인하여 믿음으로 말미암아 구원 받는다"(justification through faith by grace) 라는 선언은 로마가톨릭과 프로테스탄트 교회를 가르는 기준이 되었다.

신학에서뿐만 아니라 교회의 예전에서도 프로테스탄트 교회는 로마가톨릭과 분명한 차이를 보였다. 종교개혁자들은 성만찬 예식에서 일반 성도들에게도 포도주를 나누어주어야 한다고 주장했고, 성경봉독과 설교와 찬양이 라틴어가 아닌 성도들이 알아들을 수 있는 모국어로 진행되어야 한다고 설파했으며, 칠 성례 중에서 세례와 성만찬 두 가지 만을 인정했고, 모국어로 번역한 성경을 예배에서 사용했다. 뿐만 아니라 종교개혁자들은 가톨릭교회와는 다른 자신들의 교회론을 전개했고, 새로운 신앙고백서와 요리문답을 만들어 사용하였다.

종교개혁의 사상과 예전이 교회의 지도자들에게 뿐만 아니라 일반 백성들에게까지 널리 전파되고 또 후대에까지 지속적으로 이어져 나가기 위해서는 무엇보다 적절한 교육을 제공할 필요가 있었다. 이런 필요를 채우기 위해 설립된 기관 중에서 가장 두드러진 것이 1559년 제네바에서 시작된 제네바아카데미이다. 제네바아카데미는 종교개혁, 특히 개혁교회 전통을 온 유럽으로 전파하는 선봉이었다. 루터교회가 독일과 북유럽 일부에 국한된 반면, 개혁교회는 스위스, 프랑스, 잉글랜드, 스코틀랜드, 네덜란드, 독일, 폴란드 등 유럽 각국으로 확산될 수 있었던 가장 중요한 원인이 바로 제네바아카데미가 유럽 세계 안에서 개혁전통의 요람 역할을 했기 때문이다. 유럽 각 나라의 지도자들이 제네바아카데미에서 교육을 받은 후 자신들의 고국으로 돌아가 자기들이 배운 개혁교회의 이상을 실현함으로써 개혁신학 전통은 명실공히 국제적인 지위를 차지하게 되었다.

본 논문에서는 개혁교회 최초의 전문 교육기관인 제네바아카데미의 설립과정, 교육이념, 교과과정 등을 살펴보면서 제네바아카데미가 어떤 특징들을 가지고 있었는지 자세하게 밝히고자 한다. 이를 통해 제네바아카데미가 교회와 긴밀한 연관을 가지고 있었으며, 실제적이고 실용적인 교육을 지향하였고, 교회와 사회에서 필요한 지도자를 양성하기 위해 신학뿐만이 아니라 인문학과 교양교육에도 힘을 기울였음을 발견하게 될 것이다. 논의의 효율성을 위해 제네바아카데미가 설립된 1559년에서 칼빈이 죽은 1564년까지의 역사에 국한하여 살펴볼 것이다.

II. 제네바아카데미의 설립과 교육

1. 제네바아카데미가 설립되기 이전의 상황

중세 시대의 교육은 라틴 문법, 수사학, 논리학의 삼학(三學)과 산수, 기하, 천문, 음악의 사과(四科)가 기본 교과목이었다. 철학적인 흐름의 견지에서 보자면, 중세 전반기에는 보편성을 강조하는 실재론(realism)이 강조되다가, 중세 후반기인 14-15세기에 들어와서는 개별적인 실제를 보편적 본질보다 더 중요하게 여기는 유명론(nominalism)이 대세를 이루었다. 그러다가 르네상스 인문주의의 대두로 교육에 있어서도 고전에 대한 관심과 수사학에 대한 강조가 더욱 더 두드러졌다. 종교개혁자 장 칼빈(Jean Calvin, 1509-1564)은 파리 대학, 오를레앙 대학에서 인문주의 교육과 법학 교육을 받았다. 1532년 출판된 칼빈의 처음 저작인 『세네카의 관용론(*De Clementia*) 주석』은 칼빈의 인문주의적 성향을 분명하게 보여주는 작품이다. 그는 서문에서 인문주의자의 왕자였던 에라스무스를 보완하고 정정할 것이라는 당찬 포부를 밝히면서, 이 책을 통해 인문주의자로서의 자신의 명성을 확고히 하고자 하였다. 프랑수아 방델(François Wendel)이 지적하듯이, 분명히 1532년 칼빈은 인문주의자였다.[1] 이것은 이후 제네바아카데미가 인문주의적 교양을 강조하게 되는 이유가 된다.

1536년 제네바로 오게 된 칼빈은 처음부터 기독교적 교리에 대한 지식이 기독교 신앙과 삶에 있어서 대단히 근본적이고 핵심적인 것이기 때문에 교육은 종교개혁의 완성을 위해서 대단히 중요한 문제라고 확신하였다. 1537년 1월 16일 제네바 시의회에 제출한 칼빈의 『제네바 교회와 예배의 체제에 관한 조항들』(*Articles Concerning the Organization of the Church and of Worship at Geneva*)에는 파문과 성만찬의 시행, 시편을 노래하는 것, 결혼에 관한 규례와 더불어 어린이와 청소년들을 교육시킬 학교에 대한 계획이 포함되어 있었지만 그것이 현실화되지는 못했다.[2] 당시 제네바에는 1536년 5월 21일 프로테스

---

*이 논문은 박경수, 『교회의 신학자 칼빈』(서울: 대한기독교서회, 2009), 311-35에 실려 있음을 밝힙니다.

1 François Wendel, *Calvin : Sources et Evolution de sa Pensee Religieuse*, 김재성 옮김, 『칼빈: 그의 신학사상의 근원과 발전』(크리스찬다이제스트, 1999), 37.

2 Jean Calvin, *Articles Concerning the Organization of the Church and of Worship at Geneva*, in *Calvin: Theological Treatises*, J.K.S Reid (London: SCM Press, 1954), 48-55.

탄트 종교개혁을 받아들인 직후 세운 '콜레주 드 라 리브'(Collège de la Rive)가 있었다. 라틴어를 중심으로 가르치던 이 학교의 초대 교장은 앙투안 소니에(Antoine Saunier)였다. 하지만 다음 해인 1537년에는 칼빈의 스승이었던 마튀랭 코르디에(Mathurin Cordier)가 교장을 맡았다. 학교의 상급반에서는 파렐이 구약을, 칼빈이 신약을 가르쳤다. 그러나 1538년 코르디에가 칼빈과 파렐과 함께 제네바에서 축출되면서 학교의 기능도 사실상 마비되었다.[3] 그러다가 1541년 칼빈이 다시 제네바로 돌아오면서 학교는 문을 열었고, 칼빈과 함께 온 세바스찬 카스텔리오(Sebastian Castellio)가 교장 직을 맡아 임무를 수행하게 되었다.

칼빈은 제네바에서 쫓겨난 후 스트라스부르에 3년 정도 머물렀는데(1538-41), 그는 거기서 마르틴 부처(Martin Bucer)와 장 슈투름(Jean Sturm)과 함께 지내면서 교육에 대한 실제적인 경험을 쌓을 수 있었다. 부처와 슈투름은 참된 경건은 무지에서 결코 나올 수 없다고 확신하고서 스트라스부르에 젊은이들을 가르칠 김나지움과 아카데미를 세우는데 힘을 기울였다. 슈투름은 1537년 "sapiens atque eloquens pietas"(wise and eloquent piety)라는 모토를 가지고 교육체계를 조직하기 시작했다. 6살 미만의 어린이들을 위한 유치원, 6-15살까지의 청소년들을 위한 김나지움, 16살 이상의 젊은이들을 위한 고등전문학교로 세분하였다. 김나지움에서는 언어학적 소양, 특히 라틴어에 대해 강조하였고, 고등전문학교에서는 실제적인 과목들, 예를 들면 그리스어, 히브리어, 철학, 수학, 물리학, 역사, 법학, 신학 등이 강조되었다. 칼빈은 스트라스부르에 머무르는 동안 고등전문학교에서 강의하는 기회를 가졌다. 슈투름의 계획이 스트라스부르에서 충분히 실현되지는 못했지만 칼빈을 통해 제네바에 큰 영향을

3 W. Stanford Reid, "Calvin and the Founding of the Academy of Geneva," *Westminster Theological Journal* 18 (1955), 7-8.

미쳤다.4

1541년 9월 13일 제네바로 다시 돌아온 칼빈은 9월 26일 소의회(Small Council)에 『교회법령』(*Ecclesiastical Ordinances*)을 제출하였다. 『교회법령』은 교회의 네 직분, 즉 목사, 교사, 장로, 집사에 관해 언급하고 있다. 그 중에서 교사의 임무는 "신자들에게 건전하고 참된 교리를 가르침으로써, 복음의 순수성이 무지나 그릇된 사상들로 오염되지 않도록 하는 것"이었다.5 『교회법령』은 "우리 자녀들에게 교회가 황무지 같은 곳이 되지 않도록 우리는 다음 세대를 위해 준비해야 하며, 자녀들이 목회직과 시민정부에서 일할 수 있도록 준비시키기 위하여 우리가 학교를 설립해야만 한다."6고 못 박고 있다. 이처럼 1541년 『교회법령』에서 이미 고등교육 기관의 필요성을 명백하게 했지만, 그 계획을 실제로 실현시키는 데 18년이 걸렸다. 1541년부터 1555년까지 제네바에서는 칼빈을 지지하는 개혁교회 진영과 리버틴파(Libertines)나 로마가톨릭주의자들(Romanists)과의 대립과 갈등이 끊이지 않았기 때문에 칼빈을 비롯한 개혁자들이 교육제도의 발전에 힘을 기울일 여유나 여력이 거의 없었다.7 그러다가 1555년 칼빈을 추종하는 사람들이 시의회의 다수를 차지하고, 1557년 칼빈이 스트라스부르를 다시 방문한 것이 계기가 되어 제네바에도 본격적인 학교 설립이 논의되기 시작했다.

2. 제네바아카데미의 설립과정

---

4 W. Stanford Reid, "Calvin and the Founding of the Academy of Geneva," 5-6.

5 Jean Calvin, *Ecclesiastical Ordinances*, in *Calvin: Theological Treatises*, J.K.S Reid (London: SCM Press, 1954), 62.

6 Calvin, *Ecclesiastical Ordinances*, 63.

7 William Naphy, *Calvin and the Consolidation of the Genevan Reformation* (Manchester, 1994), 189-99.

다행스럽게도 1550년대 후반의 상황이 제네바아카데미의 설립에 유리하게 작용했다. 1555년 칼빈을 지지하는 정치세력이 득세하게 된 점, 제네바에 프랑스어를 사용하는 피난민의 수가 급증한 점, 1558년 로잔 아카데미의 불화로 인해 테오도르 베자(Theoldore Beza)를 비롯하여 프랑스어를 사용하는 교수들이 제네바로 몰려 온 점 등이 아카데미의 설립에 청신호를 밝혔다. 이런 상황 속에서 제네바아카데미의 설립을 위한 몇 가지 구체적인 문제들이 수면 위로 떠올랐다.

무엇보다 먼저 학교의 부지를 정하고 재원을 모금하는 것이 숙제였다.[8] 1558년 1월 17일 소의회의 구성원들이 새 학교의 부지를 찾기 시작하였다. 3월 25일 부지가 선정되었다. 부지는 리브(Rive)와 앙투안(St. Antoine) 거리 사이의 언덕 위에 위치한 곳으로 좋은 전경을 가지고 있었고 신선한 바람이 잘 통하는 최적의 장소였다. 통풍이 잘 된다는 것은 당시의 골칫거리였던 흑사병을 어느 정도 피할 수 있다는 뜻이었기 때문에 대단히 중요한 조건이었다. 4월에 곧바로 공사가 시작되었다. 정식 개원을 하기 전에 초등교육은 곧바로 이루어졌다. 1558년 11월 4일 교사들은 연봉 240플로린(florins)을 받았다. 당시 목회자들이 300플로린을 받았으니 그보다는 약간 적은 급료였던 것이다. 제네바아카데미의 건축은 당초 예정보다 지연되어 1562년에야 겨우 완성되었다. 건물의 반(半)쪽에 5-6개의 교실과 이층의 강당이 있었고, 다른 반(半)쪽에는 초등과정의 교사들과 학감과 고등과정의 교수들이 살도록 계획되었다. 1562년 6월 4일 소의회는 고등교육을 위한 별도의 공간이 필요하다는 사실을 인식하고 6월 15일에 고등교육을 담당한 교수들의 강의는 지금은 '칼빈의 강당'(Auditoire)이라고 알려진 장

8 건축과 재정 그리고 교사확보에 관한 문제들에 대해서는 Karin Maag, *Seminary or University?: The Genevan Academy and Reformed Higher Education, 1560-1620* (Scolar Press, 1995), 1장에 자세하게 기술되어 있다.

소에서 이루어지도록 조처하였다. 따라서 새 건물은 초등교육 과정에서 전적으로 사용하였다. 행정관들에게는 초등교육 과정이 더 중요했기 때문에 새 건물을 초등교육 기관으로 배정하였지만, 사실상 제네바아카데미의 명성은 고등교육 과정으로 말미암은 것이었다.

건물 건축비용으로 1558년에 6,000플로린, 1559년에 36,000플로린, 1560년에 11,178플로린이 소용되어, 적어도 53,000플로린 이상이 들었다. 1559년 당시 제네바 시 예산이 200,000플로린 이라는 것을 감안하면 1559년에 아카데미의 건물을 위해 시 예산의 18%를 사용한 것이다.[9] 다행히도 칼빈을 반대하던 아미 페랭(Ami Perrin)이 축출되어 베른으로 도망간 후 남아있던 페랭주의자들의 부동산을 처분한 금액이 모두 여기에 사용되었다. 칼빈을 반대하던 사람의 부동산이 칼빈의 신학과 정신을 온 유럽과 세계에 알리는 제네바아카데미의 종자돈이 되었다니 역설적인 역사의 한 단면이다. 페랭의 부동산 대금이 1559년에 30,129플로린, 1560년에 31,582플로린이 제네바아카데미의 건축비용으로 유입되었기 때문에 제네바 시 예산에는 부담이 없었다.[10] 또한 소의회는 시의 서기들에게 죽을 때에 유산을 제네바아카데미에 남기도록 유언하도록 제네바의 시민들에게 요청할 것을 결정하였다. 벌금도 제네바아카데미를 위한 비용으로 충당되었다. 예를 들면 1562년 장 보키(Jean Bochy)가 리옹에서 칼빈의 『기독교강요』를 무단으로 출판했다가 500플로린의 벌금을 부과 받았다. 제네바아카데미로 들어온 유산, 증여, 기부, 벌금 등의 내용은 회의록에 자세하게 기록되어 있다. 1558년 4건의 유산증여로 325플로린, 1559년 17건으로 1,191플로린, 1560년 13명으로부터 1,007플로린, 1561년 12명의 제네바 사람들이 630플로린을 그리고 다른 한 명은 100 오스트리아 플로린을, 1562년에는 12명이 739

---

9 Karin Maag, *Seminary or University?*, 11.
10 Karin Maag, *Seminary or University?*, 11.

플로린을 약속하였다.11 기부자들은 대체로 부유층에 속하는 사람들이었다. 처음 4년 동안의 기부자를 보면 거주자(habitant)는 3명뿐이었고, 20명의 중산층(bourgeois)과 11명의 시민(citizen)이 참여하였다.12

제네바아카데미의 설립을 위해 칼빈에게 당면한 또 다른 문제는 교사들을 확보하는 문제였다. 기존의 콜레주 드 라 리브(Collège de la Rive)에서 가르쳤던 교사들이 초등교육 기관에서 가르칠 수 있었다. 하지만 초등과정의 상급반인 1학년과 2학년, 그리고 처음 입학생인 7학년을 위한 교사들을 새롭게 충원해야만 했다. 특히 고등교육 기관에서 가르칠 교수들을 찾는 일이 문제였다. 1558년 3월 칼빈은 히브리어 교수로 처음에 프랑스의 왕립 교수인 장 메르시에(Jean Mercier)와 접촉하였으나 거절당했다. 그 후 1558년 8월에 하이델베르크에서 가르치면서 최근 김나지움의 교장으로 임명된 개종한 유대인이었던 임마누엘 트레멜리우스(Immanuel Tremellius)와도 접촉했지만 뜻을 이루지 못하였다. 그는 칼빈의 요리문답을 히브리어로 번역하여 1554년 제네바에서 출판한 바 있었다. 다행히도 베른의 영내에 있던 로잔의 많은 교수들과 베른 사이에 벌어진 갈등이 교수들을 확보하는 데 도움이 되었다. 이 갈등으로 인해 1549년 이래로 로잔 아카데미에서 그리스어를 가르쳐 왔던 베자가 로잔을 떠나 1558년 10월 27일에 제네바아카데미의 그리스어 교수로 임명되었다가 후에 교장의 직을 맡게 된다. 피에르 비레(Pierre Viret)를 포함한 다른 사람들도 베자를 따랐다. 그리하여 앙투안 셔발리에(Antoine Chevalier)가 히브리어 교수로, 프랑수아 베로(François Beraud)가 그리스어 교수로, 장 타곳(Jean Tagaut)이 철학과 기초

11 Karin Maag, *Seminary or University?*, 12.

12 거주자(habitant)는 제네바에 살고 있지만 투표권이 없는 사람이다. 중산층(bourgeoisie)은 기부를 통해서나 혹은 시에 특별한 공헌을 하여 투표권을 갖게 된 사람이다. 시민(citizen)은 제네바에서 태어난 사람으로 투표권뿐만 아니라 피선거권도 가진 사람이다. William Naphy, *Calvin and the Consolidation*, 127-29.

교양 교수로, 그리고 장 랑동(Jean Randon)이 초등교육기관의 상급반인 1학년 교사로 임명되었다. 고등교육기관 교수들의 연봉은 280플로린으로 목회자와 초등교육기관에서 가르치는 교사의 중간이었다.13

건축과 교수 및 교사 수급문제가 어느 정도 해결되자, 마침내 1559년 6월 5일 생 피에르 교회에서 행정관, 목회자, 학생, 제네바 사람들이 모인 가운데 제네바아카데미가 공식 개원식을 가졌다. 칼빈의 기도가 있은 후, 소의회의 서기였던 미셸 로제(Michel Roset)가 제네바아카데미의 정관과 규정과 신앙고백을 낭독했다. 그런 다음 초대 교장을 맡은 베자의 개원 연설이 있었다. 그는 거룩한 것이든 세속적인 것이든 모든 지식은 하나님으로부터 나온다고 주장하면서 성(聖)과 속(俗)의 학문을 나누려는 시도에 반대하였다. 또한 그는 신학이 아닌 학문들도 경건을 보완하는 역할을 할 수 있다고 지적하였다. 베자는 제네바아카데미는 하나님의 영광을 위해 자신의 사명을 감당할 하나님의 군병을 양성하는 학교가 되어야 한다고 역설하였다.

> 여러분들은 헛된 레슬링 게임을 구경하려고 체육관으로 몰려갔던 고대 그리스인들처럼 시시한 게임에 참여하려고 여기에 모인 것이 아닙니다. 참된 경건에 대한 지식과 과학으로 잘 준비되어서, 하나님의 영광을 최고로 높이고 여러분들의 조국을 영광스럽게 하고 여러분의 가족을 부양하기 위해 이곳에 모였습니다. 여러분들은 위대한 지휘관의 거룩한 군병으로 소집되었다는 것을 결코 잊어서는 안 됩니다.14

13 Wulfert de Greef, Lyle D. Bierma, tr., *The Writings of John Calvin: An Introductory Guide* (Grand Rapids: Baker Book House, 1993), 53-56. 그리고 Karin Maag, *Seminary or University?*, 13-14.

14 *Discours du Recteur Th. de Bèze prononcé à l'inauguration de l'académie dans le temple de Saint Pierre à Genève le 5 juin 1559* (Originally published Geneva

이것은 제네바아카데미가 경건에 대한 지식으로 무장되어 교회와 국가에 봉사하고 하나님의 영광을 높이 드러낼 하나님의 일꾼들을 양성하기 위한 목적지향적인 신학교육 기관임을 천명한 것이다. 개혁교회의 요람이 된 제네바아카데미는 이렇게 탄생하였다.

3. 제네바아카데미의 교육이념

칼빈이 강의 전에 했던 짧은 기도문은 제네바아카데미가 지향한 교육의 목적이 무엇인지를 분명하게 제시해 주고 있다: "주여 우리로 주님의 지혜인 천국의 비밀을 공부하게 허락하셔서 우리의 신앙이 진보하여 하나님의 영광이 되고 우리가 세움을 입게 하소서"(May the Lord grant that we study the heavenly mysteries of God's wisdom, making true progress in religion to God's glory and to our edification). 우리가 가르치고 배우는 목적은 첫째로는 하나님의 영광을 드러내기 위함이다. 어떻게 하나님의 영광이 이 땅에서 손상되지 않고 보존될 것이지, 어떻게 하나님의 진리가 존귀하게 지켜질 것인지, 어떻게 그리스도의 나라가 우리 가운데서 안전하게 계속될 것인지가 핵심이었다. 또한 성도가 하나님 말씀의 진리 안에서 뿌리박고 든든히 세워지도록 하는 것이 교육의 목표였다.[15] 즉 하나님의 영광과 성도들의 경건의 진작이 제네바아카데미가 지향하는 교육이었다.

이와 같이 제네바아카데미의 교육철학은 내용 중심적이지도, 방법 중심적이

1559, reprinted Geneva 1959), 19. Karin Maag, *Seminary or University?*, 15-16에서 재인용.

15 T. M. Moore, "Some Observations Concerning the Educational Philosophy of John Calvin," *Westminster Theological Journal* 46 (1984), 143.

지도, 학생 중심적이지도 않고, 오로지 목적 중심적이었다.16 하나님의 영광이라는 목적이 교육의 중심에 있었다. 교육이란 지적 호기심을 채우기 위한 것도 아니요, 문화적으로 세련된 사람으로 만드는 것도 아니요, 오직 교회와 세상에서 하나님의 영광을 드러내고 높여 줄 경건한 사람을 양성하는 것이 목적이었다. 여기에서 우리는 제네바아카데미의 실천적 교육이념을 발견할 수 있다.

제네바아카데미의 교육에서 가장 두드러진 특징 중 하나가 인문학과 교양에 대한 강조이다. 베자의 개원 연설에서도 나타났듯이, 제네바아카데미는 교회와 사회를 위해 봉사할 목회자와 시민지도자를 양성하는 것을 목표로 했기 때문에 신학 교육과 더불어 인문학과 교양에 대한 교육에 강조점이 주어졌다. 교과과정을 살펴보기만 해도 제네바아카데미의 교육이 인문주의와 깊은 관련을 맺고 있음을 쉽게 알 수 있다. 초등교육기관에서부터 라틴어와 프랑스어 그리고 그리스어를 배우고, 성경의 본문뿐만 아니라 베르길리우스(Vergilius), 키케로(Cicero), 오비디우스(Ovidius), 이소크라테스(Isocrates), 리비우스(Livius), 크세노폰(Xenophon), 폴리비우스(Polybius), 호메로스(Homeros), 데모스테네스(Demosthenes)와 같은 사람들의 작품을 읽었다. 고등교육기관에서는 수사학과 자연과학에 대한 교양과목이 크게 강조되었다. 신학과 더불어 인문학과 교양을 강조함으로써 하나님의 뜻은 특별계시를 통해서만이 아니라 일반계시를 통해서도 우리에게 전달된다는 것을 암시해주고 있는 것이다.

일부 사람들은 성경은 인간 지식의 모든 양상에 대한 온전한 요약이기 때문에 이방의 저술가들에게 의지하는 것은 불필요할 뿐만 아니라 신성모독적인 것이기도 하다고 주장하였다. 그러나 칼빈은 인문주의적 저작들을 성경의 진리를 밝혀주는 수단으로 받아들였다.17 칼빈은 고린도전서 1장 17절 주석에서 "바울이 이

16 권태경, "칼빈의 제네바아카데미에 대한 연구," 『역사신학논총』 제9집(2005), 52.
17 Gillian Lewis, "The Geneva Academy" *Calvinism in Europe, 1540-1620*, ed. Andrew

런 교과목들을 전적으로 폐기처분했다고 생각하는 것은 전혀 이치에 맞지 않는다. 오히려 그것들은 하나님의 뛰어난 선물이며, 사람들로 하여금 중요한 목적들을 이루도록 도움을 주는 도구"[18]라고 주장한다. 이방인들로부터 우리에게 전해진 교양과목과 자연과학은 폐기할 것이 아니라 적절히 받아들여서 사람들로 하여금 전능하신 하나님에 대한 참된 지식에 이르도록 해야 한다는 것이다. 칼빈은 "누구든지 일급의 학자가 되지 않고서는 하나님 말씀의 사역자가 될 수 없다."[19]고 주장하면서 목회자가 되기 위해서는 성경을 학문적으로 해석하고, 그것을 청중들에게 논리적으로 설득력 있게 전할 수 있어야 한다는 점을 강조하였다. 이런 방식으로 제네바아카데미는 교회와 사회에서 필요로 하는 경건한 사람을 훈련하고자 하는 목표를 달성하였다.

그렇다고 해서 칼빈이 인문학과 자연과학적인 소양만으로 참된 하나님에 대한 지식에 도달할 수 있다고 주장한 것은 결코 아니다. 어디까지나 인문학과 교양은 하나님의 진리를 좀 더 정확하고 이해하고 청중들에게 보다 쉽게 전달하기 위한 훌륭한 수단이었다. 칼빈은 『기독교강요』에서 이렇게 말하고 있다.

> 데모스테네스나 키케로, 플라톤, 아리스토텔레스 혹은 그와 같은 부류의 사람들의 책을 읽어 보라. 그들이 참으로 당신을 끌어당기고 기쁘게 하고 감동시키고 놀라울 정도로 당신을 사로잡을 것이라는 사실을 나도 알고 있다. 그러나 우리가 그들로부터 벗어나서 성경으로 돌아간다면 우리 자신도 모르는 사이에 성경은 우리를 깊이 감동시키고 우리 마음으로 파고들 뿐만 아니라 우리 골수에까지 새겨져서 모든 철학자들과 수사학자들의 힘이란 성경의 감명에 비교할 때 거의 사라지

Pettegree et al. (Cambridge: Cambridge University Press, 1994), 45.

18 Commentary on 1 Corinthians 1:17. *Calvin's Commentaries, 22 Vols.* (Grand Rapids: Baker Books, 1974).

19 Commentary on Deuteronomy 5:23-27.

게 될 것이다.[20]

신학교육에 있어서 인문학과 교양은 분명 유용하고 필요한 것이지만 그것은 어디까지나 수단적인 성격을 지니고 있었다. 오직 성경만이 분명한 신앙의 원리와 규범이 된다. 그리고 성경에 나타난 하나님의 진리는 성령에 의해 조명될 때에만 올바르게 깨달을 수 있다. 하나님의 성령이 사람의 마음을 만져주실 때에 비로소 인간은 신앙을 가지게 되며 모든 것을 "영원의 관점 하에서"(sub specie aeternitatis: from the perspective of eternity) 바라보게 되는 것이다.[21] 제네바아카데미의 모든 수업이 교리문답에 있는 기도로 시작하고, 주기도문과 신앙고백서와 십계명 암송으로 끝이 났다는 사실은 그 교육의 토대가 무엇인지를 분명하게 증언해 준다.

제네바아카데미의 또 다른 특징은 실천적이고 실제적인 교육을 추구했다는 것이다. 이것은 제네바의 개혁자 칼빈의 특징이기도 하다. 칼빈은 지적 호기심만을 충족시키려는 추상적이고 무익한 스콜라주의에 대해 반대하면서, 인문주의에 기초한 유용하고 실천적인 지식을 추구하였다. 칼빈은 중세의 스콜라신학 교육이 얼마나 추상적이고 무용한지를 그의 여러 글들에서 분명하게 지적하고 있다. 로마가톨릭 추기경이었던 『사돌레토에게 보내는 답변』에서 칼빈은 이렇게 말한다.

당신은 우리 개혁자들이 나타난 때가 어떠한 때였고, 목회자 후보생들이 학교에서 어떤 종류의 교육을 받았는지 기억합니까? 그것은 단순한 궤변에 불과했고,

20 Jean Calvin, *Institutes of the Christian Religion* (1559), ed. John T. McNeill, tr. Ford L. Battles (Philadelphia: The Westminster Press, 1954), I, 8, 1. 이후에는 *Institutes*, I, 8. 1과 같이 표시한다.

21 W. Stanford Reid, "Calvin and the Founding of the Academy of Geneva," 20.

궤변이 너무 꼬이고, 뒤얽히고, 비틀리고, 이해하기 어려워, 스콜라 신학은 신비한 마법의 일종으로 묘사될 정도였다는 것을 당신 자신이 잘 알고 있습니다. 누구라도 주제 하나를 더 짙은 어둠 속에 감추면 감출수록, 자기 자신과 타인을 터무니없는 수수께끼들로 더욱더 혼란스럽게 만들수록, 총명함과 학식에 대한 그의 명성은 더욱 커집니다. 또 나는 그런 연구 분위기에서 교육을 받은 사람들이 어떤 기교로 자신들의 배움의 결실을 사람들에게 드러내고 싶을 때, 과연 교회에 무슨 덕을 끼쳤을지 묻고 싶습니다.[22]

칼빈에게 있어서는 아무런 유익도 없고 끝없는 질문만을 낳을 뿐인 스콜라주의 신학은 궤변일 뿐이다. 그것은 지적인 유희를 위한 놀이였고, 인간 교만의 다른 표현일 뿐이었다. 칼빈은 지식이란 실제적인 유용성을 가져야 한다고 믿었다. 교회를 살리고, 신자들에게 경건한 열망을 불러일으키고, 세상을 변화시키는 것이 지식의 역할이라고 생각했다.

칼빈에게 있어서 수사학은 대단히 실용적인 학문이었다. 수사학이란 말하는 사람이 청중에게 가장 알맞은 방식으로 자신의 언어를 조정하고 적응시킴으로써 자신의 의도를 명확하게 전달하는 기술이다. 법률을 공부한 사람이 자신의 법 논리로 다른 사람을 설득하기 위해서는 수사학적 접근이 필요하듯이, 신학을 공부한 사람이 하나님의 복음을 듣는 모든 사람들을 설득하기 위해서는 수사학에 대한 이해가 필수적이다. 사실상 칼빈은 "초기 근대 유럽의 가장 탁월한 수사학자들 중 한 사람"[23]이었다. 칼빈에 따르면 하나님께서는 자신의 계시를 전하기 위해 바로 이런 조정의 원리를 사용하시는 "대 수사학자"(the Grand

22 Jean Calvin, *Reply to Sadolet*, in *Calvin: Theological Treatises*, J.K.S Reid (London: SCM Press, 1954), 233.

23 Serene Jones, *Calvin and the Rhetoric of Piety* (Louisville: Westminster/ John Knox Press, 1995), 2.

Rhetorician) 혹은 "대 연설자"(the Grand Orator)이시다.[24] 그분은 성육신을 통하여, 성경을 통하여, 성례를 통하여, 자연을 통하여 인간의 수준에 맞추어서 자신의 계시를 조정하여 전하셨다. 칼빈이 사용한 이미지를 따라 표현하자면, 하나님은 유모가 어린 아이에게 말하듯이 우리에게 말씀하신다. 그 이유는 우리의 낮은 수준에 맞추어서 자신을 조정하시기 때문이다.[25] 이런 의미에서 하나님의 말씀을 전하는 사람은 누구나 회중들의 눈높이에 자신을 맞추는 눈높이 교사 즉 조정의 원리를 사용하는 수사학자가 되어야 할 것이다. 제네바아카데미에서 수사학이 강조된 것은 바로 이런 실제적이고 실용적인 이유 때문이었다.

제네바아카데미의 운영이 교회의 통제 아래에 있었다는 사실도 특징적인 점이다. 제네바에서 교육의 주체는 교회였다. 가정과 정부도 교육의 책임이 있긴 하지만, 주된 책임은 어디까지나 교회가 담당해야만 했다. 목사와 교사가 교회와 학교에서 성경에 기초한 경건 교육을 담당하였다. 목사는 예수 그리스도의 양떼를 먹이는 사람이다. 목사는 "한편으로는 가르치고, 권면하고, 위로하고, 경고하는 방식으로 목양하고, 다른 한편으로는 사단의 모든 계략과 거짓된 가르침에 반대하고, 성경의 순수한 가르침을 인간의 꿈과 무익한 허상과 혼합시키지 않음으로써"[26] 목양하는 것이다. 교사의 주된 임무는 신자들을 참된 교리로 가르치는 것이다. "교사는 치리나 성만찬이나 권면의 책임을 지는 것이 아니라 성경을 올바르게 해석하고 가르침으로써 믿는 자들 가운데 온전하고 순수한 교리가 지켜지도록 하는 사람이다."[27] 이와 같이 제네바에서는 목사와 교사가 시민들을 올

---

24 David F. Wright, "Was John Calvin a 'Rhetorical Theologian'?" *Calvin Studies IX*, ed. John Leith and Robert Johnson (Davidson, NC, 1998), 59.

25 *Institutes*, I. 13, 1.

26 *The Genevan Confession*, in *Calvin: Theological Treatises*, J.K.S Reid (London: SCM Press, 1954), 32.

27 *Institutes*, IV. 3, 4.

바른 진리 안에서 양육하는 책임을 맡았다. 그런데 목사와 교사는 모두가 교회의 통제 아래 있었다.

모든 교사들과 학생들은 예외 없이 제네바의 신앙고백에 서명해야만 했고, 제네바아카데미의 교수들은 예배뿐만 아니라 제네바의 목회자들이 매주 금요일 실시하는 성경연구모임에 참석해야 했고, 학생들도 수요일과 주일예배에 필히 참석해야만 했다. 모든 수업은 기도로 시작하고 마쳤다. 학생들의 신앙과 생활에 대해서도 교회가 면밀히 감독하였다. 특히 교사가 목사, 장로, 집사와 더불어 교회의 영속적인 직분이었다는 사실은 제네바아카데미가 제네바 교회와 얼마나 긴밀히 연결되어 있었는지를 분명하게 보여준다. 제네바아카데미는 어디까지나 교회의 학교였다. 아카데미의 입학비는 무료였으며, 모든 것을 교회가 책임을 졌다. 교회와 학교는 결코 분리된 기관이 아니었고, 긴밀하게 연관된 하나님의 기관이었다. 교육은 교회 개혁에 있어서 가장 중요한 방법이었고, 교회는 교육을 통해 진리 안에서 세워질 수 있었다.

4. 제네바아카데미의 교과과정[28]

제네바 아카데미는 두 개의 구별되면서도 긴밀하게 연결된 교과과정으로 구성되어 있었다. 6세부터 16세까지의 학생들로 이루어진 초등교육 수준의 학교(schola privata)와 그 후의 고등교육 수준의 학교(schola publica)로 이루어져 있었다. 신학교로서의 제네바아카데미를 말할 때는 후자를 의미하는 것이다.

초등교육 학교는 매년 5월 1일 개학을 했고, 포도 수확기에 일손을 돕기 위한

28 제네바아카데미의 교과과정과 여러 규정들은 정관에 잘 나타나 있다. 정관의 영어 번역은 W. Stanford Reid, "Calvin and the Founding of the Academy of Geneva," 22-33에 부록으로 수록되어 있다.

3주간의 방학을 제외하고는 일년 내내 공부하였다. 월요일, 화요일, 목요일, 금요일에 수업이 있는데 여름에는 6시에 시작하였고, 겨울에는 7시에 시작하여 오후 4시에 수업을 마쳤다. 수업에 참여하는 학생들은 10명을 단위로 분반하였다. 여름이면 6시에 시작하여 1시간 30분 수업을 한 후 30분간 아침식사를 하고 다시 9시까지 수업을 했다. 겨울에는 아침식사 시간 없이 7시부터 9시까지 연속 수업을 했다. 11시에 간단한 오찬을 하고 12시까지 시편을 노래하였다. 다시 12시부터 1시까지 수업을 하고, 이후 1시간 동안 점심을 먹고, 기도하고, 작문과 공부를 한다. 그리고 2시부터 4시까지 수업이 계속되었다. 수업을 시작할 때에는 신앙고백서에 있는 기도로서 시작했고, 마칠 때에는 프랑스어로 주기도문, 신앙고백, 십계명을 번갈아 가며 암송했다. 학제는 7년으로 구성되어 있었는데, 7학년이 하급반이고 1학년이 상급반이었다. 위의 교과과정을 볼 때 초등교육 과정도 결코 쉽지 않은 과정이었다는 것을 알 수 있다.

수요일에는 수업이 없었지만 다른 일정이 있었다. 이 날에는 아침 설교를 경청한 후에 오찬을 하고, 11시부터 12시까지 질문들에 답하게 된다. 그리고 오후 3시까지 자유 시간을 가진다. 그리고 한 달에 두 번은 상급반 학생이 오후 3시부터 4시까지 전체 앞에서 연설을 하는데 여기에 참여해야 했다. 다른 두 번의 수요일에는 교사들이 어떤 주제를 학생들에게 주어 작문을 하게하고 교정해 주었다. 토요일 아침에는 주중의 학습내용을 복습했다. 12시부터 1시간 동안 논쟁에 참여하고, 3시까지 휴식을 취했다. 그리고 3시부터 4시까지 3학년부터 7학년까지 학생들은 교리문답에서 다음날 다룰 것을 암송하였다. 주일에는 아침과 오후에 설교를 듣고, 묵상하고, 기록하였고, 교리문답 시간에 참석해야 했다. 이때에도 담당 교사가 배정되어 출석을 점검하고 태만한 학생들을 감독하였다. 잘못이 인정되면 다음 날 공개적으로 학교에서 문책을 받았다.

초등교육 학교에서 배우는 구체적인 교과과정은 다음과 같았다.

- **7학년**: 라틴어와 프랑스어 철자 익히기, 라틴어와 프랑스어 단어 읽기, 교리문답 읽기, 글쓰기
- **6학년**: 처음 6개월 동안 어형 변화와 활용에 관한 기초적 학습, 후반 6개월 동안 라틴어와 프랑스어를 비교하면서 말하는 연습, 라틴어 숙달 연습
- **5학년**: 구문론의 기본적 원리 배우기, 베르길리우스의 『목가시』(*Bucolics*), 작문과 논리적인 글쓰기
- **4학년**: 구문론의 원리, 짧고 익숙한 키케로의 『편지』(*Letters*), 주어진 주제에 대한 간단한 작문, 오비디우스의 『애가』(*Elegies*)를 비롯하여 *De Tristibus*, *De Ponte* 읽기, 그리스어 읽기와 간단한 어형변화와 활용
- **3학년**: 그리스어 문법, 라틴어와 그리스어 작문 규칙, 키케로의 『편지』(*Letters*), 그리스어와 라틴어로 된 *De Amicitia*, *De Senectute*, 베르길리우스의 *Aeneid*, 카이사르의 *Commentaries*, 이소크라테스의 *Hortatory Speeches* 읽기
- **2학년**: 라틴어로 된 티투스와 리비우스의 역사서 읽기, 그리스어로 된 크세노폰과 폴리비우스 혹은 헤로디안의 역사서 읽기, 호메로스의 시 읽기, 논리학의 원리, 키케로의 *The Parradoxes*와 간단한 연설문 일기, 토요일 오후 3시부터 4시까지 그리스어로 누가복음 읽기
- **1학년**: 고등 논리학, 수사학과 우아한 웅변술, 키케로의 고등 연설 읽기, 그리스 웅변가 데모스테네스의 Olynthiacs, Philippics, 호메로스와 베르길리우스의 문집, 주제 분석하기, 한 달에 두 번 수요일 웅변대회, 토요일 오후 3시부터 4시까지 사도들의 편지 읽기

진급을 위해서는 학생들은 매년 5월 1일 이전 3주 동안 주어진 주제에 대해 프랑스어로 작문을 하고, 그것을 5시간 이내에 라틴어로 번역해야만 했다. 시험은 부정을 막기 위해 교사를 교환하여 감독하였다. 통과된 학생들은 상급학년으로 진급을 할 수 있었고, 각 학년에서 2명이 5월 1일에 생 피에르 교회에서 우수상을 받았다.

위의 교과과정에서 알 수 있듯이, 제네바아카데미의 초등과정에서는 라틴어, 프랑스어, 그리스어를 읽고, 쓰고, 말할 수 있도록 하였고, 학생들의 이해력과 표현력을 향상시키는 데 주력하였다. 상급 학년으로 가면서 수사학이 강조되고, 우아한 문장으로 자신의 주장을 펼치는 웅변술이나 자신의 논리를 굳게 세워나가는 논리학을 공부하였다. 초등교육에서는 읽고 이해하는 것과 생각을 말로 분명하게 표현하는 것이 교육의 기본이었다. 언어와 고전을 강조하는 이런 교육은 전형적인 인문주의 교과과정이라 할 수 있으며, 앞으로의 고등교육을 위한 발판을 마련하는 것이라 할 수 있다.

제네바아카데미의 고등교육 학교에서는 주당 27시간의 수업이 이루어졌다. 여기에는 신학 3시간, 히브리어와 구약 8시간, 그리스어 웅변가들과 시인들 5시간, 윤리 3시간, 물리학과 수학 3시간, 수사학과 논리학 5 시간이 포함되어 있었다. 모든 학생들은 신앙고백에 서명해야 했으며, 참된 경건 안에서 하나님을 섬기도록 교육을 받았다. 교양과목을 맡은 교수는 학생들에게 자연과학과 수학, 그리고 수사학을 가르쳤다. 교회의 목회자로 혹은 사회의 지도자로 섬기기 위해서는 세상의 이치를 담은 자연과학과 교양에 익숙해질 필요가 있었다. 특히 수사학은 설교와 변론에서 매우 중요한 역할을 하기 때문에 중점을 두었다. 히브리어 교수는 학생들에게 히브리어와 함께, 구약성경 중 한 권을 히브리어 주석서들을 사용해서 주석하는 법을 가르쳤다. 그리스어 교수는 신약성경 자체를 가르치기보다는 아리스토텔레스, 플라톤, 플루타르크, 시인, 연설가, 역사가 등을 가르쳤다. 왜냐하면 신약성경의 주석은 신학과목 교수들이 맡았기 때문이다. 신학교수의 자격으로 칼빈과 베자는 월요일, 화요일, 수요일 격주로 학생들에게 신학을 가르쳤으며, 그 결과물이 바로 칼빈의 주석서들이다.

신학을 공부하는 학생들은 매주 토요일 오후에 성경 구절을 주석하는 방법에 대해 한 시간씩 목회자들의 감독을 받아야만 했다. 이런 과정들을 통해서 목회자로서의 실제적인 소양을 쌓아갔던 것이다. 또한 매달 신학의 어떤 주제에 대해 작문을 해야 했는데, 호기심을 유발하는 것이나, 현학적인 것이나, 거짓 교리들을 담고 있지 않는 것이어야 했다. 이런 식으로 학생들은 자신의 생각을 논리적이면서 설득력 있게 전개하는 전문적인 훈련을 받았다.

1559년 5월 29일 소의회가 확정한 제네바아카데미의 정관은 학교의 구성에 대해 잘 설명하고 있다. 정관에는 아카데미의 구성원인 교사, 학감, 교수, 학장의 역할, 학생지도와 교과과정, 휴일과 진급에 대한 규정이 자세히 설명되어 있다. 초등교육 학교의 교사(Regent)는 수업에 반드시 참석하여 정해진 강의를 감당해야 하며, 어떤 사정으로 강의를 할 수 없다면 미리 학감에게 알려 승인을 받아야만 한다. 교사들은 학생 훈육의 책임을 지며, 특히 하나님을 사랑하고 죄를 미워하도록 가르쳐야 한다. 교사들은 상호간에 조화를 유지해야 하며, 만일 불화가 생기면 교장에게 알리고, 교장의 중재로도 해결되지 않으면 목사회에 알려서 해결해야 한다. 초등교육 학교를 책임진 학감(Principal)은 하나님을 두려워하는 사람으로 무례하거나 거친 기질을 가지지 않은 유순한 성격의 사람으로 모든 학생들에게 삶에 있어서 좋은 모범이 되어야 한다. 학감은 교사들과 교장 사이에서 중재역할을 하며 초등교육 전체를 관장하는 임무를 가지고 있다.

교수(Professor)는 고등교육 학교에서 히브리어, 그리스어, 교양, 신학을 가르치는 사람으로, 금요일에는 성경공부 모임과 목회자들의 회합에 참석해야 한다. 교수로 선출된 사람은 행정장관과 의회 앞에 출석하여 승인을 받아야만 한다. 2년 임기의 교장(Rector)은 제네바아카데미 전체를 책임지고 있는 사람으로 목사여야 하며 따라서 목회자회에 속해 있다. 로잔이나 스트라스부르 같은 도시에서는 시의 행정관이 보다 많은 권한을 갖고 있었지만 제네바는 예외적으로 목사회가 학교에 더 많은 역할을 하였다. 교장은 하나님을 두려워하는 지혜로운 사람이어야 하며, 학교 전체를 감독하고 교수, 학감, 교사를 권고하고 훈계하고 학교 내의 분쟁을 조정하고 해결한다. 교장, 교수, 학감, 교사는 자신의 직무를 맡기 전에 "내 힘이 미치는 한, 학생들이 겸손과 성실 안에서 평화롭게 살면서, 하나님의 영광과 도시의 유익과 평안을 위해 살도록 할 것임을 약속합니다."[29] 라고 맹세하였다.

III. 제네바아카데미의 초기 역사

제네바아카데미가 설립된 1559년부터 칼빈이 죽은 1564년까지 처음 5년 동안 학교는 대단히 성공적이었다. 제네바아카데미는 유럽 전역의 개혁교회 지도자들을 훈련시키는 탁월한 장소로 널리 인정을 받았고, 개혁교회를 이끌 목회자들을 배출하려고 했던 아카데미의 목적은 충분히 달성되었다. 1559-1564년 사이에 무려 339명의 학생이 등록하였다.[30] 등록한 학생들의 수는 당시 유럽의 정치 상황에 따라서 기복이 있었다. 예를 들면 1561년과 1562년에는 프랑스의 위

29 W. Stanford Reid, "Calvin and the Founding of the Academy of Geneva," 33.
30 Karin Maag, *Seminary or University?*, 28-29.

그노 전쟁으로 인해 학생 수가 급감하였다. 제네바아카데미의 초기에는 프랑스에서 온 학생들이 압도적이었다. 1564의 경우 프랑스 학생의 비율이 가장 낮은데도 불구하고 61.4%에 달한다. 1562년의 경우에는 무려 86.3%에 이른다. 이곳에서 훈련받은 학생들의 이후 직업을 보면 목회자를 양성하고자 했던 아카데미의 목적이 충분히 달성되었음을 알 수 있다. 1563년의 경우 64.1%가, 1561년의 경우에는 77.8%가 목회자가 되었다. 제네바아카데미 학생들의 출신 국가와 이후 경력은 다음의 표와 같다.31

Table 1.1 Students' place of origin, 1559–64

Years	France	Italy/ Piedmont	Swiss States	Geneva	German States	Netherlands	England/ Scotland	Scandinavia	Eastern Europe	Unknown
1559	44	7	4	3	6	2	2	0	0	0
1560	38	7	0	0	2	3	1	0	0	1
1561	13	1	3	0	1	0	0	0	0	1
1562	20	0	1	0	0	1	0	0	0	0
1563	79	5	4	2	1	1	0	0	0	2
1564	51	3	9	0	4	4	0	1	2	9

Source: Stelling-Michaud, 1959–1980, *Le Livre du Recteur de l'Académie de Genève*

Table 1.2 Students' later career, 1559–64

Years	Minister/ Professor	Civil Service	Lawyer	Medical doctor	Merchant/ Artisan	Noble	Died young	Secretary	Not known
1559	40	5	0	5	1	0	1	0	16
1560	24	3	1	0	1	1	0	0	22
1561	8	1	0	0	0	0	0	0	10
1562	6	0	0	0	0	0	0	0	16
1563	29	3	3	2	0	1	1	0	56
1564	38	3	0	0	0	0	0	1	41

Source: Stelling-Michaud, 1959–1980, *Le Livre du Recteur de l'Académie de Genève*

특별히 프랑스 개혁교회에 미친 아카데미의 영향은 결정적이었다. 많은 학생들이 프랑스로부터 제네바로 건너 와서 아카데미에서 훈련을 받은 후 다시 고국으로 돌아가 프랑스 개혁교회를 위해 일하였다.32 제네바아카데미의 학생들 중

31 Karin Maag, *Seminary or University?*, 30.

32 예를 들면 Jean Blanchard, Gélibert Blauzat, Germain Chauveton, Pierre Chevillard, Antoine Durant, Etienne Defos, Jean de Lassus, Hugues de Regnard, Pierre Sachet, Gilles Solas, François Terond, Titus Veluysat, Jean Rapine 같은 사람들이 제네바아카

에서 프랑스 출신이 차지하는 비율을 나타낸 도표를 보면 초창기에 프랑스 학생들이 압도적으로 많았음을 한눈에 볼 수 있다.[33]

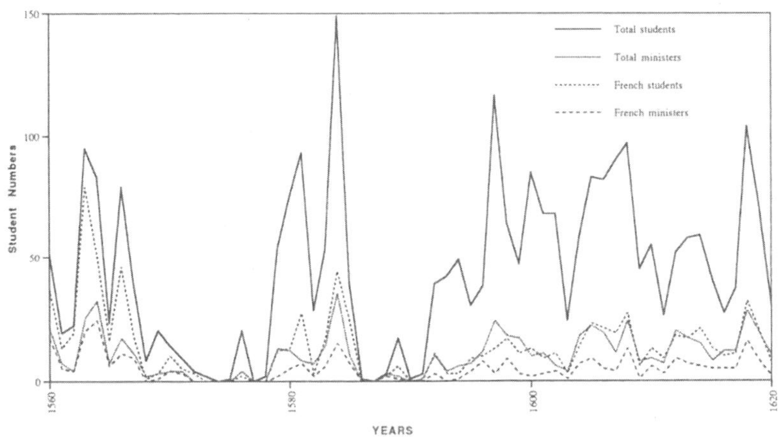

Figure 4.1 French students in Geneva, 1560–1620

그렇지만 칼빈이 죽은 1564년 이후에는 학생 분포에도 변화가 생겼다. 무엇보다 프랑스의 사정이 이전과는 달라졌다. 1562년 바시(Wassy)에서의 프로테스탄트 신도에 대한 살해로 인해 1차 위그노 전쟁이 발발한 이후로 1598년 낭트칙령이 발표되기까지 8차례에 걸쳐 위그노 전쟁이 계속해서 발생하였다. 또한 흑사병은 제네바아카데미에 오려는 사람들을 돌려세우도록 만들었다. 1567-1572년 제네바는 흑사병으로 고통을 받았다. 교사들과 교수들이 죽고 고통을 당했고, 학생들이 본국으로 되돌아갔다. 통계를 통해서도 그 시기 학생들의 숫자가 격감한 것을 확인할 수 있다. 1565-1572년까지 8년 동안 196명만이 등록하였다. 그리고 프랑스가 아닌 유럽의 다른 지역에서 온 학생들이 점차 늘어갔다. 하지만 졸업생들의 직업은 여전히 목회자가 압도적이었다.[34]

데미에서 수학한 후 프랑스 개혁교회를 위해 일한 사람들이다.

33 Karin Maag, *Seminary or University?*, 124.

Table 1.3 Students' place of origin, 1565–72

Years	France	Italy/ Piedmont	Swiss States	Geneva	German States	Netherlands	Eastern Europe	Unknown
1565	16	0	0	2	0	0	0	4
1566	49	0	0	1	0	9	2	17
1567	18	0	2	0	5	6	0	7
1568	1	1	0	0	0	6	0	1
1569	3	0	0	0	4	3	0	8
1570	10	0	0	0	1	3	0	0
1571	5	0	1	0	0	2	0	1
1572	3	0	0	0	0	0	0	0

Source: Stelling-Michaud, 1959–1980, *Le Livre du Recteur de l'Académie de Genève*

Table 1.4 Students' later career, 1565–72

Years	Minister/ Professor	Civil Service	Lawyer	Medical doctor	Merchant/ Artisan	Noble	Secretary	Military	Not known
1565	7	0	0	0	1	1	1	0	14
1566	22	5	0	0	0	0	0	1	51
1567	13	1	2	1	0	3	0	0	19
1568	2	0	0	0	0	3	0	0	3
1569	3	2	0	0	1	0	0	0	13
1570	4	1	0	0	0	0	0	0	9
1571	4	0	0	0	0	0	0	0	5
1572	1	0	0	0	0	0	0	0	3

Source: Stelling-Michaud, 1959–1980, *Le Livre du Recteur de l'Académie de Genève*

1564년 칼빈이 죽은 이후 베자는 히브리어, 그리스어, 교양과목, 신학 외에도 1566년 2명의 법학 교수를, 1567년에는 1명의 의학교수를 임명했다. 칼빈은 자신이 오를레앙에서 법학교육을 받은 사람이긴 하지만, 제네바아카데미에 법학교수를 세우는데 주저하였다. 한편으로는 아카데미가 신학연구와 목회자 양성에 집중하기 위함이기도 하였고, 다른 한편으로는 법학에 종사하는 사람들에 대한 불신 때문이기도 하였다. 1562년 하이델베르크의 교수인 카스파르 올레비아누스(Caspar Olevianus)에게 보낸 편지에서 칼빈은 "만일 당신이 법학자들과 관계해야 한다면, 거의 모든 곳에서 그 사람들은 그리스도의 목회자들에게 반대하는 사람들이라는 사실을 알아야만 합니다. 왜냐하면 그들은 교회의 권위가 굳게 확립된 곳에서는 자신들의 지위를 유지하기 어렵다는 것을 잘 알고 있기 때문입니다."[35]라고 썼다.

34 Karin Maag, *Seminary or University?*, 33.
35 Charles Borgeaud. *Histoire de l'université de Genève: L'Académie de Calvin*

사실 제네바아카데미의 초창기에 아카데미의 목적을 둘러싸고 행정관들과 목회자들 사이에 갈등이 있었다. 제네바의 목회자들은 제네바아카데미가 미래의 개혁교회 목회자들을 양성하는 곳이 되기를 원했고, 행정관들은 아카데미의 교과목이 확장되어 제네바 밖의 많은 학생들이 관심을 갖기를 원했다. 따라서 목회자들은 신학을 강조하였고 행정관들은 시민법이나 의학과 같은 과목들에 강조점을 두고자 하였다. 행정관들의 입장에서는 의학이나 법학과 같은 과목을 둠으로써 유럽 교육계에서 제네바의 평판을 높이고 부유한 집안이나 귀족 가문의 학생들을 아카데미에 유치하고자 하였다.36 칼빈의 경우에는 그가 제네바에 돌아온 1541년부터 1555년까지 행정관들과 여러 가지 갈등을 경험했기 때문에 행정관료들에 대한 불신이 있었다. 그러나 베자는 1558년에 제네바에 왔기 때문에 칼빈처럼 시의 행정 관료들과 갈등을 겪지를 않았다. 따라서 베자는 행정 관료들을 적대자로보다는 동지로 여겼고, 칼빈 사후에 그들과 뜻을 합하여 법학과 의학 교수직을 쉽게 마련하였던 것이다.

Ⅳ. 맺는 말

교육은 종교개혁의 이상을 현실로 만들어 줄 가장 강력한 수단 중 하나였다. 따라서 칼빈과 제네바의 목회자들은 교회와 학교를 통해 개혁교회의 원리들이 현실에 뿌리내릴 수 있도록 만들기 위해 노력했다. 제네바아카데미의 설립은 이 과정에서 결정적인 역할을 하였다. 개혁교회의 가르침과 이상이 온 유럽으로 확

1559-1798 (Geneva, 1900), 89. Karin Maag, *Seminary or University?*, 24에서 재인용.

36 Karin Maag, *Seminary or University?*, 3, 24.

산될 수 있었던 가장 큰 이유가 제네바아카데미를 통한 교육일 것이다. 이를 통해 칼빈의 영향력은 제네바를 넘어서 스위스, 프랑스, 네덜란드, 잉글랜드, 뉴잉글랜드를 거쳐 오늘날 한국에 이르기까지 미칠 수 있었다.

한때 제네바아카데미의 학생이었고 후에 아카데미의 신학교수이기도 했던 랑베르 다노(Lambert Daneau)는 1576년 아우구스티누스의 『이단에 관하여』(*On Heresies*)에 관한 주석을 제네바의 행정관들에게 헌정하였다. 그의 고백은 제네바아카데미의 위상을 여실히 보여준다.

> 저는 1560년에 제네바 아카데미에 열정을 가지고 입학했습니다. 제가 그곳에 간 것은 프랑스에서 가까웠기 때문이 아닙니다. 그런 이유라면 부근에 다른 교육기관도 얼마든지 있었습니다. 제가 제네바에 간 것은 그곳이 제 스승으로서 순교한 법학자 앤 뒤 부르그(Anne du Bourg)가 신봉했던 바로 그 거룩한 교리의 가장 순수한 원천을 제게 제공했기 때문입니다. 제가 그곳에서 만난 교수들의 이름을 언급할 필요는 없을 것입니다. 왜냐하면 이미 돌아가신 분들이나 아직 살아 계신 분들 모두가 세상의 모든 이들로부터 존경을 받고 있기 때문입니다. 어떤 사람의 질시를 불러일으키리라는 두려움 없이 저는 거리낌 없이 말합니다. 저는 그 도시에서 그처럼 많은 세상의 탁월한 빛들, 학문의 모든 분야에서 재능 있고 명성이 높은 분들을 보았습니다. 저에게는 그곳이 세상에서 가장 훌륭한 지식의 교환 시장 중 한곳으로 생각됩니다.[37]

1586년 10월 5일 제네바 시의회가 교수들을 해임하려 하자 제네바의 목회자들은 시의회 앞에 나아가서 "제네바 아카데미의 고등교육 과정은 세계적으로 높

37 Charles Borgeaud. *Histoire*, 52. Karin Maag, *Seminary or University?*, 31에서 재인용.

은 평판을 유지하고 있습니다. … 만일 해임이 이루어진다면, 제네바는 세상에서 잊혀질 것이고 우리의 적들은 기뻐할 것입니다."[38]라고 말하였다. 이것은 제네바 아카데미가 제네바 개혁교회의 요람으로 온 유럽에 끼친 영향력을 단적으로 드러내주는 말이다.[39]

개혁교회 신학교의 요람이라 할 수 있는 제네바아카데미는 초등교육 과정과 고등교육 과정의 긴밀한 연관성을 바탕으로 하여, 성경과 신학 연구를 위해 꼭 필요한 기초적인 언어인 라틴어, 히브리어, 그리스어와 더불어 프랑스어를 가르쳤고, 설교를 위해 필요한 수사학과 논리학을 포함한 인문학과 교양뿐만 아니라 물리학이나 수학과 같은 자연과학에 이르기까지 폭넓게 가르쳤다. 이와 같은 인문학과 교양학문에 대한 강조는 오늘의 신학교육에도 시사하는 바가 크다고 할 것이다. 신학이 좁은 울타리에 갇힌 파편화된 학문이 아니라, 보편성을 가진 학문이 되기 위해서는 일반 학문과의 교류가 필요하다. 목회자자 세상과 소통하고 세상을 구원하는 직무를 다하기 위해서도 인문학적 소양을 갖추는 것은 필수적이라 할 것이다. 이런 점에서 오늘날의 신학교육도 더욱 더 간학문적인 (interdisciplinary) 방향으로 가야 할 필요가 있다.

제네바아카데미가 하나님의 영광을 위해 일할 목회자와 군병을 양성하겠다는 교육의 목적을 세우고, 그 목적이 이끄는 학교로 운영한 점도 인상적이다. 또한 교회와 학교가 긴밀히 연결되어 교사와 교수들이 학생들의 경건훈련을 감독하고, 예배에 필수적으로 참여하게 하고, 스콜라주의적인 추상적 지식이 아니라 교회를 세우고 살리는 실천적 지식을 쌓도록 한 점도 주목할 만하다. 현장과 소통

---

38 Charles Borgeaud. *Histoire*, 192-93. Karin Maag, *Seminary or University?*, 1에서 재인용.

39 Karin Maag은 그녀의 책 5-7장에서 취리히 아카데미(Zurich Academy), 하이델베르크 대학교(Heidelberg University), 레이덴 대학교(University of Leiden)와 제네바아카데미의 관계성에 대해 상세하게 논하고 있다.

하는 신학, 실천과 유리되지 않는 신학, 경건의 훈련을 강화시켜 주는 신학의 가능성과 방향성을 시사해 주고 있는 것이다.

/

레이든 대학의 신학교육

/

이신열

(고신대학교, 교의학 교수)

고신대학교 신학과에서 교의학을 가르치고 있으며, 개혁주의학술원장, 경남 김해에 소재한 모든민족교회에서 기관목사로 섬기고 있다. 저서로는 『칼빈신학의 풍경』,『종교개혁과 과학』, 『개혁신학의 관점에서 본 기독교윤리학』이 있으며, 역서로는 낸시 피어시(Nancey Pearcey)와 찰스 택스턴(Charles Thaxton)이 공저한 『과학의 영혼』(The Soul of Science), 『성찬의 신비』(저자:키이스 매티슨)가 있다. 기독교와 과학의 관계, 오순절 및 은사주의 신학에 대한 개혁주의적 비판, 칼빈신학의 현대적 함의 등이 주요 연구 분야이다.

이신열

I. 들어가는 말

이 글에서는 네덜란드의 레이든 대학이 어떻게 종교개혁의 영향력 아래 설립되었고 칼빈주의 신학 교육을 실천하는 대학으로 발전했는가를 연대기와 인물을 중심으로 다음의 몇 가지 주제로 나누어서 고찰해보고자 한다. 먼저 대학의 설립과 칼빈주의 신학교육에 대해서 살펴보되 역사적 정황과 대학의 초창기 신학 교수들에 대해서 살펴보게 될 것이다. 이를 토대로 1603년부터 1609년까지의 기간 동안에 발생했던 고마루스와 아르미니우스의 예정론을 둘러싼 이들의 논쟁을 중심으로 레이든의 신학교육이 어떻게 한 단계 더 발전하게 되었는가에 대해서 고찰하고자 한다. 그리고 아르미니우스가 사망한 후 발생했던 일련의 사건들, 즉 항론파와 반항론파의 논쟁, 도르트회의, 1650년 이후에 벌어진 코케이스파와 푸티우스파 사이에 벌어진 안식일을 둘러싼 논쟁 등을 중심으로 레이든의 신학 교육에 있어서 주요 인물들과 그들의 신학이 어떻게 성숙도에 이르게 되었는가에 대해서 아울러 고찰하고자 한다. 마지막으로 레이든의 신학교육과 그 특징을 강의와 공개토론을 중심으로 살펴본 후에 결론으로서 레이든의 신학이 네덜란드라는 칼빈주의 국가에서 칼빈주의 신학을 꽃피우는 요람의 역할을 담당했다는 고찰로서 이 글을 마무리하고자 한다.

II. 레이든 대학의 설립과 칼빈주의 신학교육의 시작

레이든 대학은 1575년 2월 8일에 개신교 대학으로 설립되었다. 당시 네덜란드에는 엄격한 칼빈주의가 다수의 위치를 점하고 있었지만 로마 가톨릭 스페인의 필립 2세의 통치에 항거했던 네덜란드 혁명(the dutch revolt, 1566)으로 인해 일종의 중도적인 자유주의(moderate latitudinarianism) 또한 상당한 세력을 형성하고 있었다. 이 자유주의는 네덜란드의 개혁주의적 개신교 안팎에 자리 잡고 있었는데[1] 특성상 종교적 이슈에 대해서 관용적인 성격을 지니고 있었다.[2]

네덜란드의 국왕이었던 오렌지의 윌리엄(William of Orange)은 1574년 12월 28일에 스페인의 필립 2세에 항거하여 영웅적으로 투쟁했던 레이든의 시민들에게 보답하기 위해서 이 도시에 대학을 설립하기로 했다는 내용을 담은 서한을 홀란드(Holland)주와 서부 프리스란트 (West Friesland)주에 보냈다. 이 서한을 받은 이 주들은 이듬해인 1575년 1월 2일 델프트 (Delft)에 대표자들을 보냈고 다음 날 대학의 설립에 동의했다. 대학 설립지로 레이든이 선택된 이유는 다음의 두 가지로 요약될 수 있다. 첫째, 미들부르흐(Middleburg)는 네덜란드의 중심지에 자리잡고 있지 않다는 지리적 이유 때문이었고, 둘째, 암스테르담(Amsterdam)은 상업과 무역의 도시로서 중요한 역할을 담당했지만 당시에 스페인의 요구에 집착하는 경향으로 인해 선택되지 않았던 것이다. 대학 설립을 위한 움직임은 아주 빠른 속도로 진행되었는데 이를 위해서 3인의 이사(curators)가 1월 6일에 홀란드 주에 의해 임명되었다: 요한 판 데르 두스(Johan van der Does, 또는 Johan Dousa), 제라드 아멜리즈 판 호흐베인(Gerard Amelitz

---

1 이 시기에 네덜란드 개혁교회의 형성에 관한 간략한 소고로는 다음을 참고할 것. Peter Y. DeJong, "The Rise of the Reformed Churches in the Netherlands", in *Crisis in the Reformed Churches: Essays in Commemoration of the great Synod of Dort, 1618-1619*, ed. Peter Y. DeJong (Grand Rapids: Reformed Fellowship, 1968), 1-21.

2 당대의 종교적 관용에 대한 유럽 전반의 분위기에 대해서는 다음을 참고할 것. Nicolette Mout, "Peace without concord: religious toleration in theory and practice", in *The Cambridge History of Christianity, vol. VI: Reform and Expansion 1500-1660*, ed. R. Po-Chia Hsia (New York: Cambridge Univ. Press, 2007), 227-43.

van Hogeveen), 그리고 코르넬리우스 데 코닝크 판 벨로이스(Cornelis de Koninck van Belois).

이들은 2월 6일에 레이든의 개혁교회 목사이었던 카스파 쿨하이스(Caspar Jantz Coolhaes, 1536-1615)에게 이틀 뒤인 2월 8일에 있을 대학 설립일에 기념 강연을 할 것과 신학 강의를 맡아 줄 것을 아울러 부탁했다. 독일 태생의 쿨하이스는 개혁교회의 일원이었지만 자유주의적 성향을 지니고 있었고 칼빈주의에 반대하는 인물이었다. 그는 절대적 예정에 반대했으며 아르미니우스가 그의 재직 시절에 레이든에서 수학했기 때문에 쿨하스는 더르크 코른헤르트(Dirck Coornhert, 1522-1590)와 더불어 아르미니우스주의의 선구자로 평가되기도 한다.[3]

레이든 대학의 신학교수 임명에 있어서 네덜란드 개혁교회의 역할은 전무했다고 볼 수 있다. 신학, 의학, 법률, 그리고 문과를 포함하는 네 분야의 교수 임명에 있어서 레이든 대학의 이사들은 중재적이며, 자유주의적이며, 반극단적인 입장을 취했는데 이런 입장은 신스토아파(Neo-Stoic) 철학자 유스투스 리프시우스(Justus Lipsius, 1547-1606)[4], 헬라어 교수 보나벤투라 불카니우스(Bonaventura Vulcanius, 1538-1614), 식물학자 렘베르투스 도도나이우스(Rembertus Dodonaeus, 1517-1585), 법학자 토마스 소시우스(Thomas Sosius) 등을 교수로 채용했던 사실에서 입증된다. 이들은 모두 칼빈주의와는 거리가 먼 학자들이었다. 이후에 교회는 대학의 이사들에게 교리를 고수하고 교

---

3 Philip Schaff (ed.), *The Creeds of Christendom, with a History and Critical Notes. Volume I: The History of Creeds* (Grand Rapids: Baker Books, 1993), 510, n. 2.

4 인문주의자로서 리프시우스의 면모를 다룬 글로는 다음을 참고할 것. Gerhard Oestreich, "Justus Lipsius als Universalgelehrter zwischen Renaissance und Barock", in *Leiden University in the Seventeenth Century: An Exchange of Learning*, ed. Th. H. Lunsingh Scherleer & G. H. M. Posthumus Meyjes (Leiden: Universitaire Pers Leiden/E. J. Brill, 1975), 177-201.

회의 신앙고백을 견지하는 신학자를 채용할 것을 권고했는데 이런 신학자를 찾는 것이 쉽지 않았다. 제일 먼저 신학교수직을 제안 받았던 인물은 케임브리지(Cambridge)의 청교도 토마스 카트라이트(Thomas Cartwright, 1535-1603)이었다.[5] 그러나 이 제안은 1580년에 레이드에 발발했던 종교적 다툼 때문에 거절당하고 말았다. 랑베르 다노(Lambert Daneau, 1535-1590) 또한 이듬해인 1581년 2월 8일에 제네바에서 레이든으로 초대되어 사역을 시작했으나 교회 개혁과 관련된 자신의 개혁주의적 입장과 레이든 대학의 입장 차만 확인한 채 1582년 2월 28일 레이든을 떠나 안트베르펀 (Antwerpern)으로 떠나야 했다.[6]

신학 교수를 구하기 어려운 상황은 몇 해 동안 지속되었다가 변화가 일어나기 시작했다. 남부 네덜란드에서 종교적 박해를 피해 홀란드 주로 이주해온 칼빈주의자들의 득세로 인해 레이든 대학은 이전 보다 훨씬 더 강력한 칼빈주의적 성향을 지닌 신학교수를 채용하게 되었다. 1587년에는 루카스 트렐카티우스(Lucas Trelcatius, 1552-1602)[7]가, 1592년에는 프란키스쿠스 유니우스

5 카트라이트에 관해서는 다음을 참고할 것. 이신열, "토마스 카트라이트의 생애와 사상: 청교도 장로교주의를 중심으로", 『칼빈 시대 영국의 종교개혁가들』, 이신열(편) (부산: 고신대학교개혁주의학술원, 2015), 293-317.

6 다노가 레이든 대학을 떠나야 했던 당시의 상황을 다룬 글로는 다음을 참고할 것. 김진하, "다네우스의 생애와 신학, 그리고 칼빈신학과의 연속성과 불연속성을 중심으로", 『칼빈 이후의 개혁신학자들』, 이상규(편) (부산: 고신대학교개혁주의학술원, 2013), 14-17; Olivier Fatio, "Lambert Daneau 1530-1595", in *Shapers of Religious Traditions in Germany, Switzerland, and Poland*, 1560-1600, ed. Jill Raitt (New Haven: Yale University Press, 1981), 118. 파티오는 다노가 교회의 독립성을 강조하여 장로 선출에 있어서 어떤 다른 권력의 개입도 불허하는 주장을 내세웠다고 밝히고 있다.

7 트렐카티우스는 일반적으로 중용적 칼빈주의자로 알려져 있지만 그는 사실상 개혁신학에 대한 강력한 옹호자이었다. 이 사실은 그가 하이델베르크 요리문답서에 대한 해설서를 1588년에 발간했던 사실로도 검증되는데 이 해설서는 2년 뒤인 1590년에 재판이 발간되었다. 흔히 *Exgemata*로 알려진 이 해설서의 제목은 다음과 같다. *Exegemata sive commentarii in catechsein religionis Christianae, quae in Ecclesiis et Scholis tum Palatinates, tum Belgii traditur.* Christiaan Sepp, *Het godgeleerd Onderwijs in Nederland, gedurende de 16e en 17e eeuw* (Leiden: De Bruek en Smits, 1873), 85-86. 하이델베르크 요리문답서의 네덜란드 번역서는 1602년에 페스투스 호미우스 (Festus Hommius, 1576-1642)에

(Franciscus Junius, 1545-1602)[8]가 각각 신학교수로 임용되어 1602년까지 사역하게 되었다. 이 시기에 레이든 대학에 교수로 임용되어 가르쳤던 다른 칼빈주의자들로 먼저 카롤루스 갈루스(Carolus Gallus, 1530-1616)를 들 수 있다. 그는 칼빈의 제네바 아카데미에서 칼빈과 베자 문하에서 수학했으며 재세례파를 반대하는 신학을 전개했던 것으로 널리 알려진 신학자이었다.[9] 그는 1587년부터 1592년까지 레이든에서 가르쳤다. 또한 프란시스쿠스 랄펠렝기우스(Franciscus Ralphelengius, 1539-1597)를 들 수 있는데 그는 1587년부터 10년 동안 히브리어를 교수했으며 그가 편집한 아랍어-라틴어 사전은 550페이지에 달하는데 그의 사후인 1613년에 출간되었다.[10] 이제 레이든 대학은 상당히 정통적이며 칼빈주의적인 신학을 가르칠 수 있게 되었다. 이런 상황에서 신스토아학파적 인물이었던 리프시우스는 개혁교회의 신앙고백에 동의할 수 없었으므로 1591년에 13년간의 레이든에서 교수 사역을 사직하고 남부 네덜란드로 떠나야만 했다. 이로 인해 16세기 말 레이든 대학의 신학부는 칼빈주의 신학의 요

의해 발간되었다. John Platt, *Reformed Thought and Scholasticism: The Arguments for the Existence of God in Dutch Theology, 1575-1650* (Leiden: E. J. Brill, 1982), 89-90. 네덜란드 번역서의 제목은 *The Treasure Book of Christian Doctrine or Exposition of the Catechism*이었다.

8 최근에 우리말로 번역된 그의 다음 주저를 참고할 것. 프란키스쿠스 유니우스, 『참된 신학이란 무엇인가: 프란키스쿠스 유니우스의 생애와 함께』, 한병수 옮김 (서울: 부흥과개혁사, 2016). 그가 주장했던 원형의 신학과 모형의 신학에 대한 연구로는 다음을 참고할 것. Willem J. van Asselt, "The Fundamental Meaning of Theology: Archetypal and Ectypal Theology in Seventeenth-Century Reformed Thought", *Westminster Theological Journal* 64 (2002), 319-35.

9 1577년에 발간된 그의 첫 번째 저작의 제목은 다음과 같다. *Lehre de Christelicken geloovens in veer boecken tegen den wedertöpern erdömmen* (Bremen, 1577).

10 Franciscus & Junius Ralphelengius, *Lexicon Arabicum* (Leiden: Ex officina auctoris (Plantiniani), 1613). 이 사전에 대한 자세한 해설로는 다음을 참고할 것. Alastair Hamilton, "Franciscus Ralphelengius Lexicon Arabico-Latinum, Leiden 1613", in *Ex officina Plantiniana: Studia in memoriam Christophori Plantini (ca. 1520-1589)*, ed. Marcus de Schepper & Francine de Nave (Antverpiae: Vereeniging der Antwerpsche Bibliophielen, 1989), 557-89.

람으로 거듭나게 되었던 것이다.

Ⅲ. 레이든의 신학 교수들: 고마루스와 아르미니우스를 중심으로

1602년에 트렐칼티우스와 유니우스가 사망한 후에 레이든 대학의 이사회는 상당한 반대를 무릅쓰고 유니우스의 후계자로 야코부스 아르미니우스(Jacobus Arminius, 1560-1609)를 임명하였다.[11] 아르미니우스는 제네바에서 최종적으로 신학교육을 받고 암스테르담(Amsterdam)의 개혁교회 목사로 1588년부터 사역했다. 1601년과 1602년에 발생했던 엄청난 전염병은 많은 사람들의 목숨을 앗아갔는데 1602년 8월 28일에 레이든의 신학 교수 트렐카티우스도 희생자의 목록에 포함되었다. 안타깝게도 그의 동료 유니우스도 같은 해 10월 23일에 전염병으로 사망했다. 레이든 대학은 같은 해 두 명의 신학교수를 잃어버리게 되었으며 이는 1594년에 임명되었던 프란키스쿠스 고마루스(Franciscus Gomarus, 1563-1641)가 이제 레이든의 유일한 신학교수이었음을 의미한다.[12] 트렐카티우스의 교수직은 그의 아들(Lucas Trelcatius, Jr.)에 의해서 1606년에 승계되었으나 그는 이듬해 세상을 떠났다.[13]

이런 상황에서 고마루스는 이들의 후계자로 유럽의 다양한 개혁신학자들을

---

11 아르미니우스의 생애와 사상에 관해서는 다음을 참고할 것. Carl Bangs, *Arminius: A Study in the Dutch Reformation* (New York: Abingdon, 1971). Bangs는 다른 곳에서 아르미니우스를 레이든 신학교수 중 외국인이 아닌 최초의 자국인 교수로, 그리고 레이든의 졸업생들 가운데 가장 먼저 교수로 임명된 경우로서 언급한다. Carl Bangs, "Arminius as a Reformed Theologian", *The Heritage of John Calvin*, ed. John H. Bratt (Grand Rapids: Eerdmans, 1973), 215.

12 G. P. van Itterzon, *Franciscus Gomarus* (The Hague: Martinus Nijhoff, 1929).

13 Bangs, *Arminius*, 232; Platt, *Reformed Thought and Scholasticism*, 127-31.

대학의 이사회에 천거했다. 이 리스트에는 바젤(Basel)의 아만두스 폴라누스(Amandus Polanus, 1561-1610)[14], 하이델베르크의 바르톨로메이우스 케커만(Bartholomeaus Keckermann, 1572-1608)[15], 헤르본(Herborn)의 요하네스 피스카토르(Johannes Piscator, 1546-1625)[16], 영국의 윌리엄 퍼킨스(William Perkins, 1558-1602)[17] 등을 발견할 수 있지만 아르미니우스의 이름은 포함되지 않았다. 고마루스는 유니우스가 아르미니우스를 선호하지 않았다고 주장하면서 그의 신학교수 임명에 반대했기 때문이었다. 고마루스는 칼빈주의를 강력하게 변호하는 신학자로서 암스테르담 목회 기간(1588-1603)에 아르미니우스가 절대적 예정을 반대하는 등 신뢰될 수 없는 언행을 했다는 이유를 언급하면서 그의 임용에 동의하지 않았던 것이다.[18] 그러나 이사회는 고마루스의 제안을 달갑지 않게 여겼던 것으로 보인다. 이제 이사회는 오렌지의 윌리엄 공을 보좌했던 올덴바르느펠트(Johan Oldenbarnevelt, 1547-1619)와 궁중목사이었던 아우튼보가르트(Johannes Uitenbogaert, 1557-1644)의 자문을 구했고

---

14 한병수, "아만두스 폴라누스의 통합적인 정통 개혁주의 신학", 이상규(편), 『칼빈 이후의 개혁 신학자들』, 94-117; Robert Letham, "Amandus Polanus: A Neglected Theologian?", *Sixteenth Century Journal* 21/3 (1990), 463-76; Byung Soo Han, *Symphonia Catholica: The Merger of Patristic and Contemporary Sources in the Theological Method of Amandus Polanus (1561-1610)* (Göttingen: Vandenhoeck & Ruprecht, 2015).

15 Joseph S. Freedman, "The Career and Writings of Bartholomäus Keckermann (d.1609)", *Proceedings of the American Philosophical Society* 141/3 (1997), 305-64; 리처드 멀러, 『칼빈 이후의 개혁신학』, 한병수 옮김(서울: 부흥과개혁사, 2011), 298-323. 멀러는 개신교 교과과정의 발전이라는 관점에서 케커만의 사고를 다루고 있는데 주로 철학과 신학, 그리고 신학과 일반 학문과의 관계에 대해서 고찰한다.

16 Andreas Mühling, *Arminius und die Herborner Theologen: am Beispiel von Johannes Piscator* (Leiden: Brill, 2009), 특히 115-34.

17 William B. Patterson, *William Perkins and the Making of a Protestant England* (New York: Oxford Univ. Press, 2014). 최근에 우리말로 번역된 그의 저서들은 다음과 같다. 윌리엄 퍼킨스, 『황금사슬: 신학의 개요』, 김지훈 옮김 (용인: 킹덤북스, 2016); 윌리엄 퍼킨스, 『사도신경 강해』, 박홍규 옮김 (춘천: 개혁된신앙사, 2004).

18 Bangs, *Arminius*, 234.

이들 가운데 아르미니우스와 친분이 있던 아우튼보가르트는 그를 신학교수로 강력하게 추천했다. 아르미니우스의 신학을 둘러싼 수개월에 걸친 논의 끝에 이사회는 마침내 1603년 5월 8일에 공식적으로 그를 신학 교수로 임명했다.[19]

교수로 임명된 후 그는 1603년 6월 19일에 고마루스에 의해 그의 박사학위 시험이 치러야 했다. 이를 통과한 후 7월 10일에 신학박사학위(the Doctor of Divinity) 취득을 위한 공개논쟁(public disputation)이 치러졌는데 질문자로 나선 사람은 아르미니우스의 친구이었던 페트루스 베르티우스(Petrus Bertius, 1563-1629)[20]와 레이든의 목사 페스투스 호미우스(Festus Hommius, 1576-1642), 델프트의 목사 야코부스 쿠르시우스(Jacobus Cursius), 그리고 로테르담의 목사 니콜라스 그레빈코비우스(Nicolas Grevinchovius)이었다.[21] 학위 논문의 제목은 "하나님의 본성에 관하여(*De natura Dei*)"이었다. 박사학위를 받은 다음 날인 7월 11일에 그는 그리스도의 제사장 직에 관해서 강연했다.[22] 레이든 대학 신학부의 역사에 있어서 트렐카티우스가 레이든에서 첫 번째로 박사학위를 받았고 뒤를 이어 아르미니우스는 두 번째로 박사학위를 취득했던 인물로 기억된다.

아르미니우스는 1604년부터 그가 사망했던 1609년까지 약 5년 동안 고마루스와 예정론을 둘러싼 치열한 논쟁을 벌이게 되었다.[23] 이 논쟁은 공개토론

---

19 Bangs, *Arminius*, 239.

20 H. J. Allard. *Petrus Bertius: Hoogleeraar aan de Leidsche Academie* ('s-Hertogenbosch: W. van Gulick, 1870).

21 Bangs, *Arminius*, 253.

22 Keith D. Stanglin, *Arminius on the Assurance of Salvation: The Context, Roots, and Shape of the Leiden Debate, 1603-1609* (Leiden: Brill, 2007), 25; William den Boer, *God's Twofold Love: The Theology of Jacob Arminius* (1559-1609) (Göttingen: Vandenhoeck & Ruprecht, 2010), 17.

23 이 기간의 다양하고 치열한 논쟁들을 상세히 분석한 글로는 다음을 참고할 것. Bangs, *Arminius*, 252-331; Van Itterzon, *Franciscus Gomarus*, 101-89. 고마루스의 예정론에 대해서는 다음을 참고할 것. 김지훈, "고마루스(Franciscus Gomarus, 1563-1641)는 예정

(public disputatio)의 형태를 취했는데 첫 번째 공개토론은 1604년 10월 31일에 개최되었다. 토론의 3가지 논제는 예정, 신앙고백서, 그리고 국가와 교회의 관계이었다.[24] 이 토론으로 인해 양측의 입장은 더욱 첨예하게 대립되었고 고마루스는 아르미니우스의 신학이 반성경적, 반개혁주의적 신학이라고 맹비난하기 시작했다. 이 논쟁은 점점 격렬해졌고 여러 차례 토론이 지속되는 가운데 아르미니우스는 49세의 나이로 생을 마감하게 되었던 것이다.

Ⅳ. 아르미니우스 사후의 신학 교수들

아르미니우스 사후 그를 지지하던 아르미니우스주의자들은 1610년 1월 14일에 하우다 (Gouda)에 모여서 46인의 서명을 받아 항의서(Remonstrance)를 네덜란드 의회에 제출했는데 이는 1610년의 항론으로 알려져 있다. 이를 계기로 이들은 항론주의자들(Remonstrants)로 불리워지게 되었다. 대표적 항론주의자들로 콘라드 포르스티우스(Conrad Vorstius, 1569-1622)[25]와 시몬 에피스코피우스(Simon Episcopius, 1583-1643)[26], 게라르두스 포시우스(Gerardus Vossius, 1577-1649)[27]등을 들 수 있다. 이들은 자신들의 주장을

론주의자인가?", 「교회와 문화」 33 (2014), 147-86.

24 이상규, "고마루스와 예정론 논쟁", 120.

25 Sepp, *Het godgeleerd Onderwijs in Nederland*, 179-214; Willem van't Spijker, "Conradus Vorstius als Vertreter reformierter Theologie zu Steinfurt und in den Niederlanden", *Steinfurter Schriften* 17 (1988), 176-90.

26 Sepp, *Het godgeleerd Onderwijs in Nederland*, 229ff; Frederick Calder, *Memoirs of Simon Episcopius: The Celebrated Pupil of Arminius* (London: Hayward and Moore, 1838).

27 포시우스는 1618년에 집필한 Historia Pelagiana로 인해 펠라기우스주의자 또는 아르미니우스주의자로 간주되었다. 그러나 그는 고전어에 능통한 고전어학자이었는데 그의 별명은 '제2의 플루타르크(Plutarch)'이었다. 1595년에 레이든 대학에 입학했고 그 이후로 휴고 그로티

요약적으로 제시하는 『아르미니우스주의자들의 5개 조항』(*Five Articles of The Arminians*)를 작성했고 이에 근거하여 벨기에 신앙고백서(1561)와 하이델베르크요리문답서(1563)의 잘못된 내용들을 수정할 것을 요구했던 것이다.[28]

항론주의자들의 이런 움직임에 대해서 강력한 칼빈주의자이었던 고마루스는 아르미니우스주의자들이 더 이상 레이든 대학에서 신학을 가르치기를 원하지 않았다. 그러나 올덴바르트펠트와 아우튼보가트의 지지, 그리고 레이든 신학교수로서 아르미니우스의 친구이었던 베르티우스의 천거로[29] 이사회는 1611년 5월 11일에 고마루스의 반대에도 불구하고 항론주의자 포르스티우스를 아르미니우스의 후계자로 선임했다.[30] 포르스티우스의 뒤를 이어 이듬해인 1612년에 에피스코피우스가 교수로 임명되었고 그는 1619년까지 봉직했다. 그는 도르트회의에 12명의 항론파 대표들과 함께 참석하여 아르미니우스주의를 대변했는데 회의의 결정에 의해서 파면되었고[31] 네덜란드에서 추방당하여 먼저 안트베르펀(Antwerpen)으로 갔다가 나중에 프랑스에 정착하게 되었다. 그는 1621년에 작성된 『아르미니우스주의자들의 신앙고백서』(*Arminian Confession*)의 저자로 알려져 있다.[32] 에피스코피우스가 1619년에 파면된 후에 그의 교수직은 1620

우스(Hugo Grotius)와 친구가 되었다. 1614년에 레이든의 신학 교수로 임명된 후 스타튼 칼리지의 부학장으로도 사역했지만 도르트회의가 종결된 뒤 그는 레이든의 교수직을 자진 사임함으로서 파면을 면하였다. 나중에 레이든 대학 이사회는 그를 신학 교수가 아닌 고전어 교수로 임용했다. C. S. M. Rademaker, *Life and Works of Gerardus Joannes Vossius (1577-1649)* (Assen: Van Gorcum, 1981).

28 이신열, "도르트회의와 칼빈주의 5대교리", 『교리학당』, 이신열 (편) (부산: 고신대학교개혁주의학술원, 2016), 101.

29 Van Itterzon, *Franciscus Gomarus*, 190.

30 포르스티우스는 1611년부터 1612년까지 약 1년 동안 레이든 대학의 신학교수로 봉직했다. 그 이후에 여러 차례 그는 레이든의 교수로 임명되기를 희망했지만 이사회에 의해 거절당했다. 그가 거절당했던 이유 중의 하나는 영국의 제임스 1세가 포르스티우스를 거부했기 때문으로 알려져 있다. 다음을 참고할 것. Sepp, *Het godgeleerd Onderwijs in Nederland*, 211f; Frederik Shriver, "Orthodoxy and Diplomacy: James I and the Vorstius Affair", *The English Historical Review* 336 (1970), 449-74.

31 Sepp, *Het godgeleerd Onderwijs in Nederland*, 273-83.

년에 강력한 칼빈주의자인 안드레아스 리베투스(Andreas Rivetus, 1572-1651)에 의해 계승되었는데 그는 1633년까지 교수로서 사역했다.[33] 1625년에 네덜란드의 국왕 모리스가 사망하게 되자 항론주의자들에 대한 엄격한 박해가 완화되기 시작했고 에피스코피우스는 1626년에 네덜란드로 돌아와서 로테르담(Rotterdam)의 항론주의 교회에서 목회했고 나중에 암스테르담의 항론주의 신학교에서 교장으로 봉직하면서 강의하게 되었다.

고마루스는 레이든에서 더 이상 항론주의자들이 신학을 가르치기를 원하지 않았지만 이사회가 포르스티우스를 교수로 임명한 것에 대해서[34] 이 사실을 자신의 패배로 인정하고 1611년 레이든 대학을 떠나 미들부르흐(Middleburg) 개혁교회의 담임목사가 되었다.[35] 그는 그 곳에 새롭게 설립된 일러스트르 대학(Illustre Schule)에서 신학과 히브리어를 가르쳤으며 1614년부터는 프랑스의 소무르의 아카데미(Academy of Saumur)[36], 그리고 4년 뒤인 1618년부터 1641년 1월 11일에 타계하기 직전까지 흐로닝언(Groningen)에서 히브리어 교수로 봉직했다.[37] 그는 특히 1618년에서 1619년에 개최되었던 도르트 회의(Synod of Dort)에서 칼빈주의 신학을 옹호하고 이를 공고화하는데 크게 기여하였다.[38]

---

32 Simon Episcopius, *The Arminian Confession of 1621*, trans. & ed. Mark A. Ellis (Eugene, OR: Pickwick, 2005).

33 A. Eekhof, *De theologische faculteit te Leiden in de 17de eeuw* (Utrecht: G. J. Ruys, 1921), 41-43. 그는 가장 순수한 칼빈주의자로 묘사되기도 했으며 칼빈, 베자, 우르시누스와 함께 논의의 대상이 되기도 했다. Sepp, *Het godgeleerd Onderwijs in Nederland*, 32-33.

34 Van Itterzon, *Franciscus Gomarus*, 190-91.

35 Van Itterzon, *Franciscus Gomarus*, 200-8.

36 Van Itterzon, *Franciscus Gomarus*, 209-16.

37 Van Itterzon, *Franciscus Gomarus*, 217-19, 250-77.

38 Van Itterzon, *Franciscus Gomarus*, 219-50; Simon Kistemaker, "Leading figures at the Synod of Dort", De Jong (ed.), *Crisis in the Reformed Churches*, 42-44.

요하네스 폴얀데르(Johannes Polyander, 1568-1646)는 고마루스의 후계자로 임명된 칼빈주의자이었다.[39] 그는 하이델베르크에서 유니우스의 가르침을 받았고 1590년에 제네바 아카데미에서 베자 (Theodore Beza)의 지도하에 신학박사학위를 취득했다. 원래 프랑스 태생인 폴얀데르는 1591년부터 약 20년간 도르트에 소재한 프랑스인 개혁교회에서 목회한 후, 고마루스의 뒤를 이어 1611년에 레이든의 신학교수로 임명되었던 것이다. 그는 도르트회의 (1618-19)의 결과물로 작성된 『도르트 신경』의 편집자로 알려져 있다. 레이든 신학교수로서 그가 남긴 중요한 업적 가운데 하나는 레이든의 동료교수들인 리베투스와 안토니우스 왈라이우스(Antonius Walaeus, 1575-1639)[40], 그리고 안토니우스 타이시우스(Anthonius Thysius, 1565-1641)[41]와 함께 『순수신학개요』(*Synopsis purioris theologiae,* 1625)를 집필한 것이었다.[42] 총합 52개의 주제로 구성된 이 개요서는 개혁신학의 중요주제들을 총망라하는 중요한 신학개요

---

39 Van Itterzon, *Francisci Gomarus*, 199; A. J. Lamping, *Johannes Polyander, een dienaar van kerk en universiteit* (Leiden: Brill, 1997).

40 Eekhof, *De theologische faculteit te Leiden in de 17de eeuw*, 39-40. 그는 그로티우스와 친분관계를 유지했지만 강력한 반항론주의적 입장을 견지했으며 1619년에 레이든의 신학교수로 임명되었다. 네덜란드어 번역 성경(Statenvertaling)의 신약을 번역했으며, 1622년에는 동인도척식회사(Dutch East India Company)를 위한 선교사 교육 목적을 만족시키는 대학을 레이든에 개설하도록 요청받았던 것으로 알려졌다.

41 Eekhof, *De theologische faculteit te Leiden in de 17de eeuw*, 40-41. 그는 칼빈주의자로서 고마루스의 입장을 따르지는 않았지만 도르트회의에 참여했고 구약성경번역의 자문을 맡았다. 또한 그는 1619년 12월 10일에 레이든의 신학교수로 임명되었고 1640년까지 봉직했다.

42 Eekhof, *De theologische faculteit te Leiden in de 17de eeuw*, 43-45. 『순수신학개요』는 네덜란드의 개혁신학 교육에 있어서 상당한 영향력을 행사했다. 이는 헤르만 바빙크(Herman Bavinck)가 이 작품을 1881년에 여섯 번째로 편집하여 출판했다는 사실에 의해서 확인된다. 이에 대한 최근의 연구로는 다음을 들 수 있다. R. A. Faber, "The Synopsis Purioris Theologiae (1625): Aspects of Composition, Content, and Context", *Church History and Religious Culture* 92 (2012), 499-504: Dolf te Velde, "Eloquent Silence: The Doctrine of God in the Synopsis of Purer Theology", *Church History and Religious Culture* 92 (2012), 581-608.

서로 간주된다. 특이한 것은 신학적 주제의 배열 순서에 있어서 예정론 (de predestinatio, 24장)이 신론에 포함되지 아니할 뿐 아니라 죄론(14-16장)보다 훨씬 뒤에 다루어진다는 사실이다.

그 이후에 레이든에서 신학교수로서 사역한 신학자들을 살펴보면 다음과 같은 인물들을 들 수 있다. 1634년에 앞서 언급된 리베투스의 후계자로 신학교수로 취임했던 야코부스 트리흘란트(Jacobus Trigland, 1583-1654)는 도르트회의에 참여했던 칼빈주의자로서 특히 아우튼보가르트가 집필한 항론주의 교회 역사에 관한 글(1646)을 비판적으로 평가하는 교회사에 관한 글(1650)을 화란어로 발간했다.[43] 그의 이론 가운데 주목할 만 것은 도르트회의의 예정론이 멜랑흐톤과 불링거의 예정론과 견줄만하다는 주장이라고 볼 수 있다.[44]

1642년에 타이시우스의 뒤를 이어 신학교수로 임명되었던 프리드리히 슈판하임(Friedrich Spanheim, 1600-1649)은 아미로(Moses Amyraut)의 신학에 반대했는데 특히 재세례파에 대한 항거로 널리 알려져 있다.[45] 그는 레이든 『순수신학개요』를 충실하게 따랐다. 폴얀데르가 1646년에 사망한 후 그를 대신하여 같은 해 교수로 임명된 신학자는 콘스탄틴 랑프류어(Constantin l'Empereur, 1591-1648)이었다.[46] 그러나 그는 약 2년 뒤인 1648년에 사망했고 그의 교수직은 칼빈주의자이었던 아브라함 헤이다누스(Abraham Heidanus, 1597-1678)에 의해서 승계되었다.[47] 헤이다누스는 교수로 취임하기 3년 전인 1645년에 아르

---

43 Jacobus Trigland, *Kerkelycke Geschiedenissen, begrypende de swaere en bekommerlycke Geschillen in de vereenigte Nederlanden voorgevallen, met derselver Beslissinge* (Leyden, 1650); Willem Frijhoff & Marijke Spies, *Dutch Culture in a European Perspective 1650: Hard-won Unity* (New York: Palgrave Macmillan, 2004), 362.

44 Alastair Duke, *Reformation and Revolt in the Low Countries* (London: Bloomsbury, 2003), 4.

45 Eekhof, *De theologische faculteit te Leiden in de 17de eeuw*, 48-49.

46 Eekhof, *De theologische faculteit te Leiden in de 17de eeuw*, 49-50.

미니우스주의자 에피스코푸스가 작성한 아르미니안 신조를 반박하는 글을 작성하기도 했다.[48] 특이한 것은 르네 데카르트(Rene Descartes, 1596-1650)의 철학적 사고가 헤이다누스에 의해 수용되었고 이 점에 있어서 레이든의 신학에 중요한 변화가 발생되었다는 사실이다.

또한 헤이다누스는 1650년에 자신과 동일하게 데카르트의 사고를 수용했던 요하네스 코케이우스 (Johannes Cocceius, 1603-1669)를 동료교수로 초청하기에 이르렀다. 강경한 칼빈주의자들은 헤이다누스의 데카르트주의(Cartesianism)를 선호하지 않았고 대학 이사회는 1676년 1월 17일에 20개 조항을 작성하여 이에 대한 가르침을 금지시켰고 이를 따르지 않는 교수들을 면직시킨다는 결정을 내리게 되었다.[49] 그 결과 헤이다누스는 자신이 추종했던 이 사고로 인해 결국 1676년에 교수직을 마감해야 했다.[50]

V. 코케이우스와 푸티우스, 그리고 그 이후의 신학자들

슈판하임의 후계자로 1650년에 레이든의 신학교수로 임명된 코케이우스는 그의 동료 헤이다누스와 마찬가지로 데카르트주의자이었다.[51] 레이든에서 신학

---

47 Eekhof, *De theologische faculteit te Leiden in de 17de eeuw*, 51-53.

48 무려 960쪽에 달하는 이 글은 로마서 9장에 나타난 하나님의 선택의 은혜를 칼빈주의 입장에서 변호하고 있는데 이 글의 원제는 다음과 같다. *De causa Dei, dat is, De sake Godts, verdedight tegen den mensche, ofte Wederlegginge van de Antwoorde van M. Simon Episcopius ... op de Proeve des Remonstrantschen Catechismi-Midtsgaders een digressie tegen het genaemde ...* (Paulus Aertsz van Ravesteyn, 1645).

49 Eekhof, *De theologische faculteit te Leiden in de 17de eeuw*, 69.

50 Jonathan I. Israel, *The Dutch Republic: Its Rise, Greatness, and Fall 1477-1806* (New York: Oxford Univ. Press, 1995), 667.

51 빌름 판 아셀트, "궁극적 실제로서의 하나님과의 친교: 요하네스 코케이우스의 언약 개념", 이상규 (편), 『칼빈 이후의 개혁신학자들』, 195. 판 아셀트는 '데카르트-코케이우스' 신학

교수로 사역하기 전에 그는 이미 1636년에 자신의 모교인 프라네커(Franeker)에서 14년 동안 히브리어와 신학을 가르치기도 했다. 그는 히브리어 학자임과 동시에 언약 신학 또는 계약 신학의 대표적 주창자로 널리 알려져 있다.[52] 그는 자신의 구약성경에 관한 지식을 신약 성경에 적용하기 시작했으며 이 과정에서 기존의 교의학이 전통적으로 취해왔던 아리스토텔레스적 방법론에 나타난 문제점을 지적하고 이를 거부했다. 특히 안식일에 대한 전통적 해석이 부인되었는데 이는 위트레흐트 (Utrecht)대학의 기스베르투스 푸티우스(Gisbertus Voetius, 1589-1676)[53]의 해석과 첨예한 대립을 이루었고 이로 인해 양자 사이에 엄청난 갈등 구도가 형성되었다. 이 갈등으로 인해 과거의 항론파들과 반항론파들 사이의 논쟁은 이제 더 이상 수면 위로 떠오르지 않게 되었고 새로운 논쟁이 전국을 격랑 속으로 몰아넣었던 것이다.[54]

두 신학자 사이의 안식일을 둘러싼 논쟁을 촉발시키는데 기여한 인물은 코케이우스의 동료교수들이었던 호른베이크(Johannes Hoornbeeck, 1617-1666)[55]와 헤이다누스이었다. 코케이우스는 1648년에 하나님과 인간 사이의 언약을 다룬 자신의 주저인 *Summa doctrinae de foedere et testamento Dei*를 발간했다. 이 책에서 그는 제4계명이 더 이상 문자적으로 준수될 필요가 없는 것으로 주장했는데 이는 정통 칼빈주의를 내세웠던 푸치우스의 견해와 충돌을 초

(Cartesio-Coccesian theology)이라는 용어를 사용한다.

52 Willem J. van Asselt, *The Federal Theology of Johannes Cocceius (1603-1669)* (Leiden: Brill, 2001); Brian J. Lee, *Johannes Cocceius and the Exegetical Roots of Federal Theology: Reformation Developments in the Interpretation of Hebrews 7-10* (Göttingen: Vandenhoeck & Ruprecht, 2009).

53 황대우, "기스베르투스 푸티우스의 생애와 신학", 이상규 (편), 『칼빈 이후의 개혁신학자들』, 157-81.

54 Ernst Bizer, "Historische Einleitung", in H. Heppe, *Die Dogmatik der evangelische-reformierten Kirche* (Neukirchen: Neukirchner, 1958), LXVII - LXX.

55 Eekhof, *De theologische faculteit te Leiden in de 17de eeuw*, 54-55.

래할 수밖에 없었다. 비록 비교적 온화한 성격을 지녔던 코케이우스가 자신의 견해로 인해 불협화음이 발생하기를 원하지 않았지만, 당시 레이든의 신학교수로서 푸치우스의 추종자이었던 호른베이크는 1655년에 코케이우스의 견해에 반대하는 소책자를 화란어로 발간했다.[56] 이에 맞서서 헤이다누스는 1658년에 『안식일에 관하여』(*De sabate*)라는 저서를 라틴어로 집필했는데 이 책은 곧 네덜란드어로 번역되었고 이는 긴 논쟁의 출발을 알리는 신호탄이었다. 호른베이크의 입장을 변호하기 위해서 위트레흐트의 안드레아스 에센시우스(Andreas Essensius, 1618-1677)는 헤이다누스의 주장을 비난하는 글을 발간했다. 결국 코케이우스는 안식일에 관한 자신의 입장을 밝히는 장문의 글을 1658년에 출판하게 되었다. 이 글에서 그는 안식일은 유대인들의 안식일이었으며 신약에 나타난 새 언약에 의해서 유대인들의 안식일에 대한 짐이 벗겨지게 되었고 이로 인해 기독교의 주일이 주어지게 되었다고 주장했다.[57] 코케이우스는 푸치우스의 엄격한 주일 성수에 관한 견해는 신학적 토대가 부족한 것이며 자신의 주장이 하이델베르크 요리문답서와 도르트회의의 결과에 충실한 것이라고 보았다. 호른베이크는 다시 코케이스의 주장에 반발했고 코케이우스와 헤이다누스 또한 논쟁을 이어 나갔다.

이런 상황에서 북부 네덜란드와 남부 네덜란드의 노회는 1659년에 모임을 갖고 호른베이크와 에센시우스의 견해에 동조하는 입장을 취했으며 코케이우스의 주장은 순수한 하나님의 말씀을 희석시켜서 주일에 불경한 일과 쾌락을 추구하는 행위를 정당화한다는 비판을 가했다. 그러나 홀란드 주(States of Holland)의 감독관들이 참석한 가운데 노회는 공식적으로 신학 교수들이 이 문제를 포기

56 Israel, *The Dutch Republic*, 662.
57 Johannes Cocceius, *Indagatio naturae sabbati et quietis Novi Testamenti* (Leiden: Elsevirium, 1658), 123-27.

할 것과 더 이상 이에 관한 글들을 발간하지 않도록 유도했다.[58] 호른베이크는 노회의 결정에 반발했지만 궁극적으로 코케이우스와 코케이우스의 추종자들이 이 논쟁에서 승리한 것으로 간주되었다.[59] 이는 위트레흐트 시와 주가 독일 출신의 개혁 신학자 프란스 부르만(Frans Burman, 1628-1679)[60]을 위트레흐트의 신학교수로 임명하게 되었다는 사실에 의해서도 확인된다. 부르만은 헤이다누스의 딸인 마리아(Maria)와 결혼했던 인물로서 사실상 코케이스의 신학을 추종했었다. 이로 인해 위트레흐트 대학 내에 푸치우스의 사고를 반박하는 신학교수가 임명되었으며 1665년에 『안식일의 윤리에 관하여』(*De Moralitate Sabati*)라는 작품을 통해서 안식일에 관한 자신의 코케이스주의적 입장을 대변하고자 했다. 그 이후에 이 논쟁은 코케이우스와 푸티우스 사이의 신학적 논쟁으로 비화했고 이들 사이의 논쟁의 주요 주제는 은혜, 구원, 그리고 언약 등이었다.[61]

1669년에 코케이우스는 사망했고 그의 레이든 신학교수직은 이듬해인 1670년에 프레드리쿠스 슈판하임 2세(Fredericus Spanheim, Jr)에 의해 계승되었으며 그는 31년간의 교수사역을 마치고 1701년에 사망했는데 그는 데카르트의 철학을 원하지 않았으며 이 점에 있어서 선임자 호른베이크와 유사하다고 볼 수 있다.[62] 그는 반코케이우스주의자(anti-Cocceian)이었지만 그를 아주 높이 평가했다. 코케이우스주의자로 비슷한 시기에 레이든의 신학 교수가 된 인물로는

58 Eekhof, *De theologische faculteit te Leiden in de 17de eeuw*, 323-26.

59 W. Goeters, *Die Vorbreitung des Pietismus in der reformierten Kirchen der Niederlande bis zur labadischen Krisis 1670* (Leipzig: Hinrichs, 1911), 127; Jonathan I. Israel, *Radical Enlightenment: Philosophy and the Making of Modernity, 1650-1750* (New York: Oxford Univ. Press, 2001), 28-29.

60 부르만은 레이든 태생으로 1661년에 레이든 대학에서 신학박사학위를 취득한 후 1662년에 위트레흐트대학의 교의학 교수로 임명되었다. 데카르트의 사상에 크게 영향을 받은 그는 코케이우스의 신학과 데카르트의 철학을 연결시키기 위해서 많은 노력을 기울였다.

61 W. J. van Asselt, "Voetius en Cocceius over rechtvaardiging", in J. van Oort et al, *De onbekende Voetius* (Kampen: J. H. Kok, 1989), 32-47.

62 Eekhof, *De theologische faculteit te Leiden in de 17de eeuw*, 56-57.

크리스토퍼 위티히(Christopher Wittich, 1625-1687)를 들 수 있다.[63] 위티히는 네이메이헌(Nijmegen)에서 1679년에 레이든으로 옮겨와서 신학교수로 임명되었다. 그는 슈판하임 2세와 대조적으로 데카르트 철학을 선호했으며 코케이우스의 신학을 추종했는데 성경에 대한 비문자적(non-literal)해석을 가르쳤으며 데카르트 철학에 나타난 쿠페르니쿠스주의의 비성경적 차원을 밝혀 내기를 원했으며 신학과 철학을 중재하고자 노력했다. 그 외에 17세기 후반에 레이든의 신학교수로 활동했던 인물로는 1676년부터 사역을 시작했던 슈테파누스 르 모이네(Stephanus le Moyne, 1624-1689)와 안토니우스 훌시우스(Antonius Hulsius, 1615-1685), 그리고 요하네스 트리흘란트 2세(Johannes Trigland, Jr.) 등이 언급될 수 있다.[64]

VI. 레이든의 신학 교육과 특징: 강의와 공개토론을 중심으로

당시 레이든 대학의 신학교이었던 스타튼 칼리지(Staten College)[65]는 암스테르담의 목회자이었던 쿠클리누스(Johannes Kuchlinus, 1546-1606)에 의해 설립되었고 그는 학장(rector)직을 맡게 되었다.[66] 스타튼 칼리지가 설립되던 해

63 Eekhof, *De theologische faculteit te Leiden in de 17de eeuw*, 57-58.

64 Eekhof, *De theologische faculteit te Leiden in de 17de eeuw*, 58-60.

65 Willem Otterspeer, *Groepsportet met Dame I. Het bolwerk van de vrijheid. De Leidse Universiteit, 1575-1672* (Amsterdam: Bert Bakker, 2000), 151-63; Henrike L. Clotz, *Hochschüle für Holland: Die Universität Leiden im Spannungsfeld zwischen Provinz, Stadt, und Kirche, 1575-1619* (Stuttgart: Franz Steiner, 1998), 67-76.

66 쿠클리누스에 관해서는 다음을 참고할 것. Stanglin, *Arminius on the Assurance of Salvation*, 20-23; Keith D. Stanglin, "Johannes Kuchlinus, the 'Faithful teacher': His Role in the Arminian Controversy and His Impact as a Theological Interpreter and Educator", *Church History and Religious Culture* 87/3 (2007), 305-26. 베르티우

인 1592년의 레이든의 신학교육은 처음 2년 반을 철학을 포함한 일반 교양 및 고전어 교육에 집중했다. 매일 오전 9시에 라틴어, 오전 10시에 물리학, 오전 11시에 역사, 그리고 오후 1시에 논리학, 오후 2시에 헬라어, 오후 4시에 기본 수학, 그리고 오후 5시에 교리문답이 각각 교수되었다. 상급반 학생들은 매일 오전 8시에 트렐카티우스의 loci communes 강의를, 오전 9시에 유니우스의 이사야 강의를 각각 수강했다.

스타튼 칼리지의 신학 교육은 이렇게 엄격한 스케줄에 따라서 움직였으며 학생들은 엄청난 노력을 기울여야 했다. 이런 철저한 교육이 진행되는 가운데 학생들에게 휴식도 주어졌다. 학생들은 1년에 모두 13주를 쉬었는데 이를 세분화해서 살펴보면 다음과 같다.[67] 1631년의 기록에 의하면 새로운 학장이 임명되고 난 직후인 2월 1일에 하루를 쉬었으며, 2월 8일부터 21일까지 약 2주간이 복습기간으로 설정되어 있었다. 그리고 부활절 기간에 2주, 오순절 기간에 1주반을 쉴 수 있었다. 7월 16일부터 9월 1일까지가 여름 방학이었는데 이는 약 6주에 해당된다. 9월에는 전통적 축제의 하나인 팔컨부르크 마켓데이(Valkenburg Market Day)로 이틀을 쉬었고, 10월 3일에서 10일까지 1주일 동안 레이든이 스페인으로부터 해방된 것을 기념하기 위해서 1주일이 휴일로 정해졌다. 또한 크리스마스 기간에 2주일을 쉬었던 것이다.

스타튼 칼리지의 첫 2년 반은 주로 신학교육에 본격적으로 임하기 전에 강의를 수강해야하는 일종의 예과 과정이었다고 볼 수 있다. 예과를 수료한 학생들이

스는 1593년에 레이든의 교수로 임명되었고 1595년부터 스타튼 칼리지의 부학장(Sub-rector)으로 활동했는데 아르미니우스의 친구로서 그의 사상을 지지하는 아르미니우스주의자였다. 그러나 그는 아르미니우스 사후에는 항론파들의 견해를 초월하는 이단적 사설을 주장했던 것으로 알려졌으며 도르트회의의 결정에 의해서 1619년에 교수직에서 파면되었다. 그는 1620년에 최종적으로 로마교로 귀의했다.

67 Stanglin, *Arminius on the Assurance of Salvation*, 36.

본격적인 신학 교육에 임했는데 첫 해에는 주로 교회의 교의가 강의되었던 것으로 보인다.[68] 아르미니우스는 칼빈주의자가 아닌 자들의 신학을 소개하기도 했다. 당시에 신학 교육의 전반적 흐름은 이론에서 실천으로 변화하고 있었으며 논쟁과 설교 또한 신학교육의 일부분으로 자리잡게 되었던 것이다.[69]

중세 대학의 전통을 따라 레이든의 신학교육에서 빼놓을 수 없는 중요한 요소는 토론(disputatio)이었다.[70] 토론은 레이든 신학 교수들의 사역에 있어서 상당한 부분을 차지했던 것으로 보인다. 트렐카티우스와 유니우스의 사망으로 1603년에 레이든의 유일한 신학 교수로 남게 되었던 고마루스는 14일에 1회씩 공개토론(public disputations), 일주일에 2회씩 개별 토론(private disputations)에 임해야 했다고 밝히기도 했다.[71]

그렇다면 공개 토론과 개별 토론은 각각 무엇을 가리키는가?[72] 먼저 후자는 교수들의 개별적 강의(collegia privata)에서 주어지는 토론을 가리킨다. 이 토론은 공개되지 않는 사적인 성격을 지니고 있으므로 토론 결과물의 저자가 누구인가는 분명하지 않은 경우도 있었지만 주로 교수들에 의해서 작성된 것으로 판단된다. 아르미니우스의 경우 개별 토론을 위해 작성된 글들은 그의 신학 체계 형성에 토대 역할을 했던 것으로 보인다.[73]

---

68 Daniela Prögler, *English Students at Leiden University, 1575-1620* (Burlington, VT: Ashgate, 2013), 102.

69 Otterspeer, *Groepsportet met Dame I*, 418, 424.

70 중세의 논쟁에 관해서는 다음을 참고할 것. Anthony Kenny & Jan Pinborg, "Medieval Philosophical Literature", in *The Cambridge History of Late Medieval Philosophy*, ed. Norman Kretzmann et al (Cambridge: Cambridge Univ. Press, 1982), 19-29.

71 Bangs, *Arminius*, 236.

72 Stanglin, *Arminius on the Assurance of Salvation*, 39; Margaret J. A. M. Ahsmann, *Collegia en colleges: Juridisch onderwijs van de Leidse Universiteit 1575-1630 in het bijzonder het disputeren* (Groningen: Nordhoff, 1990), 289-90, 323.

73 Stanglin, *Arminius on the Assurance of Salvation*, 39. 그의 다음 작품이 이를 분명하게 보여주고 있다. *Disputationes privatae, de plerisque Christianae religionis capitibus, incoatae potissimum ab auctore ad corporis theologici infromationem.*

전자는 1581년에 레이든의 신학교수이었던 다노(Daneau)에 의해 제일 먼저 도입되었는데 이는 학위 획득을 위한(pro gradu) 공개토론이었으며 또한 이 토론을 위한 연습토론(exercitii gratia)도 아울러 주어졌다.[74] 이는 주로 수요일과 토요일 오전 9시에 신학부 강당에서 개최되었고 여기에는 누구든지 참관할 수 있었는데 전체적으로 2시간에 걸쳐 진행되었다. 1587년 5월 20일에 대학 이사회와 레이든 시장(burgomaster)은 신학생들이 2주에 한 번씩 공개 토론에 임해야 한다고 선언했다.[75] 공개토론에 참관하는 숫자는, 1598년에 인쇄되어 배부되었던 테제의 수가 100부에서 150부에 이르렀던 것으로 미루어볼 때,[76] 최소 25명에서 최대 100명까지 도달했던 것으로 추정되는데 이는 공개토론이 상당히 인기가 있었음에 대한 반증에 해당된다. 레이든 대학의 공개토론은 프랑스와 독일의 대학에까지 널리 알려지게 되었는데 특히 개최되는 횟수로 인해서 좋은 평판을 얻게 되었다.[77]

공개토론을 위해서 먼저 학생은 지도교수의 승인 하에 특정한 테제에 대해서 찬성하거나 반대하는 글을 작성하여 이에 나타난 자신의 입장을 변호하는 형태를 취하게 된다. 이 글에는 학생의 이름 뿐 아니라 이를 지도한 지도교수의 이름 또한 기록되어 공개된다.[78] 공개 토론의 목적은 단순히 학생의 지식 획득의 정도를 검증하는 차원을 넘어서서 공개적 연설의 기회를 제공하게 되므로 특히 법학과 신학을 전공하는 학생들에게는 학습의 필수적인 요소 가운데 하나로 자리잡게 되었던 것이다. 공개토론의 범위는 지금까지 학습한 모든 내용들을 포함하는 총체적이며 종합적 성격을 지니고 있을 뿐 아니라, 특히 신학생들에게는 교리의

---

74 Otterspeer, *Groepsportet met Dame I*, 238; Ahsmann, *Collegia en colleges*, 288.

75 Stanglin, *Arminius on the Assurance of Salvation*, 39; Prögler, *English Students at Leiden University, 1575-1620*, 104.

76 Ahsmann, *Collegia en colleges*, 280, 299.

77 Ahsmann, *Collegia en colleges*, 345.

78 Otterspeer, *Groepsportet met Dame I*, 236.

논쟁적인 부분에 대한 토론을 위한 장으로서 중요한 역할을 담당했던 것으로 보인다.[79]

레이든의 신학생들은 졸업을 위해서 스타튼 칼리지에서 최소한 3년 이상을 수학해야 했으며, 1587년부터는 졸업을 위해서 최소한 24세가 되어야 한다는 조항이 신설되기도 했다. 최소 연령에 대한 이 조항은 목사 안수를 염두에 둔 것이었다. 박사 학위를 획득하기 위해서는 최소한 28세가 되어야 한다는 조항도 공식적으로 첨가되었다.[80] 졸업을 위한 공개 토론 (pro gradu)는 모든 학생들에게 필수로서 요구되었고 1592년부터는 이 공개 토론 하루 전날 개별 토론을 통과해야 한다는 조항이 부가되기도 했다.

Ⅶ. 결론적 고찰: 레이든은 칼빈주의의 요람이었는가?

네덜란드의 개혁교회는 네덜란드의 대학의 신학교육에 대해서 어느 정도의 영향력을 행사했는가? 레이든을 위시한 대부분의 네덜란드 대학에 대해서 교회는 직접적 통제력을 행사하지 못했던 것으로 보인다. 레이든 대학의 이사회는 교수들의 임용권을 지니고 있었으므로 이에 대한 교회의 영향력은 최소한에 머무를 수밖에 없었다. 이런 상황에서 미래 목회자들의 교육을 맡은 레이든의 스타튼 칼리지는 첫 2년 동안 입학한 학생들에게 칼빈주의 신앙에 동의한다는 동의서를 받을 수 있었지만 그 이후로는 이런 동의서를 요구할 수 없는 형편에 놓이게 되었다. 왜냐하면 1577년에 홀란드 주가 신학을 전공하지 않는 일반 학생들에게 이런 동의서를 받는 것을 면제해주었기 때문이었다.

---

79 Otterspeer, *Groepsportet met Dame I*, 424.
80 Prögler, *English Students at Leiden University, 1575-1620*, 105.

신앙적 정체성에 대한 확신이 부족한 상황에서 교수들과 학생들의 신앙에 대한 견해는 다양했는데 로마 가톨릭 신앙을 지녔던 렘베르투스 도다나이우스(Rembertus Dodanaeus)는 의학교수로 임용되기도 했다. 또한 빌렘 판 아센델프트(Willem van Assendelft)는 예수회 소속의 페트루스 카니수스(Petrus Canisus)가 출간한 교리문답서를 대학에서 가르치기 시작했다. 대학의 치리 법원(Academisch Vierschaar)는 오랜 투쟁 끝에 1588년에 그가 더 이상 네덜란드 개혁교회의 가르침에 반대되는 내용을 가르치지 않겠다는 확답을 받고서 그를 방면했다.[81] 이런 관용적 결정에 대해서 엄격한 칼빈주의자들은 동의하지 않았으며 레이든 시 정부가 제네바의 칼빈주의와 치리 방식을 수용하기를 꺼려 한다는 사실을 파악하게 되었다.

그 결과 헌신적인 칼빈주의자로서 1581년에 신학교수로 임명되었던 다노는 제네바의 치리 방식이 레이든에 도입되기를 원했다. 그러나 현실적으로 이 방안이 실현 불가능하다는 것을 깨닫게 된 그는 이듬해인 1582년에 레이든을 떠났다.[82]

이런 상황에도 불구하고 세월이 흘러감에 따라 칼빈주의는 레이든에서 점차적으로 세력을 확대하기 시작했다. 1591년에 홀란드 주는 '참된 기독교'에 헌신하는 자들만 레이든 대학의 교수로 임용하기로 결정했다.[83] 이 결정이 내려진 후 20년 동안 칼빈주의는 아르미니우스주의와 항론파 논쟁으로 인해서 많은 어려움을 겪게 되었으나 더욱 강화되기에 이르렀다. 주지하는 바와 같이 1603년부터 1609년까지 예정론을 둘러싼 고마루스와 아르미니우스의 논쟁, 그리고 1610년부터 벌어졌던 항론파와 반항론파 사이의 논쟁은 도르트 회의

---

81 Prögler, *English Students at Leiden University, 1575-1620,* 90.
82 Otterspeer, *Groepsportet met Dame I,* 139f.
83 Prögler, *English Students at Leiden University, 1575-1620,* 90-91.

(1618-1619)에서 항론파 교수들인 포르스티우스와 에피스코피우스의 국외 추방을 통해 칼빈주의가 더욱 강화되는 결과를 낳았던 것이다.

1620년 이후에 레이든은 칼빈주의자로서 고마루스의 후계자이었던 폴얀데르가 계속 교수직을 유지할 수 있었고 항론주의자들이 떠난 자리에는 반항론주의자이며 강력한 칼빈주의자인 왈라이우스, 타이시우스, 그리고 리베가 교수로 임용되었고 이들이 함께 저술한 『순수신학개요』(*Synopsis purioris theologiae*, 1625)는 칼빈주의 신학을 집대성한 작품으로 널리 평가받고 있다.

이렇게 레이든의 칼빈주의는 더욱 공고화되어 갔다. 신학교수들은 도르트회의의 결과물인 도르트신경에 서명했고 1620년 이후로 200년 동안 어떤 로마 가톨릭도 교수로 임명되지 않았다.[84] 1650년에 코케이우스가 교수로 취임한 후 위트레흐트의 푸티우스를 추종하는 자들과 코케이우스주의자들 사이에 안식일을 둘러싼 논쟁이 격렬하게 전개되었지만, 이 논쟁은 결국 칼빈주의 내에서 벌어진 논쟁이었음은 주지의 사실이다.

84 Prögler, *English Students at Leiden University, 1575-1620*, 92.

위트레흐트 대학의 설립, 운영, 그리고 교육

박재은

(총신대학교 신학대학원, 조직신학)

총신대학교(B.A. 신학과)와 총신대학교 신학대학원(M.Div.)을 졸업하고, 미국 칼빈 신학교(Calvin Theological Seminary)에서 조직신학으로 신학석사(Th.M.)와 박사(Ph.D.) 학위를 취득했다. 박사논문은 *Driven by God: Active Justification and Definitive Sanctification in the Soteriology of Bavinck, Comrie, Witsius, and Kuyper* (Göttingen: Vandenhoeck & Ruprecht, 2017)이다. 엮은 책으로는 『어린이 제자훈련: 교리학교』와 『어린이 제자훈련: 실천학교』(이상 국제제자훈련원, 2009)가 있으며 지은 책으로는 『칭의, 균형 있게 이해하기』(부흥과개혁사, 2016)와 『성화, 균형 있게 이해하기』(부흥과개혁사, 2017)가 있다. 현재 총신대학교 신학대학원에서 조직신학 과목을 강의하고 있다.

박재은

Ⅰ. 들어가는 말

종교개혁(Reformation)을 이루었던 주요 근간들 중 하나는 대학의 개혁이었다.[1] 특별히 신학 교육의 개혁은 대학 개혁의 화룡점정(畵龍點睛)이었다. 엄밀하고 예리한 학문성을 추구하는 동시에 경건에는 게으르지 않으며 성경 원어 탐독을 기반으로 오직 성경(sola scriptura)의 기치 아래 참 신학(vera theologia)을 계승하려는 신학 교육 과정의 개혁은 16세기 종교개혁의 큰 틀 중 하나였다.[2] 이러한 종교개혁의 가치는 17세기 개혁파 정통주의 시대의 대학 설립 및 운영 원칙에도 가감 없이 적용되었는데 그 대표적 예가 바로 네덜란드 위트레흐트 지역에 위치한 "위트레흐트 대학"(Universiteit Utrecht)이다.

본고는 16세기 종교개혁의 가치를 이어 받은 위트레흐트 대학[3]의 설립 배경, 과정, 운영, 그리고 교육 특징들을 전반적으로 고찰할 것이다.[4] 이를 토대로 결

---

1 Richard A. Muller, "The Era of Protestant Orthodoxy," in *The Theological Education in the Evangelical Tradition*, eds. D. G. Hart & R. Albert Mohler (Grand Rapids: Baker Books, 1996), 103.

2 Heinrich Boehmer, *Martin Luther: Road to Reformation*, trans. J. W. Doberstein & T. G. Tappert (Philadelphia: Muhlenberg, 1946), 157-63.

3 본고는 17세기 초반부터 18세기 초반까지의 위트레흐트 대학의 설립, 발전상, 교육론에만 주목할 것이다.

4 위트레흐트 대학을 심도 있게 고찰하기 위해서는 전반적인 네덜란드 교회 역사, 17세기 네덜란드 사회상, 17세기 유럽 대학 등에 대한 폭넓은 연구가 필요하다. 이를 위해 필수 참고도서를 소개한다. 전반적인 네덜란드 교회 역사를 위해서라면 Otto J. de Jong, *Nederlandse kerkgeschiedenis*, 3rd ed. (Nijkerk, Callenbach, 1985); Herman J. Selderhuis, ed. *Handbook of Dutch Church History* (Göttingen: Vandenhoeck & Ruprecht, 2014)를 참고하라. *Handbook of Dutch Church History*는 *Handboek Nederlandse kerkgeschiedenis* (Kampen: Kok, 2006)의 영역본이다. 위트레흐트 대학이 설립될 당시의 네덜란드 전반적인 사회상에 대한 연구로는 다음을 참고하라. Maarten Prak, *The Dutch Republic in the Seventeenth Century: the Golden Age*, trans. Diane Webb (Cambridge: Cambridge University Press, 2005); J. L. Price, *The Dutch Republic in the Seventeenth Century* (New York: St. Martin's Press, 1998); K. H. D. Haley, *The Dutch in the Seventeenth Century* (New York: Harcourt Brace Jovanovich, 1972). 16-17세기 유럽 대학들이 수여한 학위와 학위 후 직업에 대한 연구로는 W. Frijhoff, "Graduation and Careers,"

론부에서는 현대 신학교육에 적용 가능한 교훈점을 발견하는 시간도 잠시 가질 것이다. 이는 종교개혁 500주년을 맞이하여 종교개혁 정신들을 재점검해 현재의 각 영역에 재적용하고자 하는 대의의 빛 아래서 볼 때 충분한 적실성과 필요성이 있는 작업이다.

본고는 서론을 제외하고 총 세 부분으로 구성된다. 첫째, 위트레흐트 대학 설립 당시의 신학적 맥락을 나더러 레포르마치(Nadere Reformatie)의 빛 아래서 고찰할 것이다. 둘째, 위트레흐트 대학 설립의 필요성, 학제(school system), 설립 행정(administration), 대학 전신(前身)인 저명 학교(Illustre School), 주요 교수진(faculty), 모토(motto), 재정(finance), 국제화(internationality)와 다양화(diversification) 등으로 구분해 다각도로 고찰할 것이다. 셋째, 위트레흐트 대학의 특징들을 토대로 교훈점과 적용점을 생각해 보며 논의를 마무리 짓도록 하겠다.

II. 나더러 레포르마치: 17세기 네덜란드의 신학적 맥락[5]

---

in *A History of the Universities in Europe, vol.2: Universities in Early Modern Europe (1500-1800)*, ed. H. de Ridder-Simoens (Cambridge: Cambridge University Press, 1996), 2:355-15를 참고하라. 위트레흐트 대학의 설립과 전반적 운영상에 대해서는 G. W. Kernkamp, *De Utrechtsche universiteit, 1636-1936*, 2 vols. (Utrecht, Oosthoek's uitgevers maatschappij, 1936); J. A. Cramer, *De theologische faculteit te Utrecht ten tijde van Voetius* (Utrecht: Kemink, 1932); Aart de Groot & Otto J. de Jong, red., *Vier eeuwen theologie in Utrecht: bijdragen tot de geschiedenis van de theologische faculteit aan de Universiteit Utrecht* (Zoetermeer: Meinema, 2001); Wijnand W. Mijnhardt, "University of Utrecht," in *The Dictionary of Seventeenth and Eighteenth-century Dutch Philosophers*, ed. Wiep van Bunge, et al. (Bristol: Thoemmes, 2003), 2:1006-12등을 참고하라. 위트레흐트 대학의 구체적 교육 과정에 대한 연구로는 F. G. M. Broeyer, "Theological Education at the Dutch Universities in the Seventeenth Century: Four Professors on Their Ideal of the Curriculum," *Nederlands archief voor kerkgeschiedenis*, 85.1 (2005): 115-32를 참고하라.

나더러 레포르마치는 대략 1600년부터 1750년 사이 네덜란드에서 형성된 독특한 신학적 흐름을 지칭하는 용어이다.[6] 위트레흐트 대학은 17세기 초반에 설립 된 후 17세기 중후반에 걸쳐 학문적으로 크고 아름다운 꽃을 피웠으므로 위트레흐트 대학의 초기 역사와 나더러 레포르마치의 역사는 그 역사적 궤를 함께 하며 더불어 공존했다고 봐도 과언은 아니다.

나더러 레포르마치는 화란어 Nadere(더 가까운, 더 증진 된, 더 정확한)와 Reformatie(종교개혁)가 조합된 단어로 문자적으로 표현하자면 "더 증진된 종교개혁" 정도로 표현될 수 있는 단어이다.[7] 영어권에서는 더 다양하게 표현되었는데 네덜란드 청교도주의(Dutch Puritanism), 네덜란드 경건주의(Dutch Pietism), 네덜란드 두 번째 종교개혁(Dutch Second Reformation) 등이 바

---

5 이 부분은 필자의 박사논문 Jae-Eun Park, "Driven by God: Active Justification and Definitive Sanctification in the Soteriology of Bavinck, Comrie, Witsius, and Kuyper" (Ph.D. diss., Calvin Theological Seminary, 2016), 164-70을 차용해 논의를 진행할 것이라는 것을 미리 밝힌다. 필자의 박사논문은 *Driven by God: Active Justification and Definitive Sanctification in the Soteriology of Bavinck, Comrie, Witsius, and Kuyper* (Göttingen: Vandenhoeck & Ruprecht, 2017)로 근간 예정이다.

6 나더러 레포르마치 정신과 나더러 레포르마치 시대의 주요 신학자들에 대한 소개로는 S. D. van Veen, *Voor tweehonderd jaren: schetsen van het leven onzer gereformeerde vaderen* (Utrecht: Kemink, 1886); K. Exalto, *De kracht der religie: tien schetsen van gereformeerde "Oude Shrijvers" uit de 17e en 18e eeuw* (Urk: De Vuurtoren, 1976); Joel R. Beeke, "Biographies of Dutch Second Reformation Divines," *Banner of Truth* 54.2 (1988)에서 56.3 (1990)까지; Jan van Vliet, *The Rise of Reformed System: The Intellectual Heritage of William Ames* (Eugene: Wipf & Stock, 2013), 162-184; Cornelis Pronk, "The Dutch Puritans," *Banner of Truth* 154-55 (August 1976): 5-7을 참고하라. 또한 나더러 레포르마치 시대의 전반적인 역사적, 사회적 정황에 대해서는 A. T. van Deursen, *Plain Lives in a Golden Age: Popular Culture, Religion, and Society in Seventeenth-Century Holland* (Cambridge: Cambridge University Press, 1991); A. C. Duke, *Reformation and Revolt in the Low Countries* (London: Hambledon Press, 1990), 269-93 등을 참고하라.

7 Joel R. Beeke, "The Dutch Second Reformation (*Nadere Reformatie*)," *Calvin Theological Journal* 28, no. 2 (1993): 300.

로 그것들이다. 그러나 용어적 엄밀성을 기해야 할 필요가 있다. 비록 나더러 레포르마치와 영국 청교도주의는 개인과 교회의 실천적 거룩성을 강조한다는 측면에서 신학적/역사적으로 깊은 관계가 있는 것은 사실이지만,[8] 영국 청교도주의가 나더러 레포르마치 보다는 교회나 사회 혹은 정부의 개혁에 보다 더 큰 관심을 품었다는 사실은 구별되어 인지되어야 한다.[9] 이런 측면에서 볼 때 나더러 레포르마치를 네덜란드 "청교도주의"로 동일화하여 명명하는 것은 나더러 레포르마치와 영국 청교도 운동 사이에 존재하는 미묘한 뉘앙스 차이를 간과하는 일이 될 수 있다.[10] 나더러 레포르마치를 네덜란드 "경건주의"로 동일화하여 명명하

---

8 나더러 레포르마치와 영국 청교도주의 사이의 관계에 대해서는 Keith L. Sprunger, *Dutch Puritanism: A History of English and Scottish Churches of the Netherlands in the Sixteenth and Seventeenth Centuries* (Leiden: Brill, 1982); idem, *The Learned Doctor William Ames: Dutch Backgrounds of English and American Puritanism* (Urbana: University of Illinois Press, 1972); Douglas MacMillan, "The Connection between 17th Century British and Dutch Calvinism," in *Not by Might nor by Power: Papers Read at the 1988 Westminster Conference* (London: Westminster Conference, 1988), 22-31 등을 참고하라. 네덜란드 신학자들은 영국 청교도 저작들을 사랑했음이 분명하다. 이에 대한 분석으로는 Willem J. op't Hof, *Engelse pietistische geschriften in het Nederlands, 1598-1622* (Rotterdam: Lindenberg, 1987)를 참고하라. 나더러 레포르마치 시대의 신학자였던 알렉산더 꼼리(Alexander Comrie, 1706-1774) 같은 경우에는 다양한 청교도 저작들을 화란어로 번역하기에 이른다. 다음을 참고하라. Walter Marshall, *De verborgentheit van de euangelische heiligmaking*, trans. Alexander Comrie (Leiden, 1739); Thomas Boston, *Een beschouwing van het verbond der genade*, trans. Alexander Comrie (Leiden, 1741); Thomas Shepard, *De gelijkenis der tien maagden*, trans. Alexander Comrie (Leiden, 1743). Cf. J. P. Lilley, "Alexander Comrie," in *The Thinker: A Review of World-Wide Christian Thought*, vol. 7 (New York: The Christian Literature Publishing Co., 1895), 490-91.

9 Pronk, "The Dutch Puritans," 1; Joel R. Beeke, "Evangelicalism and the Dutch Further Reformation," in *The Advent of Evangelicalism: Exploring Historical Continuities*, eds. Michael A. G. Haykin & Kenneth J. Stewart (Nashville: B&H Academic, 2008), 151-52; idem, *Puritan Reformed Spirituality* (Grand Rapids: Reformation Heritage Books, 2004), 291-94; idem, "The Dutch Second Reformation (*Nadere Reformatie*)," 304.

10 흐라프랑트(C. Graafland)는 나더러 레포르마치가 영국 청교도주의와 밀접한 관련이 있는 것은 사실이지만 네덜란드 고유의 특징들이 대단히 많이 녹아 있는 네덜란드 특유의 신학적 흐름이므로 영국 청교도 운동 혹은 영국 경건주의 운동과 동일하게 이해해서는 안 된다는

는 것 또한 심사숙고할 필요가 있다. 물론 나더러 레포르마치와 독일 경건주의 사이에 실천적 유사성이 짙은 것은 사실이지만,[11] 이 둘 사이 존재하는 개혁파 정통주의 신학을 대하는 입장 차이와 더불어 정부와 종교 사이의 관계성에 대한 입장 차이 또한 주지할 필요가 있기 때문이다.[12] 그러므로 나더러 레포르마치는

지적을 한다. C. Graafland, "De invloed van het puritanisme op het ontstaan van het reformeerd pietisme in Nederland," *Documentatieblad Nadere Reformatie* 7, no. 1 (1983): 2를 참고하라.

11 둘 사이의 유사성에 대해서는 Fred Ernest Stoeffler, *The Rise of Evangelical Pietism* (Leiden: Brill, 1971), 9-23; Martin Prozesky, "Emergence of Dutch Pietism," *Journal of Ecclesiastical History* 28, no. 1 (1977): 29-37 등을 참고하라. 나더러 레포르마치와 경건주의를 동일하게 보는 입장으로는 다음을 참고하라. James Tanis, *Dutch Calvinistic Pietism in the Middle Colonies: A Study in the Life and Theology of Theodorus Jacobus Frelinghuysen* (The Hague: Martinus Nijhoff, 1968). 이러한 입장은 하인리히 헤페(Heinrich Heppe)와 알브레츠 리츨(Albrecht Ritschl)의 구분에 영향을 받은 것이라 알려져 있다. 이에 대해서는 Heinrich Heppe, *Geschichte des pietismus und der Mystik in der reformirten Kirche, namentlich der Niederlande* (Leiden: Brill, 1879); Albrecht Ritschl, *Geschichte des Pietismus*, 3 vols. (Bonn: Marcus, 1880) 등을 참고하라.

12 나더러 레포르마치에 대해 지속적인 연구를 한 조엘 비키(Joel R. Beeke)는 독일 경건주의에 비해 나더러 레포르마치는 사회와 정부의 개혁에 적극적이었을 뿐 아니라 개혁파 정통주의 신학과 사상적, 실천적 유사상이 짙다고 지적한다. Beeke, "Evangelicalism and the Dutch Further Reformation," 163을 참고하라. 그러나 흐라프랑트는 나더러 레포르마치와 개혁파 정통신학 스콜라주의와의 비연속성을 강조하는 입장이다. 다음을 참고하라. C. Graafland, "Gereformeerde Scholastiek VI: De invloed van de scholastiek op de Nadere Reformatie," *Theologia Reformata* 30 (1987): 109-31, 313-40; idem, "De gereformeerde orthodoxie en het piëtisme in Nederland," *Nederlands Theologisch Tijdschrift* 19 (1965): 478-79. 이에 반해 이 둘 사이의 연속성을 강조하는 입장으로는 Richard A. Muller, *After Calvin: Studies in the Development of a Theological Tradition* (Oxford: Oxford University Press, 2003), 74-75, 91; idem, *Post-Reformation Reformed Dogmatics: The Rise and Development of Reformed Orthodoxy, Ca. 1520 to Ca. 1725* (Grand Rapids: Baker Academic, 2003), 1:27-84 (이후부터는 *PRRD*); Joel R. Beeke, "Personal Assurance of Faith: English Puritanism and the Dutch '*Nadere Reformatie*': From Westminster to Alexander Comrie (1640-1760)" (Ph.D. diss., Westminster Theological Seminary, 1988), passim; idem, "The Dutch Second Reformation (*Nadere Reformatie*)," passim; Adriaan C. Neele, *Petrus Van Mastricht (1630-1706): Reformed Orthodoxy: Method and Piety* (Leiden: Brill, 2009), 1-26 등을 참고하라. 독일 경건주의와 나더러 레포르마치 사이의 불연속성에 대한 논의로는 Pronk, "The Dutch Puritans," 1을 참고하라.

타국에서 유래된 사상적 흐름을 차용하여 표현하기보다는 단순히 "더 증진된 네덜란드 종교개혁"(Dutch Further Reformation)[13] 정도로 표현하는 것이 가장 적실해 보인다.[14]

나더러 레포르마치는 네덜란드 개혁 교회(Nederduits Gereformeerde Kerk)에서 내부적으로 발아해 꽃 피운 운동으로 죽은 신앙을 지양하고 "살아있는 신앙"을 추구하고자 노력한 신학적 흐름이었다.[15] 나더러 레포르마치 시대의 신학자들은 살아있는 신앙을 통해 개인의 삶을 보다 더 엄밀하게 개혁하고자 노력하였으며 동시에 어느 정도는 사회, 문화, 국가 등 공공의 삶에 대한 개혁 또한 꿈꾸었다.[16] 나더러 레포르마치가 꿈꿨던 개혁은 과거 16세기를 그대로 답습

---

13 나더러 레포르마치를 영어로 Dutch Further Reformation으로 표현해 논의를 진전시킨 연구들은 다음과 같다. Bartel Elshout, *The Pastoral and Practical Theology of Wilhelmus À Brakel* (Grand Rapids: Reformation Heritage Books, 1997), 9; Fred van Lieburg, "From Pure Church to Pious Culture: The Further Reformation in the Seventeenth-Century Dutch Republic," in *Later Calvinism. International Perspectives*, ed. W. Fred Graham (Kirksville, 1994), 409-29; Beeke, "Evangelicalism and the Dutch Further Reformation," 147. 조나단 거스트너(Jonathan Gerstner)는 나더러 레포르마치를 "계속되는 종교개혁"(Continuing Reformation)으로 명명하는 것이 가장 옳다고도 지적한다. Jonathan Neil Gerstner, *The Thousand Generation Covenant: Dutch Reformed Covenant Theology and Group Identity in Colonial South Africa, 1652-1814* (Leiden: Brill, 1991), 75를 보라.

14 나더러 레포르마치와 칼빈주의 사상 사이의 관계성을 논구한 논문도 참고하라. Herman Paul and John de Niet, "*Issus de Calvin*: Collective Memories of John Calvin in Dutch Neo-Calvinism," in *Sober, Strict, and Scriptural: Collective Memories of John Calvin, 1800-2000*, eds. John de Niet, Herman Paul, and Bart Wallet (Leiden: Brill, 2009), 67-96; W. Robert Godfrey, "Calvin and Calvinism in the Netherlands," in *John Calvin: His Influence in the Western World* (Grand Rapids: Zondervan, 1982), 95-122; Walter Lagerway, "The History of Calvinism in the Netherlands," in *The Rise and Development of Calvinism* (Grand Rapids: Eerdmans, 1959), 63-102.

15 W. van 't Spijker, "De Nadere Reformatie," in *De Nadere Reformatie: beschrijving van haar voornaamste vertegenwoordigers*, eds. T. Brienen & K. Exalto ('s-Gravenhage: Boekencentrum, 1986), 6-16.

16 C. Graafland, W. J. op 't Hof, & F. A. van Lieburg, "Nadere Reformatie: opnieuw een poging tot begripsbepaling," in *Documentatieblad Nadere Reformatie* 19/2 (1995), 108.

하는 수동적 개혁이 아니라 더 정확한 개혁, 더 증진된 개혁을 꿈꾸며 "아는 것"(학문)과 "살아내는 것"(경건) 사이의 괴리를 최소화하기 위한 개혁적 몸부림이었다. 학문과 경건 둘 다를 동시에 강조하는 나더러 레포르마치의 신학적 흐름은 위트레흐트 대학의 설립 초기 네덜란드 지역을 흥건히 감싸고 있었던 주요 신학적 맥락이었음을 기억할 필요가 있다. 이후에 살펴보겠지만 이러한 나더러 레포르마치 정신은 위트레흐트 대학의 설립 정신과 일맥상통하여 공존한다.

III. 위트레흐트 대학의 설립, 운영, 그리고 교육

1. 대학의 필요성 대두

16세기부터 위트레흐트 지역 사람들은 대학의 필요성을 절실히 인지하고 있었다. 그 이유를 크게 세 가지로 생각해 볼 수 있다. 첫째, 16세기 중후반 구교(로마 가톨릭)에서 신교(개신교)로의 "혼돈스러운 이동"(chaotische overgangsfase) 속에서 위트레흐트 지역 사람들은 시대와 지역을 이끌어 줄 수 있는 수준 높은 교육을 받은 목회자가 절실히 필요하다고 생각했다.[17] 네덜란드 사람들이 생각하는 대학의 본래적 의미와 역할은 개혁 교회를 섬길 수 있는 훌륭한 목회자를 길러내는 곳이었다.[18] 둘째, 17세기 초반 아르미니우스주의의 창궐과 항론파의 발흥으로 인해 정통신학을 견지한 "좋은 설교자"(goede predikant)가 교회에 절실히 필요했기 때문이다.[19] 그 당시 좋은 설교자의 기준

17 De Groot & De Jong, red., *Vier eeuwen theologie in Utrecht*, 11.

18 Paul Zumthor, *Daily life in Rembrandt's Holland*, trans. Simon Watson Taylor (London: Weidenfeld and Nicolson, 1962), 112.

19 De Groot & De Jong, red., *Vier eeuwen theologie in Utrecht*, 12-13.

은 성경 원어에 해박해야하며, 교리적/철학적 지식이 풍부해야함과 동시에 자신의 주장을 거침없이 변증/논증 가능해야 한다.[20] 이러한 능력들은 대학의 기본적인 교육과정과 맥을 함께 하는데 언어, 변증, 수사가 바로 그것들이다. 셋째, 위트레흐트 지역을 제외한 네덜란드 다른 지역에는 이미 대학들이 세워져 명성을 쌓아가고 있었다. 예를 들면 1575년엔 레이든 대학(Universiteit Leiden)이 세워졌고 1585년에는 프라네커 대학(Universiteit van Franeker), 1614년에는 흐로닝헌 대학(Universiteit Groningen)이 세워졌다.[21] 그 당시에는 자기 거주 지역에 대학이 들어서는 것에 대해 자부심을 가지던 시대였기 때문에 타 지역에 먼저 대학이 생기는 것에 대한 묘한 질투심마저 발휘되던 시대였다.[22] 이러한 이유들이 복합적으로 작용하여 위트레흐트 지역 주민들에게 있어 대학 설립이라고 하는 것은 필요충분 요건이었을 뿐 아니라 반드시 달성해야 할 희망찬 목표와도 같은 것이었다.

2. 학제(school system): 초등학교(Junior School), 라틴학교(Latin School), 저명학교(Illustrious School), 대학(University)

위트레흐트 대학의 설립을 본격적으로 살펴보기 전에 17세기 네덜란드의 학제를 먼저 파악할 필요가 있다. 크게 잡아 네 단계로 살펴볼 수 있다.

첫째, 가장 기본적인 학제는 초등학교(Junior School)이다. 이는 프랑스학교(French School)라고도 불린다.[23] 그 다음 과정인 라틴학교(Latin School)에 입학하기 위해 준비하는 과정이다. 라틴학교에 들어가기 위해서는 쓰기와 읽기

---

20 De Jong, *Nederlandse kerkgeschiedenis*, 213-14.
21 De Groot & de Jong, red., *Vier eeuwen theologie in Utrecht*, 14.
22 Zumthor, *Daily life in Rembrandt's Holland*, 112.
23 Zumthor, *Daily life in Rembrandt's Holland*, 110.

가 충분히 자유로워야 하므로 초등학교의 주된 교육과정은 쓰기와 읽기였다.

둘째, 초등학교 이후에 라틴학교로 진학을 하게 된다. 라틴학교의 기본적 교육과정은 문법(grammar), 변증(dialectic), 수사(rhetoric)였다.[24] 사실 라틴학교가 사용했던 교육과정과 교과서가 학교마다 모두 다 동일했던 것은 아니었다. 저마다 약간씩은 다른 교육과정과 교과서를 사용했다. 1570-1620년 사이에 열렸던 적어도 20여개의 교회 회의(Synod)에서 협의 후 1625년에 이르러서야 교육과정 통합이 일정부분 가능하게 되었다.[25] 라틴학교는 나이에 따라 총 4-6개로 학년을 나누어 교육했다. 주로 암기 위주의 교육이었으며 연 2회 시험을 통해 학습 능력을 최대한 스스로 증명해내야 했다. 훈육이 엄격했으며 신체적 훈육 또한 포함되어 있었다.[26] 1650년대 네덜란드의 총 92개의 도시, 마을, 촌락 등에서 약 1,500여명의 라틴학교 학생들이 존재했다고 전해진다.[27]

셋째, 라틴학교 다음의 학제는 저명학교(Illustrious School)였다.[28] 저명학교는 김나지움(Gymnasium) 혹은 아테네움(Athenaeum)으로도 불렸는데 라틴학교와 대학 사이 정도에 위치한 교육기관이었다.[29] 독일의 중등기관인 김나지움보다는 덜 구조화된 교육기관이었기 때문에 새로운 교육과정을 차용하는데 있어서 큰 구조적 부담이 없는 교육기관이었다는 것이 특징이었다.[30] 라틴학교와 대학의 가장 큰 차이점은 바로 라틴학교는 박사 학위를 줄 권한이 없었다는 점이다.[31]

---

24 Selderhuis, ed. *Handbook of Dutch Church History*, 271.
25 Zumthor, *Daily life in Rembrandt's Holland*, 110.
26 Zumthor, *Daily life in Rembrandt's Holland*, 111.
27 Selderhuis, ed. *Handbook of Dutch Church History*, 271.
28 De Jong, *Nederlandse kerkgeschiedenis*, 214-15.
29 Willem Frijhoff & Marijke Spies, *Dutch Culture in a European Perspective: Volume 1, 1650: Hard-Won Unity* (New York: Palgrave Macmillan, 2004), 253.
30 Selderhuis, ed. *Handbook of Dutch Church History*, 271.
31 De Jong, *Nederlandse kerkgeschiedenis*, 214-15.

넷째, 저명학교 다음의 교육기관은 대학(University)이었다. 기본적으로 대학의 학부는 네 개 분야였는데 신학부, 법학부, 의학부, 인문 교양부(철학부) 등이 그것들이었다.[32] 네덜란드 대학의 신학부는 신학적으로 특별함을 지녔는데 다양한 신(新) 신학, 신(新) 철학에 맞서 논쟁 가능한 학문적으로 뛰어난 개혁교회 목사를 길러내는 것이 주요 사명 중 하나였기 때문이다. 위트레흐트 대학 역시 이러한 기치 아래 설립되었다.

3. 위트레흐트 대학의 설립

이미 17세기 네덜란드 학제에 대해 살펴보았듯이 위트레흐트 대학의 전신은 위트레흐트 저명학교이므로 위트레흐트 저명학교의 설립 과정부터 먼저 살펴볼 필요가 있다.

위트레흐트 저명학교는 1634년에 설립되었다. 그 당시 교육기관의 설립은 시 의회와 주 연방의 관리 감독 하에 이루어졌고 특히 신학부와의 연계성은 교회 회의나 교회 의회와의 유기적 협력 하에 이루어졌다.[33] 로마 가톨릭에 대해 우호적 정책을 폈던 스페인 합스부르크 왕가의 펠리페 2세(Felipe IIde España)의 통치로부터 벗어난 네덜란드 공화국은 로마 가톨릭 교회의 잔재를 없애는 칼빈주의화 작업에 적극적으로 착수하게 된다.[34] 그 작업 중에 중요한 작업이 바로 개혁 신앙을 바탕으로 학생들을 교육하는 교육기관의 설립이었다. 위트레흐트 시 의회(City Council)는 지속적으로 주 연방(Provincial States)에 위트레흐트 지역에 저명학교 수준의 학교가 필요하다고 요청했다. 하지만 주 연방은 저명학

32 Zumthor, *Daily life in Rembrandt's Holland*, 112.
33 Cramer, *De theologische faculteit te Utrecht ten tijde van Voetius*, 24.
34 Mijnhardt, "University of Utrecht," 1007.

교 설립에 필요한 재정 지원을 거부했다. 결국 위트레흐트 시 의회는 스스로의 재정으로 위트레흐트 저명학교를 설립하려는 결정을 내렸고 이는 현실로 옮겨지게 된다.[35] 저명학교에서 대학으로 승격되기 위해서는 학문적, 재정적, 국제적 명성을 쌓아야만 했다. 그러므로 단기간에 저명학교에서 대학으로 승격되는 일은 쉽지 않은 일이었다. 예를 들면 하르데르웨이크 대학(University of Harderwijk)의 전신인 하르데르웨이크 저명학교는 1600년에 세워졌지만 48년 후인 1648년에 비로소 대학으로 승격되었다. 하지만 위트레흐트 저명학교는 남달랐다. 불과 설립 2년 후인 1636년 3월에 위트레흐트 저명학교에서 위트레흐트 대학으로 초단기에 걸쳐 승격에 성공한 것이다.[36] 그만큼 위트레흐트 대학의 명성은 군계일학이었다. 이는 이후에 살펴보겠지만 위트레흐트 저명학교 교수진의 화려함과 국제적 명성이 한 몫을 톡톡히 했다.

위트레흐트 대학이 설립 된 후 대학의 운영은 신탁 이사회권과 후견 역할(curatorium)을 가진 위트레흐트 시 의회가 담당했다.[37] 학사일정이나 시험일정, 등록금 조정, 교수들 사이에서 벌어지는 논쟁에 대한 중재 역할은 시 의회로부터 전권을 위임 받은 대학 평의원회(conclave academicum)가 담당했다. 대학 총장(rector magnificus)은 주로 학교 행정 문제를 처리하는 역할을 맡았는데 정교수들이 돌아가면서 그 역할을 맡았다. 대학의 설립 초기부터 시 의회가 중요한 역할을 맡았기 때문에 대학 측과 시 의회 측 혹은 교회 측 사이에 여러 갈등이 복합적으로 불거지기도 했다. 특히 위트레흐트 대학의 신학부는 이 갈등에 민감했다. 그 이유는 시 의회가 교수 임용권을 가졌으므로 때로는 신학부가 추구하는 신학적 방향성과 이질감을 갖는 인사가 시 의회에 의해 이루어지기도

35 Mijnhardt, "University of Utrecht," 1007.
36 De Groot & de Jong, red., *Vier eeuwen theologie in Utrecht*, 14.
37 Mijnhardt, "University of Utrecht," 1007.

했기 때문이다.[38] 예를 들면 데카르트주의자였던 람베르트 판 펠따위전(Lambert van Velthuysen, 1622-1685)이 시 의회에서 강력한 영향력을 발휘할 수 있었기에 위트레흐트 대학의 의학교수이자 데카르트주의자였던 헨리쿠스 레기우스(Henricus Regius, 1598-1679)가 데카르트 사상을 위트레흐트 대학 내에서 지속적으로 설파 가능했을 것으로 추측해 볼 수 있다.[39] 특히 교회 의회와 대학 평의원회 사이에는 미묘한 갈등이 있었는데 위트레흐트 지역 교회는 지속적으로 개혁 신앙에 투철한 젊고 훌륭한 목회자들을 배출해 주길 대학 측에 지속적으로 요청한 반면 대학은 교회로부터 독립하여 학문적으로 자유롭게 발전하길 원했기 때문이다.[40]

4. 주요 교수진과 교육 특징: 푸티우스, 호오른베이크, 마스트리히트[41]

위트레흐트 시 의회와 위트레흐트 대학 평의회 간의 협의를 통하여 위트레흐트 대학의 교수진이 임명되었다.[42] 신학 분과 같은 경우에는 시 의회와 위트레흐트 지역 교회 의회 사이의 상호 협의 과정도 교수 임용 절차에 포함되었다.[43]

위트레흐트 대학의 주요 교수진하면 빼놓을 수 없는 인물이 바로 기스베르투스 푸티우스(Gisbertus Voetius, 1589-1676)[44]이다. 푸티우스는 대학 전신인

---

38 Cramer, *De theologische faculteit te Utrecht ten tijde van Voetius*, 24.
39 Mijnhardt, "University of Utrecht," 1007. 참고로 펠따위전은 레기우스의 제자였다.
40 Cramer, *De theologische faculteit te Utrecht ten tijde van Voetius*, 24.
41 위트레흐트 대학이 설립된 1636년부터 현재까지의 교수진에 대한 리스트는 다음 웹 주소를 참고하라. http://profs.library.uu.nl/index.php/info. 약 2,600명의 교수 프로필과 정보들이 잘 정리되어있으며 계속적으로 충실히 업데이트가 되고 있다.
42 *Acta et decreta senatus: Vroedschapsresolutiën en andere bescheiden betreffende de Utrechtsche Academie, 1: Tot April 1674*, ed. G. W. Kernkamp (Utrecht, 1936), 120-22.
43 Cramer, *De theologische faculteit te Utrecht ten tijde van Voetius*, 24.
44 푸티우스의 생애와 신학에 대해서는 황대우, "기스베르투스 푸티우스의 생애와 신학," 개혁주의

위트레흐트 저명학교가 설립된 1634년부터 히브리어와 동양어 교수직을 맡아 사역했다. 푸티우스는 위트레흐트 저명학교와 대학 설립 초기에 두 편의 유명한 연설문(그 중에 하나는 설교문)을 남겼는데 이는 위트레흐트 대학의 방향성과 정체성을 한껏 품고 있는 연설들이었다. 첫째는 1634년 8월 21일 푸티우스가 위트레흐트 저명학교 취임 시 했던 취임연설로 제목은 "학문과 결부된 경건에 대하여"(De pietate cum scientia conjungenda)[45]였고 둘째는 1636년 3월 16일 위트레흐트 저명학교가 대학으로 승격되어 개막식 때 한 개막연설 "아카데미와 학교의 필요성에 대한 설교"(Sermoen van de nutticheydt der Academiën ende Scholen)[46]였다. 푸티우스는 이 두 편의 연설을 통해 학문, 교육, 학교의 필요성을 역설했으며 특히 신학교육과 경건훈련 사이의 불가분성을 지속적으로 강조했다. 이러한 강조점은 위트레흐트 대학의 전반적인 신학 교육 방향성의 큰 틀이 되었다. 푸티우스는 그의 다른 글에서 이 강조점을 보다 더 구체화했는데 예를 들면 『학구적 신학 훈련과 참고도서』(*Exercitia et bibliotheca studiosi theologiae*)[47]나 『금욕 혹은 경건 훈련』(*Ta asketika sive exercitia pietatis*)[48]에서 그 진수가 여실히 드러난다. 사변적이고 추상적

신학과 신앙 총서 7, 『칼빈 이후의 개혁신학자들』 (부산: 고신대학교 개혁주의학술원, 2013), 157-81을 참고하라. 푸티우스 전기 자료로는 Arnoldus Cornelius Duker, *Gisbertus Voetius*, 3 vols. (Leiden: Brill, 1897-1914); Cornelis Steenblok, *Gijsbertus Voetius: Zijn leven en werken* (Rhenen: N. V. Drukkerij en uitgeverij "de Banier", 1942) 등을 참고하라.

45 푸티우스의 취임연설은 아르트 드 흐로우트(Aart de Groot)의 라틴어/화란어 대조 해설본을 참고하라. Gisbertus Voetius, *Inaugurele rede over godzaligheid te verbinden met de wetenschap: Gehouden aan de Illustre School te Utrecht op de 21ste augustus 1634* (Kampen: Kok, 1978).

46 Gisbertus Voetius, *Sermoen van de nutticheydt der academien en de scholen, mitsgaders der wetenschappen ende consten die in de selve gheleert werden: Gedaen in de Dom-Kercke tot Utrecht den 13* (Utrecht: A. en P. Roman, 1636).

47 Gisbertus Voetius, *Exercitia et bibliotheca studiosi theologiae* (Rheno-Trajecti, ap. W. Strick, 1644).

48 Gisbertus Voetius, *Ta asketika sive exercitia pietatis* (Gorinchem: Vink, 1654).

인 신학을 철저히 지양하고 신학생들의 삶 속 깊숙이 경건의 옷을 덧입혀 교회적 적용을 세밀히 해나가는 푸티우스의 실천 지향적 신학 교육법은 그 당시 나더러 레포르마치의 전반적인 맥과 더불어 위트레흐트 대학의 확고한 특징으로 자리매김했다.[49] 푸티우스가 강조했던 라틴어에 대한 능숙함과 학문 방법론으로서의 스콜라주의[50]의 철저한 습득은 효과적인 학문적 변론을 위해서였고, 성경 원어(헬라어, 히브리어)의 강조는 하나님의 말씀을 곡해하지 않고 있는 그대로 전하는 설교 창출을 위해서였으며, 방대한 양의 고전(특히 아리스토텔레스 철학)과 더불어 정통 신학자들의 주요 저작들에 대한 정독 요구는 신 철학(특히 데카르트 철학)[51]에 대한 효과적인 대응을 위한 것이었다.[52] 그러므로 푸티우스의 신

각주와 서문이 첨가된 화란어 번역본은 Gisbertus Voetius, *De praktijk der godzaligheid*, 2 vols., ed. C. A. de Niet (Utrecht: De Bannier, 1995)를 참고하라.

49 본고의 주요 목적은 위트레흐트 대학의 설립, 운영, 교육에 대해서 전반적으로 조망하는 것이므로 푸티우스의 교육 방법론에 대한 구체적 논의에 많은 지면을 할애하지는 않을 것이다. 이에 대한 구체적 논의로는 다음을 참고하라. Willem J. van Asselt, "Gisbertus Voetius, Gereformeerd Scholasticus," in *Vier eeuwen theologie in Utrecht: bijdragen tot de geschiedenis van de theologische faculteit aan de Universiteit Utrecht*, red. Aart de Groot & Otto J. de Jong (Zoetermeer: Meinema, 2001), 99-108; Aza Goudriaan, "*Theologia practica*: The Diverse Meanings of a Subject of Early Modern Academic Writing," in *Church and School in Early Modern Protestantism: Studies in Honor of Richard A. Muller on the Maturation of a Theological Tradition*, eds. Jordan J. Ballor, David S. Sytsma, Jason Zuidema (Leiden: Brill, 2013), 443-55(특히 447-48); Muller, "The Era of Protestant Orthodoxy," 103-28(특히 111-20. 이는 Richard A. Muller, *After Calvin: Studies in the Development of a Theological Tradition* (Oxford: Oxford University Press, 2003), 105-21에 수록된 내용과 같다); Broeyer, "Theological Education at the Dutch Universities in the Seventeenth Century," 115-32; Joel R. Beeke, "Toward a Reformed Marriage of Knowledge and Piety: The Contribution of Gisbertus Voetius," *A Quarterly Journal for Church Leadership*, 10.1 (Winter 2001): 125-55.

50 여기서 언급한 스콜라주의(scholasticism)라는 용어는 특정한 철학적/신학적 내용(content)을 내포하는 뜻으로 쓰인 것이 아니라, 16-17세기 대학과 학문의 장에서 범용적으로 활용되었던 학문 방법론(methodology)을 의미하는 뜻으로 쓰였음을 밝힌다. 이에 대한 구체적 논의로는 Willem J. van Asselt, *Introduction to Reformed Scholasticism*, trans. Albert Gootjes (Grand Rapids: Reformation Heritage Books, 2011); Muller, *PRRD*, 1:27-84 등을 참고하라.

학 교육론을 한마디로 요약하자면 "날카로운 지성과 뜨거운 경건으로 교회를 섬기기 위한 철저한 준비"였다.[53]

푸티우스의 영향력이 지대했기에 위트레흐트 대학 신학부는 푸티우스 학파(Voetian School)라는 명칭이 붙을 정도로 푸티우스와 뜻을 함께 하는 학자들이 주축을 이루었다. 1637년 위트레흐트 대학의 구약학 교수가 된 메이나르두스 스호타누스(Meinardus Schotanus, 1593-1644)와 1640년에 신약학 교수가 된 까롤루스 데마티우스(Carolus Dematius, 1597-1651)가 대표적이다. 푸티우스, 스호타누스, 데마티우스는 새롭게 설립된 위트레흐트 대학의 신학부를 개혁파 정통주의 신학적 색깔로 이끌어 갔던 신학적 삼두마차로 위트레흐트 대학의 신학적 기초를 놓는데 지대한 공헌을 하였다.[54]

기스베르투스 푸티우스(맨 위), 까롤루스 데마티우스(왼쪽 아래), 메이나르두스 스호타누스(오른쪽 아래)

---

51 데카르트 철학에 대한 푸티우스의 반론으로는 다음을 참고하라. J. A. van Ruler, *The Crisis of Causality: Voetius and Descartes on God, Nature and Change* (Leiden: Brill, 1995); De Groot & de Jong, red., *Vier eeuwen theologie in Utrecht*, 17-18; B. Hoon Woo, "The Understanding of Gisbertus Voetius and René Descartes on the Relationship of Faith and Reason, and Theology and Philosophy," *Westminster Theological Journal* 75.1 (2013): 45-63.

52 Muller, *After Calvin*, 110-16; Broeyer, "Theological Education at the Dutch Universities in the Seventeenth Century," 122-23.

53 De Groot & de Jong, red., *Vier eeuwen theologie in Utrecht*, 18-21.

54 De Groot & de Jong, red., *Vier eeuwen theologie in Utrecht*, 16.

1644년 스호타누스가 51세 나이로 유명을 달리한 후 그 뒤를 이어 요하네스 호오른베이크(Johannes Hoornbeek, 1617-1666)가 위트레흐트 대학의 신학 교수로 부임했다. 호오른베이크은 10년간 위트레흐트 대학 신학 교수로 사역하다가 1654년 레이든 대학으로 적을 옮겨 레이든 대학 신학 교수로 생을 마감하게 된다.[55] 호오른베이크는 위트레흐트 대학 취임연설에서 신학생들이 반드시 다루어야하는 신학 주제들에 대한 소개와 더불어 개인 경건의 중요성을 설파했다.[56] 호오른베이크는 특히 철학, 문학, 성경 주해, 교리, 변증, 교회법, 교회사 등을 신학 공부를 위한 핵심 주제로 여겼고 신학생들에게 이 각 주제에 대한 중요성을 끊임없이 강조했다.[57] 호오른베이크는 변증과 논박의 대가였다. 특히 소시니우스주의, 항론파, 데카르트주의, 재세례파 신학에 대해 가열 찬 비판과 논박의 글[58]을 남겼는데 그 반박이 학문적으로 탁월해 푸티우스도 호오른베이크의 글을 논박 연습을 위한 필독서로 추천할 정도였다.[59] 호오른베이크는 레이든 대학에 있을 때 『실천신학』(*Practicae theologiae*)[60]이란 작품을 저술하기도 했는데 이는 푸티우스가 강조했던 실천신학적 강조점과는 약간은 다른 방향성을 가진 저술로 평가 받기도 한다. 그 주된 이유는 푸티우스의 실천신학은 교회법과 설교, 윤리, 미학까지 포함한 폭넓은 형태의 실천신학이었다면, 호오른베이크의

---

55 Goudriaan, "*Theologia practica*," 448-49.

56 Johannes Hoornbeek, "Oratio de studio," in *Orationes habitae in Academia Ultrajectina* (Utrecht: Waesberge, 1658), 3-17.

57 Hoornbeek, "Oratio de studio," 10-14.

58 대표적으로 Johannes Hoornbeek, *Socinianismus confutatus*, 3 vols. (Utrecht, 1650-1664); idem, *Summa controversiarum religionis; cum infidelibus, hæreticis, schismaticis: id est, gentilibus, Judæis, Muhammedanis; Papistis, Anabaptistis, Enthusiastis et Libertinis, Socinianis; Remonstrantibus, Lutheranis, Brouvnistis, Græcis* (Utrecht, 1653) 등을 참고하라.

59 Voetius, *Exercitia et bibliotheca studiosi theologiae*, 37-38.

60 Johannes Hoornbeek, *Practicae theologiae pars prior* (Utrecht: Versteeg, 1663); idem, *Practicae theologiae tomus alter* (Utrecht: Hendrik Versteeg, 1666).

실천신학은 교리적 측면이 좀 더 부각된 다소 제한된 형태의 실천신학이라는 점에서 그렇다.[61]

푸티우스는 훌륭한 제자들을 많이 길러냈고 그 중에는 차후에 위트레흐트 대학의 신학 교수가 되는 경우도 여럿 있었다. 그 중에 주요한 인물이 바로 페트루스 판 마스트리히트(Petrus van Mastricht, 1630-1706)였다.[62] 마스트리히트가 9살부터 13살까지 어린 시절에 다녔던 교회 목회자가 호오른베이크였기 때문에 마스트리히트는 호오른베이크의 영향을 많이 받게 되었다.[63] 마스트리히트는 17살 되던 1647년 위트레흐트 대학에 입학하였고 어린 시절 자신의 목회자였던 호오른베이크와 더불어 당대의 학자였던 푸티우스 그리고 데마티우스의 지도로 학문과 경건을 충실히 쌓아갔다. 마스트리히트는 1652년 위트레흐트 대학 졸업 후 1677년까지 총 25년간 독일과 덴마크 지역 등지에서 목회 사역을 하게 된다. 1655년 이전부터 푸티우스와 호오른베이크는 목회 하고 있는 마스트리히트에게 그간 쌓아온 목회 경험을 그간 공부해왔던 학문과 연결시켜 책을 저술해 볼 것을 권유했고 그렇게 시작해 탄생한 작품이 바로 『이론-실천적 신학』(Theoretico-practica theologia)[64]이었다. 마스트리히트는 자신의 스승이었

61 이는 하우드리안의 평가이기도 하다. Goudriaan, "*Theologia practica*," 450을 참고하라.

62 마스트리히트의 생애와 사상에 대해서는 다음을 참고하라. Adriaan C. Neele, *Petrus van Mastricht (1630-1706): Reformed Orthodoxy: Method and Piety* (Leiden: Brill, 2009); Willem J. van Asselt, "Mastricht, Petrus van," in *Biografisch lexicon voor de geschiedenis van het Nederlands protestantisme*, ed. C. Houtman, et al. (Kampen: Kok, 2001), deel 5, 360-62; Todd M. Rester, "Introduction: Petrus van Mastricht," in *The Best Method of Preaching: The Use of Theoretical-Practical Theology* (Grand Rapids: Reformation Heritage Books, 2013), 1-19.

63 Rester, "Introduction: Petrus van Mastricht," 5.

64 1682년판은 Petrus van Mastricht, *Theoretico-practica theologia: Quâ, per Capita Theologica, pars dogmatica, elenchtia et practica, perpetuâ symbibasei conjugantur; Praecedunt ... paraleipomena, seu Sceleton de optima concionandi methodo* (Amsterdam: Henricus Boom & Theodorus Boom Vidua, 1682)이고 1698년판은 Petrus van Mastricht, *Theoretico-practica theologia: Qua, per singula*

던 푸티우스나 호오른베이크의 학문 방법론을 차용해 철저한 주해, 신학 논증, 변증, 실천적 적용을 아우르는 방대한 논의를 꼼꼼히 지면 안에 잘 담아냈다. 마스트리히트는 목회 사역 중 1669년에 다위스부르크 대학(University of Duisburg)에서 박사 학위를 마쳤다. 박사 학위 취득 후 1년 후인 1670년 다위스부르크 대학의 히브리어 교수가 되었고 1677년까지 그곳에서 교수 사역을 하게 된다.[65] 1676년에 존경했던 스승 푸티우스가 생을 달리했고 위트레흐트 대학은 마스트리히트에게 푸티우스의 뒤를 이어 달라고 요청하게 된다. 마스트리히트는 교수 초빙에 승낙했고 히브리어와 신학 분야 교수로 1677년 8월부터 위트레흐트 대학 교수로 사역하게 된다. 마스트리히트의 입과 손을 통해 쏟아져 나온 많은 강의와 글들은 푸티우스와 호오른베이크가 그간 닦아 놓았던 기치를 더 밝히 드러냈고 위트레흐트 대학의 명성이 더해지는데 일조를 담당했다.

5. 표어: 의의 태양이여 우리 위에 비추소서(Sol iustitiae illustra nos)

Universiteit Utrecht

위트레흐트 대학 상징

위트레흐트 대학이 현재까지도 쓰고 있는 표어(motto)와 상징(emblem)[66]은

---

capita theologica, pars exegetica, dogmatica, elenchtica & practica, perpetua successione conjugantur (apud Gerardum Muntendam, 1698)이다.

65 Rester, "Introduction: Petrus van Mastricht," 7.

66 위트레흐트 대학의 표어와 상징에 대한 깊이 있는 연구서로는 R. van den Broek, *Hy leeret ende beschuttet: Over het wapen en de zinspreuk van de Universiteit Utrecht*

1634년 위트레흐트 저명학교 시절부터 사용된 것이다.[67] 위트레흐트 대학의 표어는 "의의 태양이여 우리 위에 비추소서"(Sol iustitiae illustra nos)이며 이 라틴어 표어가 원 바깥에 위치해 노란 태양이 비추는 듯 형상을 만든 것이 바로 위트레흐트 대학의 상징이다. 이 표어는 본래 말라기 4장 2절 말씀 즉 "내 이름을 경외하는 너희에게는 공의로운 해가 떠올라서 치료하는 광선을 비추리니 너희가 나가서 외양간에서 나온 송아지 같이 뛰리라"(개역개정)의 전반부를 차용한 것이다.[68] 남아프리카공화국의 스텔렌보쉬 대학(Stellenbosch University)의 신학부 표어 역시 "의의 태양이여 우리 위에 비추소서"인데 이는 남아프리카공화국이 한때 네덜란드의 식민지였던 흔적 중 하나라고 볼 수 있다.[69]

이 표어는 위트레흐트 저명학교 설립 당시부터 이미 존재하고 있었으므로 각 분과 교수들이 저명학교 취임 연설을 하면서 이 표어 역시 언급하고 있음을 볼 수 있다. 예를 들면 위트레흐트 저명학교 고전학 교수로 취임했던 유스투스 리라에우스(Justus Liraeus, ca.1578-1646)도 1634년 6월 18일 그의 취임 연설에서 "의의 태양이여 우리 위에 비추소서"라는 표어를 사용했다.[70]

푸티우스 같은 경우엔 종교적 그림이나 상징을 사용하는 것을 조심스러워했다. 푸티우스는 그의 『신학 논쟁 선집』(*Selectarum disputationum*

(Utrecht: Universiteit Utrecht, 1995)를 참고하라.

67 Els Stronks, *Negotiating Differences: Word, Image and Religion in the Dutch Republic* (Leiden: Brill, 2011), 130n65.

68 말라기 4:2에 대한 주해와 더불어 표어의 유래에 대한 논의로는 P. A. Verhoef, "Sol Iustitiae Illustra Nos," in *Sol Iustitiae*, ed. P. A. Verhoef, et al. (Cape Town: N. G. Kerk, n. d.), 1-23을 참고하라.

69 Michael Welker & Cynthia A. Jarvis, eds., *Loving God with Our Minds: The Pastor as Theologian: Essays in Honor of Wallace M. Alston* (Grand Rapids: W. B. Eerdmans Pub. Co., 2004), 143n37.

70 Els Stronks, "Working the Senses with Words: The Act of Religious Reading in the Dutch Republic," in *The Authority of the Word: Reflecting on Image and Text in Northern Europe, 1400-1700*, eds. Celeste Brusati, Karl A. E. Enenkel, Walter S. Melion (Leiden: Brill, 2012), 669n7.

theologicarum)[71] 3권에서 예수 그리스도를 형상화 할 때 자칫 잘못하면 "간접적 우상숭배"의 위험에 빠질 수 있다고 보고 경계의 끈을 놓지 않았다.[72] 그러나 푸티우스가 예수 그리스도를 형상화하는 모든 시도를 전면 거부한 것은 아니었다. 위트레흐트 저명학교 취임 연설 시 푸티우스도 예수 그리스도를 "의의 태양"으로 묘사했기 때문이다. 푸티우스가 우려했던 것은 표어나 상징을 지나치게 우상화하는 태도였지 그 자체에 대한 무조건적인 거부는 아니었다.

6. 재정(finance)

네덜란드 주 차원에서 세웠던 레이든 대학에 비해 작은 도시 위트레흐트시가 세웠던 위트레흐트 대학은 설립 초기 재정적으로 상황이 좋지 않았다. 1650년대 위트레흐트 대학의 총 재정 규모가 25,000길더(guilder) 정도였는데 그 당시 기술 숙련공의 일 년 연봉이 300길더 정도였으니 그 재정 규모가 크지 않았음을 짐작 할 수 있다.[73] 대학 차원에서는 재정 상황 타계를 위해 부자 학생들을 유치할 필요가 있었고 이를 위해 부자 학생들의 구미를 당기기 위한 승마학교(equestrian academy)와 맬럿 게임 경기장(mallet game stadium)[74]을 설립하기도 했다.[75]

위트레흐트 대학의 교수 월급은 신학부 교수가 가장 높았다. 철학부 교수가

---

71 Gisbertus Voetius, *Selectarum disputationum theologicarum*, 5 vols. (Utrecht: apud Joannem à Waesberge, 1648-1669).
72 Gisbertus Voetius, "De idolatria indirecta et participata," in *Selectarum disputationum theologicarum* (Utrecht: apud Joannem à Waesberge, 1648-1667), 3:289.
73 Mijnhardt, "University of Utrecht," 1007.
74 맬럿 게임이란 나무망치로 공을 쳐서 목표지점에 다다르게 하는 게임이다.
75 Mijnhardt, "University of Utrecht," 1007.

가장 월급이 낮았으며 법학부 교수는 철학부 교수보다는 월급이 높았지만 신학부 교수에 비해서는 상대적으로 낮았다. 그러나 법학에 대한 관심이 사회적으로 점점 커지면서 법학부 교수들의 월급 또한 자연스럽게 증가되었다.[76] 사실 17세기 위트레흐트 대학에 재직했던 교수들의 주 수입원은 대학에서 주는 봉급이 아니었다. 오히려 과외 수업이 더 큰 수입원이었다. 특히 법학부나 의학부 교수들은 주로 개인 교습을 통해서 부족한 수입을 채워나갔다. 신학부 교수 같은 경우엔 개인 교습을 하기 보다는 파트타임 형식으로 교회 사역을 병행했다.[77] 신규 박사 학위 소지자들은 대개 프라네커 대학이나 흐로닝헌 대학에서 초기 교수직을 시작했고 그 다음 명성이 쌓이면 위트레흐트 대학으로 이직을 하는 경우가 많았다. 가장 경쟁이 치열한 곳이 레이든 대학이었는데 극소수의 뛰어난 학자들이 레이든 대학의 초청을 받아 교수 사역을 바로 시작하기도 하였다.[78]

17세기 위트레흐트 대학을 다니는 학생들은 일 년에 약 200-300길더 정도는 필요했다.[79] 이는 작은 돈이 아니었기에 가난한 사람들이 대학에 다니는 것은 재정적으로 힘든 일이었다.[80] 비록 등록금은 무료였지만 학위를 마치기 위해 여러 가지 유료 개인 교습들이 필요했고 숙박비 역시 따로 지불해야했다. 17세기 위트레흐트 대학에는 공동 기숙사 형태의 주거시설은 없었다. 개인적으로 학교 인근에 방을 임대해 주거해야했다. 공동 기숙사 시설이 없고 개인적으로 방을 구해 살았으므로 학생들 내부적으로 공동체성을 기르는데 있어서는 구조적 한계가 있었다. 이를 극복하기 위해 학생들은 다양한 형태의 회원제(lidmaatschap) 클럽

---

76 Mijnhardt, "University of Utrecht," 1008.
77 Mijnhardt, "University of Utrecht," 1008.
78 Mijnhardt, "University of Utrecht," 1012.
79 Mijnhardt, "University of Utrecht," 1010.
80 18세기 위트레흐트 대학에서 박사과정을 시작한 사람들 중 반 정도가 학위 취득에 성공했는데 그 주요 이유 중 하나도 역시 박사과정을 하는데 있어 재정적 부담이 컸기 때문이다. Mijnhardt, "University of Utrecht," 1009를 참고하라.

을 조직했고 이 클럽들 중에는 외국인 학생만을 위한 클럽도 있었다. 가끔씩 클럽 모임이나 연회로 인해 길거리가 소란해져 주민 민원이 들어가기도 했기 때문에 대학 평의원회는 이 자치 클럽들을 학칙으로 제어하려 노력했고 심지어는 클럽 폐쇄 조치를 내리는 시도를 하기도 했다.[81]

도서관 장서 규모와 대학 재정은 밀접한 연관이 있다. 1581년에 세워진 위트레흐트시 도서관이 곧 위트레흐트 대학의 주요 도서관이었다. 도서관은 대부분 기증이나 기부로 운영되었고 희귀본(rare book)만 도서관 재정으로 구매했다. 1670년대에는 약 6,000권 이상의 책이 있었다. 사실 17세기 네덜란드에서는 공공 도서관보다는 개인 도서관이 더 많았다. 명성 있는 학자들은 개인 소장용 장서 규모가 10,000권 이상 넘어가는 경우가 많았다고 전해진다.[82]

7. 국제화(internationality)와 다양화(diversification)

1618년부터 1648년까지 독일 땅에 30년 전쟁의 그늘이 드리워지면서 학문, 개신교, 문화의 축이 네덜란드로 넘어왔다.[83] 유럽대륙의 많은 학생들이 프라네커, 흐로닝헌, 레이든 등 네덜란드 대학으로 대거 유입해 온 것이다. 위트레흐트 대학도 이 국제 정세 수혜를 톡톡히 본 대학 중 하나였다. 이는 단순히 30년 전쟁으로 인한 반사이익 측면 만으로만 된 것은 아니었다. 이미 네덜란드 대학들은 학문적으로 매우 수준이 높았기 때문에 다른 유럽 나라 학생들이 꼭 "유학"가고 싶은 나라 중에 하나였기 때문이다.[84] 특히 개혁신학을 공부하고 싶은 사람들에게 있어 푸티우스의 학문적 명성은 공히 잘 알려져 있었으므로 위트레흐트 대학

81 Mijnhardt, "University of Utrecht," 1010.
82 Mijnhardt, "University of Utrecht," 1008.
83 Selderhuis, ed. *Handbook of Dutch Church History*, 272.
84 Zumthor, *Daily life in Rembrandt's Holland*, 113.

은 늘 유학 1순위 대학 중 하나였다.[85]

1675년에서 1725년 사이 위트레흐트 대학에 가장 많은 국제 학생들이 있었다. 총 7,600여개의 학위가 수여되었는데 그 중 2,300여개의 학위가 국제 학생의 몫이 되었다. 이는 네덜란드의 다른 대학들과 비교해서 월등히 높은 수치였는데 레이든 대학이 국제 학생에 준 학위는 800여개였고, 프라네커나 흐로닝헌도 200여개 정도 밖에 안 되었기 때문이다. 이는 얼마나 위트레흐트 대학이 국제 학생들에게 인기였는지 보여주는 수치이다.[86] 국제 학생들은 대부분 의학과 법 공부를 위해 영국이나 독일에서 왔고 다수의 학생들이 칼빈주의 개혁신학을 공부하기 위해 헝가리, 스위스, 프랑스 지방에서 위트레흐트 대학으로 왔다.

네덜란드 대학에 국제 학생이 많았던 또 다른 이유 중에 하나가 바로 "수학여행"(peregrinatio academica) 때문이었다. 17-18세기 유럽 대륙을 관통하는 개념이 하나 있었는데 그것은 "교육 받은 문화 성인"이 되기 위해서 두 가지가 필수적으로 필요한데 하나는 학위이고 또 다른 하나는 수학여행 경험이 필요하다는 개념이었다.[87] 수학여행은 1-2년간 다양한 유럽 나라와 대학들을 돌아다니며 다양한 문화와 교육을 경험하는 것이 주목적이었다. 시대의 아들이었던 마스트리히트도 학생 시절 레이든 대학, 옥스퍼드 대학, 혹은 하이델베르크 대학[88] 등지로 수학여행을 떠났다. 푸티우스는 이러한 수학여행을 학생들에게 지속적으로 장려했다.[89] 비록 이러한 수학여행에 편승해 네덜란드 대학들도 많은 국제 학

85 Keith L. Sprunger, *Dutch Puritanism: A History of English and Scottish Churches of the Netherlands in the Sixteenth and Seventeenth Centuries* (Leiden: E. J. Brill, 1982), 212.

86 Mijnhardt, "University of Utrecht," 1009.

87 Frijhoff, "Graduation and Careers," 355.

88 마스트리히트가 하이델베르크 대학으로 수학여행을 간 것이 사실인지에 대해서는 학자들 간 의견이 분분하다. 네일러(Neele)같은 경우에는 마스트리히트가 하이델베르크 지역으로 수학여행을 떠나지 않았다고 본다. Neele, *Petrus van Mastricht (1630-1706)*, 31n22를 참고하라.

생들을 유치하게 되었지만 1720년대 들어 네덜란드 대학들의 국제 학생 유치 비율이 현격히 줄어들었다. 그 이유는 수학여행 자체의 인기가 이전에 비해 많이 시들어진 것이 주요 원인 중 하나였고 동시에 자국 대학들이 발전하여 유럽 대륙 전역의 대학이 상대적으로 상향 평준화 되었기 때문이다. 위트레흐트 대학도 이런 분위기에 편승되어 1725-1801년 어간에는 불과 200여개의 학위를 국제 학생에게 수여한다.[90]

17-18세기 위트레흐트 대학은 국제성에도 강점이 있었지만 동시에 "다양성"에도 강점이 있는 대학이었다. 비록 교수진은 엄격하게 개신교 교단에서 뽑았지만 학부 학생들을 유치할 때는 교단 색깔을 날카롭게 보지 않았다.[91] 그러므로 학생 중에는 유대인도 들어왔고 여성 또한 들어왔다. 17-18세기 유럽 대학에서 여학생을 만나기란 결코 쉬운 일이 아니었다. 하지만 위트레흐트 대학에서는 한 여학생을 만날 수 있었다. 그녀는 다름 아닌 위트레흐트 대학의 첫 번째 여학생이자 화가[92]였던 안나 마리아 판 슈르만(Anna Maria van Schurman, 1607-1678)이었다.[93] 남학생들과 슈르만이 같은 강의실에 앉아 수업을 들은 것

---

89 Voetius, *Exercitia et bibliotheca studiosi theologiae*, 256-57.

90 Mijnhardt, "University of Utrecht," 1009.

91 Mijnhardt, "University of Utrecht," 1010.

92 그림에 뛰어난 소질이 있었던 슈르만이 위트레흐트 시절 자신의 선생님이었던 푸티우스, 스호타누스, 데마티우스의 초상화를 그렸는데 그 초상화가 De Groot & de Jong, red., *Vier eeuwen theologie in Utrecht*, 15에 수록되어있다. 또한 자기 스스로 자화상도 그렸는데 이는 De Groot & de Jong, red., *Vier eeuwen theologie in Utrecht*, 20에 수록되어있다.

93 슈르만에 대한 구체적 관련 연구가 근간되었다. Anne R. Larsen, *Anna Maria van Schurman, 'The Star of Utrecht': The Educational Vision and Reception of a Savante* (Routledge, 2016)를 참고하라. 슈르만의 저작과 슈르만에 대해 연구한 이전 출판물로는 Anna Maria van Schurman, *Whether a Christian Woman should be Educated and Other Writings from Her Intellectual Circle*, ed. & trans. Joyce L. Irwin (Chicago: University of Chicago Press, 1998); Pieta van Beek, *The First Female University Student: Anna Maria van Schurman (1636)* (Igitur: Utrecht Publishing & Archiving Services, 2010); Mirjam de Baar, ed., *Choosing the Better Part: Anna Maria van Schurman (1607-1678)*, trans. Lynne Richards (Dordrecht:

은 아니었다. 그 당시 사회 분위기대로 슈르만은 커튼을 친 창문 뒷 쪽에서 수업을 들었다.[94] 그러므로 남학생들은 슈르만을 강의실 안에서 볼 수는 없었다.[95] 슈르만은 학문적으로 탁월했고 다양한 언어들에 능통했으며 문학과 미술 등에도 놀라운 소질을 보인 뛰어난 신(新)여성이었다. 슈르만의 존재는 위트레흐트 대학의 다양성의 폭을 한층 더 넓혀주었다.

안나 마리아 판 슈르만 자화상 (익명의 기술공에 의해 구리 동판으로 제작되었음)

Kluwer Academic Publishers 1996); Una Birch, *Anna van Schurman, Artist, Scholar, Saint* (London: Green and Co., 1909)등을 참고하라.

94 Broeyer, "Theological Education at the Dutch Universities in the Seventeenth Century," 116.

95 Van Beek, *The First Female University Student*, 60.

Ⅳ. 나가는 말

16세기 종교개혁의 주요 근간들 중 하나가 대학 개혁[96]이었고 이러한 기치는 17세기 위트레흐트 대학의 설립, 운영, 교육을 통해서 잘 드러났다. 위트레흐트 대학 전신인 저명학교 설립 시 취임연설에서 푸티우스의 강조점은 학문과 경건이 선한 연합을 이루어야한다는 것이었다. 이는 위트레흐트 대학 초기 교수진들이었던 스호타누스, 데마티우스, 호오른베이크, 마스트리히트까지 위트레흐트 대학 전체를 아우르는 키워드요 거대한 맥락이었다. 이러한 맥락은 17-18세기를 관통했던 나더러 레포르마치의 정신과 맞물려 신학생 개혁, 목회자 개혁, 교회 개혁, 그리고 사회 개혁까지 그 개혁의 틀이 기초부터 닦여지고 재정비되는데 있어서 결정적 역할을 감당했다. 또한 위트레흐트 대학은 넉넉지 않은 재정 형편에서도 학문성을 갈고 닦아 대학의 국제성과 다양성 증진에 이바지하여 개혁신학을 국제적 공교회에 보편적으로 설파하는 귀한 일을 감당했다. 이런 측면에서 17세기 네덜란드의 위트레흐트 대학은 종교개혁 500주년을 기념하는 해 머나먼 동양의 나라 한국 땅에서 살아가고 있는 우리에게 많은 귀감과 울림을 준다.

17세기 위트레흐트 대학의 초기 설립 역사, 운영, 교육을 살펴보면서 신학교는 과연 무엇을 하는 곳이며, 신학 교육의 본질은 무엇이며, 그것을 어떻게 실현해야하며, 어떤 자세로 신학 공부에 임해야 하는가에 대한 대답을 여실히 찾아볼 수 있었다. 즉 신학은 뛰어난 지성과 뜨거운 경건으로 교회와 사회 그리고 국가와 세계를 섬기기 위해 존재하는 것이고 이것이 가능하도록 토대를 닦는 곳이 바로 신학교이다. 이런 측면에서 17세기 위트레흐트 대학의 이야기는 머나먼 유럽의 한 나라에서 벌어진 그들만의 이야기가 아니라 오늘날 우리들에게 있어서

---

96 Muller, "The Era of Protestant Orthodoxy," 103.

도 대단히 소중한 이야기이다.97

97 한국에서 구하기 어려운 자료를 구하는데 기꺼이 도움을 주신 장영환 목사님께(미국 칼빈 신학교에서 역사신학 공부 중) 이 자리를 빌어 감사의 말을 전합니다.

스코틀랜드 종교개혁과 교육 개혁
- 에든버러대학을 중심으로 -

이재근

(웨스트민스터신학대학원대학교 겸임교수, 광교산울교회 협동목사)

아세아연합신학대학교(B.Th.), 합동신학대학원대학교(M.Div.)에서 공부했다. 이후 아세아연합신학대학교에서 신학석사(Th.M.), 미국 보스턴 대학(Boston University)에서 신학석사(S.T.M.)를 거쳐, 스코틀랜드 에든버러 대학(The University of Edinburgh)에서 세계기독교연구소장(Centre for the Study of World Christianity) 브라이언 스탠리(Brian Stanley)를 사사하여 철학박사(Ph.D.) 학위를 받았다. 『세계 복음주의 지형도』(복 있는 사람, 2015)와 『종교개혁과 정치』(SFC, 2016)을 썼고, 『칼빈 시대 영국의 종교개혁자들』(개혁주의학술원, 2015)에도 마일즈 커버데일에 대한 논문을 기고했다. 여러 권의 번역서가 있으며, 종교개혁 시기와 근현대 시대 교회, 한국 기독교의 발자취 등이 주 연구분야이다. 현재 웨스트민스터신학대학원대학교 겸임교수와 광교산울교회 협동목사로 섬기고 있다.

이재근

Ⅰ. 서론

1560년을 기점으로 삼는 스코틀랜드 종교개혁 450주년 기념식이 열린 2010년 11월 3일, 스코틀랜드국민당 지도자로, 당시 스코틀랜드 총리(2007-2014)로 재직하던 알렉스 샐먼드(Alex Salmond)는 기념식에 참석해 다음과 같이 연설했다.

> 이 역사적 기념일은 스코틀랜드에 사는 모든 이에게 종교개혁을, 그리고 우리나라를 만드는 데 도움을 준 그 영속적인 유산을 축하할 기회를 제공합니다. 종교개혁이 확립한 교육 환경이 오늘날 우리가 알고 있는 사회의 발전에 생명을 불어넣었습니다. 1560년의 『제1치리서』는 스코틀랜드 의회의 1696년 학교정착법(Act for Settling of Schools)으로 이어졌고, 스코틀랜드의 무상교육, 보편교육 확립에서 절정에 이르렀습니다. 저는 스코틀랜드의 가장 위대한 발명품이 공교육이라고 믿습니다. 다른 모든 발명품이 바로 여기서 나왔습니다.[1]

스코틀랜드인은 물론이고, 외부에서 스코틀랜드를 바라본 학자나 연구자, 여행자 대부분에게 스코틀랜드는 학문의 나라, 지성의 나라, 철학의 나라, 산업혁명의 나라, 장로교의 나라로 널리 알려져 있다. 종교개혁 시대의 교회지도자 존 낙스와 앤드루 멜빌, 새뮤얼 러더퍼드, 경제학자 애덤 스미스와 회의론 철학자 데이비드 흄, 상식철학자 토머스 리드와 듀걸드 스튜어트, 시인 로버트 번즈와 소설가 월터 스코트, 로버트 루이스 스티븐슨, 아서 코난 도일, 문필가 토머스

1 이 기념행사를 보도한 다음 기사를 보라.
http://scottishchristian.com/salmond-hails-reformations-legacy/ (2017년 4월 2일 접속).

칼라일, 발명가 제임스 와트, 알렉산더 그레이엄 벨, 과학자 찰스 다윈, 선교사이자 탐험가 데이비드 리빙스턴, 최근의 조앤 롤링에 이르기까지, 스코틀랜드는 인문학과 자연과학 전 영역에서 서양과 세계의 '근대'를 만든 천재들을 수도 없이 배출했다. 그래서 한 미국인 작가는 전 세계적 베스트셀러가 된 한 대중 서적의 제목을 노골적으로 "어떻게 스코틀랜드인은 근현대 세계를 발명했는가?: 어떻게 서유럽의 가장 가난한 나라가 우리 세계와 그 안에 있는 모든 것을 창조했는지에 대한 이야기"[2]라고 짓기도 했다. 물론 이 책은 스코틀랜드와 혈통적 관련성이 없는 미국인이 쓴 책이기는 하지만, 외부에서는 물론 스코틀랜드에서도 과장과 도발, 편견이 많이 담긴 책이라는 비판을 받았다. 그럼에도 불구하고, 이 책에서 등장하는 스코틀랜드 사람들의 긴 이름 목록, 그리고 그들이 현대 정치 및 문화, 사상과 과학 발전에 끼친 기초적인 공헌만 보더라도 유럽 변방의 이 작은 나라가 현대 세계의 형성에 끼친 영향이 놀라울 정도로 컸다는 사실 자체는 부인할 수 없다.[3]

중요한 사실은 일반인뿐만 아니라 학자 대부분도 스코틀랜드가 근대 이후 서양 세계의 지성을 선도하는 국가로 성장한 그 기초와 뿌리가 스코틀랜드 종교개혁이라고 믿는다는 사실이다. 위에서 인용한 스코틀랜드 총리의 연설에서도 제시되듯, 스코틀랜드의 근현대 발전의 중심에 스코틀랜드 종교개혁, 특히 종교개혁자들이 이끈 교육개혁이 있다고 널리 인정된다.[4] 따라서 본 글은 스코틀랜드

---

2 Arthur Herman, *How the Scots Invented the Modern World: The True Story of How Western Europe's Poorest Nation Created Our World & Everything in It (or The Scottish Enlightenment: The Scots invention of the Modern World)* (New York: Three Rivers Press, 2001; Penguin Random House, 2002).

3 국내에도 스코틀랜드 계몽주의가 근대 이후 유럽과 세계의 사상 형성에 끼친 의미 있는 공헌을 다루는 충실한 학술서적이 나와 있다. 이영석, 『지식인과 사회: 스코틀랜드 계몽운동의 역사』 (서울: 아카넷, 2014).

4 물론 이런 일반적인 인식이 과장되거나 잘못되었다는 주장도 있다. 예컨대, 스티븐 마크 홈즈는 스코틀랜드의 교육 혁신은 종교개혁으로 처음 시작된 것이 아니라, 이미 중세 말기 가톨릭교회

종교개혁의 유산을 교육 혁신이라는 측면에서 역사적으로 소개하려는 의도에서 작성되었다. 특히 그 역사가 450-600년에 이르는 스코틀랜드의 4대 '고대'(ancient) 대학(세인트앤드루스, 글래스고, 애버딘, 에든버러)의 형성과 발전사를 간략하게 살펴보고, 특히 스코틀랜드 종교개혁(1560) 직후 설립된 에든버러대학의 탄생과 초기 성장 과정을 상세하게 밝히고자 한다. 이 과정에서 종교개혁 이전에 설립된 세 개의 대학의 개혁을 주도하고, 새로 설립된 에든버러대학의 정체성과 방향을 제시한 스코틀랜드 종교개혁자 존 낙스와 앤드루 멜빌의 교육 개혁 유산을 소개하고자 한다.

II. 스코틀랜드 4대 '고대' 대학(Scottish Four 'Ancient' Universities) 설립 약사

1. 세인트앤드루스대학교(1413)

15세기 이전에 중등 교육을 제공한 교구 혹은 문법학교를 졸업한 스코틀랜드 학생 중 고등 교육을 추가로 원하는 학생들은 잉글랜드나 대륙의 대학으로 유학을 떠나야 했다. 이들이 유럽의 다른 지역에 유학을 가지 않고 자국에서 교육을

의 지도자들도 시도한 바 있다고 주장한다. 다음 문헌을 보라. Stephen Mark Holmes, "Education in the Century of Reformation," *The Edinburgh History of Education in Scotland*, Robert Anderson, Mark Freeman, and Lindsay Paterson eds. (Edinburgh: Edinburgh University Press, 2015), 57-78. 홈즈의 주장은 상당히 설득력이 있다. 그러나 낙스와 멜빌을 포함한 종교개혁 당시 대학 지도자들이 스코틀랜드의 중세와 르네상스 전통의 영향을 받았다는 사실은 이미 다른 학자들도 주장한 바다. 특히 이들은 종교개혁의 교육 개혁이 갑자기 이루어진 것이 아니라, 점진적으로 이루어졌다는데 대개 동의한다. 그럼에도 불구하고, 종교개혁 이후의 제도적 개혁과 종교개혁 사상에 내재된 혁신정신이 이 추가 변화의 강력한 동인이자 추진력이었음을 부인할 수 없다.

받을 수 있게 된 계기는 1413년에 스코틀랜드의 종교 수도 세인트앤드루스에 스코틀랜드의 첫 대학이 설립된 일이었다. 세인트앤드루스대학은 잉글랜드의 옥스퍼드대학(1096)과 케임브리지대학(1209)에 이어, 오늘날의 영국(잉글랜드, 스코틀랜드, 북아일랜드, 웨일스) 내에서 세 번째로 세워진 대학으로, 스코틀랜드에서는 최초의 대학이었다. 세인트앤드루스 주교 헨리 워들로(Bishop Henry Wardlaw, ?-1440)가 설립을 주도하고, 아비뇽 교황 베네딕토 13세[5]의 교서로 1413년에 설립 허가를 받은 이 대학을 이끈 이는 린도리스의 로렌스(Laurence of Lindores, c.1373-1437)로, 중부유럽에서 유명한 교사이자 종교재판관이었고, 잉글랜드의 종교개혁자 존 위클리프와 그의 추총자들을 반대한 인물이었다. 린도리스의 로렌스는 중세 스콜라철학 유명론의 '비아 모데르나'(*via moderna*, 새 접근법) 전통에 속한 학자였기에, 실재론의 '비아 안티쿠아'(*via antiqua*, 옛 접근법) 전통을 지지한 위클리프와 그의 추종자들에 반대했다.[6] 로렌스의 지휘하에 세인트앤드루스대학은 잉글랜드 및 유럽 대학들에서 퍼지고 있는 것으로 여겨지던 이단적 견해들에서 스코틀랜드 학생들을 보호한다는 선명한 목표로 운영되었다.[7] 이 이단적 견해에는 스콜라주의의 실재론 전통 뿐만 아니라, 당시 존

5 중세 말기인 14세기에 교황청이 프랑스왕의 영향력 하에 프랑스 아비뇽으로 이전했는데, 당시 7명의 교황이 아비뇽에서 가톨릭교회를 다스렸다. 이를 '아비뇽 유수'(1309-1377)라 한다. 1377년에 교황 그레고리오 11세가 로마로 복귀함으로써 아비뇽 유수는 공식 종결되었다. 그러나 이듬해 사망한 그레고리오 11세의 후임자 우르바노 6세의 선출을 둘러싸고 프랑스계 추기경들이 이의를 제기하면서, 1379년에 로마 교황에 대립하는 아비뇽 교황이 다시 등극했다. 이 아비뇽 '대립교황'의 계보는 클레멘스 7세(1378-1394)와 베네딕토 13세(1394-1423)가 계승했다. 중세말기 스코틀랜드는 친프랑스 정책을 폈기에 아비뇽 교황을 지지했고, 따라서 세인트앤드루스대학 설립 교서도 아비뇽 교황이 내렸다. 더 자세한 역사는 후스토 곤잘레스, 『중세 교회사』(2010년 개정증보판), 엄성옥 역 (서울: 은성, 2012), 210-22를 보라.

6 J. Durkan, "Universities," in *Dictionary of Scottish Church History and Theology*, Nigel M. de S. Cameron, David F. Wright, David C. Lachman, and Donald E. Meek, eds. (Downers Grove, IL: InterVarsity Press, 1993), 842-43.

7 "Universities," in Ian Donnachie and George Hewitt, ed., *Collins Dictionary of Scottish History* (Glasgow: HarperCollins, 2003), 312.

위클리프와 얀 후스 등을 통해 유럽 일부 지역에서 유행한 주장들, 즉 16세기 개신교 종교개혁의 뿌리가 되는 견해도 포함되는 것 같다.

스코틀랜드의 첫 대학이 정치적 수도인 에든버러가 아닌 세인트앤드루스에 세워진 이유는 두 가지였다. 하나는 스코틀랜드 최고위 주교좌(greatest bishopric, 추기경좌)가 에든버러가 아니라 세인트앤드루스에 있었기 때문이고, 다른 하나는 중세 시대 학문의 전당 역할을 했던 수도원도 세인트앤드루스에 위치해 있었기 때문이었다. 대학 설립 직전인 1410년 5월에 세인트앤드루스의 수도원에 있던 신학자 대부분은 파리에서 공부한 유학파로, 스코틀랜드에서 고등교육 및 대학교육 담당할 실력을 가진 최고 지식인 인재가 세인트앤드루스에 집중되어 있었다.[8]

2. 글래스고대학교(1451)

얼마 지나지 않은 1451년에는 글래스고에 두 번째 스코틀랜드 대학이 설립되었다. 그 해 1월 7일에 로마 교황 니콜라오 5세가 교서를 내림으로써 글래스고대학이 시작되었는데, 대학 설립을 교황청에 청원했던 윌리엄 턴불(William Turnbull, ?-1454) 주교가 초대총장이 된 글래스고대학이 모델로 삼은 학교는 유럽 최초의 대학으로 알려진 이탈리아의 볼로냐대학(1088)이었다.[9]

---

8 http://www.st-andrews.ac.uk/about/history/brief/ (2017년 3월 25일 접속)

9 대학 설립에 관한 첫 문서 중 하나에는 다음과 같은 내용이 나온다. "우리 주의 해 1541년에 글래스고대학이 굳건한 반석위에 든든히 세워졌다....상기한 이 대학의 첫 열매들은.....모든 대학 중 가장 자유로운 대학인 우리의 어머니 볼로냐대학의 특권들을 수용함으로써 처음부터 우리 후손에게 순전하고 건전한 교리를 전달할 수 있을 것이다." "Prologue: University and Art Statutes," in *Munimenta Alme Universitatis Glasguensis*, C. Innes, ed., 4 vols. (Glasgow: Maitland Club, 1854), ii, 3-5, 20-22. John Durkan and James Kirk, *The University of Glasgow, 1451-1577* (Glasgow: University of Glasgow Press, 1977), 3에서 재인용.

3. 애버딘대학교(1495)

15세기가 끝나기 직전인 1495년에 스코틀랜드에서 세 번째이자 영어권에서는 다섯 번째 대학이 스코틀랜드 북동부 도시 애버딘에 세워졌다. 애버딘 주교이자 스코틀랜드의 대법관이던 윌리엄 엘핀스턴(William Elphinstone)이 세웠을 당시 이 학교의 명칭은 킹스칼리지(King's College)였는데, 그 설립 목적은 북부 스코틀랜드를 위한 박사와 교사, 성직자 훈련, 그리고 스코틀랜드 왕실을 섬길 행정관 교육이었다. 개교 당시 킹스칼리지에 소속된 교원과 학생은 총 36명이었고, 학교에서 가르친 과목은 당시 르네상스 시대의 학문 전반을 일괄하는 인문학, 신학, 교회법, 사회법이었다. 2년 뒤에는 영어권 최초로 대학에 의학 과정을 신설했다. 보다 오래된 두 학교, 세인트앤드루스와 글래스고가 그랬듯, 애버딘대학이 모델로 삼은 학교도 파리대학과 볼로냐대학이었다. 애버딘에는 킹스칼리지 외에도 1593년에 제4대 매리셜 백작 조지 키스가 매리셜칼리지를 애버딘시 뉴타운 심장부에 세웠다. 매리셜칼리지는 1583년에 설립된 에든버러대학에 이어 종교개혁 이후 스코틀랜드에 세워진 두 번째 대학으로, 애버딘의 이 두 칼리지는 1860년에 합병하여 오늘날의 애버딘대학이 되었다. 이 중 신학을 담당한 곳은 킹스칼리지로, 오늘날에도 킹스칼리지에는 애버딘대학 신학부가 위치해 있다.10

1495년에 설립된 애버딘대학은 르네상스 인문주의 정신이 온건한 중세 스콜라주의와의 결합한 결과였다. 헥터 보이스(Hector Boece, c.1470-1536)는 파리대학에서 공부하고, 파리의 몽테규칼리지에서 가르치기도 한 인물로, 엘핀스

10 http://www.abdn.ac.uk/about/history/ (2017년 3월 26일 접속)

턴의 요청을 받아 애버딘에 와서 인문학을 가르치며, 신학과 의학 분야에서 추가로 독학한 후, 1505년에 킹스칼리지의 초대 학장이 되었다. 에라스무스의 절친한 친구였던 그는 몽테규칼리지에서 배운 기독교 신플라톤주의와 그리스-로마 고전에 대한 애정을 애버딘 학생들에게 쏟아 부었다. 역사가로서 그가 쓴 『스코틀랜드 역사』(*Scotorum Historiae*, 1527)의 경우, 엄밀히 비평적이고 학문적이라기보다는 신화적이라는 비판을 받았음에도 불구하고, 애버딘이 이후 존 바우스(John Vaus, 1484?-1538?), 애덤 무어(Adam Mure), 플로렌시어스 윌슨(Florentius Wilson) 같은 저명한 르네상스 인문주의자들을 배출하는 데 크게 기여했다.[11] 라틴어학자(Latinists)로도 유명했던 이들뿐만 아니라 다수의 애버딘대학 학생들은 종교개혁이 진행되기 이십 년 전에 이미 그리스어에 능통했다고 알려져 있다.[12]

지금까지 언급한 스코틀랜드의 세 개 대학은 모두 종교개혁 이전에 세워진 대학으로서, 처음부터 종교개혁의 사상과 이상을 반영하지는 않았다. 그러나 이 세 대학은 모두 중세 말기와 르네상스기에 부상한 스콜라철학의 새로운 방법론('비아 모데르나')과 르네상스 인문주의의 정신에 따라 설립되고 운영되었다. 따라서 이런 중세 말 인문주의 세계관의 연장선 속에서 발흥하고 융성한 종교개혁, 이 종교개혁의 일부로서의 교육 개혁, 그리고 그 교육 개혁의 일부로 탄생한 에든버러대학이 그보다 앞선 세 대학으로부터 중요한 유산들을 물려받았다는 사실을 인정해야 한다.

---

11 L. J. Macfarlane, "Hector Boece," in *Dictionary of Scottish Church History and Theology*, 82-83.

12 Steven J. Reid, *Humanism and Calvinism: Andrew Melville and the Universities of Scotland, 1560-1625* (Surrey: Ashgate, 2011), 23.

III. 에든버러대학의 설립(1583)과 발전[13]

스코틀랜드와 잉글랜드, 웨일스를 포함하는 영국제도(British Isles) 전역에서 종교개혁 이후 처음 탄생한 에든버러대학은 1583년 10월에 첫 학생들을 모집하고 수업을 시작했다. 에든버러대학이 이전 세 대학과는 달리 종교개혁 이후에 설립되었다는 차이 외에 또 하나의 큰 차이점은, 이전 대학들이 교황의 대학 허가 칙령 하에 설립된 것과는 달리, 에든버러대학은 시의회, 즉 종교와 관계없는 시민정부 차원에서 설립을 추진했다는 것이다. 이는 1560년 스코틀랜드 종교개혁의 성공 이후 스코틀랜드의 교육개혁이 단지 교육의 주체를 가톨릭에서 개신교(장로교)로 바꾼 것이 아니라, 아예 교회가 독점하던 교육제도가 (비록 여전히 교회와 성직자의 영향력이 막강하기는 했음에도 불구하고) 시민정부가 주도권을 가진 체계로 바뀐 시대정신을 반영했다는 점에서 그 의의가 더 크다.

1. 에든버러대학의 설립 계획 및 준비 과정

에든버러에 대학을 설립하는 계획을 처음 세우고 이를 현실화하는 데 필요한 재정을 마련한 인물은 로버트 리드 주교(Bishop Robert Reid, ?-1558)였다.

---

13 Ⅲ부에 해당하는 이 단락 전체의 구조는 http://ourhistory.is.ed.ac.uk/index.php/Opening_of_Edinburgh_University,_1583#Opening_of_the_University (2017년 3월 27일 접속)의 설명을 따랐다. 이 내용은 에든버러대학이 직접 제공한 대학 설립 약사로, 필자는 이 내용을 기본 뼈대로 삼은 후, 여러 문헌으로 살을 붙이고 확장했다. 대학이 제공한 이 온라인 자료의 내용은 주로 Sir Alexander Grant, *The Story of the University of Edinburgh during its First Three Hundred Years*, 2 vols (London: Longmans, Green, and Co., 1884)과 Thomas Craufurd, *History of the University of Edinburgh, from 1580 to 1646: To Which is Prefixed the Charter Granted to the College by James VI of Scotland, in 1582* (Edinburgh: Printed by A. Neill & Co., 1808)에서 발췌한 것이다.

킨로스(Kinross)의 대수도원장, 뷸리(Beauly)의 소수도원장, 오크니(Orkney)의 주교였던 리드 주교는 스코틀랜드 종교개혁의 가장 큰 반대자로서 결국 낙스와 동료들에 의해 세인트앤드루스에서 죽임을 당한 데이비드 비튼 추기경(Cardinal David Beaton, c.1494-1546)의 확고한 지지자였다. 또한 스코틀랜드 왕실의 경조사, 프랑스 왕가와의 외교관계를 관장하고, 이단(종교개혁 신앙) 재판을 주도하는 등, 주교 및 대수도원장으로서 사망 시까지 가톨릭 신앙에 충실한 인물이었다. 그러나 리드는 자기가 담당하는 교구의 성직자 훈련 및 설교 기준을 높이는 등 교육개혁안을 마련했다. 또한 파리와 로마에 방문하면서, 그 지역에서 번성하던 인문주의 사상에 큰 감명을 받아, 저명한 이탈리아인 인문주의 학자 지오반니 페레리오(Giovanni Ferrerio, 1502-1579)를 킨로스에 초빙해서 5년간 가르치게 하는 등, 스코틀랜드 지식운동에 크게 기여한 학자형 주교였다. 또한 그는 애버딘 킹스칼리지 초대 학장 헥터 보이스가 쓴 『스코틀랜드 역사』(1527)의 내용을 제임스 3세 통치기(1460-1488)까지 연장한 내용을 집필하면서, 스스로 역사가로서의 재능도 보여주었다. 이런 그의 학문에 대한 깊은 애정은 그가 1558년 사망 직전에 자신의 재산을 에든버러에 인문학과 법학을 가르치는 대학을 세워달라는 유언을 남긴 데서 정점에 이르렀다. 그러나 리드의 유언이 실제로 열매 맺기까지에는 사반세기의 시간이 더 필요했다. 종교개혁의 여파로 스코틀랜드의 정치계와 교계가 안정되지 못했기 때문이고, 또한 그가 유언한 대학 설립 기금을 마련하는 데 어려움이 있었기 때문이기도 했다.[14]

에든버러대학 이전에 설립된 세 개의 '고대' 대학이 수도에 설립되지 못했기 때문에, 정치 및 행정, 종교, 사법의 중심지이자 수도로서의 에든버러에 목회자와 법률가, 행정가 및 학자를 양성할 수준 높은 대학이 있어야 한다는 요구는 이

14 J. Kirk, "Thomas Reid," in *Dictionary of Scottish Church History and Theology*, 701-2.

미 오래전부터 거셌다. 1560년의 스코틀랜드 종교개혁에 뒤이어, 시의회는 에든버러에서 수도원으로 사용되던 건물들을 개조해서 교육용으로 활용하기로 계획했다. 1562년 8월에 의회는 스코틀랜드의 메리 스튜어트 여왕(1542-1587)에게 커크오필드(Kirk[15] o' Field)[16] 부지에 학교를 짓게 해 달라고 요청했다. 메리 여왕은 미래의 어느 시점에 대학을 지을 적당한 공간을 제공하겠다고 모호하게 약속했으나, 의회는 커크오필드를 팔려고 마음먹고 있던 목회자 윌리엄 페니퀵(William Penicuik)과 지루한 협상을 벌였다. 그러다 1567년 3월 13일에 여왕은 칙령을 내려 에든버러에 있던 모든 수도원 부지를 시의회에 양도했지만, 이 부지들은 개신교 목회자와 빈민을 지원하는 데만 사용되어야 한다는 조건을 달았다. 가톨릭 신자로서 종교개혁자들과 지난한 투쟁을 벌였던 메리 여왕이 1568년에 폐위된 후 정치적 혼란이 이어진데다, 자신들의 교구에 이미 세워져 있던 대학들과 경쟁하는 대학이 수도에 설립되는 것을 반대한 세인트앤드루스, 글래스고, 애버딘 주교들의 견제로 에든버러에 대학을 세우는 일은 계속 지체되었다.

구체적인 대학 설립 논의는 1570년대 후반에 재개되었는데, 여기에는 존 낙스의 뒤를 이은 에든버러의 수석 목회자 제임스 로선(James Lawson, 1538-1584)의 기여, 후에 장서를 기증함으로써 에든버러대학 도서관 창립자가 되는

---

15 Kirk는 원래 교회(church)를 의미하는 스코틀랜드식 표현인데, 종교개혁 이후에는 잉글랜드 국교회(Church of England, 성공회)나 스코틀랜드에 세워진 스코틀랜드성공회(Scottish Episcopal Church)와 구별하여, 주로 스코틀랜드국교회(Church of Scotland, 장로교) 교회당을 지칭하는 단어로 사용된다.
http://www.dictionary.com/browse/kirk?s=t (2017년 3월 28일 접속)

16 원래 이름이 Collegiate Church of St Mary in the Fields(야외에 있는 마리아의 교회)였으나, 줄여서 Kirk o' Field(야외 교회)라 부른다. 원래 오늘날 에든버러 시의회 청사들이 모여 있는 체임버스스트리트(Chambers Street)에 있었던 것으로 알려져 있다. 이 교회는 메리 여왕의 두 번째 남편이었던 단리 경(Henry Stuart, Lord Darnley, 1545-1567)이 1567년 2월 10일에 살해당한 장소로 가장 유명하다.
http://www.nationalarchives.gov.uk/education/resources/kirk-o-field/ (2017년 3월 28일 접속).

변호사 클레멘트 리틀(Clement Litill/Little, c.1527-1580)[17] 및 그의 형이자 후에 에든버러 시장이 되는 윌리엄 리틀(William Litill, 1525-1601) 같은 이들의 지원이 있었다. 시의회는 1579년에 옛 트리니티교회(Trinity Collegiate Kirk) 내, 혹은 근교에 부지를 마련할 수 있는지 조사하는 위원회를 조직했다. 또한 이 장소가 부적당한 것으로 판명되면, 원 계획대로 커크오필드에 대학을 설립하는 쪽으로 결정하기로 했다. 1579년 11월에 스코틀랜드 국회가 페니퀵의 후임인 커크오필드 주임 목회자 로버트 벨포(Robert Balfour)를 단리 경 살해 사건을 방조한 책임을 물어 해임했다.

시의회는 커크오필드를 바로 사용할 수 있기를 바랐지만, 메리 여왕의 뒤를 이어 왕이 된 제임스 6세(1566-1625)는 이 교회 부지를 시종 존 깁(John Gib)에게 선물로 주어버렸다. 그러나 깁은 이 땅을 1581년에 시의회에 팔았다. 1580년에서 1584년 사이에 스코틀랜드에서 일시적으로 주교제가 폐지되었는데, 이로 인해 세인트앤드루스, 글래스고, 애버딘 주교들이 에든버러대학 설립을 반대할 수 없는 상황이 되었다. 시의회의 요청에 따라, 1582년 4월에 제임스 6세는 두 칙령을 반포했다. 1582년 4월 11일에 반포된 첫 칙령은 리드 주교가 남겨두었으나 사용되지 않았던 유산을 대학 설립을 위해 사용할 수 있도록 허락한 것이고, 4월 14일에 반포된 두 번째 칙령은 메리 여왕의 1567년 칙령을 확장하여 시의회가 교육 목적으로 수도원 건물들을 사용할 수 있게 허락한 것이었다. 이 칙령들로 시의회는 교수들을 임명하고 해임할 수 있는 권한, 이들이 거주할 집을 지을 수 있는 권한, 커크오필드를 시에 팔 수 있는 권한을 확보했다.

---

17 클레멘트 리틀과 에든버러대학 및 도서관의 관계에 대해서는 James Kirk, "Clement Little's Edinburgh," in *Edinburgh University Library, 1580-1980: A Collection of Historical Essays*, eds. J. R. Guild and A. Law (Edinburgh: Edinburgh University Library, 1982), 1-42를 보라.

2. 대학 건물의 확보

설립될 새 대학의 주 건물은 해밀턴하우스(Hamilton House)로, 메리 여왕이 아기였을 때 스코틀랜드를 다스린 섭정이자, 2대 (스코틀랜드) 애런 백작 및 (프랑스) 샤텔로 공작인 제임스 해밀턴(James Hamilton, c.1516-1575)이 소유한 저택이었다. 이 주택은 커크오필드에 속한 병원 부지에 세워져 있었는데, 이 병원은 1543-50년에 있었던 잉글랜드-스코틀랜드 전쟁[18] 기간에 불타버렸다. 해밀턴은 이 부지를 1555년에 구매했다. 해밀턴 가문이 몰락하면서 몰수되었던 이 건물을 시의회가 결국 구입했다. 해밀턴하우스의 내부는 교실, 대학 강당, 17개 방을 가진 학생용 기숙사로 개조되었다. 1583년 11월 8일 결의를 통해, 시의회는 학생들이 대학 건물 안에서 거주해야 한다고 명시했다. 그러나 가장 초기에도 해밀턴하우스가 학생 전체의 3분의 1 이상은 수용할 수 없었기 때문에, 다른 학생은 모두 도시 안에 있는 다른 숙박 시설을 구해야 했다.

3. 초대 담임교수, 로버트 롤록

시의회가 밟은 다음 과정은 새롭게 설립되는 이 대학에서 모든 가르침과 행정을 홀로 담당할 책임을 가진 담임교수를 찾는 일이었다. 담임교수(regent)라는 표현은 주로 영어권, 특히 스코틀랜드에서 학생들과 함께 생활하면서 가르침과 연구 및 개인생활 지도와 감독까지 담당하던 교수를 일컫는 표현이었다.[19] 제임

18 '거친 구애'(Rough Wooing)라는 별칭으로 불리는 두 나라 간 전쟁이었다. 당시 성공회 종교개혁을 진행하던 잉글랜드 헨리 8세가 당시 스코틀랜드와 오랜 연맹 관계에 있던 가톨릭 프랑스의 스코틀랜드 내정 개입을 막고자, 자기 아들 에드워드 6세와 아기였던 스코틀랜드의 메리 스튜어트 간 결혼을 강제 성사시키려고 스코틀랜드를 침공함으로써 시작되었다. "Rough Wooing," in *Collins Dictionary of Scottish History*, 265.

스 로선의 추천으로 의회는 로버트 롤록(Robert Rollock, 1555-1599)[20]을 만났는데, 당시 롤록은 세인트앤드루스대학에서 교육받은 후 1580년부터 그 대학의 철학 담당 담임교수로 일하고 있었다. 롤록은 가르침의 수준뿐만 아니라 학생들의 마음에 심어준 경건으로도 좋은 평판을 받았다. 로선의 제안을 호의적으로 받아들인 롤록은 시의회와 면접을 가진 후 에든버러대학의 담임교수로 임명되었다. 처음에는 1년 단기 계약으로, 1583년 9월 14일자로 시작되는 직책이었다. 롤록은 에든버러대학의 초대 담임교수이자 학장으로 유명했을 뿐 아니라, 프랑스 개혁파 위그노 학자 페트루스 라무스(Petrus Ramus, 1515-1572)의 방법론[21]에 근거한 여러 권의 성경 주석을 남긴 주석가로, 그리고 종교개혁 이후 초기 스코틀랜드교회에 개혁파 신학에 근거한 성경론과 언약론을 정착시킨 인물로 평가받는다.

---

19 http://www.dictionary.com/browse/regent (2017년 3월 28일 접속)

20 영어로 작성된 롤록에 대한 전기적 자료는 James Kirk, "Robert Rollock," in *Oxford Dictionary of National Biography* (Oxford: Oxford University Press, 2004) at http://www.oxforddnb.com/index/24/101024032/ (2017년 3월 28일 접속)과 S. Isbell, "Robert Rollock," in *Dictionary of Scottish Church History and Theology*, 726이 대표적이다. 이 두 자료는 모두 라틴어 저작인 George Robertson and Henry Charteris, *De Vita et Morte Roberti Rollok: Academiae Edinburgenae primarii, narrationes* (Edinburgh: Bannatyne Club, 1826)에 의존했다. 그러나 최근 한글로도 롤록의 생애를 다루는 글이 나왔다. 한국에서 작성된 유일한 롤록 관련 문헌일 것이다. 우병훈, "스코틀랜드 최초의 언약신학자, 로버트 롤록의 생애와 신학," 『칼빈 이후 영국의 개혁신학자들』 (부산: 고신대학교 개혁주의학술원, 2016): 103-30. 이 논문을 요약하고 수정한 우병훈, "17세기 에든버러대학에서의 신학 교육–종교개혁자들의 신학교육 (3)," 「RE: 다시 생각하는 그리스도인을 위한 매거진」 43 (2016.9): 25-44도 보라. 특히 롤록에 관한 연구 문헌을 일람하는 우병훈, "스코틀랜드 최초의 언약신학자, 로버트 롤록의 생애와 신학"의 각주1을 참고하라.

21 우병훈은 라무스주의 방법론의 특징을 다음과 같이 간략하게 요약한다. "라무스주의의 특징은 두 가지이다. 첫째는 모든 주제들을 둘로 나눈다는 것이다. 이것은 인간 이성의 자연적인 흐름을 따른 것으로, 이렇게 주제들을 분류하면 나중에 자동으로 기억이 나기에, 암기가 따로 필요 없다고 보았다. 둘째는 말로 설명하는 대신에 그림을 그려서 설명하는 방식이다. 특히 하나의 개념이 둘로 점점 분화되는 과정을 그린 '라무스식 나무도표'(the Ramean tree)는 라무스주의자들 뿐만 아니라 일반 학교 교육에서 매우 유행했다." 우병훈, "스코틀랜드 최초의 언약신학자, 로버트 롤록의 생애와 신학," 117f.

4. 초기 커리큘럼

1583년 10월 16일에 시의회는 로버트 롤록과의 협의 하에 4년간의 문학석사 학위(MA) 과정을 구성할 커리큘럼을 정하는 위원회를 창설했다. 이렇게 해서 결정된 교육 과정은 글래스고대학과 세인트앤드루스대학에서 교수하면서 이미 종교개혁 이후 인문주의적 개혁신앙에 근거한 교육 혁신을 실험하고 있던 앤드루 멜빌의 영향을 크게 받았다.[22] 롤록도 세인트앤드루스에서 공부할 때 제임스 멜빌(James Melville, 1556-1614)에게서 히브리어를 배웠는데, 제임스 멜빌은 세인트앤드루스에서 공부하면서 존 낙스의 설교를 매주 들었고, 졸업 후에는 삼촌 앤드루 멜빌이 학장으로 있던 글래스고로 가서 삼촌에게서 배우고, 이후에는 함께 글래스고와 세인트앤드루스에서 교수 생활도 한 학생이자 조카, 그리고 동료 교수였다.[23] 따라서 앤드루 멜빌이 글래스고와 세인트앤드루스에서 적용한 교육 사상은 그의 제자들과 조카를 통해 롤록에게 직접적인 영향을 끼쳤다.

1학년에서 4학년까지의 학위 과정의 핵심 과목들을 도표로 정리하면 다음과 같았다.[24]

---

22 존 낙스에서 앤드루 멜빌로 이어지는 스코틀랜드 종교개혁에서의 교육 혁신 과정에 대해서는 Ⅲ부에서 더 상세히 다룰 것이다.

23 제임스 멜빌에 대해서는 J. Kirk, "James Melville," *Dictionary of Scottish Church History and Theology,* 558을 보라.

24 우병훈, "스코틀랜드 최초의 언약신학자, 로버트 롤록의 생애와 신학," 107-11. 우병훈은 커리큘럼에 대한 정보를 Charteris, "Narratives of the Life and Death of Robert Rollock," in *Select Works of Robert Rollock,* ed. William M. Gunn (Edinburgh: The Wodrow Society, 1849), 1:lxvi-lxvii에서 취합했다. 영어로 된 이 전기는 George Robertson and Henry Charteris, *De Vita et Morte Roberti Rollok: Academiae Edinburgenae primarii, narrationes* (Edinburgh: Bannatyne Club, 1826)을 윌리엄 건(William M. Gunn)이 영어로 번역한 글이다.

[표 1] 에든버러대학 설립 초기 담임교수 로버트 롤록이 편성한 4년 커리큘럼

학년	과목	세부 사항
1	라틴어, 그리스어 문법, 라무스주의 논리학	• 롤록이 아리스토텔레스의 그리스어를 소리 내어 학생에게 읽어 줌
2	그리스/로마 고전, 수사학, 아리스토텔레스 철학, 산수	• 오메르 탈론(Omer Talon, c.1510-1562) 및 조지 카산더(George Cassander, 1513-1566)의 수사학
3	히브리어 문법, 논리 분석, 아리스토텔레스 전집	• 아리스토텔레스의 『오르가논(범주론/명제론/분석론 전서/분석론 후서/변증론/소피스트적 논박)』, 『니코마코스 윤리학』, 『물리학』 • 신학의 공통논제(*loci communes*) 주일 강의
4	논리학, 물리학, 지리학, 문헌학, 해부학	• 라무스의 논리학과 탈론의 수사학 • 롤록의 해부학(에든버러대학에만 있었던 롤록의 독특한 공헌)

위 도표에서 볼 수 있듯이, 에든버러대학 초기의 4년간의 수업은 전반적으로 철저했다. 그러나 에든버러대학의 학문성의 수준이 다른 대학에 비해 두드러지게 높았다기보다는, 르네상스와 종교개혁 이후 개편되거나 신설된 대학들의 전반적인 특징이었다고 할 수 있다. 즉, 당대 르네상스 인문주의와 종교개혁이 꿈꾼 목회자 및 성직자의 이상은 성경과 신학을 원어로 스스로 읽고 해설할 수 있는 능력뿐만 아니라, 고전과 논리, 수사학 등의 전통적인 인문학적 지식을 풍성히 습득한 '르네상스적 지식인'이었다. 거기에 에든버러대학은 라무스, 낙스, 멜빌, 롤록 등을 통해 전수된 대륙의 인문주의 및 개신교 개혁파 전통을 스코틀랜드 토양에 맞게 창의적으로 적용하고 발전시키면서, 이후 스코틀랜드가 유럽 대륙과 북미 신대륙에까지도 영향을 끼치는 계몽사상과 학문의 전당이 되는 기반을 닦았다고 할 수 있다.

5. 대학 개교

새로 개교한 에든버러대학의 모든 수업은 라틴어로 진행되었기에, 의회는 학생들이 라틴어로 진행되는 롤록의 수업을 따라 올 만큼 라틴어 실력이 충분한지 심사하기 위해 입학시험을 실시했다. 입학시험일은 1583년 10월 11일이었는데, 상당수 지원자가 낙방했다. 그러나 롤록의 조언에 따라, 떨어진 이들 중에도 가능성이 있는 학생에게는 입학이 허용되었다. 이런 학생들에게는 라틴어 실력을 기준에 맞게 향상시킬 1년간의 예비언어학습 기간이 주어졌는데, 이렇게 언어 기준을 통과한 학생들은 1학년으로 다시 시작해서 총 4년간의 정상교육을 다 받아야 졸업할 수 있었다. 이 과정을 책임질 담임교수로 던컨 네언(Duncan Nairn, ?-1586)이 채용되었다.

네언은 글래스고대학에서 앤드루 멜빌에게 배운 제자로, 1580년 졸업식에서 최우수상을 받았다. 1583년 11월에 에든버러의 두 번째 담임교수로 임명된 네언은 1년간의 예비 언어학습 기간이 만료된 후에도 담임교수직을 계속 유지했다. 그러나 1585년 5월에 에든버러에 찾아온 전염병의 여파로 학교가 다음 해 2월까지 임시 휴교했을 때, 네언은 그 달을 넘기지 못하고 사망했다. 따라서 네언의 후임으로 찰스 럼스덴(Charles Lumsden, c.1561-1630)이 채용되었다. 네언은 1585년에 발간된 에든버러대학 1회 학위수여장 앨범(Laureation Album)에 실린 대학 신앙고백문(*spónsĭo* 또는 Confession of Faith)에도 서명했는데, 이 신앙고백서에는 모든 교수와 졸업자가 의무적으로 서명을 해야 했다.[25] 이렇게 해서 1583년 10월 14일에 에든버러대학이 개교했을 때, 총 입학생 수는 80-90명이었고, 그 중 50-60명이 롤록의 정규 과정 수업에 참여하는

25 네언에 대한 정보는 다음을 보라.
http://ourhistory.is.ed.ac.uk/index.php/Duncan_Nairn_(d._1586) (2017년 3월 29일 접속)

학생이었다. 나머지 학생들은 네언의 예비 언어수업 학생이었다.

6. 담임교수 제도

담임교수 제도(regenting system)는 중세시대부터 18세기 초까지 스코틀랜드 대학에 널리 퍼져있던 제도로, 교수 한 사람이 학위 과정 4년 동안 한 학급을 맡아 모든 과목을 가르치면서 학급의 학생들을 책임지는 제도였다. 따라서 1583년의 '새내기'(Bajan, '햇병아리'라는 의미의 프랑스어 *bejaune*에서 유래한 단어) 학년이 끝난 후, '절반' 혹은 '절반 새내기'(Semies 또는 Semi-Bajans)라 불리는 2년차가 되었을 때에도 1583년 학급의 담임은 롤록이었다. 새로 입학한 '새내기' 학급은 던컨 네언이 맡았는데, 네언은 이들을 예비 언어 학급에서 1년간 라틴어로 가르친 바 있었다. 이미 언급했듯이, 1585년 5월에 전염병이 에든버러에 찾아오자, 대학은 다음해 2월까지 임시로 휴교했다. 학교가 다시 문을 열었을 때, 롤록의 학급은 곧바로 기간이 단축된 3학년이 되었는데, 3학년은 '결정자'(Determinands)라는 별칭으로 불렸다.

네언이 2월에 전염병으로 사망하자, 2학년 학급은 찰스 럼스덴(c.1561-1630)이 맡았다. 에든버러대학의 세 번째 담임교수의 영광을 차지한 럼스덴은 그 학년이 끝나는 시기에 교수직에서 사임하고, 담임교수직을 애덤 콜트에게 물려주었다. 아버지가 에든버러의 재단사였던 럼스덴은 1588년에 더딩스턴의 목사가 된 후, 1630년에 사망할 때까지 이 자리를 지켰다. 그는 로버트 롤록이 쓴 『다윗의 시편 선집』(*Some Select Psalms of David*, 1600)을 영어로 번역해 출간했다.[26]

---

26 럼스덴에 대한 정보는 다음을 보라.
http://ourhistory.is.ed.ac.uk/index.php/Charles_Lumsden (2017년 3월 29일 접속)

럼스덴을 대신하여 담임교수가 된 애덤 콜트(Adam Colt, ?-1643)는 퍼스 출신이자 세인트앤드루스대학 졸업자(1583)로, 1586년 10월에 3학년 '결정자' 학급을 맡았다. 석사(MA) 과정 4년 내내 한 학급을 책임지는 것이 정상이었음에도 불구하고, 콜트는 원래 이 학급의 담임이었던 던컨 네언의 사망과 찰스 럼스덴의 사임으로, 이들이 졸업할 때까지 2년간만 책임졌다. 이 학급이 1588년에 졸업한 후에는 담임교수로 더 이상은 활동하지 않은 것 같다. 1595년에는 보스윅의 목사, 1597년에는 인버레스크의 목사로 활동하다가, 1641년에 은퇴했고, 2년 후 사망했다.[27]

새로운 입학생인 '새내기'를 다시 받은 것은 1586년 10월로, 이 때 알렉산더 스크림거(Alexander Scrimger)가 신입생을 위한 새 담임교수에 임명되었다. 그러나 스크림거는 이 때 입학한 학생들을 4년 모두 지도하지는 못하고, 이들이 3학년 과정을 거의 끝내고 있던 1589년에 학교를 떠났다. 스크림거가 학교를 떠난 일은 사망이나 자발적 사임이 아닌 이유로 강제 해임된 첫 사례였는데, 그가 가르친 학생들이 일으킨 소요 속에서 발생한 몇 가지 잘못된 행동 때문에 학장 롤록이 그를 조용히 해임한 것으로 알려졌다.[28]

스크림거가 새내기반을 맡은 1586년 10월에 에든버러대학의 첫 학생들인 롤록의 학급은 4학년이 되었다. 4학년은 '석사 4학년'(Magistrands)이라는 별칭으로 불렸다. 이 시점에서 대학의 담임교수는 롤록, 스크림거, 애덤 콜트, 이렇게 세 명이었다.

담임교수 체제는 1708년에 당시 에든버러대학 학장이던 윌리엄 카스테어스(William Carstares, 1649-1715)가 새로운 대학개혁 프로그램을 도입하면서

27 콜트에 대한 정보는 다음을 보라. http://ourhistory.is.ed.ac.uk/index.php/Adam_Colt (2017년 3월 29일 접속)
28 스크림거에 대한 정보는 다음을 보라. http://ourhistory.is.ed.ac.uk/index.php/Alexander_Scrimger (2017년 3월 29일 접속)

폐지되었다. 에든버러대학을 유럽 대학들의 변화에 맞추어 개조하고자 했던 카스테어스는 1708년 6월 16일에 시의회를 설득해서 담임교수 제도를 폐지하고, 대신 석사 프로그램의 각 과목별로 교수를 각각 임명하는 전문적인 전공 교수 제도를 도입하게 했다. 이로써 중세와 종교개혁 시대를 거쳐 초기 근대까지를 특징짓는 도제식 인격 관계에 근거한 대학 교육 대신, 오늘날 현대 대학 대부분이 채택하는 전문적인 학과 및 분과형 대학 체계가 서양 대학계를 지배하는 시대가 도래했다.

7. 첫 졸업

1586-7년 학기가 끝남과 함께 에든버러대학 첫 입학생이던 롤록의 학급이 졸업하며 석사(MA) 학위를 수여받았다. '석사 4학년' 학생들을 롤록이 직접 심사한 후 이들에게 학위를 수여했다. 다음 해부터는 담임교수가 자기 학생들을 심사할 수 없다는 규정이 만들어졌지만, 대학이 막 성장하던 초기에는 현실화되기 어려웠다. 이미 언급했듯, 졸업하는 학생은 모두 에든버러대학 1회 학위수여장 앨범에 실린 대학 신앙고백문(*spónsĭo* 또는 Confession of Faith)에 서명했다. 대학에 고용된 모든 담임교수도 서명했다. 신앙고백문에 서명한 첫 두 담임교수는 1585년에 서명한 롤록과 네언이었다. 롤록의 1587년 졸업반 출신으로 서명한 첫 학생은 토머스 스튜어트였다. '말씀 사역자'(*minister verbi*) 등, 졸업자가 졸업 후에 갖게 된 직업이 무엇인지 명시하는 메모가 후에 수기로 덧붙여지기도 했다. 스튜어트의 경우, 후에 부가된 메모는 '배교자'(*apostata*)였는데, 그가 나중에 개신교 신앙을 버렸기 때문이었다.

8. 롤록의 보직 변경: 학장 및 신학교수

1586년 2월에 대학 학장으로 임명된 롤록에게는 담임교수로 4년 간 한 학급을 맡아 가르치는 역할이 더 이상은 맡겨지지 않았다. 롤록의 자리는 필립 히슬롭(Philip Hislop, 1566?-1596)이 이어받았고, 1589년에는 네 번째 지도교수로 찰스 펌(Charles Ferme, 1565/6-1617)이 임명되어 그 해에 새로 들어온 새내기 학급을 맡았다. 필립 히슬롭은 1583년부터 1587년까지 롤록이 지도한 에든버러대학 첫 학급 졸업생 중 하나로, 1587년 10월에 대학을 졸업하자마자 곧바로 담임교수가 되었다. 히슬롭이 담임교수가 됨으로써, 담임교수가 모교를 최근 졸업한 동문 중에서 선발되는 새로운 전통이 시작되었다. 히슬롭은 1590년에 독일 방문차 잠시 대학을 떠났지만, 이듬해에 복귀해서 1592년 8월에 그가 맡은 학급이 졸업할 때까지 지도했다. 1593년 11월에는 인버레스크의 목사로 청빙을 받아 담임교수직에서 사임한 후 1596년에 사망했다.[29]

네 번째 담임교수 찰스 펌은 에든버러 토박이로, 히슬롭과 마찬가지로 1587년에 롤록에게 배운 후 에든버러대학을 졸업한 첫 학생 중 하나였다. 담임교수로 1589년에 들어온 석사과정 학급을 맡아 4년 간 전 과목을 지도했다. 그가 가르친 학급이 1593년 8월 12일에 졸업하자, 펌은 두 번째 반을 맡아서 다시 4년 간 교육하여 1597년 7월 30일에 졸업시켰다. 이 두 번째 학급에서 공부한 학생 중에는 존 애덤슨(John Adamson, 1576-1651?)이 있었는데, 후에 에든버러대학 학장이 되는 인물이었다. 펌은 1598년에 학교를 떠나 애버딘셔의 필로스의 목사가 되었다. 1600년에는 교회 목사직을 유지하면서, 알렉산더 프레이저 경의 초대로, 1597년에 세워진 후 짧은 기간 존속했던 프레이저버러대학[30]의 학장이

29 히슬롭에 대한 정보는 다음을 보라.
http://ourhistory.is.ed.ac.uk/index.php/Philip_Hislop (2017년 3월 29일 접속)

되었다. 펌은 같은 해에 스코틀랜드에 주교제가 회복되는 것에 강하게 반대하며, 회합과 참석이 금지된 1605년 애버딘 총회에 참석했다가 수차례 투옥되었다. 1609년에 목사직과 학장직을 돌려받았지만, 복귀 후 8년 만에 사망했다.[31]

롤록이 학장으로 재직하던 이 시기까지 대학이 집중해서 가르친 학문은 철학이었다. 그러나 신학을 가르쳐야 한다는 요구가 강해지면서, 1587년 11월에 시의회는 에든버러노회의 승인 하에 롤록을 신학교수로 임명했다. 당시 대학이 목회를 준비하고 싶어 하는 학생들을 가르치며 수여한 학위는 신학 학위가 아니라, (인)문학(Arts) 학위였다.

Ⅳ. 스코틀랜드 종교개혁자 존 낙스와 앤드루 멜빌의 교육개혁

지금까지 스코틀랜드 종교개혁이 상당한 성취를 이룬 상징적인 해인 1560년을 기점으로, 스코틀랜드 4대 '고대' 대학 중 그 이전에 설립된 세인트앤드루스 대학, 글래스고대학, 애버딘대학의 역사를 간략하게, 그리고 종교개혁 이후 설립된 에든버러대학의 초기 역사를 더 상세하게 살펴보았다. 이제 III부에서는 스코틀랜드 종교개혁의 두 기둥 존 낙스와 앤드루 멜빌이 주창하고 성취한 종교개혁

30 프레이저버러대학(University of Fraserburgh)을 다루는 문헌은 많지 않다. 설립 연대에 대한 정보는 분명하지만, 찰스 펌이 1605년에 투옥된 이후 학교 운영이 사실상 불능상태에 들어간 것 같다. 따라서 폐교 연도가 분명하지 않은데, 아마도 학교 기능이 제대로 작동하지 않은 상태에서 건물은 1647년까지는 존재했던 것 같다. Robert Sangster Rait, *The Universities of Aberdeen: A History* (Aberdeen: James Gordon Bisset, 1895), 261-64과 Ann Lindsay Mitchell, *Mystical Scotland* (Isle of Cloonsay: Thomas & Locher, 1994), 87을 보라.

31 펌에 대한 정보는 다음을 보라.
http://ourhistory.is.ed.ac.uk/index.php/Charles_Ferme (2017년 3월 29일 접속), 그리고 D. F. Wright, "Charles Ferme," *Dictionary of Scottish Church History and Theology*, 318-19.

의 열매 중 교육과 관련된 내용을 살펴보려 한다. 이들이 이룬 교육개혁이 결국 종교개혁 이후 스코틀랜드 첫 대학으로서의 에든버러대학의 정체성과 방향성을 결정지었고, 종교개혁 이전의 세 대학의 개혁과 변화를 이끌었기 때문이다.

1. 존 낙스의 교육개혁

스코틀랜드 종교개혁의 아버지 낙스는 대개 대륙의 멜란히톤이나 칼빈 같이 지적으로 탁월한 일급 학자로 분류되지는 않는다. 그가 남긴 가장 중요한 지적 유산은 주로 16세기 정치적 저항이론 발전사 영역에서의 기여다.[32] 그러나 학자들은 낙스의 유산 중 기억할 만한 두 가지 추가 공헌이 있다고 말하는데, 하나는 가난 문제 해결을 위한 노력이고, 다른 하나는 교육 개혁을 위한 프로그램이다.[33] 이 단락에서는 교육 개혁에 대한 낙스의 노력만을 다루려고 한다.

교육개혁에 대한 낙스의 이상이 표현된 문헌은 그가 1560년에 작성한 『제1치리서』(*The First Book of Discipline*)다. 잉글랜드에서는 개신교인에게 '피의 메리'(Bloody Mary)라는 별칭으로 불리던 메리 튜더가, 스코틀랜드에서는 섭정 기즈의 메리(Mary of Guise)가 통치하면서, 두 나라 공히 개신교 신앙이 불법이던 시절에 낙스는 12년 동안 유럽 대륙, 특히 제네바에서 종교 난민으로 시간을 보냈다. 그러다 잉글랜드의 메리가 1558년에 사망하자, 낙스는 1559년 5월에 스코틀랜드로 귀국했다. 낙스가 귀국과 함께 시의회의 임명으로 에든버러의

32 낙스의 생애를 여러 지역을 옮겨 다니며 경험하고 실행한 종교개혁 및 정치적 저항 구도를 따라 정리한 간략한 전기 자료로는 다음을 보라. M. H. Dotterweich, "John Knox," in *Biographical Dictionary of Evangelicals*, Timothy Larsen, ed. (Leicester: Inter-Varsity Press, 2003), 345-9

33 이 두 가지 주제를 묶어서 다루는 다음 자료를 보라. Richard L. Greaves, *Theology and Revolution in the Scottish Reformation: Studies in the Thought of John Knox* (Washington D.C.: Christian University Press, 1980), 185-202.

목사가 되어 세인트자일스교회에서 종교개혁의 대의에 근거한 강력한 설교를 하면서, 의회의 지원을 받은 낙스와 프랑스의 지원을 받는 기즈의 메리가 이끈 왕실 간의 갈등이 격화되었다. 그 해 12월 프랑스가 군대를 파견하자, 엘리자베스가 왕관을 쓴 후 개신교(성공회) 국가로 다시 변모한 잉글랜드가 프랑스의 스코틀랜드 영향력 확대를 막고 개신교인을 지원하기 위해 군대를 보내면서, 스코틀랜드는 두 외국 세력의 전쟁터가 되었다. 그러나 기즈의 메리가 1560년 6월에 사망하자, 7월에 잉글랜드군과 프랑스군이 에든버러조약을 맺고 모두 스코틀랜드에서 철수했다. 낙스가 주도한 종교개혁의 대의가 스코틀랜드에 급격한 속도로 수용된 것이 바로 이런 배경에서였다.

1560년 8월에 낙스와 동료들의 종교개혁 청원서를 접수한 스코틀랜드 의회는 존 낙스를 포함한 '6인의 존'[34]에게 신앙고백서 작성을 요청했다. 이들이 4일 만에 작성해서 제출한 이 『스코틀랜드 신앙고백서』(*The Scot Confession*)가 곧 의회의 승인을 받고 채택되었다. 장로교 최초의 신앙고백서로서, 이후 『웨스트민스터 신앙고백서』(1643)의 기원이 되는 이 고백서는 대륙 개혁파의 영향을 반영했다. 이 신앙고백서의 채택과 함께 의회는 가톨릭교회의 사법권 소유와 미사를 불법으로 단죄하고, 가톨릭 예배와 집회를 금지할 뿐만 아니라, 프랑스와도 단교를 선언했다. 이어서 낙스가 1560년 5월에 초안을 작성하고, 12월에 내용이 확장된 『제1치리서』[35]도 다음해 1월에 곧바로 스코틀랜드 교회의 정치원리로 의회에서 채택되었다. 서론과 결론을 제외하고, 교리, 성례, 우상 제거, 목사 선발, 목사 봉급 및 연금, 교회 재산, 치리, 장로와 집사의 선발, 교회정책 등을 다루는 아홉 장으로 구성되어 있다. 특히 왕과 목회자가 모두 교회의 치리의 대

34 존 낙스(Knox), 존 스포티스우드(Spottiswoode), 존 윈럼(Winram), 존 로(Row), 존 더글라스(Douglas), 존 윌록(Willock).

35 『제1치리서』 내용 전체는 http://www.swrb.com/newslett/actualNLs/bod_ch03.htm (2017년 3월 31일 접속)에서 볼 수 있다.

상이며, 치리의 행사는 회중 전체를 대표하는 목사, 장로, 집사에게 위임되며, 출교는 (의회가 아니라) 교회의 권리라는 주장이 치리 관련 주제의 핵심 내용이다. 이는 장 칼빈이 제네바에서 시행했던 개혁파 정치 및 치리 제도를 스코틀랜드 교회와 왕국 전체에 적용하려고 시도한 것이라 할 수 있다. 스코틀랜드 장로교 교회정치의 첫 발걸음을 보여주는 역사적 문서라는 데 큰 의의가 있다.[36]

교육에 대한 내용은 이 치리서의 중간 부분, 즉 목사의 봉급과 연금을 다루는 5장과 교회 재산을 다루는 6장 사이에 삽입된 형태로 들어있는데, 내용이 상당히 길다. 우선, 교육 전반의 개혁과 관련된 내용의 핵심을 요약하면 다음과 같다.

① 교육의 기본 목표는 종교적인데, 즉, 젊은이가 경건하고 도덕적인 삶을 살 수 있게 하는 것이다.

② 스코틀랜드 도시의 교회들에 교장을 임명할 권한이 있다.

③ 시골 지역 교회들은 전통에 따라 아이들의 교육을 목사, 혹은 기본 교육과 칼빈주의 요리문답을 가르치는 책임을 맡은 선생에게 위임해야 한다.

④ 모든 주요 도시에는 인문학, 특히 논리, 수사, 언어를 가르치는 대학이나 문법학교가 세워져야 한다. 이들 학교에 충분한 교사와 재정 지원이 이루어져야 한다.

⑤ 가난한 학생에게 장학금을 주어야 하는데, 특히 교회가 재정을 공급하는 수원이 되어야 한다.

⑥ 사회-경제적 지위와 관계없이, 모든 아이들은 교육을 받아야 한다.

⑦ 부모는 자식을 들판이나 가게에게 돈을 벌게 하려고 학교에 못 가게 해서는 안 된다.

---

36 오덕교, 『장로교회사』 (개정증보3판) (수원: 합동신학대학원출판부, 2006), 163-168. J. Kirk, "First Book of Discipline," *Dictionary of Scottish Church History and Theology*, 321-22.

⑧ 특별 재능을 가진 학생은 공공의 유익을 위해 공부를 계속 더해야 한다.

⑨ 목사와 장로는 학생이 진보하고 있는지 확인하게 위해 1년에 네 차례 시험을 감독해야 한다.

⑩ 어떤 학생도 기독교에 대한 지식을 충분히 습득하기 전에는 졸업할 수 없다.

⑪ 최대한 많은 과목을 수강하고자 하는 학생은 칼빈의 요리문답을 읽고 이해할 수 있도록, 또 라틴어 문법을 잘 할 수 있도록 몇 년 간 시간을 보내야 한다.

⑫ 라틴어, 논리학, 수사학, 그리스어를 통달하기 위해서는 추가로 3-4년이 필요하다.

⑬ 공부를 24살[37]까지 더 하는 학생은 법학이나 의학, 신학을 공부해야 한다.[38]

이런 교육 전반의 지침과 더불어, 낙스는 구체적인 대학 개혁안도 제시했다. 이미 세 개 대학이 운영되고 있었지만, 이 세 개 대학을 다 합쳐도 학생 수가 극히 적었고, 교육의 질도 대륙이나 잉글랜드의 학교들에 비해 낫다고 할 수 없었기 때문이다.

① 대학에서 배워야 하는 과목은 변증법, 수학, 물리학, 의학, 도덕철학, 법학, 그리스어, 히브리어, 신학, 경제학, 정치학, 우주 구조학, 점성술, 자연철학이다.

② 종교개혁 이후 대학 커리큘럼에는 라틴어 문법과 라틴어 문헌은 포함되지 않는다. 이미 에든버러대학의 사례에서 살펴본 것처럼, 라틴어를 능숙하게 구사

37 중세대학들은 35세 이전에는 신학 박사학위 취득을 금했다는 점에서, 신학 공부를 24세까지만 해야 한다는 주장은 파격적이다. 아마도 새로운 스코틀랜드를 위해 일할 인재가 급히 필요했다는 점, 그리고 중세 시대의 공부 기간이 쓸데없이 길었다는 판단 때문인 것 같다. Greaves, *Theology and Revolution in the Scottish Reformation,* 192f.

38 Greaves, *Theology and Revolution in the Scottish Reformation,* 191-92.

하는 것은 입학 조건이다.

③ 입학을 위해서 학생들은 학식, 유순한 성품, 나이, 가족 배경을 증언하는 추천서를 이전 학교의 교장이나 목사에게 받아야 한다.39

낙스와 그의 동료들이 제시한 교육 체계의 특징과 의미는 다음과 같이 정리할 수 있다.

① 이 체계는 기본적인 수준의 보편 교육을 지향했다. 여전히 여성이 대학에 입학할 수는 없는 환경이었음에도 불구하고, 문법학교 이전 단계까지는 여자아이도 교육 대상에 포함되었다. 유럽 전역에서 가장 변방 취급을 당하던 나라가 보편 교육의 이상을 실험한 첫 나라라는 점에서 파격이었다. 물론 이런 교육을 하려면 더 많은 학교가 세워지고, 재정과 인식의 뒷받침이 따라야 했다는 점에서, 이상과 현실은 달랐다.

② 가난한 학생들의 필요에 신경을 많이 쓴 결과, 부나 사회적 지위가 아니라 능력에 따라 보편교육을 받을 수 있는 기회가 주어졌다. 일종의 민주주의 원칙이었다. 그러나 이 전통이 완전히 새로운 것은 아니었다. 중세에도 가난한 학자나 학생을 지원하는 프로그램이 있었기 때문이다. 그러나 개혁된 스코틀랜드교회 총회는 이 전통을 유지하기 위해 각 교회 당회에서 추가로 징수한 재정으로 이들을 자주 지원했다.

③ 중세 고등교육의 중심이었던 스콜라주의 신학을 덜 강조하는 온건한 인문학 교육이 중심이었다. 실용적인 교육도 중요해서, 공예도 교육에 포함되었다.

④ 교육의 주된 목적은 종교적이었다. 졸업 후 직업이 무엇이든 간에, 젊은이를 경건하게 양육하는 것이 목적이었다. 이 점에서는 중세 교육과 종교개혁 시대

39 Greaves, *Theology and Revolution in the Scottish Reformation,* 193-95.

교육 간에 강조점의 차이가 없었다.

⑤ 교육 체계 전반에 대한 감독은 학교와 교장을 제공할 책임이 있던 교회의 몫이었다. 특히 1563년 총회는 오직 개신교 신앙을 고백하는 이들만 교육자가 될 수 있음을 명확히 했다. 장로와 목사가 교육 대상자를 선택해서 교리와 삶을 점검한 후 추천을 통해 대학에 입학할 수 있게 했다. 낙스의 교육개혁의 강조점 중 하나는 기존 문법학교들이 교회의 통제와 후원에서 떠나 시의회의 관리를 받는 쪽으로 이동하는 당대 현상을 되돌려, 교육의 교회 통제력을 강화하는 것이었다.[40]

이런 목표와 성향을 볼 때, 낙스의 교육개혁은 정교분리 정신이 당연시되는 오늘날의 기준과는 달랐고, 중세의 교회 중심 교육정책을 크게 떠난 것도 아니었다. 여전히 신앙에 투철한 사회인을 양성하는 것이 목표였는데, 차이는 가톨릭 신앙이 칼빈주의 장로교 신앙으로 대체된 것이었다. 아마도 낙스의 교육개혁에 가장 큰 영향을 준 인물은 제네바의 장 칼빈과 스트라스부르의 마르틴 부처일 것이다. 또한 스코틀랜드 개신교 교육의 이상을 더 이른 시기에 구현하려 했던 인물 존 메이저(John Major[혹은 Mair], c.1467-1550)의 영향도 있었다. 낙스는 제네바에서 칼빈에게 개혁파 신앙과 제네바아카데미의 교육 이상을 배웠고, 칼빈은 스트라스부르에서 부처의 교회론, 특히 치리에 대한 사상을 배웠고, 부처가 이끈 스트라스부르의 교육정책도 배워서 이를 제네바에 적용했다. 존 메이저는 파리에서 신학을 가르친 후, 글래스고대학의 학장, 세인트앤드류스대학 세인트설베이터 칼리지(St Salvator College) 학장, 에라스무스의 동료, 낙스의 스승이라는 화려한 직함을 가졌던 인물로, 비록 신학적으로는 종교개혁의 여러 주장

40 Greaves, *Theology and Revolution in the Scottish Reformation,* 195-97.

을 거부했지만, 종교개혁 직전 스코틀랜드 교육의 대부로서 가톨릭교회와 교육개혁에 큰 족적을 남긴 인물이었다.[41] 따라서 낙스는 부처와 칼빈에게서는 종교개혁 신앙에 근거한 교육의 방향성을, 메이저에게는 스코틀랜드 실정에 맞는 교육정신을 배우고 자기 식으로 현장을 적용했다고 할 수 있다. 특히 낙스의 고유한 공헌은 가난한 학생들에 대한 배려, 그리고 모든 스코틀랜드인이 교육에 대한 열정을 자신들의 정체성으로 인식하게 만든 것으로, 이 정신은 오늘날까지 약 450년간 스코틀랜드를 특징짓는 유산이 되었다.[42]

2. 앤드루 멜빌의 교육개혁

낙스 사망 5년 전인 1567년에 가톨릭 신자인 스코틀랜드 여왕 메리 스튜어트가 폐위되면서, 스코틀랜드가 강력한 장로교 국가로 발전할 것이라는 기대가 장로교인 사이에 팽배했다. 실제로 1567년에 의회는 1560년 의회의 결정을 재확인하면서 신앙고백서와 치리서의 원칙을 스코틀랜드에 광범위하게 적용하려 했다. 그러나 1672년에 낙스가 사망한 이후 상황이 달라졌다. 섭정 모턴 백작이 잉글랜드처럼 교회를 주교제로 바꾸려 시도한 것이다. 더 철저한 개혁을 원한 이들에게 위기로 받아들여진 이 시기에 낙스를 이어 장로교 원리를 스코틀랜드에 광범위하게 적용하려 한 지도자는 앤드루 멜빌(Andrew Melville, 1545-1622)이었다. 이전의 여러 개혁자들처럼 멜빌도 세인트앤드루스대학에서 공부한 후 파리에서 유학하고, 이어서 제네바에서 칼빈의 후계자 베자의 도움을 받았다. 1574년에 스코틀랜드로 귀국한 멜빌은 낙스보다 더 철저하게 개혁을 시도했다. 1574년에는 글래스고대학, 1580년에는 세인트앤드루스대학 학장에 각각 임명

41 Dunkan and Kirk, *The University of Glasgow, 1451-1577,* 155-78.
42 Greaves, *Theology and Revolution in the Scottish Reformation,* 202.

되어 그가 경험한 제네바대학 제도를 이 두 대학에 적용함으로써, 경쟁력을 잉글랜드 대학(옥스퍼드/케임브리지) 수준으로 크게 끌어 올리려 했다. 종교적 측면에서 무엇보다 중요한 것은 낙스의 『제1치리서』를 개정하여 1578년에 '장로교 대헌장'으로 불릴만한 『제2치리서』를 작성 후 의회에 제출, 승인받은 것이다. 낙스의 것과 가장 큰 차이는 철저한 장로회 제도의 확립으로, 낙스가 감독(superintendent)의 존재를 인정한 반면, 멜빌은 성경이 '장로'(감독, 목사, 교사 포함)와 '집사'만을 인정한다고 주장했다. 오늘날 우리가 알고 있는 장로교 정치의 구체적인 틀을 마련하고 정착시킨 인물이 멜빌이었다.[43]

멜빌의 교육 개혁[44]과 관련해서도 가장 중요한 문서는 『제2치리서』(1578)다. 『제2치리서』는 13개 장으로 구성되어 있는데, 교육에 대해 다루는 장은 "박사, 그들의 직위, 그리고 학교에 대하여"라는 제목이 붙은 제5장이다. 내용은 길지도, 상세하지도 않은데, 전문[45]을 번역하면 다음과 같다.

제5장 "박사, 그들의 직위, 그리고 학교에 대하여"

1. 말씀이 규정한 두 일상적이고 항구적인 기능 중 하나는 박사 직분으로, 예언자, 주교, 장로, 교리교사, 즉 교리문답과 신앙의 기초를 가르치는 교사라는 이름으로도 불릴 수 있다.

---

43 오덕교, 『장로교회사』, 173-74.

44 앤드루 멜빌의 교육 개혁에 대한 방대하고 독보적인 연구서로 Steven J. Reid, *Humanism and Calvinism: Andrew Melville and the Universities of Scotland, 1560-1625* (Surrey: Ashgate, 2011)이 있다.

45 당시 스코틀랜드에서 사용되던 영어 철자법으로 작성된 『제2치리서』 전문을 보려면, James Kirk, ed. *The Second Book of Discipline, With Introduction and Commentary* (Edinburgh: The Saint Andrews Press, 1980), 159-244를 보라. 제5장은 187-190에 있다. 현대 영어로 개정된 본문은 http://www.swrb.com/newslett/actualNLs/bod_ch04.htm#CH05 (2017년 4월 1일 접속)을 보라.

2. 이 직분은 성경에 있는 하나님의 영의 마음을 목사가 활용하는 적용 방식 없이 단순하게 드러내는 것으로, 그 목적은 신자가 교육을 받고, 건전한 교리를 배우고, 복음의 순전함이 무지나 악한 견해로 오염되지 않게 하기 위함이다.

3. 박사는 이름만이 아니라 은사의 다양성이라는 면에서도 목사와는 다르다. 박사에게는 단순한 가르침으로 신앙의 신비를 여는 지식의 말씀이 은사로 주어진다. 목사에게는 때마다 목양이라는 방법으로 권고를 통해 같은 것을 적용하는 지혜의 은사가 있다.

4. 박사라는 이름과 직분 하에 우리는 또한 학교와 대학의 질서를 관장하는데, 이 질서는 세속적인 민족들과 마찬가지로 유대인과 기독교인도 때때로 주의 깊게 유지해왔다.

5. 교회를 다스리는 목사를 돕고, 모든 회의에서 형제인 장로와 함께 일한다는 점에서 박사는 장로다. 이성으로 말씀을 해석하는 것이 그에게 주어진 책임이다.

6. 그러나 사람들에게 설교하고, 성례를 집전하고, 결혼을 주례하는 것은, 그렇게 해 달라는 요청을 질서 있게 받지 않으면, 박사의 일이 아니다. 그렇지만 폴리캅이나 다른 이들의 사례가 증명하듯, 목사가 지식의 은사를 갖추었을 때에는 학교에서 가르칠 수 있다.

교육이라는 주제와 관련하여, 『제1치리서』에 비해 『제2치리서』에서 달라진 부분은 박사의 직분을 강조한 것이다. 박사, 예언자, 주교, 장로, 교리교사 등으로 불릴 수 있지만, 다른 말로 신학교수의 역할을 규정한 것이다. 특히 목사와 신학교수와의 차이를 강조한 사실이 눈이 띈다. 먼저는 글래스고에서, 이후에는 세인트앤드루스에서 박사이자 신학교수였던 멜빌은 성경의 참된 의미는 본문을 전통적인 사중 의미 분석을 통해서도 아니고, 단순한 영감으로도 아니고, 오히려 철학의 도구를 성경 주해에 적용할 때에만 찾을 수 있다고 보았다. 즉, 본문은 그 본문이 기록된 원 언어로 분석해야 한다는 주장이었다.46 따라서 말씀을 설교하고 교회의 일을 관장하는 목사의 은사와 책무와는 달리, 이성을 사용해서 학문, 특히 신학을 다음 세대의 목사와 사회 지도자에게 전수하고 이들을 길러내는 것이 박사의 주된 역할이었다.

1578년에 『제2치리서』에서 이렇게 간략히 신학교수의 역할을 정리한 멜빌은 이미 1574년에 글래스고대학에서, 이후 1580년부터 세인트앤드루스대학에서 실무를 경험하면서 대학 교육을 개혁했다. 그가 근무하는 동안 이 두 학교에는 '새로운 기반들'(new foundations) 프로그램이 시행되었고, 이후에는 애버딘대학에도 이 개혁안이 적용되면서, 낙스가 『제1치리서』에서 제시한 이상이 실험되었다. 추가로 1583년에 에든버러대학이 설립된 것도 개혁파 인문주의와 종교개혁의 이상이 완전히 새로운 터에서 실험된 결과였다. 1577년에 글래스고대학에서는 '새로운 기반'에 따라 대학 학장이 신학교수가 되었다. 두 번째 신학 교수직이 1640년에, 동양언어 교수직이 1709년에, 교회사 교수직이 1716년에 각각 추가로 신설되었다. 세인트앤드루스에서는 1579년의 '새로운 기반'을 통해 '뉴칼리지'(세인트메리스칼리지)가 신학 전문 칼리지가 되었고, 교수직이 추가로 신설되었다. 교회사 교수직은 1707년에 처음 등장했다. 애버딘에서는 1583년에 대학 내 매리셜칼리지(Marishal College)가 추가로 설립되어 애버딘대학 최초의 칼리지인 킹스칼리지가 하던 역할을 보충했는데, 신학 교수직은 두 칼리지 모두에 있었고, 이후 1673년에 동양언어 교수직이 킹스칼리지에, 1732년에는 동양언어 교수직이 매리셜칼리지에, 교회사 교수직이 1843년에 킹스칼리지에 설

---

46 Andrew Melville, *Scholastica diatriba de rebus divinis* (Edinburgh, 1599), Kirk, ed. *The Second Book of Discipline,* 84에서 재인용.

립되었다. 에든버러대학에는 1642년에 히브리어, 1694년에 교회사 교수직이 신설되었다. 이후 19세기에는 네 대학 모두에 성경비평, 실천신학 등의 추가 교수직이 계속 설립되었는데,[47] 이런 모든 과정은 한 학급을 졸업할 때까지 모두 가르치는 담임교수 제도의 문제점을 인식하고 보다 전문적인 전공교수 중심 체계를 도입하려 시도한 앤드루 멜빌의 의도가 서서히 적용된 결과였다.[48] 멜빌의 교육 개혁은 이렇게 모든 스코틀랜드 대학의 활성화에 기여해서, 오늘날 스코틀랜드의 대학들이 유럽 전역의 탁월한 고등교육 기관들과 동등한 수준의 학문적 공헌을 할 수 있는 기반을 만들었다.[49]

V. 결론

스코틀랜드는 1413년에 세인트앤드루스대학을 설립하여 기독교 신앙에 근거한 대학교육을 시작했다. 이후 같은 15세기에 연속해서 글래스고와 애버딘에 대학을 설립했고, 1560년 종교개혁 직후인 1583년에는 에든버러에 대학을 설립하여, 18세기까지 두 개의 대학만을 운영하던 잉글랜드에 비해 교육에 더 열정적인 면모를 보여주었다. 그러나 단지 대학 수가 많았다는 사실보다 더 중요한 것은, 1560년 종교개혁 이후 존 낙스와 앤드루 멜빌을 통해 도입된 장로교 교육 개혁의 이상이 스코틀랜드를 개신교 개혁파 사상의 전당으로 만든 동시에, 새로

---

47 D. F. Wright, "Theological Education," *Dictionary of Scottish Church History and Theology*, 278-85.

48 J. Kirk, "'Melvillian Reform' and the Scottish Universities," in A. A. MacDonald and M. Lynch, eds, *The Renaissance in Scotland: Studies in Literature, Religion, History, and Culture Offered to John Durkhan* (Leiden: Brill, 1994), 280.

49 J. Wormald, *Court, Kirk, and Community: Scotland, 1470-1625* (Edinburgh: Edinburgh University Press, 1991), 183-4.

운 '근대'를 여는 보편교육과 공교육 이상이 가장 이른 시기에 성공적으로 적용된 유럽 국가 중 하나로 만들었다는 사실이다. 특히 종교개혁 이후 설립된 스코틀랜드 최초의 인문대학으로서의 에든버러대학은 초기 개혁파 대학교육의 이상이 성공과 시행착오를 통해 실험되고 적용된 중요한 현장이었다.

PART Ⅲ 주제

종교개혁과 인문학

양신혜
(대신대학교, 교회사 교수)

총신대학에서 신학을 공부하고 서강대에서 종교학을 전공했다. 이후 독일로 넘어가 베를린 훔볼트 대학에서 칼빈의 성경의 권위와 해석으로 신학박사학위를 받았고, 지금은 대신대학 신학과에서 교회사를 가르치고 있다. 관심 있는 연구분야는 근대 사회로 넘어가는 과정에서의 종교적 관용이 어떻게 형성되었는지, 이성과 신앙은 어떤 관계를 맺게 되었는지에 관한 것이다. 특별히, 17세기 성경의 권위 논쟁과 교회와 국가의 관계, 그리고 한국기독교의 복음 형성의 기원에 관심을 갖고 연구 중이다.

양신혜

I. 들어가며

르네상스 인문주의가 종교개혁에 영향을 끼쳤다는 사실에 이의를 제시하지 않는다. 하지만 인문주의가 어디까지 영향을 끼쳤느냐, 즉 종교개혁과 인문주의의 관계를 설정하는 일은 하나의 수수께끼이다.[1] 이에 대한 대안으로 맥그래스는 "인문주의와 종교개혁의 관계에 대한 모든 논의는 인문주의에 대한 정의가 무엇이냐에 전적으로 좌우될 것"이라고 결론을 내렸다.[2] 맥그래스의 제안은 지금까지 르네상스 인문주의 연구의 문제를 해결하는 데 있어서 중요하고 적절하다. 지금까지의 연구를 살펴보면, 중세와 이탈리아 중심의 르네상스 인문주의와의 관계, 이탈리아 중심의 르네상스 인문주의와 북유럽 중심의 인문주의와의 관계, 북유럽의 인문주의와 종교개혁의 관계는 연속성을 지닐 뿐만 아니라 불연속성을 지님으로써 각 지역의 독특한 인문주의적 특성을 갖고 있기 때문이다.

인문주의(Humanismus)라는 용어는 독일 바이에른 지역의 학교 개혁가로 활동한 니트함머(Friedrich I. Niethammer)가 『우리 시대 교육이론에서 범애주의와 인문주의 간의 논쟁』(*Der Streit des Philanthropinismus und Humanismus in der Theorie des Erziehungs-Unterrichts unserer Zeit*)라는 책에서 처음으로 언급한다. 그는 중등학교의 교육과정을 고전을 중심으로 새롭게 편성할 것을 계획하였고, 이를 '후마니스무스'(Humanismus)라고 칭하였다. 이 단어는 르네상스 시대 대학에서 인문학을 연구하는 교사, 학생을 가리키기 위해 사용된 단어 '후마니스타'로 소급된다. 이는 또한, 이탈리아 대학생이

1 James Tracy, "Humanism and the Reformation," *Reformation Europe: A Guide to Research*, ed. Steven Ozment (St. Louis: Center for Reformaton Research, 1982), 33-57.

2 Alister McGrath, *Reformation Thought*, 『종교개혁사상』, 최재건 옮김 (서울: CLC, 1999), 81.

인문학 교수를 지칭하는 은어 '우마니스타'(umanista)에 해당한다. 하지만 이 개념은 당시 널리 퍼져서 보편적으로 사용된 용어가 아니다. 그렇기 때문에 인문주의라는 개념이, 맥그래스가 지적한 것처럼, 르네상스시대의 사람들도 자신들의 공통된 외적 현상이나 세계관의 존재를 인식하지 못하고 있었다고 할 수 있다. 하지만 르네상스 시대의 인문주의라는 개념이 어떤 하나의 세계관으로서 인식하지 못했다하더라도, 적어도, 르네상스 인문주의의 교두보를 연 페트라르카는 분명히 자신의 시대가 중세의 시대와는 다른 시대임을 인지하는 "역사 단절"을 의식하고 있었다.[3] 비록 어떤 세계관이 형성되었다고 말할 수는 없지만, 그럼에도 불구하고 그들은 이전과는 다른 문화를 만들기 위해서 노력하는 '의식'을 가지고 있었다는 것은 분명하다. 14세기 말과 15세기 초, 키케로의 교육 또는 교양을 뜻하는 '스투디아 후마니타티스'(studia humanitatis)가 다시 부활하여 문법과 수사학, 시, 역사, 도덕철학을 교과목으로 그 의미를 한정하여, 사회의 대안으로서의 역할을 수행하였다. 그래서 본 논문에서는 르네상스 인문주의를 교육, 문화적 개념으로 규정한 크리스텔러(Kristeller)가 제시한 것처럼, "관념들이 어떻게 획득되고 어떻게 표현되었느냐"를 넘어서, "중세 유럽의 전통적인 종교적 신앙"과 "이탈리아의 도시민들뿐 아니라 북유럽의 중류, 상류층의 새로운 사회, 경제, 정치, 지리, 감각, 세속적 경험들 사이에서" 새로운 종합을 이루고자하는 투쟁으로 본 트린카우스(Charles Trinkaus)의 정의를 따르고자한다.[4] 트린카우스는 르네상스 시대를 한편으로는, 거룩한 것과 세속적인 것 사이의 관계로서, 양자를 보존하면서 이 관계를 분명히 하려는 시도들을 중세 말, 르네상스, 종교개혁 시대의 자의식에 대한 연구 모형으로 간주하였고, 다른 한편으로는 새

---

3 Charles N. Nauert, 『휴머니즘과 르네상스 유럽문화』, 진원숙 옮김 (서울: 혜안, 2002), 51.

4 Charles Trinkaus, "Introduction: Saluti's Programmatic Response to Giovanni Dominici," in *In Our Image and Likeness: Humanity and Divinity in Italia Humanist Thought,* vol. 2, 556.

로운 문화와 학문을 접하고 경험하면서, 이전의 낡은 방법의 부적합성에 직면하게 되고, 이를 극복하기 위한 영적, 문화적 필요를 주제로 삼았다. 새로운 방법으로 이 갈등을 극복하려는 도덕적 소명의식을 가진 자들이 '인문학'의 전통을 이끌었다는 관점에서 르네상스 인문주의 시대를 해석한다.[5]

그래서 본 논문에서는 트린카우스의 이러한 인문주의 정의에 토대를 두고 종교개혁과 인문학의 관계를 규명해보고자 한다. 이를 위해서 중세 스콜라철학에 대한 대안으로서의 인문학의 전통이 이탈리아를 중심으로 발생하게 된 배경과 목적을 살피고, 스콜라 철학에 대한 대안으로서 인문학이 가진 우월성을 무엇으로 보는지 알아보고자한다. 이를 토대로 중세 대학의 교과과정인 7 자유교양학과에서 벗어나 인문학을 대학의 교양학부 교과과정으로 수용하는 과정을 추적해 보고자한다. 대학의 교과과정 개편은 종교개혁과 르네상스 인문주의자, 북유럽의 인문주의자들의 인문학의 관계를 규명하는 접합점이기 때문이다.[6] 그러므로 종교개혁의 중심인 비텐베르크 대학에서 인문학이 교과과정으로 정착하는 과정을 통해서 인문학 교육이 종교개혁을 실천하는 과정에서 어떤 영향력을 끼치는

---

5 박찬문, 『르네상스 휴머니즘에 대한 종합적 해석』 (서울: 혜안, 2011), 45.

6 박준철, "독일 종교개혁과 북방인문주의", 「서양사」 224(2014), 371-94: "르네상스 휴머니즘과 종교개혁의 관계-멜랑흐톤의 비텐베르크 대학 커리큘럼 개편을 중심으로-", 「서양사론」 52(1997), 1-31; "종교개혁기 루터의 성직자 교육", 「한성사학」 10(1998), 75-90; "중세말 독일의 반성직주의와 대학교육", 「역사학보」 149(1996), 139-67. 지금까지의 연구를 토대로 볼 때 북방 인문주의와 종교개혁의 대립은 인문주의자와 종교개혁자의 교리 해석의 차이와 개인의 정체성에 대한 이해에서 분명하게 나타난다. 그 예로, 루터와 에라스무스의 자유의지 논쟁과 멜랑흐톤이 인문주의자였기에 루터의 성찬 이해에 루터주의자들과 다른 이해를 가지고 있다는 점을 들 수 있다. 그럼에도 불구하고, 인문주의자들과 종교개혁자들은 대학교 교양학부 과정에 인문학을 교과과정으로 편성하기 위하여 노력했다는 점을 기억할 필요가 있다. 이는 크리스텔러가 인문주의를 정의하면서 철학적 해석이 아니라 그리스, 로마의 고전학습을 통한 '스투디아 후마니타티스'를 사회 전반으로 확산시키고자 한 학문 교육 운동이라고 정의한 것과 맥을 같이 한다. 그러므로 본 논문에서는 르네상스 인문주의에서 형성된 인문학이 종교개혁 시기 독일 대학의 교과과정으로 수용되는 과정을 살피면서 종교개혁과 인문학의 관계를 연구해 보고자한다.

지, 그리고 이후 종교개혁이 대학의 교양학부 교과과정 개편에서 인문학을 수용하는 데 어떤 기여를 하는지 살펴보고자한다.

Ⅱ. 인문학의 태동기로서 르네상스인문주의

1. 중세에 대한 비판과 대안으로서의 인문학(*studia humanitatis*)

14세기 말 르네상스 인문주의자들은 자신들의 학문을 '스투디아 후마니타티스'(*studia humanitatis*)라 불렀다. 그들이 인문학에 관심을 가지게 된 계기는 페트라르카가 1333년 라에지에서 키케로의 문헌 "시인 아르키아스를 변호하여"의 발견에서 비롯된다. 이후 1353년 프랑스에서 다수의 라틴 고전이 발견됨으로써 키케로에 대한 관심이 고조되었는데, 그 이유는 페트라르카와 이후 르네상스 인문주의자들이 키케로의 웅변과 지혜에서 이탈리아의 혼돈을 해결할 수 있는 대안을 간파했기 때문이다. 키케로는 "시인 아르키아스를 변호하여"에서 인문학을 "인간을 인간답게 해 주는 목적에 봉사하는 것"으로 정의한다. 그래서 법률가나 시인, 모두 인간을 문명으로 이끄는 자들이기 때문에 시인이 사람의 영혼에 생기를 불어넣은 일이 당장 쓸모가 없다고 추방하는 사회는 더 이상 사람이 살 수 있는 바람직한 사회가 아니라고 주장한다. 키케로는 학문이 추구해야할 목적을 진리가 아닌 사람됨에서 찾았다. 그는 로마인들의 전통적인 덕목, 즉 부모를 존경하고 신중하게 행동하며, 자신을 제어하는 덕과 헬라 문화의 교양과 설득, 매력과 호의를 첨가하여 새로운 개념으로서의 이상적인 인간성을 제시하였다. 키케로가 제시한 새로운 인간상은 이성으로 자신을 통제할 줄 알며, 동시에

교양과 언어의 유창함을 두루 갖춘, 최고의 지적, 도덕적 인간을 양육하는 것이 '후마니타스'이다.[7]

키케로의 인문학 정의는, 한 걸음 더 나아가, 개인적 차원에서 사회적 차원으로 승화된다. 그는 당시 로마의 철학자들이 지식을 탐구하면서, 그 지식을 행동으로 옮기기보다는 은둔을 선택하고, 연설가들은 뛰어난 언변과 화술로 출세와 돈벌이에만 골몰한다고 당시의 지적 풍조를 비판한다.[8] 바로 이 지점에서 키케로가 제안한 인문학이 지닌 사회적 공동체성을 엿볼 수 있다. 이러한 그의 경향을 학문에 대한 그의 정의에서도 엿볼 수 있다: "모든 학문은 서로가 서로를 묶는 공통의 연결고리를 가지고 있고, 마치 혈연에 의해 연결된 것인 양, 상호 결속되어 있다."[9] 이처럼 키케로는 인문학을 인간을 인간답게 해주는 데 도움을 주는 학문이자 사회의 공동체적 유대를 위한 출발임을 밝힌다.

페트라르카는 키케로가 자신의 문헌에서 로마 사회의 변혁을 위해 도구로 삼았던 것처럼, 인문학이 중세의 학문을 변화시킬 수 있는 도구가 될 수 있으라 기대했다.[10] 그래서 그는 보카치오에게 쓴 편지에서 이탈리아인들에게 수세기 동안 외면 받아온 인문학을 연마하라고 권고한다. 페트라르카에게 있어서 키케로의 인문학은 중세에 대한 '대안'임에 틀림없다. 당시 르네상스 인문주의자들은 중세의 스콜라철학의 장황한 언변과 허황된 논리를 비판하면서, 그 대안이자 방법론으로 페트라르카는 키케로의 인문학에 관심을 기울였다. 키케로는 참다운 웅변과 참다운 지혜와 덕의 결합을 중세의 아리스토텔레스적 합리주의에 맞서 새로운 변화를 꾀할 수 있는 단초로 여겼다. 그래서 그는 키케로를 아리스토텔레

7 박영희, "키케로의 『웅변가론』에 나타난 교육이론", 「교육철학연구」33(2011), 111.

8 안재원, "키케로의 인문학에 대하여", 「인문학연구」 15(2009), 148.

9 키케로, 『아르키아스 변론』 제 2장: 안재원, "키케로의 인문학에 대하여", 149 재인용.

10 안재원, 김경희, "'로마의 위대한 힘(Virtus romana)' 개념을 통해 본 이탈리아 르네상스 초기 인문주의자들의 정치사상: 페르타르간와 살루타티를 중심으로", 「한국정치연구」 13(2004), 231-55 참조.

스보다 도덕철학자로서 우월하다는 주장을 하게 된다.[11] 이처럼 르네상스 인문주의자들의 지적 활동은 공동체와 밀접하게 연결되어 공동체에 기여하느냐가 평가의 기준이 되었다. 이런 배경에서 페트라르카는 고전을 발굴하고, 그 고문을 읽고 해석하는 교육을 중세 교육에 대한 대안으로 여겼고, 로마의 웅변가인 키케로를 고전의 모범으로 여겨 그의 문장을 그대로 암송하게 해석하는 교육이 성행하게 되었다. 이를 울리히(Ulich)는 "모방적, 고전적 인문주의"라고 불렀다.[12]

2. 대안으로의 인문학의 우월성

중세의 스콜라 철학은 아리스토텔레스의 논리학에 근거하여 다양한 개념들을 추론하고 정의하며. 이러한 추론의 과정을 거쳐서 얻게 된 개념들을 토대로 사변적 논리를 만들어 학문연구에 적용시키는 학문이다. 그래서 중세 대학이 7 자유교양과목에서 논리학을 상위학문으로 삼은 것은 당연한 결과이다. 하지만, 르네상스 인문주의자들은 우선 중세 스콜라철학이 고대로부터 내려오는 신존재 증명과 보편개념을 통한 진리의 사변적 논증을 비판하였다. 그리고 철학의 소재에 대한 타당성을 검토하지 않아서 논의의 현실성이 결여되어 있다는 점을 지적하였다.[13] 이에 대한 대안으로 르네상스 인문주의자들은 로마의 웅변가인 키케로에게서 그 답을 찾았고, 고대의 문헌을 읽고 해석하는 능력을 가르치는 문법과 수사학에 관심을 기울였다. 이때 교육의 모범으로 아리스토텔레스의 문헌뿐만 아니라 키케로의 글을 중심으로 이루어진 것은 당연한 결과이다. 수사학이 로마에

11 Charles N. Nauert, 『휴머니즘과 르네상스 유럽문화』 57.

12 R. Ulich, *History of educational thought* (New York: American book Company, 1945), 153. 고경화, "근대 초기 인문주의 교육과 관계구도 논의", 「교육학연구」 50(2012), 211.

13 P. Monroe, *A brief course in the history of education* (New York: Macmillan, 1927), 150.

서 뿌리를 내리게 되는 배경을 살펴보면 다음과 같다. 로마인들이 그리스 문화와 본격적으로 접촉하기 시작할 때, 로마는 공화정이라는 정치체제를 소유하고 있었다. 로마의 정치가들은 아테네의 민주정에서와 마찬가지로, 무엇보다도 탁월한 연설능력을 필요했기 때문에, 정치생활에 필수적이었던 그리스의 수사학 전통은 로마사회에 쉽게 수용될 수 있었다. 당시 정치 현장 또는 법정에서의 변론, 출정하는 군인들을 위한 연설을 효과적으로 실시하기 위해 수사학은 정치가의 필수조건이었다.[14] 로마인의 삶에 수사학이 요구된 것처럼, 르네상스 시대에도 학문의 실제적 적용에서 문법과 수사학이 중요하게 대두되었다. 예를 들어, 르네상스 인문주의자 살루티(Saluti)는 교과과목으로서 문법과 수사학을 기독교 진리를 위해서 반드시 익혀야한다고 주장하는데, 그 이유는 문법을 모르면 문장을 읽을 수 없고, 문장을 이해하지 못하면 성경의 지혜를 얻을 수 없기 때문이다. 그는 비록, 문법이 이교도에 의해서 만들어졌지만, 문법은 이성적으로나 또는 필요에 의해서 반드시 배워야할 과목이고 성경과 그 주해서를 이해하기 위해서 수사학과 문법, 이외에 논리학도 꼭 습득해야한다고 하였다.[15]

수사학은 일차적으로 '설득'을 목표로 한다. 외적 형식을 통해서 청중을 설득하는 것이 수사학의 본질이다. 그래서 수사학은 단순히 문법적, 언어적 측면을 넘어선다. 참된 연설가는 광범위한 지식과 폭넓은 경험을 토대로 참과 거짓, 선과 악의 갈림길에서 청중을 '설득'하는 것이 목표이다. 그러므로 수사학은 '지혜'와도 결합된다.[16] 그래서 살루티는 수사학을 선한 사람이 갖추어야할 과목으로

---

14 고경화, "르네상스 인문주의 교육에 대한 양면적 해석의 비교연구", 「교육철학」 39(2007), 15.

15 C. Salutati, "A Letter in Defense of Liberal Studies," in W.L. Gundersheimer, *The Italian Renaissance* (London, 1993), 17-9. 베르기오도 논리학의 필요성을 주장하면서, 논리학은 토론에서 참과 거짓을 구분하고 어떤 주제연구에서도 참 방법이라고 하였다. 수사학이 논리학을 대체하는 것으로 간주하지 않았다는 점에 주목할 필요가 있는데, 이는 르네상스 인문주의의 발흥이 중세와의 단절이자 연속의 지점을 나타내기 때문이다.

간주하여 참과 거짓, 선과 악, 두 영역에서 참과 선을 선택할 수 있도록 착한 사람은 수사학을 익혀야한다고 권면한다. 그에게 있어서 수사학은 신학을 이해하기 위한 학문이다.[17] 수사학이 참과 거짓의 판단을 요구하는 지혜와 결합됨으로써 인문주의자들에게 수사학은 시민적, 도덕적 이념과 실제적인 도덕적 판단을 다루는 학문, 도덕철학과 연관된다.

인문학은 시민의 지적 능력과 도덕적 자질을 향상시키는 것을 목표에 적절한 실례를 제시하는 데 관심을 기울임으로써 자연스럽게 역사학이 중요하게 대두된다. 부르니는 1436년에 카스틸랴의 존 2세에게 쓴 편지에서 군주가 군주로서의 본질과 임무, 즉 선의 영광과 악의 오류를 깨닫기 위해서 역사를 공부해야한다고 강조한다. 그리고 역사는 독재자와 선한 왕을 비교할 수 있도록 사실에 근거한 적절하고 유익한 실례를 제공하기 때문에 유익하다고 주장한다.[18] 르네상스 인문주의자들은 역사에서 유익한 교훈을 얻기 위해서 사건의 원인이나 사실여부, 그리고 전후관계를 고찰하였다. 정확한 인과관계를 파악하는 것이 역사적 사건의 '사실'에 접근하는 길이며 어떤 특정 사건의 원인을 분석하고, 결과를 원인과 연결시켜 사건의 실상을 규명하면 현재 직면하고 있는 복잡하고 유동적인 사건들이 지닌 난제들을 풀 수 있는 유일한 교훈을 제공할 수 있으리라 생각하였다.[19] 르네상스 인문주의자들은 역사 연구의 목적을 유용한 실례를 찾는 데서 멈

---

16 인문주의자들은 키케로를 따라 수사학과 지혜를 결합하려했다. 그래서 인문주의자들의 수사학은 단순한 언어적 기예를 의미하지는 않았다는 것은 1485년에 바르바로(Barbaro)와 피코(Pico)가 벌린 논쟁에서 나타난다. 이 논쟁에서 피코는 수사학과 철학을 명확히 구분하고 철학의 우위성을 논한 반면, 바르바로는 자기시대의 수사학이 철학과의 결합을 지향하고 있다고 주장하면서 수사학은 우아하고 유쾌하고 문체가 아니라 유용하고 장엄하며 존경받는 어떤 것을 추구한다고 주장한다. 진원숙, "Studia humanitatis : 인문학 5영역", 「계명사학」 10(1999), 241; "시민적 휴머니즘과 교육", 「대구사학」50(1995), 217-18.

17 진원숙, "Studia humanitatis : 인문학 5영역", 239.

18 진원숙, "시민적 휴머니즘과 교육", 203.

19 진원숙, "휴머니스트사가들의 비판적 역사학 소고", 「동서문화」 19(1987), 22-25; "휴머니스트사가들의 인과적 역사학 소고", 「동서문화」 20(1988), 140-48.

추는 것이 아니라 역사의 실례가 주는 교훈을 지금 시대의 정치와 행정과 결합하여 그 교훈을 실제적으로 적용하는 것을 중요하게 생각한다. 역사는 선과 악의 사례를 보여주어 현재 사회의 정치적 행정적 실제의 적용가능성을 열어준다.[20] 그래서 르네상스 인문주의자들은 수사학과 역사학을 연결하려고 시도하였다.

이외에 개인의 사람됨과 공동체의 윤리를 연결하는 매개체로 르네상스 인문주의자들은 '시'를 중요하게 생각한다. 살루타티는 1378년에 볼로냐의 서기장에게 보낸 편지에서 분명하게 시의 이성적이고 창조적 힘을 나타낸다. 그는 시를 읽는 것의 위험성을 주장하는 조라리니에게 플라톤, 아리스토텔레스, 도나투스, 키케로의 작품은 왜 읽는지 반문하면서, 시를 이방작가의 작품과 비교하여 그 유용성을 설명한다. 그는 버질이 기독교인에게 위험하지 않을 뿐만 아니라 그의 시는 문체와 풍부한 지식으로 큰 이익을 준다고 주장한다. 물론 성경과 비교할 때, 성경을 읽는 것이 시를 읽는 것보다 더 큰 유익을 얻을 수 있지만 시인도 성경의 메시지를 더 명확하게 이해하도록 돕는다는 것이 그의 논지이다.[21] 살루타티는 자유학예를 보다 높은 수준으로 나아가기 위한 준비단계로 여기기 때문에, 이교도의 시에 등장하는 고대의 영웅들은 기독교를 훼손하는 존재가 아니라 기독교의 신앙과 조화를 이룬다고 표명하였다.[22] 이로써 르네상스 인문주의자들이 중세를 극복하기 위한 대안으로 제시한 교과과목은 인문학의 5영역, 즉 문법, 수사학, 역사학, 윤리학, 시로 집약된다.[23]

---

20 진원숙, "Studia humanitatis: 인문학 5영역", 245.
21 진원숙, "Studia humanitatis: 인문학 5영역", 249.
22 진원숙, "Studia humanitatis: 인문학 5영역", 248-49.
23 이탈리아 인문주의자들은 자연과학 및 예술분야에 대한 중요성을 경시하였다. 음악은 체육과 함께 고대 그리스 문화부터 7 자유교양과목 중의 하나로 자리 잡아 왔으나, 르네상스 시대에 이르러서는 인문학의 교과목으로 포함되지 못했다. 그리고 미술이나 건축과 같은 예술 분야는 기술로 규정되어 공방에서의 도제교육의 형태로 이행되고 있었다. 인문주의자들은 자연과학도 경시하는 경향이 짙었다. 르네상스 시대 이탈리아뿐만 아니라 북유럽에서도 과학 분야에서 큰 진진이 있었는데, 이는 중세 7자유교양과목인 천문학과 기하, 산술 등 자연과학을 대학을

르네상스 인문주의자들은 15세기 초 중세의 스콜라철학을 부정하고, 그 대안으로 공화국 말기와 초기 제국시대에 로마 지배층 교육의 특색이었던 웅변훈련과 시민적 의무를 고취하고 고전적 교과과정으로 바꿀 것을 요구하였다.

> 첫째 그것은 당시의 라틴어를 서투르고 모호한 문장의 잡동사니로 만들고, 이해할 수 없는 사이비 과학적 은어로 만드는 열등하고 '야만적인' 작문 관계를 만들어내었다. 둘째, 고대 로마 시인들로부터 뽑아낸 약간의 선집을 제외하고는 대부분의 내용은 지적 수준이 낮은 잡동사니였다. 셋째, 그것[중세의 커리큘럼]은 주로 모호한 금언을 표현하는 공허한 말들이나 기억하게 만드는 주입식 도덕 교육으로, 이탈리아 여러 도시의 시민들이 봉착한 문제들을 해결해야하는 사람들에게 적절한 지침 역할을 하지 못하였다.[24]

키케로의 1421년 『웅변가에 대해』가 발견되면서 중세적 교재를 버리고 새로운 교과과정에 대한 요구가 증가하게 되었다. 실제로 파비아 대학의 학생들은 1435년 3월에 수사학 강좌를 열어 줄 것을 요청하였고, 밀라노 공은 1434년 11월 30일에 베르가모의 저명한 박사 구인니포르투스(Guinifortus)를 상위학교 관례에 따라 연간 400 플로린(florin)의 급료로 웅변과 도덕철학을 강의하도록 밀라노 시에 초빙했다고 자랑하였다.[25] 페라라 대학 교수의 1474년 10월 급료

중심으로 체계적으로 교육한 결과이다. 코페르니쿠스(1473-1543)는 1543년에 『천체의 궤도들의 회전에 대하여』를 발표하였고, 이후 케플러(Johannes Kepler, 1571-1630)가 행성의 타원궤도법칙을 주장하였다. 이러한 천문학은 나중에 갈릴레이(Galileo Galilei, 1564-1642)에 많은 영향을 주었다. 하지만 르네상스 인문주의자들은 과학을 교과로 채택하지는 않았다. 이에 대해 "과학사가들은 인문주의자들이 자연과학에 대해 무관심했음을 개탄하였다. … 그들[인문주의자들]은 철학자로서 아마추어였다. 그들의 철학은 주로 윤리와 양식의 문제에 한정되었고 고전의 문헌에서 절충적으로 빌려온 단편적인 조각들"이었다고 비판하였다. 고경화, "르네상스기 인문주의 교육에 대한 양면적 해석의 비교 연구", 「교육철학」 39(2007), 19-20.

24 C. N. Nauert, 『휴머니즘과 르네상스 유럽문화』, 96-97.

를 보면, 교회법, 민법, 유스티니아누스법전, 의학, 외과학, 논리학 강사는 대개 연간 200에서 300 혹은 350 릴레(lire)였는데, 그에 비해 수사학과 그리스어를 가르치는 교수들은 대개 450-500릴레를 받았다. 물론 이는 하나의 예로 당시 문법학자나 수사학자들이 더 높은 급료를 받았다고 단정할 수는 없으나 적어도 적게 받지는 않았다는 것을 알 수 있고, 수사학 교수의 급료가 타 분야 교수보다 높다는 것은 당시 수사학의 높은 위상을 나타내는 예라 할 수 있다.26 이처럼 르네상스 인문주의자들은 중세의 대안으로 키케로의 인문학을 시대의 '대안'으로 채택하여 인간의 인간됨에 봉사하는 학문으로서의 인문학 5과목, 즉 문법, 수사학, 역사학, 도덕철학, 시의 우월성과 유용성을 논증하여 시대적인 설득의 구조를 만들고자 노력하였다. 그 노력이 대학의 교과과정의 개편 요구로 드러난다. 이들은 인문학을 개인의 차원에서 구조적 사회개혁으로 확장하였고, 이 노력이 종교개혁과 더불어 그 꽃을 피우게 된다.

Ⅲ. 종교개혁과 인문학

1. 스콜라철학에 대한 비판

독일대학의 교과과정 개편은 중세 철학의 특징인 스콜라철학에 대한 비판에서 시작한다. 독일의 대학은 조직과 학제, 교과과정까지 스콜라철학의 모태인 파리대학을 모방했기 때문에 논리학이 큰 비중을 차지한다.27 당시 대학에서 논리

---

25 진원숙, "Studia humanitatis: 인문학 5영역", 239.
26 진원숙, "Studia humanitatis: 인문학 5영역", 239.
27 박준철, "중세말 독일의 반성직주의와 대학교육", 「역사학보」 149(1996), 149.

학은 진리 추구의 필수적인 도구로서 여겨졌다: “논리학은 모든 과목의 원리를 이해하게하는 학문중의 학문이며 과학중의 과학이다. 왜냐하면 오직 논리학만이 모든 다른 학문의 원리를 개연성 있게 설명할 수 있기 때문이다. 그러므로 논리학은 가장 먼저 습득되어야 할 학문이다.”28 분명한 것은, 논리학의 학습 목적은 정확성과 명확성을 획득하는 데 있다. 이를 위해서 개념과 용어에 대한 정의와 추론, 이론화의 능력이 요구된다. 중세의 스콜라 철학자들이 택한 “교수 방법은 순전히 분석적이었고 엄격한 삼단논법에 의해 진행되었다. 개념들은 엄밀하게 파악되고 신중히 정의되었으며 학습주제는 상세하게 토의되었다. … 모든 학생들에게 논쟁의 여지가 있는 질문들이 주어지고 거기에 대한 많은 찬반양론이 상세하게 토론되었다.”29 이러한 이론화의 작업은 학자들에게 주어진 과제로서 중세 스콜라철학의 목적은 학자를 양성하는 데 있다고 할 수 있다. 중세의 주지주의적 경향, 즉 사변적이고 보편진리를 추구하는 장황한 언변에서 어떤 현실을 위한 가치를 발견할 수 없었다. 그래서 북유럽의 인문주의자인 스트라스부르의 슈투룸(Jacob Sturm)은 하이델베르크에서의 자신의 학창시절을 회고하면서 당시 스콜라 철학의 교육방법을 다음과 같이 비판한다.

> 내가 학생이었을 당시 교양학부에서 위세를 떨치던 교육방법은 우리가 상상할 수 있는 것 중 최악이었다. 혹자는 그것이 정신을 상하게 하고 시간을 낭비하기 위해 특별히 고안되었다고 생각할 수도 있을 것이다. 학생들은 라틴어도 모르고 헬라어도 모르는 자에 의해서 번역된 아리스토텔레스의 저작들을 읽었고, 강의하는 교수나 강의를 듣는 학생이나 그 내용에 대해서 아무것도 이해하지 못하였다.30

---

28 박준철, “중세말 독일의 반성직주의와 대학교육”, 153.

29 August Thorbecke, *Geschichte der Universität Heidelberg* (Heidelberg, 1886), vol 1, 70.

30 Georg Kaufmann, *Die Geschichte der deutschen Universitäten*, vols. 2 (Stuttgart,

루터도 1517년 "스콜라 신학을 반대하는 논쟁"에서 "아리스토텔레스 없이는 신학자가 될 수 없다"고 하는 스콜라 신학자들의 일반적인 견해를 비판하며 "오히려 아리스토텔레스 없이 신학자가 된다"고 역설하였다.[31] 그리고 그는 『로마서 강해』에서 "아우구스티누스나 암브로시우스 같은 고대 교부들은 성경의 방식을 따라" 죄와 은총의 문제를 다루지만 "스콜라 신학자들은 아리스토텔레스의 방식을 따라" 다루기에 그 의미를 알지 못한다고 지적하며, 그들을 "어리석은 자요 돼지 신학자들"이라고 불렀다.[32] 이런 상황들이 중세 교과과정의 주류를 차지한 논리학, 아리스토텔레스의 문헌을 중심으로 이루어진 학제에 대한 비판과 더불어 교과과정 개편을 요구하는 중요한 이유가 되었다.

2. 인문학 교과과정 개편 - 비텐베르크 대학 교양학부

중세의 스콜라 철학의 특징인 아리스토텔레스에 대한 비판과 그의 논리학에 대한 폐해는 루터의 비텐베르크 대학 교과과정 개편으로 이어진다. 비텐베르크 대학은 1486년 선제후 프리드리히(Friedrich der Weise)가 작센의 통치자가 된 이래로 새로운 변화를 모색하기 시작했다. 그 노력의 결실이 헤르만 폰 뎀 부쉐(Hermann von dem Busche)를 첫 시학 교수로, 니콜라우스 마샬크(Nikolaus Marschalk)를 헬라어 교수로 고용하면서 나타난다. 비록, 이들이 1505년경에 비텐베르크 대학을 떠났지만, 이들에 이어 인문주의자 발타사르 파쿠스(Balthasar Phachus)를 수사학과 시학 교수로 임용하여 그 변화의 결실을

1888), 556-57.

31 M. Luther, 유정우 옮김, "스콜라 신학을 반대하는 논쟁", 『루터: 초기신학 저술들』 (서울: 두란노아카데미, 2011), 316.

32 M. Luther, 『루터: 로마서 강의』 (서울: 두란노아카데미, 2011), 236.

이루었다.[33] 인문주의자들이 교수로 고용되고, 시와 다른 교양과목을 가르치는 것이 허락된 것은 당시 다른 대학에서 인문주의 교수들이 임시로 또는 사적으로 고용된 것과 대조를 이룬다.[34] 물론, 당시 비텐베르크 대학에서 인문학을 중심으로 하는 교과과정이 정착되었다고 평가할 수는 없다. 왜냐하면 1508년 프리드리히의 지시 아래 쇼이얼(Scheurl)이 작성한 정관에는 분명하게 스콜라철학의 전통을 고수하겠다고 명시되어 있기 때문이다: "스콜라 학자들의 교수 방법은 온전하게 장려되어야한다."[35] 그럼에도 불구하고 인문주의자가 교수로 고용되었다는 사실과 "시와 다른 인문학들"을 선택과목으로 배울 수 있게 되었다는 것은 이 대학의 변화를 예견한다.[36] 이러한 변화의 씨앗을 심을 수 있었던 것은 분명 북유럽의 인문주의의 영향이라고 할 수 있다.[37] 이 변화의 씨앗이 1513-1517년에 꽃을 피우게 된다. 예를 들어 마샬크의 제자이며 이탈리아 인문주의의 대표적인 대변자였던 무티아누스 루프스(Mutianus Rufus)의 제자로서 선제후의 비서가 된 게오르그 슈팔라틴(Georg Spalatin, 1484-1545)는 비텐베르크 대학에 인문주의 정신을 확장시키기 위해서 인문주의자들이 좋아하는 도서를 구입하였고, 도서관을 확장하였다.[38] 루터도 이미 에르푸르트에서 인문주의를 접하였

---

33 이상조, "16~17세기 비텐베르크 대학의 신학교육의 역사적 전개과정과 교회에 미친 영향 연구", 119.

34 Anton Blaschka, "Der Stiftsbrief Maximilians I. und das Patent Friedrichs des Weisen zur Gründung der Wittenberger Universität," in *450 Jahre Martin Luther-Universität Halle-Wittenberg*, vol.1:

35 Maria Grossmann, *Humanism in Wittenberg 1485-1517* (Nieuwkoop: De Graaf, 1975), 48-49.

36 Maria Grossmann, *Humanism in Wittenberg 1485-1517*, 23.

37 Marilyn Harran, *Martin Luther: Learning for Life* (St. Louis: Concordia Pub. House, 1997), 103.

38 그로스만은 1512년부터 1513년까지의 청구서를 분석하여 제시한다. "성경들, 성경주석들과 설교, 교부들의 저서들, 그리스어와 라틴어 고전 문학 작품들, 인문주의자들의 작품, 문법과 언어 설명서들, 교회사와 일반 역사에 관한 책들, 스콜라신학 논문들, 그리고 과학과 법학에 대한 관한 책들. Maria Grossmann, *Humanism in Wittenberg 1485-1517*, 109.

고 비텐베르크에서 시편을 강의할 때, 인문주의자들이 저술한 세 종류의 도서를 참고도서로 사용하였다.[39] 이러한 노력이 1518년 교과과정개편으로 열매를 맺게 된다.

루터의 대학 교과과정 개편에 대한 입장은 분명하다. 그는 1517년 면벌부 판매에 항의하여 반박문을 부치기 전, 5월 18일에 그의 친구이자 인문주의자이며 아우구스티누스 수도회 동료인 랑(Johannes Lang)에게 보낸 글에서 자신의 입장을 다음과 같이 표명한다.

> 하나님의 역사 덕택에 우리의 신학과 성 아우구스티누스[의 신학]이 우리 대학에서 계속해서 번성하고 퍼지고 있다. 아리스토텔레스는 퇴락하고 있고 머지않아 영원한 파멸에 이르게 될 것이다. 「전거집」강의들이 무시되고 있으니 놀랄만한 일이다. 이 신학, 즉 성경과 아우구스티누스 …에 대한 강의를 제안하지 않는 자는 수강자를 기대할 수 없다.[40]

아리스토텔레스의 퇴락에 대한 루터의 예고는 실제로 1518년 교과과정 개편에서 아리스토텔레스의 논리학과 물리학 그리고 형이상학을 다루는 과목들을 유지하였으나, 『논리학 핵심』강의가 폐지됨으로써 현실화되기 시작하였다. 교양학부 교과과정을 개편하기 위해서 4가지 사항을 결정하였다: "첫째, 세 개의 고전어 강의가 개설되어야하며, 두 번째로는 수학이 강의되며, 세 번째로는 플리니우스와 퀸틸리아누스와 같은 헬라 시대의 저서들이 읽혀야한다. 마지막으로는 페

---

39 로이클린의 히브리어 교재와 사전(1506) 로이클린의 히브리어 원문을 기초로 한 일곱 개의 참회시편 주해(1512), 다섯 종류의 서로 다른 라틴어역 시편을 대조시킨 프랑스 인문주의자 야콥 파버 스타플렌시스의 시편주석(1509). Reinhard Schwarz, *Luther* (Göttingen: Vandenhoeck & Ruprecht, 1986), 20.

40 *Martin Luthers Werke, Briefweichsel* (*WA Br*) (Weimar, 1930-1978), 1. 41, 99.

트루스 히파누스의 교재와 페트루스 타르타레투스의 주석에 의한 아리스토텔레스의 철학에 대한 강의가 취소되어야 한다."[41] 루터의 예상대로 퀸틸리아누스(Marcus Quintilianus)에 대한 강의가 신설되어 수사학 교육이 최초로 이루어지게 되었다. 이로써 르네상스 인문주의의 '스투디아 후마니타티스'의 위상이 높아졌음을, 그 영향력이 비텐베르크 대학에서는 상당했음을 알 수 있다.[42] 이 계획서는 그리스어와 히브리어를 담당할 교수 채용을 명문화하였는데, 그에 따라 8월에 멜랑흐톤이 헬라어 담당교수로 부임하였다.[43] 이후 1518년 말에는 대학교의 교양학부 교육과정으로 고전어를 포함하였고 대학교 정규교육과정에 세 개의 성경 고전어들을 포함하는 첫 번째 대학교가 되었다. 1518년 교육개편으로 인해 멜랑흐톤이 비텐베르크 대학에서 가르칠 수 있게 되었으며, 그가 루터와 더불어 종교개혁의 핵심일원이 되는 계기를 마련해 주었다. 이 교육 개편은 또한 비텐베르크 대학이 앞으로 목표로 삼아야할 교육의 기본 방향을 설정해 주었다. 이 방향성은 이후 독일의 하이델베르크와 튀빙겐 대학이 교과과정을 개편하는 길잡이의 역할을 하였다. 멜랑흐톤은 또한 이들 대학의 교과과정의 조언자이자 개혁자로서의 역할을 한다.[44] 이로써 종교개혁이 대학의 교양학부 교과과정 개편에 적극적으로 개입하여 큰 성과를 이루었다고 할 수 있다.

루터의 인문학에 토대를 둔 교육과정 개편에 대한 입장은 1520년 "독일 민족의 귀족에게 호소함"의 25조항에서도 나타난다.

> 대학교들도 건전하고 철저한 개혁을 필요로 한다 (나는 이것이 어떤 사람에게

41 *WA* Br. 1. 155.
42 박준철, "르네상스 휴머니즘과 종교개혁의 관계", 「서양사론」 52(1997), 22.
43 박준철, "르네상스 휴머니즘과 종교개혁의 관계", 22.
44 박준철, "종교개혁기 독일 대학의 인문주의 개혁-튀빙겐과 하이델베르크를 중심으로-", 「서양사론」97(2008), 143-64 참조.

걸림돌이 될지라도 말하지 않으면 안 된다). … 내 생각에는 이제까지 가장 중요한 책으로 여겨져 온 아리스토텔레스의 「물리학」, 「형이상학」, 「영혼론」, 「윤리학」을 자연의 문제를 다룬다고 자랑하는 다른 모든 책들과 아울러 제거해 버려야한다. 왜냐하면 사실 그 책들은 자연의 문제나 영적인 문제에 대하여 아무것도 가르치지 않기 때문이다. 아무도 이제까지 아리스토텔레스의 가르침을 이해하지 못했으며 또한 많은 사람들이 무익한 노력과 연구로 많은 귀중한 시간을 허비하여 괴로움을 겪어왔다.… 교황과 황제에 있어서 대학교의 철저한 개혁보다 더 가치 있는 일이 없다고 나는 생각한다. 반면에 개혁되지 않은 대학교보다 더 악하고 또 마귀에게 더 잘 기여하는 것도 없다.[45]

루터는 아리스토텔레스의 논리학을 배제시키는 것을 넘어서 그의 형이상학, 물리학, 영혼론, 윤리학도 교육과정에서 제외시키고자하였다. 그의 의지는 1520년 교양학부에 개설된 강의 목록을 통해서 확인할 수 있다: 히브리어와 문학, 희랍어와 문학, 아리스토텔레스의 변증학(초급), 아리스토텔레스의 철학과 동물학(중급), 키케로에 따르는 수사학, 베르길리우스와 키케로의 웅변, 퀸틸리아누스, 역사, 라틴어 문법, 플리니우스, 수학, 교육학.[46] 이 교과개편에서 아리스토텔레스의 변증학을 제외하고 그의 다른 과목들이 폐지되었다는 것을 확인하게 된다. 그리고 라틴어, 헬라어, 히브리어 강의가 교양학부의 정규 과정으로 승격되었음을 알 수 있다. 퀸틸리아누스 과목을 가르쳤던 기존의 수사학 과목에 키케로의 수사학이 추가되었다. 여기에서 눈여겨보아야 할 것은 시와 역사학이 정규과목에 포함되었고 문학을 통한 언어교육으로 방법론이 달라졌음을 알 수 있다. 그리

45 M. Luther, 이형기 옮김, "독일 민족의 귀족에게 호소함", 『루터저작선』 (고양: 크리스찬다이제스트, 1994), 552-54.

46 Hein Kahte, *Die Wittenberger Philosophische Fakultät 1502-1817* (Köln,Weimar, Wien: Böhlau, 2002), 68-69.

고 멜랑흐톤은 1523년에 학생들의 논리적 능력을 고양시키기 위해 학위취득의 필수과정으로 요구된 토론수업(disputatio)을 폐지시키고, 그 대신 수사학적 능력을 배양시키려는 목적으로 공개 연설(declamatio)을 신설하였다.47

하지만 이후 20년대에는 주목할 만한 교과개편이 이루어지지 않았다. 추측컨대, 농민전쟁, 재세례파의 등장으로 개혁운동이 급진적이고 과격화됨에 따라 학생들의 수가 급감하여 비텐베르크 대학이 재정적 위기에 봉착하게 됨으로써 학사행정의 개편에 따른 재정적 부담을 감당할 수 없었기 때문이리라 생각되어진다. 선제후들도 1520년대에 들어와 냉각화된 제국의 정치적 상황을 고려하여 노골적인 지원을 꺼릴 수밖에 없었다.48

예기치 못한 사태로 인해 종교개혁의 본질과 방향에 대해 다시 숙고하는 계기가 되었다. 이제는 로마 가톨릭의 전통을 타파하는 것이 교회개혁의 방향이 아니라 프로테스탄트의 교리를 대중에게 전달하여 사회 저변에 정착시키는 것이 새로운 과제로 등장하게 된 것이다. 이를 위해서 1527년 여름 루터, 멜랑흐톤, 부게하겐(Johannes Bugenhagen), 슈팔라틴(Georg Spalatin)을 포함한 지도부는 에른스트 작센의 상황을 조사하는 작업을 착수하였다. 이에 대한 결과를 루터는 1529년 출판한 『소요리문답』 서문에 다음과 같이 서술한다.

최근에 내가 교구시찰에 마주친 통탄할만한 상황 때문에 나는 이 짧고 간단한 교리문답서를 준비하였습니다. 선하신 하나님이시여, 얼마나 비참한 사태를 제가 보았습니까! 사람들, 특히 시골에 살고 있는 사람들은 기독교의 가르침을 전혀 알지 못합니다. 그리고 불행하게도 많은 목회자들이 아주 무능하고 또한 가르치는

---

47 *Urkundenbuch der Universität Wittenberg(UBUW)*, ed. Walter Friedensburg (Magdeburg, 1926) 1, 131, 128-29.

48 Hans Engelland, "Melanchthons Bedeutung für Schule und Universität," *Luther, Mittielungen der Luthergesellschaft* 31(1960), 29-30.

일에 부적격합니다. 사람들은 기독교인이라 하면서 세례를 받고 성찬에 참여하지 만 그들은 주기도문, 사도신경, 십계명을 모르고 있고 마치 돼지와 미친 야수처럼 살고 있습니다.[49]

루터를 중심으로 한 지도부를 통해서 이루어진 교수 시찰은 종교개혁의 방향을 전환하게 만들었다. 교회 내부의 개혁을 위해서 그들에게 절실하게 필요한 것은 교육개혁이었다. 이런 맥락에서 1530년 전후로 종교개혁자들은 대학의 교과과정 개편에 전력하게 된다. 그 결과로서 1536년 5월 5일에 채택된 정관은 그 의미가 크다 하겠다. 이 정관에서 대학의 모든 행정과 학사업무를 새롭게 규정하였다.[50] 독특한 것은 스콜라철학을 대표하는 논리학을 담당한 교수가 수사학교수와 더불어 주 2회에 걸쳐 학생들에게 공개연설 기법을 가르쳐야한다는 것이다. 멜랑흐톤은 이 정관이 채택된 후 교양학부 학장에게 "잘 알려져 있듯이 품위 있는 라틴어 연설은 그 형식에 대한 훈련 없이는 유지될 수 없다"고 편지를 써서 공개 연설 과목의 취지를 설명하였다.[51] 이런 측면에서 볼 때, 비텐베르크의 논리학 수업은 '일종의 수사학적 논리학'이라 평가할 수 있다.[52] 공개 연설은 학생들만 연마해야할 과목이 아니라, 수사학, 그리스어, 테렌티우스를 담당한 교수들도 일 년에 한 번씩 공개연설을 하도록 요구되었다.[53] 이 규정은 공개 연설 훈련을 통하여 학생들이 자신들의 사고를 설득력 있게 전달하는 기법을 숙달시키고

---

49 M. Luther, "Small Catechism," ed. Robert Kolb and Timothy J. Wengert; trans. Charles Arand, *The Book of Concord: The Confessions of the Evangelical Lutheran Church* (Minneapolis: Fortress Press, 2000), 181.

50 *UBUW*, 193, 172-84.

51 *Corpus Reformatorum. Philippi Melanchthonis Opera* (*CR*), Carlos G. Bretschneider and Henricus E. Bindseil (Halle, 1834-1860), 3, 190.

52 박준철, "르네상스 휴머니즘과 종교개혁의 관계", 27.

53 *UBUW*, 1, 178.

또한 학생들의 공개연설의 지도에 필요한 능력을 증진시키기 위한 것으로 보인다.[54]

이러한 교양학부의 교육과정은 1546년에 이르러 완성된다. 여기에서 눈여겨 보아야 할 것은 헬라어 교재로 바울서신이 헬라어 작품들, 즉 호메로스, 헤시오도스, 에우리피데스, 소포클레스, 테오크리투스, 데모스테네스 등과 함께 언급되었다는 사실이다. 동일하게 히브리어 교재로 구약성경 중 하나를 채택하도록 규정하였다. 이를 통해서 멜랑흐톤은 "[헬라어] 어학지식이 사도의 서술을 이해하는 데 유익하다는 것을 일깨워주고자" 하였다.[55] 성경을 교재로 하여 히브리어와 헬라어를 배우면, 자연스럽게 신학부에서 성경을 해석하는 데 수월하리라는 의도가 반영된 것으로 보인다.

이렇게 비텐베르크 대학이 교과과정 개편을 지속할 수 있었던 것은 우선, 작센 선제후의 역량과 도움이 크다. 그는 비텐베르크 대학을 '새로운 개혁'의 의지로 세우고자하였고, 이를 성취할 수 있는 능력을 지닌 자였다. 둘째, 루터의 역할을 빼놓을 수 없다. 대학의 개혁을 단행하는 데 있어서 루터는 인문학의 수용이 종교개혁의 핵심인 성경해석의 기저를 이룬다는 확신이 있었고 이를 수행할 지도력도 지녔다. 인문주의자들이 에르푸르트 대학에서 인문학을 교과과정으로 편입시키려는 노력을 지속적으로 했음에도 불구하고 별다른 진전을 보지 못했던 반면, 비텐베르크 대학은 인문학을 종교개혁의 당면 과제로 삼아 대학의 교과과정개편을 성공적으로 성취하였다는 사실로 보아 루터의 지도력을 알 수 있다.[56] 셋째, 멜랑흐톤의 역할에 주목할 필요가 있다. 비텐베르크 대학에서 루터와 함께 교과과정 개편을 수행한 멜랑흐톤은 독일의 타 대학, 즉 튀빙겐과 하이델베르크

54 박준철, "르네상스 휴머니즘과 종교개혁의 관계", 27.
55 *UBUW*, 267.
56 나우어트, 『휴머니즘과 르네상스 유럽문화』, 288-92.

대학에서 교과과정 개편을 단행할 때, 적극적인 조언자였을 뿐 아니라 동역자로서의 역할을 하였다.57

3. 인문학으로서의 교양과목의 수용과 그 확대

종교개혁자 루터와 멜랑흐톤은 르네상스 인문주의자들에 의해서 제안된 인문학을 대학 교양학부의 교과과정으로 수용한 이유는 무엇일까?

(1) 첫째, 우선, 종교개혁자들이 로마 가톨릭에 대항하여 내세운 '오직 성경'이라는 모토를 그 근거로 제시할 수 있다. 종교개혁자들은 로마 가톨릭이 성경보다는 교회의 전통을 중시하고, 성경을 자의적으로 해석하는 오류를 범해왔다고 비판하였다. 그래서 그들은 로마 가톨릭의 잘못된 교리를 바로 잡기 위해서 무엇보다도 성경에 대한 정확한 이해가 필수적이라고 주장하였다. 이를 위해서 멜랑흐톤은 언어 습득의 정당성을 다음과 같이 설명한다.

> **신학의 근본들이 히브리어와 그리스어 저술에 있다는 것은 명백하다. … 언어와 말의 형태에 대한 무지로 인해 많은 이단들이 생겨났다. 이는 교회의 투쟁사에 쉽게 드러난다. 성경의 해석에 있어서 가장 중요한 것은 말의 형태를 이해하는 것이다. 그것을 이해하면 지금도 논쟁이 되고 있는 많은 사안들에 대해 결론을 얻을 수 있다. 따라서 어학지식은 신학을 위해 필수적이다.58**

성경 언어의 습득은 신학을 위한 필수적인 조건으로서 언어에 대한 올바른 이

57 박준철, "종교개혁기 독일·대학의 인문주의 개혁", 153, 159.
58 Philip Melanchthon, *Orations on Philosophy and Education*, ed., Sachiko Kusukawa, tr. Christine F. Salazar (Cambridge: Cambridge Univ. Press, 1999), 30-31.

해가 성경의 내용으로서의 교리를 판단하는 기준이 되어 이단을 분별할 수 있기 때문이다. 성경의 원어에 대한 능력이 정확한 성경 이해를 담보하고, 성경의 정확한 이해가 교리의 참과 거짓을 판가름하는 잣대가 된다. 이 잣대가 바로 진정한 교회 개혁의 척도로서 그 역할을 수행하게 되기 때문에 언어를 습득해야한다.

종교개혁자들은 또한, 중세 스콜라 신학자들의 난해한 성경주석에 반대하여 단순한 해석에 근거한 문자적 해석을 대안으로 내세웠다. 문자적 해석이란 성경의 저자가 말하고자하는 의도를 우선시하는 성경해석으로, 이를 통해서 로마 가톨릭의 성경해석이 지닌 오류를 극복할 수 있다고 보았다. 성경 저자의 의도인 단순한 의미를 드러내기 위해서는 성경의 언어를 습득해야한다. "하늘의 신비와 신의 섭리는 스콜라 신학자들의 주석이 아니라 성경 그 자체에서 발견되는 것이므로 성경의 어휘와 문법적 구조의 원어적 접근은 필수적이며 '이것 없이는 신학적 진리는 바로 설 수 없다.'"[59]

(2) 둘째, 성경의 언어인 헬라어와 히브리어를 습득함으로써 성경의 본래적 의미에 도달한 목사와 교사에게 주어진 또 하나의 과제는 어떻게 성도들에게 진리를 전달하느냐이다. 이 과제는 당시 르네상스 인문주의의 백미라고 할 수 있는 수사학에 종교개혁자들이 관심을 기울이게 된 주된 이유이다. 이 과제는 또한 종교개혁 당시 성직자의 역할에 있어서 변화가 일어났다는 것을 의미한다. 클라우스(Bernhard Klaus)는 뉘른베르크와 브란덴부르크 지역의 교구들을 담당한 가톨릭 사제 출신의 루터파 목사들을 대상으로 한 연구에서 이들이 대부분 저급한 교육을 받았다는 결론을 추론하였다.[60] 15세기 말 싼텐(Xanten)대교구의 사제

59 Melanchthons Werke in Auswahl, ed. by Robert Stupperich (Gütersloh, 1951-1961), 3, 58-60. 박준철, "르네상스 휴머니즘과 종교개혁의 관계", 14.

60 Bernahard Klaus, "Soziale Herkunft und theologische Bildung lutherischer Pfarrer der reformatorischen Früehzeit," *Zeitschrift für Kirchengeschichte*, vol. 80 (1969), 22-49, esp. 28-37.

들 중 약 20%만이 대학교육을 받았다는 프리드리히 외디거(Friedrich Oediger)의 통계도 클라우스의 주장을 뒷받침하고 있다.[61] 왜 전통적으로 최고의 지식 계급인 사제들이 충분한 교육을 받지 못했던 것일까? 첫째, 고위성직이 귀족 계급에 의해 독점되었기 때문이다. 당시 성행한 성직 매매, 한 주교가 여러 주교구를 관할하는 복수겸직, 복수겸직으로 인하여 주교가 주교구에 머물지 않는 현상, 고위 성직에 친인척을 등용하는 악폐들은 종교개혁 당시의 관례들이었다. 이를 통해서 귀족들은 부를 축적하였고 교회 내의 고위 직분을 귀족계급들이 독점하는 폐단을 낳게 되었다. 이로써 대부분 중하층 계급 출신의 일반 교구 사제들은 대학 교육을 받더라도 고위 직분으로 올라갈 수 있는 기회가 주어지지 않게 되었다. 그래서 자연히 성직자들은 대학교육을 받지 않게 되었다.[62] 둘째, 중세 로마 가톨릭 교회의 일반 성직자들은 그다지 많은 교육을 받지 않더라도 일선 목회자로서 일하는데 큰 지장이 없었다. 로마 가톨릭교회 사제의 주된 기능은 설교나 성경을 가르치는 일이 아니라 성례의 집전이었기 때문이다. 성례를 집전하는 데 해박한 신학적 지식이나 높은 수준의 인문학의 습득이 요구되지 않기 때문이다.[63]

하지만 종교개혁은 '오직 성경'의 표어처럼, 하나님의 말씀으로 돌아가 그 말씀의 바른 의미를 연구하고, 생활에 적용하여 선포하는 일이다. 그 일의 중심에 바로 목사가 있다. 루터가 1523년에 출판한 "목사의 직에 관하여"에서 목사의

61 Friedrich W. Oediger, "Niederrheinische Pfarrkirchen um 1500: Bemerkungen zu einem Erkundungsbuch des Archidiakonates Xanten," *Annalen des Historische Vereins für den Niederrhein*, 135(1939), 35.

62 박준철, "중세말 독일의 반성직주의와 대학교육", 『역사학보』 149 (1998), 146.

63 13세기 중엽 도미니카교단의 수도승이었던 울리히 엥겔베르티(Ulrich Engelberti)는 일반사제의 임무에 관한 기록을 남겼는데, 거기에 따르면 일반사제는 미사 도중 그가 낭독하는 라틴어의 뜻을 이해할 수 있을 정도의 문법지식만 갖추고 있으면 되었다. Klaus, "Soziale Herkunft," 28.

직무를 다음과 같이 규정한다.

> 일반적으로 목사의 직무는 다음과 같다. 하나님의 말씀을 가르치고, 설교하고, 선포하는 일. 세례를 베푸는 일, 성찬을 축성하고 집전하는 일. 죄를 지우고 푸는 일. 남을 위해서 기도하는 일. 희생하는 일. 모든 영혼과 교리를 판단하는 일. 확실히 이 일들은 훌륭하고 대단히 중요한 의무이다. 그러나 이 가운데 가장 으뜸가고 다른 모든 것에 앞서는 일은 하나님의 말씀을 가르치는 일이다.[64]

목사의 직무는 하나님의 말씀을 가르치고 선포하여 실제로 그리스도인의 신앙에 영향을 끼치는 일이다. 그러므로 종교개혁자가 시도한 교회 개혁의 성패는 프로테스탄트의 중심교리를 사회 전반에 잘 전달하여 그 영향력을 확산시키는 일에 달려있다. 15세기 당시 절대다수가 문맹이었기 때문에, 이들에게 성경의 진리와 종교개혁을 위한 교리를 효율적으로 전달하고 가르치는 도구가 필요하였다. 그것이 바로 수사학이었다. 그러면 어떻게 하나님의 말씀을 잘 전달할 수 있을까? 멜랑흐톤은 우선, 일반인들에게 익숙한 어법을 사용해야한다고 주장한다. 그는 이탈리아의 저명한 플라톤 학자 피코(Pico)를 공박하는 글에서 스콜라 학자들과 그들에 의해 교육받은 자들이 "문법적으로 큰 오류를 범하고 있을 뿐만 아니라 문장마저도 제대로 끝내지 못하고 있다"고 지적한다. 그리고 그 이유는 그들이 "기괴한 용어"와 "불가해한 이상"에 탐닉하기 때문이며, 그 결과 "경건치 못하고 유해한 견해들"이 교회에 범람하고 있다고 탄식하였다.[65]

또한 목회의 현장에서 평신도들을 가르쳐 그들을 감동시키고 새로운 기독교

---

64 "Concerning the Ministry," *Luthers Works* (St. Louis: Concordia Publishing House, 1955), vol. 40, 21.

65 "Melanchthon's Reply to G. Pico Della Mirandola," trans. Quirinus Breen, *Journal of the History of Ideas* 13 (1952), 413-426.

인으로 변화시키는 것은 고난위도의 논리와 사변적 개념이 아니라 간결하고 명료한 어휘와 문장의 능란한 구사에 달려있다.66 장황하게 방만한 표현은 말씀을 왜곡시키고 성경의 가르침을 왜곡하는 결과를 낳게 된다. 그러므로 간결한 문장과 용이한 어법 구사가 교육수준이 낮은 교구민에게 정확하게 전달하기 위해서 수사학적 자질과 교육이 필요하다. 이러한 요구는 1558년 비텐베르크에서 실시된 목사임직심사와도 맥을 같이 한다. 루터파는 목사임직심사에서 목사의 지원 조건으로 기독교의 기본 교리는 물론 『루터의 교리문답서』와 『아욱스부르크 고백서』, 그리고 루터파 교리의 정수를 숙지해야하며 또한 "이를 사람들에게 조리있게 그리고 알기 쉽게 전달"해야 한다는 것을 첨부하였다.67 멜랑흐톤은 "수사학적 능력을 결여한 채 자신들을 교회의 교사로 또한 삶의 안내자로 자처하는 것보다 더 어리석은 짓은 상상할 수 없다."68고 하였다. 멜랑흐톤은 수사학의 기술로서의 '말하는 기술'(artes dicendi)을 두 가지 의미로 설명한다. 첫째, 쉽지 않은 어떤 것을 자신의 생각과 언어로 분명히 표현하는 것이다. 둘째, 정신을 단련하여 인간적인 것들을 보다 더 잘 통찰하는 법을 배우는 것이다. 잘 말하는 능력과 정신의 판단력은 본질적으로 서로 연결되어 있음을 알 수 있다.69 멜랑흐톤의 수사학에 대한 찬사는 북방 인문주의자 아그리콜라와 에라스무스의 입장을 대변한다.70

(3) 셋째, 종교개혁자 루터는 르네상스 인문주의의 교과목의 하나인 역사학을 학문으로서 높이 평가한다.

---

66 Breen, "Melanchthon's Reply to G. Pico Della Mirandola," 418-25 참조.
67 "Der Ordinanden Examen, wie es in der Kirchen zu Wittenberg gebracht wird," *CR* 23, xxxviii.
68 Breen, "Melanchthon's Reply to G. Pico Della Mirandola," 425.
69 Scheible, *Melanchton: Eine Biographie*, 36.
70 정원래, "멜랑흐톤에게서의 신앙교육과 인문교육", 「성경과 신학」 75 (2015), 157.

> 연대기와 역사서는 가장 중요한 것들에 포함된다. 어떤 언어로 기록되었더라도 관계없다. 연대기와 역사서는 사건들의 전개과정을 이해하고 안내하는 데 경이로운 도움이 된다. 특히 하나님께서 하신 놀라운 일들을 깨닫는데 있어서는 더욱 그렇다.[71]

루터의 역사 인식이 지닌 특징은 두 가지이다. 첫째, 역사적 사건의 '사실'에 주목한다. 사건이 어떻게 전개되는지, 그 사실을 이해하는 데 연대기와 역사서가 도움이 된다는 점을 지적한다. 둘째, 루터는 하나님의 섭리로서 역사를 이해한다. 이 세상을 창조하시고 이 땅으로 이끌어가는 그 놀라운 하나님의 계획을 역사가 가르치기 때문이다. 이러한 이해에서 멜랑흐톤은 한걸음 더 나아가 역사학을 단순히 과거를 연구하는 학문으로 규정하지 않는다. 그에게 있어서, 역사학은 과거의 규명을 통해 오늘의 삶에 귀중한 교훈을 제공하는 학문이다. 개인의 삶과 사회에서 발생하는 현재의 모든 현상들은 이미 흘러간 시간 속에 그 선례가 존재하므로 역사는 "하나의 거울"이며, 누구든지 이 거울을 통해 "훌륭하거나 혹은 잘못된 결정들의 결과를 파악"할 수 있다는 것이다.[72] 이러한 멜랑흐톤의 역사 이해는 위에서 언급한 르네상스 인문주의자들의 역사 이해와 일맥상통한다. 멜랑흐톤은 역사교육이 소홀해지면, "교회가 이단 사상들에 의해 분열되고 사람들은 혼란에 빠지고 무례하며 하나님의 말씀을 경멸하게 된다"고 주장한다. 그는 역사학의 효용성을 구체적인 사례를 들어 제시한다. 우선, 역사학은 교리와 교회 관습의 옥석을 구분하는 잣대로서의 기능을 한다. 1539년 출판한 『연대기』 서문에서 그는 교부 오리게네스의 글을 분석하면서 유아세례의 거부하는 재세례파의 오류를 명확하게 알 수 있고, 3세기 디오니시우스(Dionysius)의 작품을 읽게 되

71 "To the Councilmen of Germany," *LW*, vol. 45, 376.
72 Melanchthon, *Oration on Philosophy and Education*, 33.

면 개인을 위한 미사가 정통성이 결여했다는 것을 깨닫게 된다고 설명한다. 교회사를 연구하다보면 교황의 권위를 주장하는 로마 가톨릭의 사도계승설도 근거가 없는 교리임을 깨닫게 된다. 11세기에 전개된 교황과 황제의 투쟁사를 통해서 "어떻게 교황의 권력이 신장되고 어떻게 그것이 교회에 많은 악폐를 유포시켰는지" 납득할 수 있다는 것이다.[73] 그러므로 "모든 기독교인들이 역사를 아는 것은 유익하고 필요하다"고 기술하였다.[74] 모든 기독교인이 역사를 알아야한다는 주장은 목회자로서 직임을 받은 자가 더욱 역사를 올바르게 배워 현재를 읽고 인도하는 역할을 해야 한다는 것을 뜻한다. 그렇기 때문에 멜랑흐톤은 자신이 1549년부터 1555까지 비텐베르크에서 성직자 심사를 담당할 때 지원자들이 역사지식이 당락을 결정하는 주요한 결정요인 중 하나로 삼았다.[75] 이는 성직자가 되는 과정에서 역사학이 얼마나 중요한지를 보여주는 단적인 예라 할 수 있다.

Ⅳ. 결론

르네상스 인문주의 시대의 인문학은 중세의 스콜라 철학을 극복하는 대안으로서의 제시되었다. 사람을 사람답게 하는 학문으로서의 인문학의 위치는 개인의 차원을 넘어서 사회 공동체의 영역으로 확장된다. 르네상스 인문주의는 중세의 스콜라 철학에 대항하여 새로운 인간됨의 모델을 키케로에게서 찾았고, 그가 제시한 인문학을 중세를 극복하여 새로운 공동체를 만드는 학문으로 삼았다. 바

73 Philipp Melanchthon, "orrede zu Cuspinians Chronik," in Robert Stupperich, *Der unbekannte Melanchthon: Wirkend und Denken des Praeceptor Germaniae in neuer Sicht* (Stuttgart, 1961), appendix 6, 188.

74 Philipp Melanchthon, "orrede zu Cuspinians Chronik," appendix 6, 187-89.

75 Bernhard Klaus, "Social Herkunft und theologische Bildung lutherischer Pfarrer der reformatorischen Frühzeit," *Zeitschrift für Kirchengeschichte*, 80(1969), 40

로 이 지점에서 르네상스 인문주의자들은 성경과 세속적 학문의 긴강 관계를 해결하는 지점에서 인문학의 수용의 자리를 마련하였다. 이 자리가 사회적 구조로 확장되어 대학의 교과과정으로 정착하게 되는 과정에서 종교개혁자의 역할이 특히, 독일 대학의 교양학부 교과과정 개편에서 지대하다는 것을 알 수 있다.

그럼에도 불구하고, 북방 인문주의자 에라스무스와 루터의 관계를 평가하는 것은 그리 단순하지 않다. 루터가 일으킨 "95개조 반박문"의 취지에 가장 먼저 반응하여 이를 널리 유통시킨 자들이 바로 인문주의자들이었다. 그들은 "보잘 것 없는 비텐베르크 대학에서 희미하게 존재했던 교회개혁운동을 루터의 의도와는 달리 광명으로 이끌어 내는데 결정적" 역할을 하였다.[76] 인문주의자들은 그들이 주장하는 경건의 발현이 면벌부에 대한 루터의 비판에 상응한다고 간주하였다. 그리고 '원전으로 돌아가자'는 인문주의자들의 주장은 루터의 성경번역을 통해서 확인할 수 있었다. 그런데, 이들의 입장이 1520년을 전후하여 종교개혁자로부터 돌아서게 된다. 에라스무스는 로마 가톨릭 교회의 윤리적 부패를 개혁하려는 루터의 의지와 실천에 적극적으로 옹호하지 않은 미온적 태도를 취하게 된다. 이후, 에라스무스가 루터를 '좋은 학문'(bonae litterae)의 적으로 간주하여 "루터주의가 지배하는 곳에서는 학문이 사라진다"는 부정적 견해를 표명하는 지경에까지 이르게 된다.[77] 에라스무스의 루터의 종교개혁에 대한 이러한 태도를 "건설적 오해"라고 한다.[78] 에라스무스의 눈에 루터는 인문주의자들의 이상인 '원문으로 돌아가자'는 구호와 다른 길을 가고 있는 것으로 비쳤다. 그리고 루터

---

76 Bernd Moeller, "The German Humanists and the Beginners of the Reformation," *Imperial Cities and the Reformation*, H.C. Erik Midelfort & Mark U. Edwards trans. (Philadelphia, 1972), 26.

77 *Opus espitolarum Des. Erasmi Roterdami*. eds. P. S. Allen, H. M. Allen, and H. W. Garrod (Oxford, 1906-1958), 3, 538: Ubi regnat Lutheranismus, ibi iteritus est litterarum.

78 Moeller, *Imperial Cities and the Reformation*, 29.

의 비판이 스콜라철학의 형식을 넘어서 내용까지 포함하게 되자, 그의 입장을 선회하게 된다. 교회개혁에 있어서도 에라스무스와 루터의 차이는 더욱 두드러진다. 가톨릭 교회 내에서 점진적으로 교회를 개혁하길 원했던 에라스무스와 달리, 루터는 로마 가톨릭교회의 교리와 윤리적 부패에 대항하여 전면적인 개혁을 단행하고자했다. 이로써 에라스무스와 루터는 교회개혁에서 서로 다른 길을 선택하게 된다. 에라스무스가 루터에 부정적 견해를 표명하게 된 원인은 우선, 비텐베르크를 중심으로 츠비카우(Zwickau)와 칼슈타트(Andreas von Karlstadt)의 과격한 개혁 때문이었다. 둘째, 1525년 농민전쟁으로 인하여 대학교가 타격을 입게 됨으로써 학생들의 수는 급감하였고, 대학의 학사운영에 큰 차질을 빚게 되었기 때문이다. 셋째, 대학의 본질인 자유로운 진리탐구에서 벗어나 첨예한 교리논쟁으로 전락한 사실에 대한 우려였다. 쾰른 대학의 신학자들은 루터의 교리를 비판하는데 총력을 기울였고, 비텐베르크 대학의 교수들도 종교개혁의 당위성을 변론하는데 여념이 없었기 때문이다.[79] 그러므로 에라스무스와 루터가 갈라서게 된 이 사건으로 종교개혁과 인문주의의 관계로 일반화하는 것은 성급한 결론이다. 이미 앞에서 언급한 것처럼, 에라스무스 이외에 북유럽의 인문주의자들은 루터의 개혁에 함께 있었고, 루터는 비텐베르크 대학에서 인문학을 수용하는 과정에서 선도자로서의 역할을 감당했다는 것과 인문학은 종교개혁의 신학을 널리 확장시키는 방법으로서 목회자가 가져야 할 학문적 소양으로 삼았다는 점을 다시 한 번 기억해야 할 것이다.

79 박준철, "독일 종교개혁과 북방인문주의", 『서양사』 224(2014), 378-79. "종교개혁기 독일 대학의 인문주의 개혁," 163.

신학교육: 종교개혁과 개혁신학 관점에서의 한국교회의 신학교육

정일웅

(한국코메니우스연구소, 소장)

독일본(Bonn)대학교에서 신학박사(Dr.Theol.)를 받고, 지난 30년(1984-2013)간 총신대학 신학대학원에서 실천신학교수로 가르쳤으며, 그 대학의 제4대 총장을 역임하였다. 저서로는 『성경해석학과 교수학』, 『교회교육학』, 『교육목회학』, 『한국교회와 실천신학』, 『개혁교회 예배와 예전학』, 『하이델베르그 요리문답서 해설』, 『섬김의 신학』, 『독일교회를 통하여 배우는 통일노력』, 『코메니우스의 교육신학』 등이 있으며, 역서로는 『코메니우스의 대교수학』, 『범교육학』, 『어머니학교의 소식』, 『미래를 가진 하나님의 나라』, 『코메니우스의 발자취』 등이 있다. 2014년 은퇴 후, 현재 한국코메니우스연구소를 설립하여 소장으로 활동하고 있다.

정일웅

Ⅰ. 서언

종교개혁은 역사적으로 신학교육의 방향을 새롭게 해 주었다. 그것은 중세 로마가톨릭교회가 지향하던 스콜라주의사상에 근거한 교육에서 철저히 성경중심의 교육으로 전환되었기 때문이다. 특히 종교개혁자, 루터와 칼빈에 의한 신학교육은 전통적으로 아리스토텔레스의 철학과 스콜라주의적인 신학에 의존되었던 중세로마교회의 신학교육을 성경중심의 방향으로 전환되었던 것이 분명하다. 물론 종교개혁의 다음세대들에게서 루터파와 개혁파교회의 신학으로 서로 대립하면서, 교리체계에 따른 신학논증은 다시 아리스토텔레스적인 방식으로 되돌아가는 문제를 안게 되기도 했지만, 종교개혁의 근본정신인 성경에 근거한 신학교육을 계승해 온 것은 주지의 사실이다.

이러한 방식의 신학교육은 그 출발에서부터 종교개혁과 개혁신학의 정신에 따라 시도되었고, 오늘날까지 유럽의 개혁교회와 장로교회의 신학교육에서 잘 수행되고 있는 것으로 이해한다. 그리고 제네바아카데미가 보여주었던 교육시스템은 오늘날까지 개혁교회의 신학교육체계를 발전시켜 온 근본토대가 되었다고 할 수 있다.

이러한 배경에 근거하여 필자는 오늘날까지 지속되고 있는 개혁교회의 신학교육, 특히 한국장로교회를 중심한 신학교육의 정황을 되돌아보면서, 미래적으로 새롭게 발전해가야 할 방향을 전망해보려고 한다. 다만 이 글은 필자가 속한 한국장로교회의 신학교육에 한정되어 있음을 밝힌다.

Ⅱ. 종교개혁과 개혁신학교육의 역사

1. 루터에게서 시작된 신학교육

루터는 중세 로마가톨릭교회의 잘 못된 신앙의 가르침에 대항하여 95개조항의 반박문을 비텐베르크(Wittenberg)교회의 정문에다 내 걸면서(1517), 종교개혁의 횃불을 높이 들게 되었다. 이러한 개혁의 정신은 루터가 이미 비텐베르크대학에서 신학을 가르치는 교수의 신분에서 시작된 일이며, 그의 신학교육은 이러한 교회개혁을 이끌어갈 지도자양성과 복음전파를 위한 일꾼양성을 목표하였던 것이다.

루터는 비텐베르크 대학신학부의 신학교육방향을 바꾸는 일에서 중세로마교회의 것과는 달리 새로운 신학교육을 시작하였다. 물론 그의 신학교육은 중세로마교회가 그러했던 것처럼, 인문학을 토대로 한 신학교육체계에 의존되었다. 그러나 비텐베르크 대학의 신학교육은 중세기 로마교회의 주된 노선인 토마스 아퀴나스와 둔스 스코투스의 유명론적인 신학노선을 따르기 보다는, 오히려 고대의 교부 아우구스티누스의 신학에 더 의존하고 있었다.[1] 그리고 루터는 비텐베르크대학 신학부에서 스타우피츠에게서 박사학위를 받았으며(1512), 바로 그의 후임으로 그 대학의 교수가 되기도 하였다. 루터의 신학교육은 종교개혁의 특징답게 종교개혁을 이끌 지도자 양성에 목표를 두고, 성경연구에 집중하게 된다.[2] 그리고 루터는 무엇보다도 신학을 바르게 공부하는 방법까지 제시하였는데, 그것이 '기도(Oratio), 명상(Meditatio), 시험(Tentatio)'의 3단계 방법이었다. 이것은 하나님의 말씀인 성경을 해석하고, 그 말씀의 진리를 증거 하는 목사가 적

1 Reinhard Schwarz, *Luther, Die Kirche in ihrer Geschichte*, Bd.3 (Goettingen, 1986), 20.

2 Vgl. Reinhard Schwarz, *Luther*, 191.

극적으로 사용해야 할 필수도구임이 강조되었다.[3] 또한 루터는 이 3가지가 훌륭한 신학자가 되게 하는 중요한 방법이라고 하였고, 신학생들이 사용해야 할 신학 공부방법론으로 제시하였다.[4] 여기서 '기도(Oratio)'는 성경을 연구할 때, 성령의 조명을 위한 성령의 도움을 간절히 구하는 것이었다. 이러한 기도의 강조는 죄로 타락한 인간이성의 눈이 성경에 나타난 하나님의 계시와 구원에 이르는 진리를 온전히 깨닫지 못함을 극복하기 위함이었다. 그리고 루터의 의도는 인간이 성경해석의 권위자가 아니라, 하나님께서 말씀하실 수 있도록 자신을 부정하는 것을 뜻하였다.[5] 그리고 '묵상(Meditatio)'은 학문적인 성경연구를 의미하였다. 이것은 성령의 조명에 의한 깨우쳐진 이성의 도움으로 성경본문을 바르게 파악하는 것으로, 성경본문을 문법적이며, 내용적으로 비교. 연구하는 주석 작업을 뜻하는 것이었다.[6] 그리고 루터에게서 신학이란 곧 성경주석을 뜻하며, 명상(Meditatio)이란 학문적인 신학공부를 의미하는 것이었다. 그리고 '시험(Tentatio)'은 원래 유혹과 시련을 통하여 고통을 받는 인간의 정황을 뜻하는 연단과 같은 것인데, 루터는 하나님의 말씀이 삶의 정황(대학, 교회, 가정, 사회 등)에서 경험되는 여러 가지로, 진리의 확신에 이르는 객관적인 자기성찰적의 기준을 의미하였다. 그것은 연단을 통하여 확신과 함께 책임 있는 행동의 역동성을 초래하는 중요한 시금석으로 이해되었다.[7] 그리고 루터에게서 이것은 진리에 대

---

3 WA 50,658,29, 659,4, 660,16.

4 Vgl. Marcel Nieden, "Wittenberger Anweisungen zum Theologiestidium", *Die Theologische Fakultaet Wittenberg 1502 bis1602: Beitraege zue 500 Wiederkehr des Gruendungsjahres der Leucorea* (Leipzig, 2002),142.

5 참고, 강치원, "Oratio,Meditatio,Tentatio – 루터에서 18세기 중엽 루터교 계몽주의에 이르기까지 이 세 개념의 해석사", 49. www.riss4u.net.

6 강치원, "Oratio,Meditatio,Tentatio – 루터에서 18세기 중엽 루터교 계몽주의에 이르기까지 이 세 개념의 해석사", 비교, WA.54,186,3-9.

7 강치원, "Oratio,Meditatio,Tentatio – 루터에서 18세기 중엽 루터교 계몽주의에 이르기까지 이 세 개념의 해석사", 50.

한 지적인 앎이 아니라, 그 차원을 뛰어 넘어 행함을 위하여 주어진 경험의 지혜(sapientia experi- mentalis et non doctrinalis)이며, 삶의 말씀이었다. 그 때문에 루터는 신학이 사변적인 것이 아니라, 실천적인 것이어야 함을 강조하였던 것이다(theologia est prac tica, non speculativa).[8]

이러한 루터의 3단계 성경연구방법은 곧 신학을 공부하는 방법이었으며, 단순한 개인의 경건훈련의 방법적인 의미를 뛰어 넘어 신학자로서 사용해야 할 필수적인 도구로 이해하였던 것이다.[9] 그리고 현대에도 경건과 학문을 조화롭게 겸비한 신학자와 목회자를 양성하는 일에서 루터의 이러한 3가지 성경연구방법은 중요한 의미를 지닌 것으로 여겨진다.[10] 후에 루터의 신학교육은 멜란히톤을 통하여 더욱 보완되었는데, 그것은 성경뿐 아니라, 철학적이며 신학사상적인 체계의 숙지를 위하여 신학총론(Loci communes,1522)을 만들었고, 여전히 성경을 중심한 기독교교리를 배울 것을 강조하게 된다. 그리고 성경이해를 위하여 인문교양교육의 필요성을 중히 여겼을 뿐 아니라, 라틴어와 고전어(헬라어와 히브리어), 수사학, 변증학 등의 공부를 또한 요구하였다.[11] 이러한 신학교육방식은 역시 제네바의 종교개혁자 칼빈에게도 그대로 이어졌다고 할 수 있다.

2. 칼빈에게서 새롭게 시도된 신학교육

8 WA TR 2,56,22f.(Nummer 1340). 루터의 신학의 실천지향적인 성격에 대해서는 다음의 책을 참고하라. R.Weier, *DasTheologieverstaendnis Martin Luthers*, (Paderborn, 1976), 118-22: G.Ebeling, Lutherstudien, Bd.3, (Tuebingen, 1983),20-29. 강치원의 글 각주 24번 재인용.

9 참고, 루터가 제시한 이러한 3가지 성경연구의 규칙은 역시 17세기 교육신학자 요한 아모스 코메니우스에게서 다시 사람들을 신앙으로 인도하는 방법 3가지로 사용되었는데, 그는 하나님의 사랑을 3가지 원천(성경, 자연, 인간자신)에서 퍼내 와야 한다는 전제에서 3가지방식(meditatio, oratio,tentatio)을 제시하였다. 『코메니우스의 대교수학』, 24장 3-9, S.301-304.

10 참고, 3가지 개념의 발달사를 연구한 강치원도 역시 신학교육에 필요한 도구임을 강조하였다.

11 참고, 이상조, "16-17세기 비텐베르크 대학의 신학교육의 역사적 전개과정과 교회에 미친 영향연구", 「장신논단」, Vol.44, No.4, 125-26.

칼빈은 루터의 종교개혁의 정신을 계승하면서도, 새로운 발전을 이끈 인물이기도 하다. 그는 종교개혁의 정신을 이끌 지도자 양성을 생각하였고, 1559년에 제네바 아카데미를 설립하여 후계자 양성을 서두르게 된다.12 그리고 이 학교의 교육목적은 개혁된 교회의 정신을 계승할 지도자와 또한 국가사회에 봉사할 일꾼의 양성에 다 두고 있었다.13 중요한 것은 칼빈이 아카데미의 교육을 통하여 신학적인 인문교육을 시행하였다는 것이다.14 그것은 중세대학교육의 흐름을 따르면서도, 칼빈의 신학적인 관점에 따라 인문교양의 능력을 길러주려고 한 것이었다. 그리고 제네바아카데미의 고등과정은 역시 신학적인 인문학적인 소양을 전제하여 성경을 이해하고, 설교하며, 개혁교회를 이끄는 지도자양성을 시행하였던 것이다. 물론 이러한 신학적인 인문학을 전제한 교육과정에는 법학과 의학의 교육내용이 포함되어 있었으며, 여전히 윤리학과 수학과 자연과학의 과목이 포함되어 있어서 매우 수준 높은 신학적인 교양교육이 시행되었으며, 또한 칼빈

---

12 칼빈은 테오도르 베자(Theodore Beza)를 아카데미의 책임자로 세워 운영하게 하였다. 이 학교는 두 과정으로 구분하여 운영하였는데, 초등과정(Schola privata)과 고등과정(schola publica)이었다.

13 초등과정과 고등과정으로 구분하여 교육하였는데, 초등과정은 7년이었고, 고등과정은 정확히 그 연한을 명시하지 않았다. 대체로 초등과정은 7세에서 16세 사이에 공부하는 것으로, 프랑스어와 라틴어, 고전읽기, 논리학과 수사학 등을 배우는 과정으로 인문교육에 중점을 두고 있었다. 물론 이 과정에서 성경과 교리문답을 공부하는 것이 포함되어 있었으며, 7년 과정으로 구분하였다. 그리고 고등교육과정은 학년이 구분되어 있지 않고, 개인의 능력정도에 따라 수학하는 교양학문과 신학을 공부하게 하는 수준 높은 전무과정으로 판단된다. 참고, 이은선교수는 그의 연구논문 '칼빈의 제네바 아카데미 설립과 교양교육"에서 17세기 후반에 이르러 제네바 아카데미의 교육은 목사의 교육과정은 2년간의 철학과 2년간의 신학을 공부하는 약 4년 과정이 요구되었던 것으로 밝혀준다. M.L.Klauber, "Between Reformed Scholasticism and Panprotestantism: Jean Alphonse Turretin(1671-1737) and Enlighted Orthodoxy at the Academy of Geneva,London and Toronto", 1994, p.37. 이은선교수의 논문 각주 49번 재인용. 참고, www.riss4u.net

14 참고, 백충현, "16세기 종교개혁과 신학교육, 칼빈의 제네바 아카데미의 "신학적인 인문학교육"을 중심으로", www.riss4u.net.

의 의도 역시, 기독교지도자는 실력을 가진 자를 목표하였음이 분명했던 것이다. 그리고 이러한 신학교육은 어디까지나, 인문학적인 교양이 성경진리의 주석능력을 길러주며, 동시에 진리를 증언하는 능력으로 발전하게 될 것을 기대하였던 것이다.[15] 그리고 제네바 아카데미는 그 당시, 유럽전역에서 개혁을 열망하는 지도자들이 300명이 넘게 모여 칼빈의 성경해석과 복음의 진리를 배웠으며, 그야말로 제네바 아카데미는 유럽의 교회개혁과 개혁교회를 이끌 지도자를 양성하는 신학교가 분명했던 것으로 판단된다.[16]

Ⅲ. 개혁신학의 전통과 한국장로교회, 신학교육의 실제적인 정황

한국(장로)교회는 신학적으로 구미지역에서 발전된 개혁신학의 전통을 따른다고 할 것이다. 그러나 신학교육에서 얼마나 이러한 개혁신학의 정신이 반영되고 있는 지는 여전히 질문이다. 그리고 오늘날에 이르러 한국장로교회는 여러 그룹으로 분파되어 있으며, 각각의 신학교에서 독자적인 신학교육을 시행하고 있기 때문에, 긍정적으로는 그러한 신학교육이 오늘의 한국교회성장에 기여한 점과 신학교육에 큰 발전을 초래하게 된 면이 없지 않지만, 부정적으로는 여전히 많은 문제를 함께 안고 있는 신학교육이라고도 할 수 있다. 왜냐하면 신학교육은 자유경쟁적인 모습으로 시행되고 있으며, 그 어떤 통일성을 견지한 신학교육이라고 말하기에는 많은 한계와 문제점을 안고 있기 때문이다.

그러면 한국(장로)교회의 신학교육의 정황은 어떠한가? 여기서 필자는 신학교

15 참고, 백충현, "16세기 종교개혁과 신학교육, 칼빈의 제네바 아카데미의 "신학적인 인문학교육"을 중심으로", 12.

16 제네바아카데미의 출신으로 스코트랜드의 종교개혁자 존 낙스(J.Knox)가 있으며, 하이델베르크요리문답서의 저자 우르시누스(Z.Ursinus), 칼빈에게서 개혁신학을 공부한 자였다.

육의 실제적인 정황을 간략하게 소개해 보기로 한다.

한국교회의 신학교육의 출발은 1901년 평양에 조선장로회신학교가 설립되면서 시작되었다. 이 학교는 한국인의 목사양성을 목표로 3개국에서 파송된 4개의 장로교회선교부의 후원으로 시작하였다.[17] 물론 이 학교는 일제의 식민통치기간에 신사참배거부사건으로 폐교를 당했다가, 8.15해방 이후, 조선장로회평양신학교의 전통을 이어받은 신학교인, 조선장로회 신학교로 서울에서 새롭게 출발하였으나, 신학논쟁으로 인하여 한국기독교장로회와 대한예수교장로회합동교단과 대한예수교장로회통합교단으로 분열되는 아픔을 겪게 되었고, 각각의 신학교로 독립하여 오늘날까지 신학교육이 계속적으로 시행하고 있다. 한국기독교장로회의 한신대학교는 한국교회의 가장 진보적인 신학을 대변하는 학교가 되었고, 총신대학교와 장신대학교가 평양신학교의 역사를 이어가는 모습이라고 할 수 있다.[18] 그리고 한국장로교회의 신학교육은 대체로 미국장로교회의 신학교육시스템에 전적으로 의존하고 있는 모습이다. 그것은 신학교(Theological

---

17 초창기 한국교회의 신학교육은 1890년대 각 지역에 흩어져 있던 선교사들의 주도로 '신학반'(神學班)이라는 이름으로 진행되었으나 단기 과정에 불과하여 체계적인 한국인 목회자 양성에 대한 필요성이 대두되었다. 이에 한국에 선교사를 파송한 미국북장로교, 미국남장로교, 호주장로교, 캐나다장로교 등 4개의 장로교단의 선교부로 구성된 장로교선교공의회가 신학교 설립을 만장일치로 결의하고, 1901년 5월 15일 평양에 조선예수교장로회신학교('평양신학교')를 개교하였다. 초대 교장으로는 마포삼열 선교사가 취임하였다. 조선예수교장로회신학교는 1907년 6월 20일 길선주(40세), 방기창(58세), 서경조(58세), 송인서(40세), 양전백(39세), 이기풍(40세), 한석진(41세) 등 7명의 1회 졸업생을 배출하였다. 이들은 1907년 9월17일 평양 장대현교회에서 개최된 조선예수교장로회 제1회 독노회에서 한국 최초의 7인 목사가 되었다. 이후, 1908년 5월 12일 시카고의 맥코믹 여사의 지원금으로 평양 하수구리 100번지에 신학교 교사가 착공되어 이듬해 준공되었다. 설립당시인 1907년의 교수진은 주로 미국 북장로교의 선교사들이었으나, 이후 다른 장로교단의 선교사들도 참여하였다. 주로 미국 맥코믹 신학교 출신인 이눌서 선교사는 1918년부터 '신학지남'이라는 학술지를 간행하였고, 성경사전이 간행되기도 하였다. 1925년 10월 20일 라부열(R.L. Roberts) 박사가 제2대 교장으로 취임하였다. 참고, 위키백과사전에서 '조선장로회신학교'.

18 조선장로회신학교의 전통을 이어가는 학교는 두 학교로 총신대학교(1951)와 장신대학교(1960)로 발전하였다.

Seminary)로 명명되면서, 미국장로교신학교의 신학교육시스템을 그대로 수용하여 발전해 왔기 때문이다. 주로 신학교육은 3년간 집중되는데, 구체적인 교육체계에서 보면, 이미 앞서 언급한 종교개혁자, 루터와 칼빈이 시도하였던 신학교육시스템을 따르고 있는 모습이라 할 것이다. 즉 그것은 인문교양능력배양을 전제하여 신학교육을 시행하는 일에서이다. 특히 평양에서 처음으로 설립된 조선장로회신학교는 한국교회(목사)지도자양성을 위한 신학교육을 시작할 때, 처음부터 신학예과와 신학본과로 구분하여 신학교육을 시작하였다.[19] 이러한 조선장로회신학교의 교육시스템은 오늘날까지 한국장로교회 신학교들이 그대로 이어가고 있는데, 그 대표적인 학교로는 역시 총신대학교와 장신대학교를 비롯하여 1946년에 부산지역에서 독자적으로 출발한 고신대학교 등에서라고 할 수 있다.[20] 물론 오늘날에는 그간 한국장로교회에서 분열해 간, 군소교단의 신학교들도 이러한 교육체계를 대체로 따르고 있는 모습이라고 할 수 있다. 이러한 신학교육시스템은 인문교육과 신학교육을 서로 연결하는 시스템으로 신학예과와 신학본과로 불리는 교육과정을 설치하여 운영하고 있는 모습이다. 신학예과는 인문교양을 중심한 교육과정이며, 신학공부를 위한 준비과정으로 이해되었고, 신학본과는 신학예과를 거친 자들을 수용하여 집중적으로 신학을 공부하게 하는 본격적인 신학교육과정인 것이다.

이러한 신학교육시스템은 초기 평양조선장로회신학교에는 예과(豫科) 2년 과정과 본과(本科) 3년 과정으로 운영하였으며, 대한민국이 독립된 국가로의 발전과 함께, 점차 신학교육도 국가교육부의 인가 하에 이루어지는 대학교육을 발전

19 조선장로회신학교는 세계장로교회(미국의 북.남장로교회와 호주장로교회, 카나다 장로교회 등)가 연합하여 설립 운영한 것이 특이하다.

20 현재 고신대학교는 대학 신학과와 대학원과정의 신학교육은 지역을 달리하여 교육을 시행하고 있는데, 부산캠퍼스에서는 대학신학과가, 그리고 신학대학원은 충청남도 천안에 캠퍼스가 위치하고 있다.

하게 되었다. 신학예과는 대학신학과의 4년 과정으로 발전하였고, 일반대학 4년 과정과 동등한 학력을 인정받게 되었으며, 신학본과는 3년 과정으로 신학대학원(M.div.)의 신학전문 과정으로 인정받게 된 것이다.

이러한 신학교육시스템은 오늘날에 이르러 한국장로교회만의 것이 아니라, 교파를 초월하여 대체로 다른 교단의 신학교들에서도 거의 도입되어 통일성을 이루는 분위기라고 할 수 있다.[21] 물론 이러한 대학원의 신학교육시스템은 엄격하게 말하면, 목사후보생들을 교육하는 신학의 학문적인 토대를 놓는 기초과정으로 여겨지며, 신학의 학문적인 발전을 위해서는 신학학위를 수여받는 대학원과정(석사/박사학위)으로 발전한 것이다. 그리고 신학교육의 3년 과정을 마치면, 신학교의 졸업과는 달리, 교단차원에서 신학교육전반에 걸쳐 중요한 과목을 정하여, 강도사자격을 위한 시험을 별도로 치르게 되며, 이 시험에 합격된 자는 강도사로 불리면서, 약 1년간 섬기는 개 교회에서 목회실습훈련을 개별적으로 받고, 목사로 안수 받게 된다.

오늘날에 이르러 한국장로교회의 신학교들 중, 총신과 고신의 신학교육은 대체로 보수적인 개혁신학의 정통노선을 지향하고 있으며, 한신과 장신은 매우 진보적인 현대적인 개혁신학의 흐름을 추종하는 학교로 여겨진다. 역시 종교개혁 500주년을 맞이하면서, 이들 진보와 보수적인 신학교들에서의 신학교육은 종교개혁적인 개혁신학의 정통노선에서 신학의 정체성을 견지하려고 노력하는 모습이며, 또한 그간 구미지역의 개혁신학을 따르는 신학대학들에서 학위를 받고 온 신진교수들에 의하여 시행되는 한국교회의 개혁신학적인 학문성은 국제적인 수준에 이르고 있다고 할 수 있다. 그러나 한국장로교회의 신학은 그간 진보와 보수의 신학사상적인 논쟁과 대립이 있었고, 여러 그룹으로 분파된 것은 참으로 유

21 한국장로교회의 신학교육시스템은 대체로 오늘날 초교파적인 다른 교단에서도 도입되어 있는 모습이다. 성결교단, 침례교단, 오순절교단 등.

감스러운 일이며, 동시에 미래적으로 한국장로교회가 서로 협력하며, 신학교육의 통일성을 견지하여 기독교본래의 더 큰 과제실현에 연대해야 할 중요한 기로에 직면하고 있다고 할 수 있다.

Ⅳ. 한국장로교회의 신학교육의 정황에 제기되는 문제점과 해결방안

오늘날 한국장로교회의 신학교육에는 풀어가야 할 많은 문제를 가지고 있는 것으로 짐작된다. 그것들은 대체로 한국교회가 다양한 교파로 분리되면서, 각각의 독립적인 신학교육의 운영에서 파생되는 문제들이라고 할 수 있다. 신학교육의 다양성은 있으나, 통일성이 결여된 문제로 여겨지기도 한다. 그리고 함께 공동으로 풀어가야 할 과제라고 할 수 있을 것이다.

지난 1960년대부터 시작된 대대적인 한국교회의 복음전도운동은 1980년대에 이르면서 큰 성과를 거두게 되었고, 마침내 수적으로 크게 성장한 교회의 모습을 가지게 되었다. 이에 따라 목회자의 수요가 급격히 요구되면서, 새로운 신학교들이 곳곳에 생겨나 목회자를 양산하게 되었다. 이러한 현상은 마침내 신학교육의 부실문제와 목회자의 자질과 능력에 대한 문제가 크게 제기되기도 하였다. 이러한 신학교육의 문제는 벌써 1990년대에 이르면서, 한국의 신학교육을 책임진 그 당시 신학대학의 학장들에 의하여 제기되기도 하였다.[22] 그리고 2006

22 참고, 1989년 월간목회가 '한국교회, 신학교육을 말한다.'란 주제로 특집대담이 있었다. 제기된 문제는 목회현장에 초점이 맞추어지지 않은 미국신학교육을 답습하는 형태의 지적과 신학생들의 선발과정에서 주관적인 소명에만 의존하는 방법의 문제, 목회현장을 외면한 신학교육 커리큘럼의 문제, 신학교육시설과 재정지원의 문제 등이 거론되었다. 1991년에는 신학교육문제점 해결을 위한 학술심포지엄이 충현교회(이종윤 목사 담임)에서 7개 신학대학 총장들의 모임으로 개최되었다. 신학교육문제로 3가지가 제기되었다. 첫째, 신학교육제도의 문제, 둘째, 신학교육과 목회 현장과의 연계성문제, 셋째, 신학교난립과 목사의 자질문제 등이었다.

년에는 이러한 맥락에서 한국 신학교육의 문제점들의 개선과 대안을 제시하는 일에 필자도 동참하여 함께 방안모색에 기여한 바가 있기도 하였다.[23] 이러한 맥락에서 지금까지 제기되었던 신학교육의 문제를 다시 거론해 보고, 그 해결대안에 관한 필자의 소견을 피력해 보려고 한다.

1. 목회자수급계획과 목사후보생선발방식의 개선요구

한국교회의 목회자양성은 근본적으로 목회자수급계획에 따라 이루어져야 한다고 본다. 그러나 한국교회가 지금 다양한 수백 개의 교파로 나누어져 있는 것과 교세확장을 위하여, 서로 대립하고 경쟁하고 있는 상황에서 신학교육의 표준을 말하기에는 필자 역시 한계를 느낀다. 그래도 교단별로 각각 설립 운영하는 국가교육부로부터 공인받은 신학교들은 대체로 국가가 친절하게 정해준 입학정원의 상한선을 어느 정도 형식상으로 지키고 있기는 하지만, 그렇지 않은 무인가 신학교들이나, 지방에 있는 신학교들은 전혀 아무런 통제를 받지 않을 채, 검증되지 않은 목사후보생을 받아 검증되지 않는 부실한 신학교육으로 여전히 목회자를 양산하고 있는 모습이다. 그리고 이러한 교파분열과 교세확장의 경쟁으로 인하여 한국교회는 많은 문제를 안게 되었는데, 그 중에 대표적인 것이 교회의 권징을 상실해 버린 일이다. 그 때문에 한국교회가 교인들을 윤리적으로 지도해

2004년에 역시 월간목회 3월호에서 '신학교육 달라져야 한다.'란 주제로 특집기고가 6명의 그 당시 신학대학총장들에 의하여 제기되었다. 역시 문제제기는 1991년의 것과 같은 맥락의 것이었다. 2004년 12월에 신학교육개선공동연구협의회의 이름으로 신학교육문제점이 제기되었다. 역시 목사들의 자질교육과 관련하여 목회자 양성보다는 신학자 양성에 더 치중하고 있는 한국 신학교육의 문제가 지적되었고, 목회실천지향적인 교육의 필요성이 강조되었다.

23 참고, 필자는 2006년 5월 26-27일 백석대학교에서 개최한 한국복음주의신학회에서 "한국, 신학교육 이대로 좋은가?"란 주제를 발표를 하였다. 이 논문은 「신학지남」, 2006년 가을호, 11-42쪽에 "미래 한국교회목회자양성을 위한 신학교육개선에 관한 연구"란 제목으로 실려있다.

야 하는 과제를 스스로 포기하게 되었고, 개 교회와 개 교단의 존립과 발전을 명분으로 한국교회는 지금 개교회주의적인 방향으로 흘러가게 된 것이다. 이러한 교파분열의 틈바구니에서 수많은 이단들이 생겨나게 되었으며, 솔직히 한국교회는 지금 아무도 통제하지 못하는 자유로운 종교단체의 모습으로 발전하고 있다. 이러한 결과는 한국교회가 목회자수급계획과 목사후보생의 신학교육을 통제하지 못하는 상태에 있음을 보여주고 있는 실상이라 할 수 있다.[24]

여기서 필자는 이러한 한국교회의 정황을 생각하면서, 이제 한국교회는 서로 대립하고 경쟁하던 시대를 마감하고, 하나님나라의 올바른 개혁신학적인 통찰에 근거하여 서로 양보하고, 연합하며 연대하여 이 시대의 복음전파의 사명을 잘 감당하는 한국교회가 되기를 바라며, 동시에 바림직한 신학교육이 실현되기를 간절히 소망한다. 이러한 개혁신학적인 연합의 정신으로 목회자양성을 위한 각 교단별 목회자수급계획을 새롭게 수립하고, 서로 협력하는 차원에서 신학교육을 더 통일성 있는 방향으로 지향하기를 바란다. 또한 실제로 작은 군소교단의 신학교들은 독자적인 신학교육시행보다는 개혁신학전통에 서서 신학교육을 잘 수행하고 있는 건실한 신학교에다 그들 교단의 역사를 이어갈 미래 인물의 지도자 양성을 의뢰하는 방법을 모색할 수도 있을 것이다.

생각하면 개혁교회는 목사후보생 선발방식도 역사적으로는 매우 엄격하였던 것이 확인된다. 특히 쯔빙글리의 영향을 받아 취리히의 개혁교회가 제시한 1536년 '헬베틱(스위스) 제1신앙고백서'는 제16조에서 교회의 권위와 직분자에 대한 것은 언급하면서, 교회를 다스리는 직분 자(목사)는 하나님의 부르심을 받을 뿐 아니라, 그에 상응하는 적합한 자격을 구비해야 하며, 교회의 임원회는 주의 깊게 살핀 후, 선발해야 할 것을 명시해 놓았다.[25] 짐작건대, 이러한 선발원칙은

24 참고, 김영재, "신학교육과 목회자수급", 「장로교회와 신학」, Vol.7(2010),163-84.
25 참고, 김영재, "신학교육과 목회자수급",168.

이미 칼빈에게 큰 영향을 미친 것으로 여겨지며, 오늘날까지도 개혁교회의 목사후보생의 신학교육과 목회자선발과정의 원칙이 되었던 것으로 판단한다. 그리고 벌써 이러한 개혁교회의 정신은 한국의 최초의 신학교라고 할 수 있는 '조선장로회신학교'에서 신학생을 선발할 때, 적용되었던 것을 확인할 수 있는데, 그것은 조선장로회신학교의 조직신학교수였던 선교사 레이놀드(이눌서교수)가 제시한 원칙에서이다. 그는 목사후보생의 자격에서 '목사후보생은 소명감이 투철하고, 희생적이며 진실하고 자존심이 있어야 하며, 또한 믿음을 얻는 선량한 신자이어야 하며, 또한 교회는 너무 성급하게 목사교육을 받도록 그를 추천하는 것을 신중하게 해야 하며, 오랜 시일을 두고 살펴 본 후에 그를 위해 기도하면서, 기다리게 하였고, 또한 목사가 될 사람은 성령이 충만해야 하며, 하나님의 말씀과 기독교진리의 중요한 사실에 근거한 신앙을 가져야 하며, 예수 그리스도를 위하여 어떠한 고난도 이겨 낼 수 있을 뿐 아니라, 일반지식도 갖추어 교회의 지도자로서 사람들의 존경을 받는 자이어야 함'을 강조하였던 것이다.[26]

대체로 이러한 기본원칙은 오늘날까지 신학교육에서 목사후보생을 선발할 때 적용되어야 하는 개혁교회의 정신이며, 선발원칙이었지만, 그것들은 오늘날 형식적으로만 반영되고 있으며, 엄격하게 적용하고 있지 않는 모습은 바로 잡아야 하리라고 생각한다. 무엇보다도 이러한 개혁교회의 신앙정신을 전제한다면, 목사후보생을 교회가 아무나 추천할 것이 아니라, 그의 인간됨됨이와 신앙생활과 영적인 상태와 교회의 섬김 생활을 면밀히 오랫동안 살펴서, 지역교회공동체가 그 후보자를 선택하여 기꺼이 천거하는 방식이 도입되기를 바란다.

이러한 원칙은 마치나 오늘날 한국교회가 후임목회자를 찾을 때, 능력 있고,

---

26 참고, 김영재, "신학교육과 목회자수급", 169. 김영재교수는 이 글에서 한국교회의 신학교들이 목사후보생엄선을 포기하고, 아무런 객관적인 검증 없이 무자격자들을 무조건 받는 일에 대하여 심각한 우려를 표명하기도 하였다.

잘 준비된 훌륭한 목회자를 모시려고 기도하며, 찾고, 확인하며 애쓰는 것처럼, 목사후보생이 신학교를 지원하려 할 때도, 마찬가지로 미래에 좋은 목회자가 되리라고 생각되는 인물을 선발하여 신학교육을 받도록 지교회가 먼저 검정하여 추천해야 한다는 말이다. 그리고 또한 그러한 추천자를 신학교에 그냥 보낼 것이 아니라, 교회가 적절한 학자금과 그의 생활비를 첨부하여 보내야 되리라고 생각한다. 그럴 때 거기서 훌륭한 하나님의 일꾼이 만들어지리라 기대된다. 이것은 한국교회가 자격 있는 목회자를 길러내야 한다는 교회의 책임을 말한 것이다. 그러나 실상은 신학교가 운영되어야 하는 경제적인 현실을 전제로 학생을 뽑고 있는 신학생선발의 문제는 어떻게 해서든 해결해 가야 할 중요한 큰 숙제가 분명하다 할 것이다.

2. 목회자의 인문교양과 신학적인 자질의 빈약성문제

목사의 자질과 능력의 문제는 개인적으로 하나님과의 관계를 결정짓는 영성(신앙)과, 또한 인문교양적인 소양과 함께 신학적인 전문성과 목회기술적인 경험과 목회자로서의 인격(성품)에 연관되어 있다고 할 수 있다. 원래 개혁(장로)교회가 추구해 온 목사양성을 위한 신학교육의 원칙은 먼저 인문학과 신학의 연결과 조화에 있었다. 그것은 이미 종교개혁자들에게서 새롭게 시도된 것이며, 특히 칼빈의 제네바아카데미교육은 바로 그러한 인문학적인 신학을 교육해 온 기본모델이었다고 할 수 있다.

이러한 신학교육의 모델은 오늘날 한국(장로)교회에 그대로 적용되었는데, 앞서 설명한대로 인문교양교육을 중시하여, 예과(4년)와 본과(3년)의 신학교육으로 구별하면서, 인문교양분야의 교육은 대학신학과 4년 교육과정에 반영시켰던 것이다. 그러나 이러한 인문학적인 신학교육방향이 오늘날 한국교회에서 점점 약화되는 경향에 있음이 문제로 지적된다. 결국 이러한 인문교양교육의 빈약성은 한국교회 목회자의 자질과 능력을 하락시키고, 많은 이단적인 가르침을 막아내지 못하는 진리분별의 혼돈을 겪게 되는 문제를 안게 된 것으로 판단한다.27 그것은 한국교회의 목회현실이 대형교회들의 등장과 함께 성장 지향적이며, 경쟁적이며, 교회성장의 기술적인 면이 강화되면서 반대로 목회자의 기본자질로 이해되는 인문교양교육을 등한시 하는 경향으로 기울어졌기 때문이라고 생각한다. 이러한 모습은 현 한국의 신학대학들이 신학과의 4년 교육과정에 적용한 신학예과로서 인문교양을 약화시키고, 오히려 신학전공과목교육을 강화하는 방향으로 전환하는 모습에서 이러한 우려가 짙어지고 있는 모습이다.28 이러한 경향은 역시 교회의 수적 성장을 지향하는 목회철학이 작용하여 목회현장에서 요구되는 목회기술적인 부분을 강화하는 성격을 드러낸 모습이라고 할 수 있다. 그리고 신학대학원의 과정에 입학자격이 대학과정에서 인문교양 교육과는 상관없이 어느 학과를 전공해도 동등한 자격을 부여하고 있는 것에서 역시 문제가 되고 있다. 날이 갈수록 사회는 점점 실용주의적인 가치를 우선하는 상황으로 발전하면서, 인문교양에 대한 자질의 확인 없이 신학교육을 시행하는 것에서 목회자의 질적인 수준이 현저히 약화되고 있는 모습이다. 이를 극복하기 위한 고민을 이제부터라도 신학교육에서 심각하게 고려해야 하리라고 판단한다. 필자의 생각은 인문

27 참고, 정일웅, "한국장로교회 목회자양성의 원리와 신학교육과정 개선에 관한연구", 「장로교회와 신학」, Vol.7,2010, 121-38. 참고, 정일웅, "미래 한국교회의 목회자양성을 위한 신학교육 개성에 관한 연구, 커리큘럼과 신학교육방법론을 중심으로", 「신학지남」, 2006, 11-48.

28 총신대학의 신학과는 오래전부터 신학대학원(Mdiv.)에서 수학되어야 할 신학과목교육을 반영함으로서 인문교양의 수준을 약화시키고 있다. 뿐만 아니라, 일반대학4년을 공부한 자들도 인문교양문야의 전공에서 멀어진 예를 들면 대학에서 자연과학계통의 전공자들이, 인문교양의 소양을 갖추지 못한 채, 대학 4년 졸업자격만으로 신학대학원에서 바로 입학하여 신학수학을 받게 하는 것도 같은 맥락의 문제로 여겨진다.

교양의 교육과정을 신학교육에서 강화함으로써, 훌륭한 질적인 자질과 능력을 가진 목회자의 양성이 거기서 기대된다고 할 수 있다.

3. 이론중심에서 실천지향적인 신학교육의 방향으로의 전환요구

신학교육은 이론과 실천의 관계에서 언제나 균형을 이루어야 한다는 것은 분명한 요구이다. 그것은 신학이론의 최종목표가 교회를 위한 학문이 되어야하기 때문이다. 그 때문에 언제나 실천지향적인 신학교육이어야 한다는 요구가 강하게 대두되는 모습이다.29 생각하면, 그동안 한국의 신학교육은 신학이론적인 차원에서 구미지역에서 제시된 어려운 신학이론을 습득하는 일에 의존되어 있었다. 그 때문에 한국의 목회상황과는 관계없는 신학공부라는 비판이 대두되기도 하였다. 특히 자유주의신학과의 대립관계에서 한국의 보수적인 신학은 매우 변증적이며, 교리중심의 교육에 집중해 온 것도 사실이다. 여기서 신학교육은 이론에 치중하여 목회 현장과는 연결되지 못하는 괴리를 느끼게 했던 것도 부인할 수가 없다.

대체로 신학의 학문영역은 크게 이론신학과 실천신학으로 구분된다. 그리고 이론신학이라고 할 때, 성경신학과 조직신학과 역사신학의 내용들이 그 중심을 이루게 된다. 그리고 실천신학은 목회실천의 분야를 다루는 학문이기 때문에, 신학이론의 전제하에, 목회기술적인 것을 습득하는 실천적인 의미를 가지게 되었다. 그러나 실천신학의 분야도 여전히, 실제적인 분야에 대한 이론 없이 목회실제만을 다루 수 없기 때문에, 실천신학의 학문적인 이론을 또한 배제할 수는 없

29 참고, "신학교육개선공동연구백서", 20-22. 이 연구백서는 2004년 12월에 신학교육개선공동연구협의회의 이름으로 한국 신학교육의 문제점을 제기하고, 변화를 요구하는 신학교육개선안을 제시하였다. 그간 목회자 양성보다는 신학자 양성에 더 치중하고 있었다는 한국 신학교육의 비판과 함께, 목회실천지향적인 교육의 필요성이 강조되었다.

는 것이 현실이다.

그러나 여기 실천지향의 신학교육을 요청하는 구체적인 대안은 이론신학의 분야보다는 실천신학의 분야를 더 확대해야 한다는 관점에서 요구로 이해된다.[30] 그러나 실천지향신학의 요구는 필자의 이해로는 단순히 실천과목을 많이 늘리는 것에서 그 해답을 찾기 보다는 성경신학과 조직신학과 역사신학분야의 이론들이 실천 지향적으로 교육되게 해야 한다는 생각이다.[31] 그리고 신학교육에서 이론과 실천의 연결과 조화문제는 오늘날 신학이론의 정보가 수없이 많이 쏟아지는 환경에서 충분한 이론적인 소화 없이 실천신학과의 연결은 3년간 진행되는 신학대학원과정으로는 오히려 시간부족이 호소되기도 한다. 즉 목회자교육의 전체적인 맥락에서 보면, 신학교육의 궁극적인 목표는 실천지향이어야 하며, 교회의 목회현장을 위한 신학이어야 한다는 것은 부정할 수 없다. 그러나 신학교육의 근본과정은 이론습득의 기초과정과 신학적 사고를 성숙하게하기 위한 심화교육의 단계적 접근을 외면해서는 안 된다.[32] 그러므로 오히려 목사교육과정의 3단계이론에 근거하여 실천지향의 문제는 신학 기초교육과정 이후의 또 다른 과정으로서 목회실천을 위한 훈련과정을 통하여 해결해 가야할 것으로 판단한다.[33] 즉 목회실천과 관련된 실습에 관한 것은 신학의 기초교육과정 이후에 지속되어야 한다고 보는 것이다.

4. 대학 신학과와 신학대학원의 세미나리 교육과의 관계

30 참고, "신학교육개선공동연구백서", 20.

31 참고, 정일웅, "신학교육개선공동연구백서", 9-10.

32 정일웅,"신학교육개선공동연구백서", 26-27.

33 참고, Hrg.v.EKD, *Theologiestudium - Vikariat - Fortbildung, Gesamtplan der Ausbildung fuer den Pfarrerberuf, Stuttgart* (Berlin, 1978).

오늘날 한국대학의 신학교육에서 대학 신학과의 신학교육과 신대원의 세미나리 신학교육과의 관계이다. 현재 한국개혁교회, 또는 장로교회의 신학교육과정은 대학(4년)과 신대원(3년)을 연결하여 7년 신학교육과정으로 시행하고 있다. 앞서 언급한 대학신학과는 신학예과(인문교양중심)의 의미를 가진 교육과정이며, 신대원은 신학본과의 의미를 가진 신학교육과정이다. 이 두기관의 관계가 항상 대립적인 모습을 보이고 있는 것은 문제이다. 전통적인 개혁교회의 신학교육과 관련하여 엄격하게 말하면, 대학의 신학과는 인문교양을 중심한 교육과정으로 신학예과로 이해하였다. 그러나 현실적으로는 국가교육부와의 관계에서 신학예과를 신학과로 명명하고 있기 때문에 신학과목을 가르치는 것은 불가피 한 것으로 여겨진다. 그리고 현재 실제로 대부분의 기독교대학의 신학과는 신학개론을 비롯하여 상당수준의 신학과목을 커리큘럼 3-4학년 과정에 반영하고 있는 모습이다. 문제는 대학신학과 출신자들이 신학대학원에 입학하였을 때, 대학에서 이수한 신학과목을 반복하여 이수해야 하는 학과목의 중복이수에 있다. 물론 현재 한국교회 내에는 대학과정이 없이 독립적인 목회자양성기관으로 '단설신학대학원들'이 생겨나, 이러한 대학원에서는 대학신학과 출신자들과의 갈등문제는 거의 없는 모습이다. 그러나 개혁신학의 전통에서 보면, 신학대학원(신학본과)과정(단설대학원 포함)에 입학자격이 일반대학의 어느 학과를 졸업하여도, 모두 동일한 자격을 부여하고 있는 것이 문제이다. 왜냐하면 신학예과로서 인문교양을 우선하던 개혁신학의 전통이 무색해지는 결과를 초래하기 때문이다. 문제는 일반대학에서, 성경개론을 비롯하여, 성경원어(헬라어/히브리어), 역사학, 철학, 인문사회학을 전공한 자들의 경우는 인문교양능력이 최소한 연결될 수 있을 것으로 기대하지만, 그러한 기초 없이 진학해 온 자연과학계통의 전공자들이 신학의 학문을 쉽게 연결시키기에는 시간적인 한계를 지니게 된다. 필자의 생각으로는 대학신학과의 경우, 인문교양의 능력과 소양 기르기를 전제하되, 신학전공교육은 4학년 과정에서 반영하여, 신학대학원의 과목과 연계되도록 하고, 신학대학원에서 일반대학생들과 구별하여 그들에게 대학에서 이수한 학점을 인정하고, 신학대학원에서의 신학수업은 더 심화된 과정을 따르도록 하는 방법을 모색할 때, 연계성과 통일성을 이루게 될 것으로 생각된다. 그리고 일반대학에서 인문교양의 정도가 부족한 자들에 대해서는 역시 대학원과정에 유사한 과목을 개설하거나, 대학 신학과의 과목을 이수하게 하여 연계성을 모색해야 하리라고 생각한다.

5. 신학전체의 연결과 통합능력의 배양34

오늘날 신학교에서 신학교육은 전공과목으로 세분화하는 방향에 있다. 그래서 신학전공과목을 6가지 영역으로 구분하여 강의들이 제시된다. 성경신학의 영역은 다시 구약과 신약으로 구분되며, 조직신학, 역사신학, 실천신학, 선교신학 등이다. 그러나 이러한 각론에서의 신학교육은 배우는 자로 하여금 신학학문의 전체를 재빨리 통합하는 능력을 갖도록 해야 한다. 실제로 신학대학원 3년 과정을 공부하지만, 신학의 학문전체를 통합하는 일은 재학기간에 이루지 못하기 때문에 신학교육 후에 목회현장에서 배운 신학의 능력이 통합되어 목회현장의 사역과 연결되어야 함에도 불구하고, 신학전체의 연결과 통합의 능력을 발휘하지 못하는 문제가 대두된다.

이러한 문제해결을 위해서 신학교육은 앞서 언급한대로 실천지향적인 교육이

---

34 참고, 정일웅, "미래, 한국교회의 목회자양성을 위한 신학교육개선에 관한 연구", 「신학지남」, 2006, 가을호, 11-42. 특히 40쪽 이하에서 필자는 신학전체의 연결과 통합능력배양의 필요성을 논의하였다.

이루어져야 하며, 또한 학문영역 간에 서로 연관된 강좌가 개발되어 이론과 실천, 신학과 목회현장과 관계된 '상호관련학문의 접근이 시도되어야 하리라고 생각한다. 그리고 신학전체는 하나님의 계시이며, 그 계시는 성경말씀을 풀어준 것이며, 그 계시를 조직적이며 논리적인 체계로 구성된 신학이론을 배우게 된 것으로 판단해야 한다. 이러한 신학교육은 각 단계의 기초와 전체의 이해와 심화과정의 방법을 통하여 신학이론과 체계를 깊이 있게 접근하도록 교수방법을 새롭게 적용할 필요가 있다고 생각한다.

V. 한국교회, 신학교육의 미래와 전망

한국교회의 신학교육은 현재 직면하고 있는 한국교회의 정황을 생각할 때, 목회자의 자질과 능력의 훈련과 관련하여, 많은 새로운 변화가 시도되어야 하리라고 생각한다. 그것은 21세기의 한국사회가 고도의 지식사회와 기술문명사회로 발전하게 될 것을 전망한다면, 한국사회는 인간의 지적인 이해력과 판단능력이 이전보다 더 향상되고 발전된 사회가 되리라는 것은 분명하다. 그런 점에서 한국교회는 더 큰 도전에 직면하게 될 것이며, 한국교회의 복음전파의 사명은 더 어려운 상황에 처하게 될 것임을 예견해 볼 수 있다. 그러므로 이러한 상황에서 한국교회의 복음사역은 지금까지 보다는 한 단계 더 성숙한 모습으로 대처해야 할 것이며, 교회를 이끌어가야 할 목사(지도자)는 당연히 더 질 높은 교양과 신학적인 소양과 영적인 능력을 쌓도록 대비해야 하리라고 생각한다. 그것은 역시 지금까지의 수준에서보다 더 업그레이드 된, 고도의 신학교육과 영적 훈련이 요구된다는 것을 예견하게 된다. 그러므로 한국장로교회의 신학교육은 전통과 미래가 연결하면서도, 미래의 한국교회를 책임 질 지도(목회)자 양성이 힘을 다해야 하리라고 생각한다.

첫째, 미래 한국교회의 신학교육은 목회자양성을 위한 3단계(신학의 학문적인 기초과정, 목회실습훈련과정, 목사계속교육과정)의 총체적인 목회자양성계획에 따라 신학교육이 실천되어야 하리라고 생각한다.[35]

생각하면, 신학교육은 한편으로는 신학의 학문을 계승할 수 있는 신학자를 양성하는 일이기도 하지만, 다른 한편으로는 어디까지나, 교회를 위한 목회자양성에 있기 때문에, 이론(Theorie)과 실천(Praxis)이란 양 영역의 것들을 반영하는 총체적인 교육계획에 따라 신학교육과정이 수립되는 미래목회의 자질과 능력을 얻게 하는 일에 크게 기여하리라고 생각한다.[36] 그리고 이러한 총체적인 신학교육계획은 그동안 신학교(Seminary) 3년간의 교육과정을 통해서 종결짓는 경향에 있었다. 그러나 이러한 총체적인 계획은 신학교의 3년 과정 이후에 본격적인 목회실습에 대한 훈련이 이루어지며, 목사의 자질과 능력을 계속적으로 보완하는 차원에서 목사의 계속교육을 포함하여 포괄적으로 생각한 것이다. 이러한 3단계 신학교육과정을 통하여 목사는 평생 배우면서 목회하는 신학자가 되는 것이며, 동시에 신학자로서 또한 목회자가 되는 것으로 생각하였다.

둘째, 각 단계에서 지향해야 할 신학교육의 목표는 다음과 같은 것이어야 할 것이다. 그것은 각 단계에서 요구되는 교육방향(목표)의 핵심적인 요소들은 목회자가 갖추어야 할 복음의 사명에 대한 의식과 목회사역에 대한 올바른 인식과 태도에 관한 것들이다. 예를 들면, 성경의 진리를 정확히 해석하고, 설교하는 능

---

35 참고, 정일웅, "미래, 한국교회의 목회자양성을 위한 신학교육개선에 관한 연구", 30
36 참고, 정일웅, "미래, 한국교회의 목회자양성을 위한 신학교육개선에 관한 연구".

력의 기르기를 비롯하여, 교회사역의 이론과 실천의 올바른 이해, 학문의 관련성을 파악하는 것 등이다. 그리고 각 단계의 신학교육은 목사직이 수행될 목회현장을 목표하는 것과 그 현장에서 이루어질 일들에 대하여 결정적으로 책임을 다하는 행동 방식을 연습하는 것에 집중되어야 한다. 더 구체적으로는 항상 학습하는 방법을 배우는 것이 중요하며, 관계된 모든 일들에 대한 판단 능력, 학습내용 가운데서도 중요한 것들을 익히는 것, 모든 일들을 모범적으로 수행하는 자질, 목회사역의 책임성에 대한 준비, 이론에 대한 능력, 교회와 사회와 서로 관련된 일들에 대하여 자신의 행동과 입장을 견지하는 능력, 협동력과 의사소통의 자질, 기획의 능력과 조직능력 등에 관한 것이 될 것이다.[37] 각 단계는 언제나 신학이론과 실천의 관계에서 교육이 이루어지게 해야 하며, 항상 신학의 근본적인 의미를 숙고하며, 이론과 실천의 상관관계를 통하여 그 의미가 올바르게 훈련되도록 해야 하는 일들이 될 것이다.[38]

여기서 신학교육은 목회사역의 실제를 교육과정의 전제와 목표로 삼아야 할 것이다. 그리고 교회의 과제를 구체적으로 서술하는 이론들은 실천과 마찬가지로 교육의 내용이 되게 해야 할 것이다. 그것은 각각의 신학적인 이론형성을 포함하고 있으며, 전문화하는 과정에서 밝혀지고 이해되어야 하는 신학적인 내용들이라 할 것이다. 그것들을 익히고 배우는 단계들은 이론과 실천의 것들을 중재하는 방식에 따라 구별의 강조점들이 나타나게 된다. 왜냐하면 그것들이 신학교육의 여러 분야에서 다양하게 이루어지기 때문이다. 그 때문에 각각의 교육단계는 실천 지향적이면서도, 학문 지향적으로 이루어져야 할 것이다.[39] 첫 단계(Mdiv.3년)에서 신학의 학문적인 차원의 반영을 목표한다면, 두 번째 단계(강도

37 참고, 정일웅, “미래, 한국교회의 목회자양성을 위한 신학교육개선에 관한 연구”, 31.
38 참고, 정일웅, “미래, 한국교회의 목회자양성을 위한 신학교육개선에 관한 연구”.
39 참고, 정일웅, “미래, 한국교회의 목회자양성을 위한 신학교육개선에 관한 연구”, 32.

훈련)와 3번째 단계(계속교육)는 목회실제와의 대화를 더 강하게 반영해야 할 것이다.[40] 그리고 신학교육의 첫 단계는 신학의 학문전체가 예리한 통찰을 통하여 신학적인 의미를 가진 일들이 밝혀지게 해야 한다. 그것은 신학생들이 이 단계에서 자립적인 신학적 판단능력을 형성하도록 도우는 일이 될 것이다(신학대학원 3년 신학적인 기초학문과정). 두 번째 단계는 교회사역의 다양성을 실제적으로 처리하는 것과 그 일들을 모범적으로 처리하는 방법을 익히는 일이 교육의 중심이 될 것이다(강도사 훈련). 세 번째 단계는 목회사역의 경험에 근거하여 개인적으로 부족했던 부분을 보완하며, 심화시키는 과정이 될 것이며, 목회사역의 책임에 대한 자질과 능력을 새롭게 하는 것이 중심이어야 한다(목사계속교육). 각각의 모든 단계 안에서 학습과정의 조직과 성찰과 학습내용은 협동력과 의사소통의 자질을 연습하는 수단이 될 것으로 기대한다.[41]

셋째, 대체로 목회자가 책임져야 하는 교회사역의 개괄적인 핵심 분야는 다음과 같다. (1) 복음전파: 전도와 설교의 준비, (2) 예배와 예전: 예배와 성례(세례와 성찬)의 준비, (3) 교제와 봉사사역: 영혼 돌봄과 심방과 상담, 이웃과 사회봉사에 대한 분비, (4) 교육사역: 세례와 입교준비교육(교리와 성경공부): 어린이, 청소년, 청년, 평신도, 노년, (5) 교회성장사역: 지 교회설립, 교회지도와 당회와 제직회 운영, (6) 교회정치사역: 지역교회와 노회, 총회와의 관계 등이라 할 수 있다.[42] 그리고 이러한 모든 교회실천분야를 위하여 학문적인 신학의 전문성이 요구된다고 본다. 첫 단계인 신학대학원 3년 과정은 학문적으로 성경적이며, 조직적이며 역사적이며, 실천적인 신학정보습득을 목표해야 할 것이다. 이러한 목

40 참고, 정일웅. "미래, 한국교회의 목회자양성을 위한 신학교육개선에 관한 연구".
41 참고, 정일웅, "미래, 한국교회의 목회자양성을 위한 신학교육개선에 관한 연구".
42 참고, 정일웅, "미래, 한국교회의 목회자양성을 위한 신학교육개선에 관한 연구".

사직무와 관련하여 학문적인 신학교육은 미래 목사직을 수행하고 실천하는 자질 형성에 기여하게 될 것이다. 그리고 두 번째 단계인 강도(설교)사 훈련은 목회실제에서 배워야 하는 실천적이며 신학적인 심화교육을 목표한다. 여기서 목회실제의 경험으로부터 신학적으로 사고하고 판단할 수 있는 능력 형성의 새로운 단계가 중요하다. 역시 이 단계는 교회현장과 관련된 중요한 분야의 교육(설교, 학습, 세례 및 임직자 준비교육, 예배인도, 세례 및 성찬거행연습, 영혼 돌봄과 상담의 연습, 교회법 등)이 이루어져야 하며, 다른 이들과의 협동심을 기르도록 훈련해야 할 것이다. 그리고 목사의 계속교육과정은 교회의 특정한 활동분야에 대하여 전문화할 수 있으며, 부족한 부분을 보완하는 기회가 될 수 있는 것이다. 그리고 첫 단계와 두 번째 단계에서 배우게 된 것들이 발전되며, 더욱 심화하는 과정이 되어야 하리라고 생각한다.43

끝으로 한 가지 더 강조하고 싶은 것은 앞서 루터의 신학교육에서 강조되었던 3단계의 방법인 기도(Oratio), 묵상(Meditatio), 시험(Tentatio)의 도구가 개별적인 성경연구와 기도생활과 함께 적극적으로 사용되기를 바란다. 이것은 성령의 도움을 구하는 기도이며, 성경의 말씀을 바르게 이해하고 해석하여 하나님의 뜻을 밝히 깨닫게 하는 훈련이며, 그 어떤 삶의 고난과 시련의 정황에서도 진리에 대한 헌신을 견고하게 수행하려는 목회적인 자질과 능력을 키우는 경건(영성) 훈련의 방법이라 할 수 있다. 이러한 방법은 신학기초과정에서 뿐 아니라, 목회실습훈련과정에서도 병행되어야 하며, 또한 목사계속교육과정에서도 항상 사용되어야 할 중요한 개혁신학전통의 신학교육의 도구로 여겨진다. 그리고 이러한 3단계 과정의 신학교육을 반영할 때, 한국교회의 미래는 참으로 건강하고 견실한 개혁신학적인 관점에서의 목회자양성이 크게 기대된다고 할 것이다.

---

43 참고, 정일웅, "미래, 한국교회의 목회자양성을 위한 신학교육개선에 관한 연구", 33.

VI. 결론

필자는 지금까지 역사적인 종교개혁자들이 토대를 놓아 준, 신학교육의 전통을 살펴보았다. 거기서 루터가 제시한 성경연구의 3단계 방법(기도, 묵상, 시험)이 주목되었다. 그리고 한국장로교회의 신학교육은 루터와 칼빈에게서 토대가 놓여 진 인문교양교육을 토대로 한 신학교육에 기초되어 있음을 확인하였다. 그것이 대학신학과의 신학예과의 교육이며, 또한 신학본과로서의 신학대학원에서의 신학교육으로 발전한 것도 확인하였다. 역시 한국장로교회의 신학교육은 역사적으로 종교개혁과 개혁신학에 의존하여 신학교육을 실천하고 있음도 확인되었다. 그리고 여러 교단으로 분판된 상태에서 시행되고 있는 신학교육의 문제점들과 발전적인 차원에서 개선방안도 살펴보았다. 그것들은 목회자수급계획과 목사후보자 선발과정의 원칙의 적용을 비롯하여 인문교양교육에 기초한 신학교육과의 연결, 그리고 실천지향적인 교육과 신학전체를 연결하여 통전적인 이해력을 기르게 하는 것 등이었다. 그리고 필자는 결론적으로 미래 한국장로교회의 신학교육의 전망에서 한사람 목회자의 자질과 능력을 갖춘 신학교육을 위하여 3단계 신학교육과정이 적용되어야 할 것을 제시해 보았다. 그것은 목회자양성을 위한 총체적인 신학교육계획에 따라 생각된 것이다. 이러한 생각은 신학교육이 단순히 기존의 신학대학원 3년으로 한정되지 않고, 그 과정을 끝마친 후에, 목회실습을 위한 강도사훈련과정이 연결되게 한 것이며, 나아가 이론과 실천의 관계에서 목사는 항상 배우는 자로 신학교육과 목회훈련을 지속해야 한다는 뜻이 반영된 것이다.

지금부터라도 한국교회의 목사양성인 신학교육이 이러한 총체적인 신학교육계획의 3단계 과정을 따라 진행하게 될 때, 변화하는 한국의 미래사회를 선도하는 신학적인 자질과 능력을 갖춘 신실한 목회자양성이 거기서 기대된다고 할 것이다.

/

종교개혁과 교리교육

/

박상봉

(합동신학대학원대학교, 역사신학 교수)

안양대학교 신학대학원에서 M. Div. 와 Th. M. 과정을 졸업했다. 그 이후에 스위스 취리히 대학교 신학부에서 종교개혁사를 전공했는데, 취리히 종교개혁자인 "하인리히 불링거의 신앙교육서들"란 제목으로 신학박사학위를 받았다. 현재는 경기도 수원에 있는 합동신학대학원대학교에서 교회사를 가르치고 있다.

박상봉

Ⅰ. 서론

로마 가톨릭 교회로부터 교회가 분리된 이래로 종교개혁자들은 당시 여러 대내외적인 상황들과 관련하여 개신교의 독립성을 담보받기 위해서 사도적인 가르침에 근거한 정통 신앙을 유럽 교회 안에 이식시키는 것을 매우 중요한 과제로 여겼다. 이 사명을 위해서 참된 경건을 박해하는 로마 가톨릭 교회로부터 떠나서 본래의 교회를 회복하는 것은 필수적인 과제였다. 성경의 가르침에 근거한 예수 그리스도 안에서 하나인 교회의 토대와 객관적인 실체의 단일성을 보존하고, 이러한 믿음에 충실하기 위해서 더 이상 순수한 교리에 서 있지 않는 로마 가톨릭 교회로부터 분리는 정당한 것이었다.[1] 그래서 죄악이 거하고 있는 전체 교회에서 일부가 부패와 오염을 막기 위해 분리하는 경우는 비난을 받아야 할 것이 아니라, 오히려 칭찬을 받아야 한다는 입장은 종교개혁자들의 일반적인 생각이었다.

이러한 인식 속에서 종교개혁자들은 개혁된 교회의 독립적인 안정과 지속적 보존을 위해서 모든 계층과 연령대의 사람들을 합리적으로 설득하기 위한 매우 효과적인 수단들이 필요했다. 로마 가톨릭 교회에 불만을 가진 지식인들뿐만 아니라, 동시에 각 개인의 종교적 자유와 상관없이 '그의 지역, 그의 종교(cuius regio, eius religio)'의 원칙 아래 놓여 있는 정치적 결정에 따라서 새로운 신앙 고백을 수용할 수밖에 없었던 평범한 사람들의[2] 종교개혁에 대한 지지와 충성도

---

1 에미디오 캄피, 『스위스 종교개혁: 츠빙글리·베르밀리·불링거』, 김병훈 외 옮김 (합신대학원출판부, 2016), 29-36.

2 박상봉, '취리히 교회와 신앙교육', 『노르마 노르마타』(합신대학원출판부, 2015), 116. 참고로, 'cuius regio, eius religio'의 원칙은 "어느 지역에 거주하는 시민은 그 지역의 영주나 의회에 의해 결정된 종교를 따른다"는 것을 의미하는데, 이 원칙은 공식적으로 1555년 아우그스부르그 종교평화협정(Augsburger Religionsfrieden)에 의해서 공식화되었다. 물론, 이 원칙의 적용은 이미 종교개혁이 시작된 시점부터 이루어진 것으로 보는 것이 옳다. (Cf. *Theologische*

는 개혁된 교회의 존립과 직접적으로 맞물려 있었기 때문이다. 그 효과적인 수단들은 대표적으로 설교, 문헌, 교리교육 등을 떠올릴 수 있다.

종교개혁자들에게서 교리교육은 오늘날처럼 목회와 분리되어 있지 않았고, 오히려 목회의 한 필수적인 부분이었다. 한 영혼을 돌보는 것과 관련된 목사의 '가르치는 사역'으로써 교리교육이 강조되었던 것이다.[3] 목사의 가르치는 직무는 하나님의 백성들을 온전케 하는 것과 관련하여 매우 중요했다. 신자들을 '가장 훌륭한 신앙인'으로 길러내는데 있어서 믿는 것과 행해야 하는 것에 대한 신앙의 정체성을 가르치는 교리교육은 매우 효과적인 수단이었던 것이다: 교회에 속한 구성원들을 성경에 근거한 기독교적인 삶을 살도록 설득하는 것은 결코 쉬운 일이 아니었다. 종교개혁 시대에 교리를 가르치는 신앙교육은 세례를 받기 위한 준비였을 뿐만 아니라, 또한 신앙의 도리를 알려주어 스스로 구원에 관한 고백과 확신을 갖도록 하기 위한 수단이었다. 당연히, 어린 아이 때부터 체계적인 교리교육이 의무적으로 이루어졌다. 이미 장성한 성인들도 교리교육은 로마 가톨릭 교회의 신앙에서 개신교의 신앙으로 전환하기 위한 필수적인 과정이었다.

결과적으로, 종교개혁자들은 교리교육을 당시 시대와 공간에만 국한시켜 시도하지 않았고, 오히려 앞으로 올 시대와 공간 속에서도 영속적으로 바른 신앙과 성숙한 삶을 드러내는 원리로 작동하도록 하는 안목을 가지고 실천했다는 것을 잊지 않아야 한다. 이러한 이해 속에서 종교개혁 시대의 교리교육에 대한 관심은 오늘날 한국 교회를 향해 올바른 길을 제시하는 한 좌표가 될 수 있을 것이다.

Realenzyklopaedie, hg. Von Gerhard Mueller u.a., Bd. II (Berlin·New York 1976-2004), 644.)

3 Martini Buceri Opera Latina (BOL), Vol. VX, Paris 1955, *De Regno Christi*, 54, 58.

II. 종교개혁 사상을 전파하는 수단들

종교개혁은 성경적으로 개혁된 교회와 신학의 갱신이자 실현이다. 교회를 이루는 구성원들의 신앙적 인식의 변화를 가져온 것이며, 그 변화는 개인, 가정, 교회, 사회에 깊은 영향을 미쳤다. 사실, 이러한 실천적 결과가 없다고 하면 로마 가톨릭 교회로부터 개혁된 교회와 신학이 유럽에 뿌리는 내리는 것은 거의 불가능했을 것이다. 특별히, 이미 앞서 언급한 것처럼, 이러한 역할을 감당했던 설교, 문헌, 교리교육 같은 수단들을 주목할 필요가 있다:

먼저, 우리는 오늘날에도 중요한 영향력을 미치고 있는 성경의 바른 해석을 통해서 개혁된 신앙의 정체성을 갖도록 해주었던 설교를 잊지 않아야 한다. 종교개혁자들에게 있어서 하나님의 영감된 말씀인 성경은 단순히 지식의 책으로만 인식되지 않았다. 오히려, 하나님의 말씀은 신앙과 삶의 규범으로써 교회에서 합당하게 부르심을 받은 설교자에 의해서 선포되어야 하고, 신자들은 그 선포된 말씀을 듣고 순종해야 한다고 이해되었다. 그래서 취리히 종교개혁자였던 하인리히 불링거는 『제 2 스위스 신조』를 특별한 문서로 주목하도록 만들었던 유명한 고백을 표명했다: *"우리는 스스로 설교된 말씀을 주목해야 하며, 그것을 선포하는 설교자를 주목해서는 안 된다. 만약 그 설교자가 못된 악인이며 또 죄인이라고 해도, 그 하나님의 말씀은 참되고 선하기 때문이다."*4 이 고백은 설교를 하는 목회자의 인격이나 행실에서 사람을 실망시킬 수 있는 어떤 연약함을 가지고 있

---

4 Heinrich Bullinger, *Das Zweite Helvetische Bekenntnis*, Ins Deutsch uebertragen von Walter Hildebrandt und Rudolf Zimmermann mit einer Darstellung von Entstehung und Geltung sowie einem Namen-Verzeichnis, 5. Aufl, Zuerich 1998, 18: "Und auch jetzt müssen wir auf das Wort selber achten, das gepredigt wird, und nicht auf den verkündigenden Diener; ja, wenn dieser sogar ein arger Bösewicht und Sünder wäre, so bleibt nichtsdestoweniger das Wort Gottes wahr und gut."

거나 드러냈을지라도, 그것 때문에 하나님의 말씀 자체가 무시될 수 없다는 것을 말한다. 설교자의 연약함을 솔직하게 인정하면서도, 더욱 중요하게는 하나님의 말씀에 대한 권위를 바르게 인정해야 한다는 것을 의도한 것이다. 종교개혁자들은 설교자가 하나님의 말씀을 바르게 해석하여 선포하는 것과 신자들이 그 선포된 말씀이 바르다는 것을 분별하여 듣는 것은 성령의 조명 속에서 이루어지는 것임을 전제했기 때문이다. 성경은, 성령에 의해서 영감된 책으로, 그 성령께서 교회와 개인에게 적용하는 하나님의 말씀으로 이해된 것이다.[5] 중생된 인간의 상태에 대한 정직한 이해 속에서 설교자도 연약함을 가지고 있다는 것이 고려된 것이며, 무엇보다도 하나님의 말씀을 바르게 선포하는 것과 듣고 분별하는 것은 직접적으로 '성령의 내적인 조명(interna illuminatione)'과 묶여 있다는 사실이 강조된 것이다.[6] 이러한 인식은 종교개혁자들에게 있어서 성경의 영감이 성경이 인간에게 주어진 목적과 분리되어 있지 않다는 것을 의미했다. 성경이 하나님의 말씀으로써 참되다는 사실 안에는 인간의 비참한 현실과 관련하여 구원의 방도를 담고 있다는 것과 분리되어 있지 않다는 것이다. 그래서 성경은 단순히 하나님의 말씀으로써 깊숙한 곳에 간직되어야만 하는 보물이 아니라, 오히려 모든 사람들에 의해서 읽혀지고, 이단들을 경계하여 체계적인 교리로 정리되어야 하며, 설교자에 의해서 선포되어야 할 하나님의 말씀이었다. 당연히, 종교개혁자들은 하나님의 말씀에 대한 선포인 설교를 언어적 전달로만 인식하지 않았다. 오히려, 하나님의 말씀이 선포될 때 성령께서 예수 그리스도의 구원을 신자의 마음

5 칼 R. 트루만, 『종교개혁의 유산』, 조영천 옮김 (개혁주의신학사, 2013), 107.

6 Bullinger, *Das Zweite Helvetische Bekenntnis*, 18: "Wir geben allerdings zu, Gott könne Menschen auch ohne die äußere Verkündigung erleuchten, wann und welche er wolle: das liegt in seiner Allmacht. Wir reden aber von der gewöhnlichen Art, wie die Menschen unterwiesen werden müssen, wie sie uns durch Befehl und Beispiel von Gott überliefert ist."

에 새기고, 그분을 믿음을 만들어 내며, 그 결과로 그분과 연합을 이루도록 한다고 이해되었다.[7] 그렇다고 해도 설교는 기독교의 진리를 전하는 절대적인 수단은 아니다. 한 가지 좋은 수단이다. 즉, 하나님이 각 사람을 믿음으로 이끌기 위해 선택하신 한 가지 수단으로써 과거로부터 지금까지도 활용되고 있는 것이다. 물론, 이 설교의 수단은 주님이 오시는 날까지 유용할 것이다. 이 때문에 설교는 광대짓이나 촐싹대며 회중에게 재미를 주는 내용으로 채워지지 않았다. 종교개혁자들은 설교자로 하여금 하나님의 위대한 일을 진지하고 심각하게 선포하도록 했다는 것을 기억해야 하다.

다음으로, 종교개혁자들은 로마 가톨릭 교회에 대한 비판적인 글들과 함께 바른 신앙이 무엇인가를 확인시켜주기 위해서 성경주석, 종교개혁 사상의 기본적 해설, 공교회의 일치와 연속성을 위한 공적인 신앙고백, 성인들과 어린이들의 기초적 교리지식을 위한 신앙교육 등과 관련된 저술들을 출판했다. 의심의 여지없이, 종교개혁은 인쇄 산업이 이제 막 궤도에 오르기 시작하던 시기에 발생했다. 종교개혁 사상이 전파되는데 인쇄술은 매우 중요한 역할을 했다. 인쇄술이 발달하지 않았다고 하면 종교개혁의 유럽 전역에 안착되는 것은 거의 불가능했을 것이다.[8] 종교개혁자들의 문헌적 유산은 유럽 전역에 종교개혁이 확산되고, 신학적인 동일성이 확보되며 그리고 개혁된 교회의 안정을 위한 기틀을 마련하는데 큰 유익을 주었다. 다양한 인적교류 옆에서 국가들 사이에 언어적 차이가 있었음에도 불구하고 유럽 어디에서든 별다른 어려움 없이 국제 공용어인 라틴어나 번역된 자국어 저술들이 여러 경로를 통해서 공개적으로 혹은 비밀리에 알려졌기 때문이다. 종교개혁 사상을 담고 있는 저술들은 유럽의 국경을 넘나들면서 로마 가톨릭 교회에 대해 많은 의문을 품고 있었던 사람들에게 분명한 개혁의 길을

7 트루만, 『종교개혁의 유산』, 112.
8 트루만, 『종교개혁의 유산』, 97.

제시한 것이 사실이다. 이 현상은 종교개혁을 받아들인 유럽의 모든 지역들에서 새로운 변화의 공론화에 대한 중요한 장을 마련해주었다고 할 수 있다. 결과적으로, 종교개혁자들의 신학적인 진술에 근거한 교리의 동질성과 교회의 일치를 폭넓게 확대시키는데 크게 기여했다.9

끝으로, 유럽 안에서 종교개혁 사상이 깊이 뿌리를 내릴 수 있게 중요한 수단에는 교리교육이 속해 있다. 물론, 이 교리교육은 종교개혁 때 처음 등장한 것이 아니다. 오히려, 초대교회로부터 계승되어 온 것을 다시 본래의 의도대로 회복한 것이다. 특징적으로, 종교개혁 세대를 위한 교리교육은 믿음과 삶(Glaube und Leben)이 신앙지식과 경건(Glaubenwissen und Frömmigkeit)으로부터 결코 분리되지 않아야 한다는 전제 속에서 이루어졌다. 종교개혁을 통해 세워진 개혁된 교회에 속한 사람을 양육하여 새로운 신앙과 진리로 무장하도록 한 것이다. 하나님에 대한 바른 지식 속에서 교회, 이웃 그리고 시대를 섬길 수 있는 신실한 기독교인이 되게 하는데 관심을 두었다. 무엇보다도, 종교개혁자들은 교리교육을 통해서 다양한 목적을 지향했다: 하나님의 형상을 닮는 삶을 사는 성숙한 사람으로 길러내는 것뿐만 아니라, 또한 주님의 교회를 위해 헌신하는 신실한 신자로 길러내는 것이었다. 더욱이, 한 사람을 그리스도의 공동체, 즉 국가와 이웃을 바르게 섬길 수 있는 '기독교 시민'으로 길러내는 것도 매우 중요했다. 어린 시절부터 기독교적 의, 성실, 정절, 윤리 등에 대한 덕성들을 가르침으로 자기 자신만을 위해서 살지 않고, 모든 사람들을 위한 존재가 되게 한 것이다. 종교개혁 당시 기독교 시민은 단순히 교회를 다니는 사람을 의미하지 않았다. 한 개신교 국가에 속해 깊은 신앙지식과 십계명의 가르침에 근거한 윤리적 소양을 가진 신자를 의미했다. 종교개혁을 받아들인 국가들이 여러 방면에서 안정되게 발전하

---

9 Bern Möller, Flugschriften der Reformaitonszeit, *Theologische Realenzyklopaedie*, hg. Von Gerhard Müller u.a., Bd. II (Berlin New York 1976-2004), 240f.

는 데는 이렇게 잘 교육된 시민들의 역할이 절대적으로 요구되었다. 이 사실은 오늘날 우리에게도 한 신자가 국가의 시민으로 살아간다고 할 때 그 의미가 무엇인가를 아는 것은 매우 중요하다.

특별히, 종교개혁자들이 교리교육을 통해 의식 있는 '기독교 시민'으로 길러내는 것과 관련하여 한 실례로 취리히 교회를 주목할 필요가 있다: 취리히 교회에서 츠빙글리가 종교개혁의 기치(旗幟)를 내걸었을 때, 그의 중요한 관심사 중에 하나는 성경적 가르침에 근거한 '기독교 공동체'를 세우는 것과 관련이 있었다. 로마 가톨릭 교회와 관련된 미신과 신앙적 혼돈 속에 있는 사람들의 마음과 삶을 정돈시키며, 하나님의 위대한 존엄 앞에서 합당치 않는 모든 거짓들을 버리도록 할 뿐만 아니라, 또한 삶의 모든 영역 속에서 하나님의 영광을 위한 헌신을 일깨워서 동일한 시간과 공간 안에서 기독교 공동체를 이루고 있는 개인, 가정, 교회 그리고 사회의 갱신이 이루어질 수 있도록 기대한 것이다. 이러한 관심은 단순히 종교개혁 시대에 갑자기 등장한 것이 아니었다. 오히려, "오직 성경(sola scritura)", 즉 성경만이 교회의 무오하고 유일한 '신앙의 규범(regula fidei)'[10]과 충돌하지 않는 초대교회로부터 계승되어 온 고대 신조들, 공의회의 교리들 그리고 교부들의 저술들의 가르침에 속해 있는 것이었다. 종교개혁자들은 교회의 모든 전통을 거부한 것이 아니라, 오직 성경과 일치를 이루지 못하는 내용을 거부했다는 것이 기억되어야 한다. 츠빙글리에게 있어서 예수 그리스도의 의는 성령에 의해서 단순히 전가만 되는 것이 아니라, 무엇보다도 신자 안에 머무는 것이며, 그 결과로 그분을 본받는 삶의 원천이 된다.[11] 칭의와 성화를 긴밀하게 연결시킨 것이다. 구체적으로, 칭의는 죄인이 성령에 의해서 허락된 믿음으로 예수 그리스도의 의를 통하여 죄 사함을 받을 뿐만 아니라, 또한 죽음에서 생명으로

10 캄피, 『스위스 종교개혁: 츠빙글리·베르밀리·불링거』, 16.
11 캄피, 『스위스 종교개혁: 츠빙글리·베르밀리·불링거』, 25.

옮겨지는 것을 말하는데, 그 결과로 죄인은 내면적으로 도덕적 변화를 경험하며 외적으로 하나님의 거룩함을 드러내는 성화의 삶을 살게 된다는 것을 말하고 있다. 당연히, 츠빙글리가 말하는 성화의 삶은 단순히 윤리적 행위만을 의미하지 않는다. 칭의를 통해서 의롭게 된 사람이 하나님의 선포된 말씀을 듣고 자신의 삶에 적용하는 것을 포함한다. 즉, 믿음의 사람은 모든 일의 기준으로서 하나님의 뜻을 바라보는데, 하나님의 율법(도덕법)을 반대하지 않을 뿐만 아니라, 또한 하나님의 율법과 무관하게 행동하지 않는다는 것이다.[12] 하나님의 율법은 하나님의 영원한 뜻을 의미하기 때문이다. 그리고 츠빙글리에게 있어서 예수 그리스도의 의를 드러내는 성화의 삶은 개인적인 영역에만 국한 된 것이 아니다. 오히려, 신자가 살아가고 있는 세속 사회의 영역에까지 적용되는 것이다. 츠빙글리가 자신이 죽은 해인 1531년에 쓴 예레미야 주석에서 표명한 내용이 이 사실을 증명해 주고 있다: *"기독교인은 신실하고 선한 시민과 결코 다르지 않다. 또한 기독교인의 도시는 기독교의 교회와 결코 다르지 않다."*[13] 결정적으로, 츠빙글리는 이 목적을 이루는데 있어서 교리교육을 매우 중요한 수단으로 간주한 것이다. 기독교 국가(Respublica Christiana)에서 성숙한 신자를 길러내는 것과 의식 있는 시민을 길러내는데 효과적으로 사용되길 원했다.

정리하면, 종교개혁 사상은 각 사람의 경건을 변화시키고, 개혁된 교회를 등장시켰으며 그리고 새로운 사회에 대한 이상을 그려냈다. 이때 설교, 저술들 그리고 교리교육은 개인의 의식과 윤리, 교회의 신앙생활 그리고 사회 전반의 외적

---

12 Huldrych Zwingli, *An Exposition of the Faith,* in: *The Library of Christian Classics – Zwingli and Bullinger*, (The westminster Press 1953), 270.

13 Hulrich Zwingli, *Complanationis Jereniae* (1531), H. Zwinglii Opera 14: 424.19-22: "... Christianum hominem nihil aliud esse quam fidelem ac bonum civem, urbem Christianam nihil quam ecclesiam Christianam esse." (원본: Ulrich Zwingli, *Complanationis Jeremiae Prophetae foetura prima*, (Tiguri 1531.))

인 구조변화를 자연스럽게 이끌었다. 특별히, 교리교육은 설교를 바르게 이해하고, 성경을 자의적으로 읽지 않도록 하며 그리고 체계화된 신앙지식을 갖게 하여 생각, 경건(윤리) 그리고 시민적인 삶을 위한 선명한 지표를 제공한 것이다.[14]

Ⅲ. 종교개혁 시대의 교리교육 역할

16세기 종교개혁자들은 로마 가톨릭 교회의 잘못된 교리적 가르침, 교부들의 과오, 종교회의의 오류, 사람의 전통 등을 '오직 성경(sola scriptura)'에 비추어서 비판하거나 개혁을 요구할 수 있다는 것을 명시적으로 선언했다. 중세 시대의 로마 가톨릭 교회는 성경의 가르침보다는 교황이나 교회의 결정과 관련된 인간적인 면을 지나치게 강조하여 성경 해석에 있어서 원칙이 없는 자의적인 판단을 앞세웠다. 성경이 가르치는 객관적인 진리보다는 황제의 권력을 넘어선 이 지상위에서 흔들리지 않는 교황주의적인 교회 체제를 위한 전통을 견고히 세우려 한 의도이다. 종교개혁자들은 이러한 로마 가톨릭 교회의 개혁을 위해 필요한 신학적이고 교회적인 문제들이 무엇인가를 직시했다. 비(非)성경적인 구원, 미신적인 성례, 계급화된 교회의 체계 등과 관련된 거짓과 오류를 극복하기 위해서 성경, 초대교회의 공동 신조들, 교부들의 문헌들, 중세의 건전한 신학자들의 글들, 르네상스와 함께 등장했던 성경인문주의자들의 가르침들을 연구한 것이다.[15] 결과적으로, 종교개혁자들은 모든 시대의 신앙적인 통일성을 갖게 하는 '정통 교리'를 회복하고 체계화하는데 관심을 두었다. 이 정통 교리는 전체 성경(tota

---

14 박상봉, 『취리히 교회와 신앙교육』, 141.
15 빌렘 판 아셀트 & 에프 데커, 『종교개혁과 스콜라주의』, 한병수 역, (서울: 부흥과 개혁사 2014), 38-40.

scriptura)에 근거한 바른 해석의 기준과 관련된 것으로 사도들의 가르침과 직접적으로 연결되어 있다. 불링거는 이렇게 증언하고 있다: "*사도들이 서로 모순된 것들을 가르치지 않은 것처럼, 그렇게 사도적인 교부들도 사도들과 반대되는 것들을 제시하지 않았다. 분명히, 사도들이 언어를 통하여 자신들의 글들과 모순된 것을 전달했다고 하는 것은 신성모독적인 주장이다.*"[16] 사도들과 그 이후의 세대들 사이에 분명한 연속성이 있다는 사실을 강조한 것이다. 이 연속성은 단순히 인간적인 노력에 의한 산물이 아니다. 불링거는 바울의 입장(고후 12:18)을 존중하면서 성령의 역사 속에서 이루어진 일임을 제시했다.[17] 우리는 이 연속성을 '사도적 가르침'이라고 할 수도 있고, 교회-교리사적 맥락에서는 모든 종교개혁자들에 의해 공유되었던 공동의 신앙유산으로써 '정통 교리의 기준'이라고 부를 수 있을 것이다. 종교개혁 때 이 기준을 가지고 로마 가톨릭 교회가 옳지 않음을 객관적으로 주장할 수 있었다. 의심의 여지없이, 종교개혁자들은 이 사도적 가르침을 가지고 로마 가톨릭 교회의 거짓된 교리, 주장, 결정, 전통을 비판하면서 바른 성경해석의 기준을 삼은 것이다. 교회사 속에서 발생된 모든 가르침과 사건들을 분별할 때 무엇이 참되고, 무엇을 따라야 하며, 무엇을 피해야 하는가에 대한 결정을 내리는 원리로써 작용했다. 그리고 '사도적 가르침'은 깊은 근저에 신앙과 삶의 규범으로써 하나님의 영광과 사람의 구원에 관한 '하나님이 계시하신 의도에 따라서 진술된 교리'라는 이해를 담고 있다. 불링거의 다음과 같은

16 Bullinger, *Das Zweite Helvetische Bekenntnis*, 22: "So wie die Apostel nichts einander Widersprechendes gelehrt haben, so haben auch die apostolischen Väter nichts den Aposteln Entgegengesetztes weitergegeben. Es wäre doch wahrlich gottlos zu behaupten, die Apostel hätten durch das mündliche Wort ihren Schriften Widersprechendes überliefert."

17 Bullinger, *Das Zweite Helvetische Bekenntnis*, 22: "Anderswo bezeugt er weiter, dass er und seine Schüler, das heißt apostolische Männer, denselben Weg gehen und gleicherweise im selben Geiste alles tun (2.Kor. 12,18)."

표명에 주목할 필요가 있다: "*우리는 성경 그 자체로부터 얻어진 정통적이고 원리적인 해석만을 인정한다: 성경의 각 권들이 기록된 의도에 따라서, 성경의 각 권들의 관계성(통일성)을 고려하여, 비슷한 구절과 비슷하지 않는 구절 그리고 반복적인 구절과 뜻이 명백한 구절과 비교하면서 해석하는 것이다. 그 해석은 신앙과 삶의 규범에 일치하며 그리고 하나님의 영광과 인간의 구원에 기여한다.*"[18] 이 때문에 사도적 가르침은 시간을 초월하여 저 멀리 구약 선지자들의 교훈과 연결되어 있을 뿐만 아니라, 오늘날 신앙생활과 관련하여 우리에게까지 직접적으로 뻗어 있는 것이다.

로마 가톨릭 교회로부터 분리된 개혁된 교회의 가장 우선된 임무는 두 교회들 사이의 신학적 경계선을 통해서 당시 사람들로 하여금 종교개혁의 정당성을 확보하는 일이었다.[19] 물론, '로마 가톨릭 교회로부터 분리'는 엄밀히 말하면 개혁된 교회가 전혀 새롭게 만들어진 교회라는 의미가 아니다. 거짓된 교회를 개혁했다는 것을 의미한다: 단순히 개신교가 교황주의 교회와 다르다는 것을 말하는 것이 아니라, 오히려 성경에 근거한 정통 신앙을 회복했다는 것을 표명하는 것이며, 더욱이 정통 교회임을 확고히 하는 것이다. 이 개혁을 위해서 종교개혁자들은 설교를 하고, 저술들을 집필하는 것과 함께 교리를 가르치는 신앙교육에 절대적인 관심을 가졌다. 교회 분열과 함께 새롭게 개종된 신자들에게 형성되어야 할

18 Bullinger, *Das Zweite Helvetische Bekenntnis*, 20: "Vielmehr anerkennen wir nur das als recht gläubige und ursprüngliche Auslegung der Schriften, was aus ihnen selbst gewonnen ist - durch Prüfung aus dem Sinn der Ursprache, in der sie geschrieben sind, und in Berücksichtigung des Zusammenhanges, ferner durch den Vergleich mit ähnlichen und unähnlichen, besonders aber mit weiteren und klareren Stellen. Das stimmt mit der Regel des Glaubens und der Liebe überein und trägt vor allem zu Gottes Ehre und zum Heil der Menschen bei."

19 "Artikel zur Ordnung der Kirche und des Gottesdienstes in Genf, dem Rat vorgelegt von den Predigern" (1537), in: *Calvin-Studienausgabe*, Bd.1.1, Hg. Eberhard Busch u.a., Neukirchen-Vluyn 1994) (이하 Artikel, 1537), 125.

신앙고백의 전환을 위한 효과적인 수단으로써 교리교육이 중요했기 때문이다. 만약, 이러한 신앙교육이 없었거나 불규칙적이고 체계가 없는 교리에 대한 가르침이 이루어졌다면 개혁된 신앙을 받아들이거나 구원의 확신을 위한 길 위에 서 있는 사람들에게 끼진 영향력은 매우 미미했을 것이다. 종교개혁 시대의 신앙교육은 개혁된 교회를 참된 교리(vera doctrina) 안에서 타락하거나 부패할 수 없도록 경계하고 보호하는 역할을 감당했을 뿐만 아니라, 또한 하나님의 진리를 동시대의 사람들과 다음 세대에게 체계적으로 전수하는데도 크게 기여했다.[20] 특별히, 이와 관련하여 칼빈이 1537년 처음 제네바 교회의 신앙 정체성과 방향성에 대한 기초를 제시한 "설교자로부터 시의회에 제안된 제네바 안에서 시행되어야 할 교회와 예배의 교범에 관한 논문"[21]에서 밝힌 언급이 주목될 필요가 있을 것이다: "*... 국민이 순수한 가르침 안에 머물러 있기 위해서, 어린이들은 믿음에 관한 고백을 할 수 있도록 어릴 때부터 교리교육을 받은 것이 필수적으로 요청된다. 이를 위해서 복음의 가르침이 망각되지 않고, 오히려 그 가르침이 자세히 보존되고 그리고 이 손에서 저 손으로 또 아버지로부터 아들에게 지속적으로 전수되어야 한다.*"[22]

종교개혁 시대에 교리교육은 전체 교회의 관심사로 매우 규칙적으로 이루어

---

20 Reinhold Hedtke, *Erziehung durch die Kirche bei Calivn: Der Unterweisungs- und Erziehungsauftrag der Kirche und seine anthropogischen und theologischen Grundlagen, paedagogische Forschungen, hg. vom Comenius-Institut* (Nr. 39), (Heidelberg, 1996), 92.

21 원제목: Jean Calvin, *Articles concernant l'organisation de l'église et du culte a Genève, proposés au conseil par les ministres* (1537).

22 "Artikel" (1537), 115: "Um das Volk in der reinen Lehre zu erhalten, ist es ... dringend erforderlich, um nicht zu sagen notwendig, die Kinder von klein auf so zu unterrichten, dass sie Rechenschaft ueber den Glauben ablegen koennen, damit die Lehre des Evangeliums nicht in Vergessenheit geraet, sondern ihr Inhalt sorgfaeltig bewahrt und von Hand zu Hand und vom Vater auf den Sohn weitergegeben wird."

졌다. 토요일이나 주일에 정규적인 교리교육을 위한 예배모임이 있었다.[23] 이 예배에 참석한 아이들은 교회의 교사로부터 믿음의 내용(신앙교육서 해설)을 배웠다. 주일 저녁에 부모들은 자녀들에게 예배에서 무엇을 배웠는가를 질문했다. 그 밖에 아이들은 주중에 학교에서도 교리교육을 받았기 때문에 부모들은 주중에도 자녀들에게 교리교육에 대한 관심을 가져야 했다.[24] 이렇게 볼 때, 종교개혁 시대에 개혁된 교회 안에서 어린이들과 청소년들은 자신의 연령대에 맞는 신앙교육서를 가지고 교회, 가정 그리고 학교에서 교리교육을 받은 것이다.

종교개혁자들은 교리교육을 통해서 세대와 세대 사이의 신앙의 연속성에 대해서 생각했을 뿐만 아니라, 또한 학식이 있는 자와 없는 자 사이의 구별 역시도 예방하길 원했다. 더욱이, 교리교육은 교회들 사이뿐만 아니라, 또한 성도들 사이의 신앙적 일체성 역시도 제공한다는 것을 분명히 하였다: 새롭게 개종한 신자들이나 초신자들이 있을 경우에 교리교육을 통해서 기존 신자들과 신앙일치를 갖도록 인도했다. 한 교회의 성도들이 무엇을 배워야 하는가를 확정시켜주고, 동시에 다양한 생각을 가진 성도들을 한 신앙정신으로 묶는 역할을 감당한 것이다.

Ⅳ. 종교개혁 시대의 교리를 가르치기 위한 신앙교육서

종교개혁자들의 교리교육에 대한 관심은 매우 구체적이었다. 로마 가톨릭 교회에서 개신교로 전환된 신자들에 대한 교육뿐만 아니라, 무엇보다도 어린 세대

---

23 일반적으로 종교개혁 시대의 교리교육 예배는 토요일이나 주일 오후에 정규적으로 수행된 것으로 알려져 있다. 대표적으로, 취리히 교회는 토요일과 주일 오후에 교리교육 예배가 드려졌다. 제네바 시에서 어린이들과 청소년들을 위한 교리교육 예배는 매주일 오후 12시에 행해졌다. 그리고 팔츠(하이델베르그) 교회도 매주일 오후에 교리교육 예배가 진행되었다.

24 Bullinger, *Ehestand*, 313.

를 위한 교육에 더욱 실제적인 관심을 가진 것이 사실이다: 당시 사람들의 의식 속에 깊게 뿌리를 내리고 있는 로마 가톨릭 교회의 부패된 신앙지식을 완전히 극복시키는 것, 개혁된 신앙의 내용을 바르게 전달하는 것, 이 신앙정신 위에서 새롭게 세워진 개혁된 교회를 유지·발전키는 것 등에 대한 시대적 물음들의 답변으로써 신앙교육에 관심을 가진 것이다. 그리고 종교개혁자들은 교리교육의 가시적인 실효성을 끌어내기 위해 신앙교육서(Katechismus)를 작성하는 것에도 큰 열심을 보였다. 칼빈은 제네바 교회의 어린이 신앙교육서와 관련하여 이렇게 밝히고 있다: "*우리는 지금 한 가지 대책으로써 모든 어린이들이 배워야 할 짧고 이해하기 쉬운 기독교 신앙교육서를 제안한다. 그 다음으로 한 해의 정해진 시간에 어린이들은 질문과 시험을 받고, 그것에 대해 설명(고백)을 하기 위해 목회자들 앞으로 나오는데, 그들이 충분히 교육을 받았다고 인정될 때까지 각 개인의 능력이 측정되어야 한다. 이와 관련하여 당신들은 부모들에게 수고와 열심을 다해서 그들의 자녀들이 그 신앙교육서를 열심히 배우며 그리고 규칙적으로 정해진 날짜에 목회자들 앞에 나타날 수 있도록 권면하는 것을 명령해야 한다.*"[25]

실제로, 종교개혁자들은 자신들이 거주하고 있는 지역들의 교회를 위해서 다양한 신앙교육서들을 집필했다. 이 때문에 신앙교육서는 종교개혁을 통해서 발생한 개혁된 교리를 담아낸 한 중요한 문학적 장르(Genre)가 되었다. 기독교 신앙교육서와 관련하여 최고의 정점에 이른 신앙교육서-문예부흥(Katechismus-Renaissance)

---

25 "Artikel" (1537), 127: "Als Gegenmassnahme schlagen wir nun eine kurze und leichtverstaendliche Zusammenfassung des christlichen Glauben vor, die alle Kinder lernen sollen. Zu bestimmten Zeiten im Jahr sollen sie dann vor die Pfarrer kommen, um befragt und geprueft zu werden und weitere Erklaerungen zu erhalten, den Faehigkeiten jedes Einzelnen angemessen, bis man sie als genuegend unterrichtet ansieht. Es ist somit an euch, den Eltern zu befehlen, Muehe und Sorgfalt darauf zu werwenden, dass ihre Kinder diese Zusammenfassung lernen und zur angeordneten Zeit vor den Pfarrer erscheinen."

의 시대를 연 것이다.[26] 물론, 이러한 신앙교육서에 대한 관심은 초대교회로부터 시작되어서 중세교회에서도 지속적으로 유지되어 온 것이 사실이다. 한 실례로, 왈도파(Waldenser)와 보헤미안 형제회(Bömischer Brüder)에서 발생된 신앙교육서들은 중세 후반에 종교개혁 이전의 개혁적인 사상을 담고 있는 중요한 신앙문서들이라고 할 수 있다.[27] 존 위클리프(John Wiclif)와 얀 후스(Jan Hus) 같은 종교개혁 이전의 개혁자들의 비판적인 시각을 계승하고 있는 종교개혁자들은 교리교육을 위한 신앙교육서의 관심을 극대화시켰는데, 그들은 종교개혁 사상을 그 신앙교육서에 깊고 풍성하게 담았을 뿐만 아니라, 또한 그것이 넓은 지역으로 확대되고, 많은 사람들에게 공감이 될 수 있도록 노력했다.[28] 교황주의 신앙과 구별되는 종교개혁 신앙을 새롭게 정립하도록 하기 위한 신앙교육서는 절대적으로 필요한 신앙매체로 인식되었다. 종교개혁이 시작된 이래로 신앙교육서는 교파적인 기초교육을 위한 문서로도 역할을 하게 되었는데, 가장 먼저는 1529년 루터와 츠빙글리 사이의 성만찬합의에 대한 실패로 갈라진 루터파 교회(Lutherische Kirche)와 개혁파 교회(Reformierte Kirche)의 논쟁 안에서 그리고 개신교 견제를 위한 로마 가톨릭 교회(Römisch-katholische Kirche)에 의해 시도된 반종교개혁(Gegenreformation)의 흐름 속에서 그 절정에 도달했다. 그리고 급진적인 종교개혁을 외쳤던 재세례파 교회(Täuferische Kirche)와 중도의 길(Via Media)을 표방했던 영국 교회(Anglikanische Kirche) 안에서도 신앙교육서에 대한 관심은 매우 극대화되었다.

---

26 Hubert Filser, "Die literarische Gattung 'Katechismus' vor Petrus Canisius, in: Der Grosse Katechismus", ins *Deutsche Uebersetzt und kommentiert von Hurbert Filser und Setphan Leingruber* (Jusuitica Bd. 6), (Regensburg, 2003), 26.

27 Gerhard von Zezschwitz, *Die Katechismen der Waldenser und Böhmischen Brüder als Documente ihres wechselseitigen Lehraustausches. Kritische Textausgabe mit kirchen- und literargeschichtlichen Untersuchungen* (Erlangen, 1863), 4.

28 Sang-Bong Park, *Heinrich Bullingers katechetische Werke, Inaugural - Dissertation zur Erlangung der Doktorwürde der Theoligschen Fakultät Zürich*, (2011), 19.

1555년 아우구스부르그 종교평화협정(Augsburger Religionsfrieden) 때 공식화된 신앙교파화(Konfessionalisierung) 이전부터 이미 다양한 신앙고백적인 신앙교육서들의 내용은 구체적인 상황 속에서 발전되었는데, 즉 신앙에 관한 다양한 질문의 답변이 신자들에게 그들이 속해 있는 교파나 지역의 특성에 따라서 제시되었다. 각 교파나 지역의 고유한 신학적 입장과 관련하여, 성례에 대한 이해 속에서 그리고 교회법의 규정 안에서 큰 차이를 가지고 있다. 하지만 이러한 차이는 특별히 개신교 내에서 각 교파의 신학적 독특성에 근거하고 있다는 사실이 기억되어야 한다. 이미 초대교회부터 계승되어 온 사도적인 가르침에 근거한 정통신앙의 내용에는 근본적인 차이가 없다는 것이 기억될 필요가 있다. 종교개혁자들은 참된 경건을 박해하는 로마 가톨릭 교회로부터 순수한 교리의 회복을 위해 결과적으로 교회의 분리를 정당화했지만, 그러나 개신교 내에서 교파적인 분열이 있었다고 해도 하나님이 교회의 주인이라는 사실과 관련하여 교회의 단일성과 공교회성을 무너뜨리려는 어떤 시도도 이루어지 않았다.29

특별히, 매우 흥미롭게 기억되어야 할 사실이 있다면, 신앙교육서는 종교개혁이 일어난 여러 나라들에서 자국어의 발전이 이루어지도록 하는데도 크게 기여했다는 점이다. 종교적 지식이 없는 성인들과 어린이들의 교리교육을 위해서 쓰여진 신앙교육서는 거의 대부분 누구나 쉽게 활용할 수 있도록 자국어로 쓰여졌기 때문이다. 이러한 배경 속에서 신앙교육서는 종교개혁 시대의 결코 없어서는 안 될 가장 중요한 신앙매체 중에 한 종류였다. 어린이, 청소년, 초신자 성인의 교리교육을 위해 이해하기 쉬운 언어와 내용으로 작성되어 유럽의 모든 개신교 안에서 유용하게 활용된 기독교 신앙문서였던 신앙교육서는 다양한 이름으로

29 Emidio Campi, Calvin, "the Swiss Reformed Churches, and the European Reformation", in: *Calvin and His Influence 1509-2009*, eds., Irena Backus and Philip Benedict (NewYork: Oxford University Press, 2011), 119-43.

출판되었다.30

그리고 종교개혁 시대의 신앙교육서는 일반적으로 사도신조, 십계명, 주기도문, 성례에 대한 해설을 담고 있다. 물론, 의뢰자 혹은 저자의 의도에 따라서 고유한 신학적이고 구조적인 특징을 가지고 있다고 해도, 크게 이 틀을 벗어나지 않았다. 또한, 각 저자들이 서로의 것들을 참고했음에도 불구하고 문학적인 형식에 있어서 신앙교육서는 매우 다양하게 기술되었는데, 그 내용과 구조에 있어서 완전히 동일한 것을 발견되지 않는다. 다만, 어떤 형식을 가지고 있든지 신앙교육서는 성경의 핵심적인 교리를 각 주제에 따라서 효과적으로 전달하는 목적과 관련하여 문답식과 해설식으로 구별된다. 이러한 전제 속에서 종교개혁자들은 신앙교육서를 저술할 때 교육대상자의 연령과 지적인 수용능력에 따른 교육효과를 고려했다. 불링거가 『기독교 가정』안에서 밝힌 내용이 참고 될 수 있을 것이다31: "*어린이가 진지하게 교육받을 수 있는 시작 나이에 대해 일부사람들은 5*

---

30 종교개혁 시대에 신앙고백(서)과 분리될 수 없는 신앙교육서들은 다양한 제목들을 가지고 있었다: 독일어로는 Katechismus, Enchiridion, Lehrtafel, Bricht, Summa, Fragstueck, Unterweisung, Erklaerung 등으로, 라틴어로는 Catechesis, Catechismus, Compendium, Doctrina, Examen, Elementa, Explanatio, Institutio 등으로 쓰여졌다. (Cf. Matthias Buschkül (Hg.), Katechismus der Welt – Weltkatechismus, 500 Jahre Geschichte des Katechismus. Ausstellungskatalog, Eichstätt 1993, 41f.)

31 Heinrich Bullinger, "Der christliche Ehestand", in: *Heinrich Bullinger Schriften*, hg. von Emidio Campi, Detlef Roth & Peter Stotz, Bd. I, Zürich 2004, 549f: "Was das Alter betrifft, in dem man anfangen soll, die Kinder ernsthaft zu unterweisen, meinen einige, das fuenfte, andere hingegen, das siebte Altersjahr sei dafuer geeignet. Da die Kinder jedoch nicht alle die gleiche Verstandeskraft haben, einige scharfsinnig sind, andere aber eine schwerfaellige, langsame Auffassungsgabe haben, ist es am besten, wenn sich die Eltern nicht nach dem vorgeschriebenen Alter richten, sondern nach der Beschaffenheit des Verstandes, den sie bei ihren Kindern vorfinden. Die Unterweisung nun, der sie unterzogen warden, soll einzig und allein zum Ziel haben, gerechte, glaeubige, gottesfuerchtige und aufrichtige Diener Gottes und rechtschaffene Leute aus ihnen zu machen. Deshalb soll man sie lehren zu erkennen, was sie von Gott mit dem allen gemeinsamen Gebet des Vaterunser bitten. Man soll ihnen ein angemessenes Verstaendnis der Gebote Gottes und vorab der Artikel des

살로 규정하였고, 다른 일부사람들은 반대로 7살로 규정하였다. 그럼에도 아이들은 모두가 동일한 이해능력을 가지고 있기 않기 때문에, 그에 따라서 일부에게는 집중적으로 가르쳐져야 하며, 다른 일부에게는 어려운 것 없이 천천히 가르쳐져야 한다. 이와 관련하여 부모가 교리교육을 규정된 나이에 근거하여 시도하기보다는, 오히려 잘 살펴서 확인된 이해의 상태에 따라서 시도하는 것이 더 바람직하다. 부모들이 떠맡아야 할 교리교육은 한 유일한 목적에 도달해야 하는데, 즉 아이들은 정당하고, 신앙적이고, 경건하고 그리고 성실한 하나님의 종들과 정직한 사람들로 길어져야 한다. 그 때문에 어린이들은 하나님께 경건한 자들의 공동체적인 기도와 함께 무엇을 간구해야 하는가를 배워야 한다. 그들에게 하나님의 계명에 대한 명확한 이해와 지금까지는 언어로만 고백하고 또 실수 없이 낭독하는 것에 대해서만 배웠던 믿음의 조항들(사도신경)이 가르쳐져야 한다. 왜 그들이 (유아) 세례를 받았으며, 세례가 무엇인지 그리고 주님의 만찬 안에서(과 함께) 무엇이 가르쳐지고 강조되어야 하는가를 알도록 해야 한다. 이러한 교리교육과 함께 어린이들에게 이 주제들의 내용들이 분명하게 각인되도록, 그들이 12세 나이가 될 때까지 혹은 그 이상까지 가르쳐야 한다. 까다롭고 특별한 질문들이나 이해하기 힘든 주제들이 아이들에게 가르쳐지는 것은 좋지 않고, 오히려 명

christlichen Glaubens beibringen, den sie bisher nur mit Worten bekannt und fehlerfrei auszusprechen gelernt haben. Man soll sie auch lehren, warum sie getauft worden sind und was die Taufe ist und was man im und mit dem Abendmahl des Herrn ausdrueckt und vollzieht. Mit diesen Unterweisungen soll man fortfahren, bis sie zwölf Jahre alt sind und auch noch laenger, damit ihnen diese Punkte gut und nachdruecklich eingepraegt werden. Anspruchsvolle und spitzfindige Fragen und Lufthaschereien soll man ihnen nicht nahe bringen, sondern nur die reine, einfache Wahrheit und das, was ihnen zu wissen und zu glauben notwendig und nuetzlich ist. Man soll sich zudem davor hueten, zu viel von ihnen zu verlangen, sie zu ueberfordern und mit Lehren zu ueberschuetten. … … Mach sie nicht durch Strenge und eigene Unzufriedenheit des Lernens ueberdruessig."

료하고 단순한 진리와 그들이 반드시 알아야 할 신앙지식이 가르쳐지는 것이 좋다. 하지만 가르치는 자는 어린이들에게 많은 것을 요구할 수 없고, 지나친 부담감을 주어서도 안 되며, 또한 가르친 내용들이 헛되지 않도록 해야 한다. … … 어린 아이들이 학습의 엄격함과 불만족을 통하여 질리지 않도록 해야 한다."

종교개혁 시대에 신앙교육서는 교회 안에서 설교되고, 학교에서 가르쳐지며 그리고 가정에서 읽혀졌다.[32] 신앙지식이 없는 성인들과 어린이들에게 체계적인 기독교 교리를 갖도록 하는데 한 중요한 역할을 감당한 것이다.[33] '규범이 되는 규범(norma normans)'으로서 절대적 권위를 가지고 있는 성경의 체계적 진술인 신앙과 행위에 관한 '규범화된 규범(norma normata)'으로서 상대적 권위를 가지고 있는 신앙고백(교리)에 대한 효과적인 교육을 위해서 결코 없어서는 안 될 중요한 신앙매체였다. 개혁된 교회를 유지·보존하는데 있어서 지금까지도 절대적으로 필요한 도구라고 할 수 있다.

V. 종교개혁 시대의 교리교육 목적

로마 가톨릭 교회로부터 개신교가 분리된 이래로 종교개혁자들은 사도신경의 한 조항인 "거룩한 공(보편)교회를 믿사오며(credo ecclesiam catholicam)"를 매우 신중하게 이해했다. 왜냐하면 그들은 교황의 추종자들로부터 공교회를 떠났으며, 기독교 신앙을 버린 이단이라는 비난을 들어야 했기 때문이다. 교회-교리사적인 측면에서 볼 때, '공교회'라는 용어는 신약성경 속에서 확인되지는 않

---

32 이남규, "팔츠(하이델베르그) 교회와 신앙교육", 『노르마 노르마타』, 김병훈 편집 (합동대학원출판부, 2015), 216.

33 안상혁, "제네바 교회와 신앙교육", 『노르마 노르마타』, 김병훈 편집 (합동대학원출판부, 2015), 46.

지만 어원적으로 '보편적인', '모든 것을 포괄하는' 혹은 '전체를 다루는' 의미를 가지고 있다. 이 용어가 처음 사용된 때는 약 110년 경에 안디옥의 이그나티우스(Ignatius of Antioch)가 쓴 『서버나 교회에 보낸 서신』에서 확인된다. 여기에서 '공교회성'은 예수 그리스도께서 세우신 바와 같이 온전한 상태의 교회, 즉 완전한 교회를 나타나기 위해 사용된 용어였음을 알 수 있다.34 그리고 이후에 카르타고의 키프리안(Cyprian of Carthage)이 쓴 『공교회의 단일성에 관하여』에서 '공교회성'을 노바티안(Novatian)의 '이단적인 것' 혹은 '분리적인 것'과 대립되는 '정통적인(orthodox)' 개념과 동일한 것으로 발전시켰다.35 그래서 어거스틴는 『참 종교에 관하여』에서 이단들과 구별하여 "가톨릭 교회를 보편적인 것이라는 말로 부를 수밖에 없다"고 강조했다.36 이러한 배경 속에서 '공교회(ecclesia catholica)'는 '이단들'이나 '분리주의자들'의 모임과 구별된 모든 일반적인 교회들의 공동체를 가리킨다고 할 수 있다. 당연히, 종교개혁자들에게서도 동일하게 확인되는 입장이다.37 구체적으로 '공교회'는 넓은 의미에서 모든 시간과 공간 속에 흩어져 살아가고 있지만 한 하나님, 한 성령, 한 믿음 그리고 한 세례 안에서 예수 그리스도를 주님으로 고백하는 것에서 한 교회요(엡 4:4-6), 그분 안에서 모든 신자들이 하나님의 영광을 위해 살아야 한다는 한 의무를 가지고 있을 뿐만 아니라, 또한 모든 신자들이 서로를 섬기도록 부름을 받

---

34 Ignatius of Antioch, "Letter ot the Smynaeans" 8:2, in: *The Apostolic Fathers*, de. Bar Ehrman, vol.1 (Cambridge: Harvard University Press, 2003), 304-5.

35 참조, "Thascius Caecilius Cyprianus", in: *Unitas in Latin antiquity : four centuries of continuity*, ed. Erik Thaddeus Walters, (Frankfurt, M.; Berlin; Bern; Bruxelles; New York, NY; Oxford; Wien, Lang, 2011), 113-33.

36 Aurelius Augustinus, "De vera religione", in: *Augustius Opera*, Bd.68, hg. von Josef Lössl, (Schöningh, Paderborn 2007), 128: "..., Catholicam nihil aliud quam Catholicam vocant, ..."

37 종교개혁자들의 공교회성과 관련하여 대표적으로 다음의 저술을 참고할 수 있다: *The catholicity of the Reformation,* eds. Carl E. Braaten and Robert W. Jenson (Grand Rapids, Michigan: Eerdmans, 1996).

았다는 것에서 한 몸으로 이해되었다. 그리고 좁은 의미에서 로마 가톨릭 교회의 타락과 관련하여 교회가 분리된 것은 공교회성을 무너뜨리는 초대교회에서 발생된 '분리나 이단의 성격'이 아니라, 오히려 지상에 세워진 불안전한 교회가 더 온전한 교회를 추구하는 것으로 인식되었다.[38] 이 공교회는 성경 안에 계시된 진리 전체를 전적으로 고수하는 것에서 그리고 모든 시대를 통하여, 모든 장소에서 또 모든 민족들에게서 보편적으로 모아진다는 점에서 그 특징이 확인되는데, 종교개혁은 로마 가톨릭 교회의 타락으로부터 성경이 말하는 본래적인 종교를 회복했기 때문이다. 말씀의 선포, 성례의 시행 그리고 권징의 집행에 대한 교회의 표지가 인간의 부패성으로 인하여 흐려지지 않고 더욱 선명하게 드러나게 하는 것과 관련하여,[39] 로마 가톨릭 교회는 이러한 참된 교회의 표지에서 너무 멀어졌다고 규정된 것이다. 참된 교회의 표지가 사라진 교회에서는 더 이상 '구원의 역사'와 '하나님의 영광'을 기대할 수 없다. 하나님은 교회를 너무도 소중하게 여기셔서 교회가 오직 그분의 말씀과 성령에 의해 세워지도록 하셨다는 점을 분명히 밝힌 것이다.[40] 종교개혁자들의 관심은 철저히 전체 성경에 근거한 바른 교리 위에 세워진 '하나님이 기뻐하시는 교회'에 있었다.

이러한 공교회적인 기반 위에서 종교개혁자들은 선지자적이고 사도적인 가르침에 근거한 신앙의 유산을 계승하고, 무엇보다도 세대와 세대를 넘어서 그 신앙의 유산을 보존시키기 위해 신앙교육서를 통한 교리교육에도 지대한 관심을 가

---

38 참조, 헤르만 바빙크, 『개혁교의학 개요』, 원광연 역 (서울;크리스찬다이제스트, 2004), 652-54.

39 종교개혁자들은 대부분 교회의 표지를 말씀의 선포와 성례의 시행으로 이해한 것이 사실이지만, 특별히 미터 마터 버미글리는 교회의 표지에 권징의 집행도 포함시켰다. 참조, Robert M. Kingdon, "Peter Vermigli and the Marks of the True Church," in: *Continuity and Discontinuity in Church History: Essays Presented to George Huntston William,* eds. F. Forrester Church & Timothy George (Leiden: Brill, 1979), 198-214.)

40 캄피, 『스위스 종교개혁: 츠빙글리·베르밀리·불링거』, 134.

진 것이다. 더 바른 교회를 세우려는 열망 속에서 몇몇 신학적인 주제들을 각 자의 고유한 시각으로 규정하고 서로가 첨예하게 논쟁하면서 결과적으로 개신교 내에 교파적인 분열이 발생되었지만, 그러나 모든 종교개혁적인 교회는 교리교육을 통해서 오직 성경에 근거한 정통신앙을 회복시키고 확산시키는데 목적을 두었다는 것을 알아야 한다. 당시 교회들은 교리교육을 통해서 다양한 타락이나 부패의 요소들을 경계하면서 바른 교회를 세우기 위해 온 힘을 쏟았다. 하나님의 진리, 사랑, 공의와 정의가 살아있는 바른 신앙정신 위에 서 있는 기독교가 유지되도록 한 것이다. 교리교육을 통해서 "우리의 신앙을 순수하게 유지하고 시대의 악과 타협하지 않으면서도, 그 사회의 일원으로서 윤리적인 모범을 보이며 어떻게 당당하고 품위 있게 살아갈 수 있을까?"를 고민하도록 한 것이다. 한편으로 '구원의 방주'로서 교회가 하나님의 진리에 근거한 신앙적인 고유성과 정체성을 잃지 않도록 하면서도, 동시에 다른 한편으로 '시대의 파수꾼'으로서 교회가 선지자적인 소명을 통해서 시대의 악과 불의에 저항하며 사회적인 윤리나 공의와 관련된 인간의 인권적인 내용이나 삶의 질을 지속적으로 발전시키는데 기여하도록 하는 길을 제시했다. 이러한 의미에서 종교개혁 시대의 교리교육은 신자들의 성숙을 위해 매우 유용한 도구였을 뿐만 아니라, 또한 시민사회의 유익을 위해서도 매우 크게 기여한 도구였다.[41] 즉, 성경 교리의 배움은 개별 신자에게는 신앙의 정체성을 확고히 하여 기독교적인 품위를 가진 인물로 성장할 수 있도록 기여했으며, 한 교회의 구성원이자 한 사회의 시민인 신자들의 공동체에게는 하나님의 거룩한 백성들로서 교회, 가정, 국가를 잘 섬기도록 하는 것을 의미했다.

결과적으로, 종교개혁자들이 신앙교육서를 통해 교리교육에 관심을 가진 것은 한 세대로 끝나는 교회가 아니라 세대와 세대를 넘어 굳건히 서 있는 교회를

41 Emidio Campi, "Bullingers Rechts- und Staatdenken", in: *Evangelische Theologie*, 64. Jahrgang, (Gütersloh, 2004), 123.

지향하기 위해 가장 실천적인 청사진을 그려낸 것이었다. 물론, 그 그림은 성경의 가르침을 통해서 16세기 당시 교회 앞에 놓인 신앙적이고 시대적인 문제들을 극복하는 방식이었음을 잊지 않아야 한다. 당연히, 종교개혁자들에 의해서 의도된 교리교육은 교회와 신자들이 활동하는 모든 영역에서 종교개혁이 당시와 그 이후의 시대에서도 그 힘을 잃지 않도록 하는 지지기반의 역할을 충실하게 감당한 것이다.

VI. 결론

로마 가톨릭 교회와 분리된 이래로 종교개혁자들에게 있어서 가장 큰 고민 중에 한 가지는 '개혁된 교회'의 안정과 지속적 보존이었다. 종교개혁 사상이 로마 가톨릭 교회의 전통과 어떻게 다른가에 대한 설득력 있는 답변과 함께, 그 사상이 성경적으로 옳다는 것에 대한 근거를 제시하며 새롭게 탄생된 교회의 정당성을 확보하는 것과 관련된 것이었다. 로마 가톨릭 교회로부터 분리된 교회가 교회-교리사적 정당성을 확보하면서 '정통 교회'로써 자리매김을 하기 위한 필수적인 전제이기도 했다. 이 때문에 종교개혁자들은 로마 가톨릭 교회로부터 분리되어 새롭게 세워진 개신교(Protestant)를 초대교회 시대의 이단적 개념을 가진 도나투스주의 같은 '분파적 교회'로 인식되는 것을 철저히 경계한 것이다.[42] 그 대신에 그들은 개혁된 교회를 '단일하며, 거룩하며, 공교회적이며, 사도적인 교회(una, sancta, catholica et apostolica ecclesia)'로 규정했다.[43] 종교개혁

---

42 Heinrich Bullinger, "Confessio Helvetica posterior", in: *Reformierte Bekenntnisschriften*, Bd. 2/2 (1562-1569), Hg. Andreas Muelling & Peter Opitz, (Neukirchener, 2009), XVII.

43 특별히, 루터의 종교개혁과 관련하여 대표적으로 다음의 글들을 참고할 수 있다: Dorothea Wendebourg, "Kirche," in: *Luther Handbuch*, ed. Albrecht Beutel (Tübingen: Mohr

사상이 몇몇 사람들에 의해서 주장된 자의적 가르침에 서 있는 것이 아니라, 오히려 사도적인 가르침에 근거하여 지상에 세워진 교회를 위한 정통 신앙의 내용임을 각인시킨 것이다. 1529년 루터와 츠빙글리가 말부르그(Malburg) 종교회의 때 성만찬에 대한 합의를 이루지 못함으로 개신교가 루터 교회와 개혁파 교회로 분리되어 교파주의를 등장시킨 것은 사실이지만, 그러나 모든 종교개혁자들이 추구했던 신학과 신앙고백은 근본적으로 사도적인 가르침에 근거한 정통 신앙을 회복하는 데 초점이 있었다는 것을 잊지 않아야 한다. 종교개혁자들은 자신들의 신학적인 표명이 철저하게 오직 성경과 전체 성경에 근거하여 초대교회로부터 연속된 내용임을 강조한 것이다. 이러한 이해 속에서 초대교회부터 계승된 신앙교육서를 통한 교리교육은 종교개혁자들에게 매우 중요했을 뿐만 아니라, 또한 종교개혁이 남긴 최고의 신앙유산 중에 한 가지이기도 하다. 종교개혁자들이 바른 신앙을 보존하고 유지하기 위해 이전의 시대보다도 더욱 발전시킨 교회의 도구였기 때문이다.

이러한 실천적인 열매로부터 로마 가톨릭 신자들과 선명히 구별되는 고유한 개신교적인 신앙과 삶의 풍경이 등장했다. 특별히, 개혁파 교회 안에서는 '오직 하나님께만 영광(Soli Deo Gloria)'을 드러내는 삶의 체계가 규범화된 것이다: 성경의 가르침을 교회에만 국한시키지 않고 인생의 모든 국면에 적용시키는 시도가 이루어졌다. 16세기 종교개혁 이래로 개혁파 교회는 신앙교육을 통해서 교리적인 체계를 세우는 것을 넘어서 신자들로 하여금 그 교리에 근거하여 기독교적인 안목과 세계관에도 관심을 갖게 한 것이 사실이다. 점차적으로 가정과 교회의 영역을 넘어서 학문, 예술, 과학, 경제, 사회, 국가 등의 다른 영역 속에서 하

Siebeck, 2005), 403-14; Athina Lexutt, "Verbum Dei iudex: Melanchthons Kirchenverständnis," in: *Konfrontation und Dialog: Philipp Melanchthons Beitrag zu einer ökumenischen Hermeneutik,* (Leipzig: Evangelischer Verlags-Anstalt, 2006), 27-44.

나님의 뜻이 실현되도록 하는데 영향을 주었다.

이렇게 볼 때, 한국 교회는 오늘날 당면한 신앙과 교회의 문제들을 극복하기 위해 종교개혁의 유산으로 남긴 신앙교육서를 통한 교리교육에 대한 회복이 절실하다. 단순히, 성경지식의 전달이 아니라 전체 성경의 가르침에 근거한 기독교적인 인격과 삶의 체계를 갖도록 하는 교리교육이 필요한 것이다. 성화의 삶은 참된 교회의 한 표지인 '하나님의 말씀이 순수하게 선포되고 경청되는 것'과 분리되지 않는다. 이러한 면에서 교리교육은 바른 말씀의 선포에 대한 한 중요한 기능이기도 하다. 의심의 여지없이, 교회의 위기를 가져오는 한 직접적인 원인은 교리교육의 부재와 관련이 있다. 바른 교리에 대한 체계적인 교육의 무관심은 교회를 이루고 있는 구성원들에게 신앙의 정체성을 세워주지 않음으로 인하여 다양한 신앙적인 문제들을 시간의 흐름 속에서 양산시킬 수 있다. 그래서 교리교육의 무관심은 교회가 타락하고 있다는 것에 대한 한 증거이기도 하다. 교회의 타락을 부추기는 한 원인으로도 작용하고 있는 것이다. 분명히, 바른 교리교육은 교회를 구성하고 있는 신자로 하여금 "어떤 인간 됨(being)"에 이르도록 한다. 인격과 삶에 있어서 분명한 성경적인 정체성과 방향성을 가진 인간을 만들어내기 때문이다. 이러한 전인적인 인간상을 종교개혁자들이 교리교육을 통해서 이루고자 했던 것이다.